面向 21 世纪电子商务专业核心课程系列教材
全国高等院校电子商务联编教材

电子商务法(第 2 版)
Law in E-Business
2nd Edition

高富平　张　楚　著

北京大学出版社
Peking University Press

内 容 简 介

本书是一本全面论述电子商务法的著作。共分三篇：第一篇，电子商务法基础，主要论述什么是电子商务法、网站及其责任和电子商务的主体；第二篇，电子商务基本法律制度，包括数据电文的法律制度、签名认证法律制度，电子合同及其不同类型的在线交易法律调控的法律制度；第三篇，电子商务相关法律问题，主要涉及消费者保护、个人资料保护、不正当竞争、法律救济等与电子商务密切相关的法律问题。

本书适合作高等院校电子商务本专科专业学生、MBA 学生、经济管理类专业硕士生及本科高年级学生的教材；也适合企业各部门管理人员、信息技术人员使用；还可作为相应层次电子商务培训班的教材。

图书在版编目（CIP）数据

电子商务法(第 2 版)/高富平，张楚著. —北京：北京大学出版社，2004.10
（21 世纪电子商务专业核心课程系列教材）
ISBN 978-7-301-05028-6

Ⅰ. 电… Ⅱ. ①高…②张… Ⅲ. 电子商务—科学技术管理—法规—中国—高等学校—教材 Ⅳ. D0922.17

中国版本图书馆 CIP 数据核字（2001）第 039935 号

书　　　名：	电子商务法(第 2 版)
著作责任者：	高富平　张　楚
责 任 编 辑：	黄庆生　王登峰
标 准 书 号：	ISBN 978-7-301-05028-6/TP·0536
出　版　者：	北京大学出版社
地　　　址：	北京市海淀区成府路 205 号　100871
电　　　话：	邮购部 62752015　发行部 62750672　编辑部 62756923
网　　　址：	http://www.pup.cn
电 子 信 箱：	xxjs@pup.pku.edu.cn
印　刷　者：	河北涿县鑫华书刊印刷厂
发　行　者：	北京大学出版社
经　销　者：	新华书店
	787 毫米×1092 毫米　16 开本　18.25 印张　438 千字
	2002 年 1 月第 1 版　2006 年 1 月第 2 版　2008 年 6 月第 5 次印刷
定　　　价：	33.00 元

未经许可，不得以任何方式复制或抄袭本书之部分或全部内容。
版权所有，侵权必究
举报电话：010－62752024；电子信箱：fd@pup.pku.edu.cn

第 2 版序言

《电子商务法》出版发行已两年有余。在两年多的时间里，我国电子商务健康发展，电子商务立法已提上议事日程；而且，我们电子商务法的研究和认识也随之不断深入。在总结我们教学经验和各地教学反馈基础上，我们再次对该书进行修订。

这次修订的主要内容表现为：第一，对许多内容作了大量删节，主要删除一些冗长的论述、不必要的国外立法介绍等内容，使本书内容更加精炼。第二，反映了我国立法新进展，例如对电子签名法的介绍。第三，修正了旧版一些标新立异的观点，例如，没有再使用在线企业概念，将"个人资料"改为"身份性信息"等；这些修改更易使电子商务法与现行法律体系衔接。第四，校正了一些错漏。

电子商务发展日新月异，我国电子商务立法刚刚开始，电子商务法仍然处于理论探索阶段，因此，本书的不完善和不断修改就在所难免。我们也希望继续得到读者的反馈和建议，在与读者互动中使本书日臻完善。

作 者

2004 年 8 月 1 日

目 录

第一篇 电子商务法基础

第1章 电子商务法导论 1
- 1.1 电子商务的内涵与范围 1
  - 1.1.1 什么是电子商务 1
  - 1.1.2 电子商务类型和特点 3
  - 1.1.3 相关概念辨析 6
- 1.2 电子商务法 7
  - 1.2.1 电子商务法的调整对象和范围 7
  - 1.2.2 电子商务法的地位、性质与特征 10
  - 1.2.3 电子商务法的作用 11
- 1.3 电子商务立法 12
  - 1.3.1 国际和外国电子商务立法 12
  - 1.3.2 我国电子商务立法现状 15
  - 1.3.3 电子商务立法的基本问题 16
- 1.4 本章小结 18
- 1.5 思考题 20

第2章 网站设立和网络信息服务法 21
- 2.1 网站设立中的法律问题 21
  - 2.1.1 接入互联网 21
  - 2.1.2 域名及其注册 22
- 2.2 网站设立及其网络服务的法律管制 26
  - 2.2.1 网站分类及其管制 26
  - 2.2.2 经营性信息服务网站设立的主要条件和程序 28
- 2.3 网络服务提供商的义务和责任 28
  - 2.3.1 网站经营者作为公共信息服务提供者的义务和责任 29
  - 2.3.2 网站经营者与特定用户之间的网络信息服务合同义务 30
  - 2.3.3 网络服务提供商及其侵权责任一般原则 32
  - 2.3.4 国外立法经验 35
  - 2.3.5 我国司法解释 37
  - 2.3.6 网络中介服务商的侵权责任 38
  - 2.3.7 ISP 和 ICP 在侵权行为中的责任比较：案例两则 42
- 2.4 本章小结 43

  2.5 思考题 44

第3章 在线交易主体及其规制 45
  3.1 在线交易概述 45
    3.1.1 在线交易参与主体 45
    3.1.2 在线交易的标的物 46
    3.1.3 在线交易的模式 47
  3.2 在线交易主体认定问题 49
    3.2.1 在线交易主体认定 49
    3.2.2 在线交易主体识别具体规则 51
    3.2.3 在线交易当事人认定：案例分析 52
  3.3 在线交易主体规制 54
    3.3.1 企业从事在线交易的登记和公示 54
    3.3.2 其他在线交易主体的公示问题 56
    3.3.3 在线商店的设立中的法律问题 57
  3.4 本章小结 59
  3.5 思考题 60

第二篇 电子商务基本法律制度

第4章 数据电文法律制度 61
  4.1 传统书面形式制度与数据电文的矛盾 61
    4.1.1 传统书面形式概述 61
    4.1.2 传统书面形式制度的内涵 62
    4.1.3 关于书面形式问题的解决方案 62
    4.1.4 数据电文制度产生的必然性 64
  4.2 《电子商务示范法》概述 65
    4.2.1 《电子商务示范法》的起草背景 65
    4.2.2 《电子商务示范法》的适用范围与结构 66
    4.2.3 《示范法》的方法与解释原则 68
  4.3 数据电文法律制度的基本内容 69
    4.3.1 数据电文的概念 69
    4.3.2 数据电文的功能等价标准 73
    4.3.3 数据电文的效力 77
    4.3.4 数据电文的通讯与保存规则 80
  4.4 本章小结 87
  4.5 思考题 88

第5章 电子签名及其法律规范 89
  5.1 传统签名的概念与功能 89

5.1.1 签名的意义 89
5.1.2 签名的功能及其形式演变 89
5.2 电子签名的概念 90
5.2.1 电子商务安全与电子签名的产生 90
5.2.2 广义的电子签名 93
5.2.3 狭义电子签名 94
5.2.4 安全电子签名 95
5.2.5 电子签名立法模式简析 96
5.3 《签名示范法》的基本内容 97
5.3.1 适用范围 97
5.3.2 基本原则 97
5.3.3 电子签名的基本要求 98
5.3.4 电子签名的预决性 98
5.3.5 电子签名使用人的义务 99
5.3.6 证书服务者的义务 99
5.3.7 电子签名的可信赖性 99
5.3.8 关于依赖方的义务 100
5.4 电子签名的效力 100
5.4.1 电子签名的法律要求 100
5.4.2 电子签名的归属与完整性推定 102
5.4.3 电子签名的使用及其效果 103
5.5 我国《电子签名法》的制订 104
5.5.1 立法过程与进展状况 104
5.5.2 我国《电子签名法》的框架 105
5.6 本章小结 105
5.7 思考题 107

第6章 电子商务认证法律关系 108
6.1 电子认证概述 108
6.2 认证机构的设立与管理 109
6.2.1 认证机构概述 109
6.2.2 认证机构的条件及其许可 111
6.2.3 认证机构的管理 113
6.3 认证机构的证书业务规范 114
6.3.1 认证机构在证书颁发中的职责 114
6.3.2 认证机构在证书管理中的职责 116
6.3.3 认证机构的自身管理规则 117
6.4 认证机构与在线当事人之间的法律关系 118
6.4.1 认证机构业务的性质 118

	6.4.2 认证机构与证书持有人之间的关系	119
	6.4.3 认证机构与证书信赖人之间的关系	120
	6.4.4 认证机构的主要义务	122
	6.4.5 认证机构的责任	122
6.5	本章小结	124
6.6	思考题	125

第 7 章　电子合同：一般原理 126

7.1 电子合同的概念与特征 126
- 7.1.1 合同 126
- 7.1.2 合同的形式：电子合同的产生 126
- 7.1.3 电子合同的定义 127

7.2 电子合同的订立：一般规则 127
- 7.2.1 要约和承诺：一般原理 127
- 7.2.2 要约与要约邀请 129
- 7.2.3 在线交易中要约和承诺的特殊规则 131

7.3 电子合同订立的特殊法律问题 133
- 7.3.1 电子自动交易及相关问题 133
- 7.3.2 点击合同订立中的法律问题 135
- 7.3.3 电子错误对合同效力的影响 137

7.4 电子合同的履行及违约救济 138
- 7.4.1 电子合同的履行概述 138
- 7.4.2 电子合同的违约救济 139

7.5 本章小结 142
7.6 思考题 143

第 8 章　在线信息产品交易法 144

8.1 信息产品及其交易概述 144
- 8.1.1 信息产品及其特点 144
- 8.1.2 信息产品上的权利及其交易 145
- 8.1.3 在线信息产品交易模式 146

8.2 数据库的法律保护 148
- 8.2.1 数据库 148
- 8.2.2 数据库的著作权保护 150
- 8.2.3 数据库著作权内容 150
- 8.2.4 数据库的特殊保护：信息可以作为一种财产 151
- 8.2.5 阳光数据库案 152

8.3 电子信息合同的履行问题 153
- 8.3.1 电子信息合同履行的方式与地点 153

	8.3.2	电子信息合同履行中的验收	155
	8.3.3	电子信息合同履行中的电子控制问题	156
	8.3.4	电子合同终止后当事人的权利义务	158
8.4	本章小结		159
8.5	思考题		161

第9章 网上竞买和网上拍卖的法律调整 ... 162

- 9.1 网上拍卖与网上竞价买卖 ... 162
  - 9.1.1 什么是拍卖 ... 162
  - 9.1.2 现行互联网上的竞卖（买）活动：网上拍卖与网上竞价买卖区分 ... 163
  - 9.1.3 网上拍卖与网上竞价买卖之区别 ... 164
- 9.2 网上拍卖法律规制问题 ... 165
  - 9.2.1 网上拍卖的法律规制问题 ... 165
  - 9.2.2 实例分析 ... 167
- 9.3 网上竞价买卖的法律调整 ... 168
  - 9.3.1 网上竞价买卖合同：集体议价要约与承诺之分析 ... 168
  - 9.3.2 网上竞价买卖的法律调整 ... 169
- 9.4 本章小结 ... 170
- 9.5 思考题 ... 170

第10章 在线证券交易法律调整 ... 171

- 10.1 在线证券交易及其法律基础 ... 171
  - 10.1.1 在线证券交易：作为一种典型在线商务活动 ... 171
  - 10.1.2 证券交易模式 ... 172
  - 10.1.3 在线证券交易的法律调整 ... 173
- 10.2 在线证券交易几个特殊法律问题 ... 173
  - 10.2.1 投资者身份的确认 ... 173
  - 10.2.2 风险揭示书的法律性质 ... 175
  - 10.2.3 网上电子交易系统的法律性质 ... 176
- 10.3 在线证券交易的管制问题 ... 176
  - 10.3.1 证券公司网上委托业务的资格条件和核准 ... 177
  - 10.3.2 关于在线证券交易佣金的控制问题 ... 178
  - 10.3.3 在线证券交易风险和安全管理 ... 179
- 10.4 本章小结 ... 181
- 10.5 思考题 ... 181

第11章 网络广告的法律规范问题 ... 182

- 11.1 网络广告及其所涉及的法律问题 ... 182
  - 11.1.1 网络广告及其类型 ... 182
  - 11.1.2 网络广告的特点及其法律问题 ... 183

11.2 网络广告内容规制及其虚假广告问题 ……………………………………………… 184
11.2.1 现行法仍适用于网络广告行为 ………………………………………… 184
11.2.2 网络虚假广告 …………………………………………………………… 184
11.2.3 广告发布者的责任 ……………………………………………………… 185
11.2.4 网站经营者在广告发布中的责任 ……………………………………… 186
11.3 网络广告与不正当竞争 …………………………………………………………… 187
11.3.1 网络广告引起的不正当竞争行为 ……………………………………… 187
11.3.2 创联诉信诺立广告和网页抄袭案 ……………………………………… 188
11.4 网络广告行政监督和管理 ………………………………………………………… 189
11.4.1 网站广告经营主体资格的管制 ………………………………………… 189
11.4.2 特殊广告发布前审查管制 ……………………………………………… 189
11.4.3 网络广告管理的难点和相应措施 ……………………………………… 190
11.5 本章小结 …………………………………………………………………………… 191
11.6 思考题 ……………………………………………………………………………… 192

第12章 电子支付中的法律问题 ………………………………………………………… 193
12.1 电子支付基础知识 ………………………………………………………………… 193
12.1.1 在线电子支付的手段 …………………………………………………… 193
12.1.2 在线电子支付的安全交易标准和认证 ………………………………… 195
12.1.3 电子支付流程与当事人的法律关系 …………………………………… 196
12.1.4 我国电子支付规范性文件 ……………………………………………… 197
12.2 电子支付各方当事人的权利和义务 ……………………………………………… 197
12.2.1 电子支付的有关当事人 ………………………………………………… 197
12.2.2 商家在电子支付中的权利和义务 ……………………………………… 198
12.2.3 金融机构在电子支付中的权利和义务 ………………………………… 198
12.2.4 消费者（付款人）在电子支付中的权利和义务 ……………………… 200
12.3 电子货币和网上银行的法律规范问题 …………………………………………… 200
12.3.1 网上银行与电子货币 …………………………………………………… 200
12.3.2 网上银行的法律问题 …………………………………………………… 202
12.3.3 电子货币的相关法律问题 ……………………………………………… 204
12.4 本章小结 …………………………………………………………………………… 205
12.5 思考题 ……………………………………………………………………………… 205

第三篇 电子商务相关法律问题

第13章 电子商务中消费者权益保护的法律问题 ……………………………………… 206
13.1 消费者权益保护概述 ……………………………………………………………… 206
13.1.1 网络环境下的消费者保护概述 ………………………………………… 206
13.1.2 网络购物环境下特殊法律规则：欧盟经验 …………………………… 207
13.1.3 我国网上购物消费者保护：《消费者保护法》的适用问题 ………… 209

		13.1.4 数字化商品交易之消费者保护的特殊问题	211

- 13.2 网上格式条款的法律规制问题 ... 212
  - 13.2.1 无效格式条款和不合理格式条款 ... 212
  - 13.2.2 网上不合理格式条款的规制 ... 213
  - 13.2.3 网上格式合同的行政控制 ... 214
  - 13.2.4 行业自律和消费者自律组织 ... 215
- 13.4 本章小结 ... 215
- 13.5 思考题 ... 216

第 14 章 网络环境下身份性信息的保护问题 ... 217

- 14.1 网络环境下隐私保护的基本框架 ... 217
  - 14.1.1 什么是隐私权 ... 217
  - 14.1.2 网络环境下隐私权保护问题 ... 218
  - 14.1.3 身份性信息及所有者的权利 ... 219
- 14.2 网络环境下的身份性信息的保护 ... 221
  - 14.2.1 身份性信息保护基础 ... 221
  - 14.2.2 身份性信息的保护：身份性信息的收集和使用基本原则 ... 222
  - 14.2.3 在线经营者对用户身份性信息收集、利用规则 ... 223
  - 14.2.4 资料收集者和资料提供者权利义务关系 ... 225
  - 14.2.5 邮政局泄露身份性信息案 ... 227
- 14.3 本章小结 ... 228
- 14.4 思考题 ... 229

第 15 章 网络环境下的不正当竞争和法律调控 ... 230

- 15.1 网络环境下的不正当竞争行为 ... 230
  - 15.1.1 什么是不正当竞争行为 ... 230
  - 15.1.2 网络环境下的不正当竞争行为 ... 232
- 15.2 因域名引起的不正当竞争行为 ... 235
  - 15.2.1 知识产权法和反不正当竞争法 ... 235
  - 15.2.2 域名法律保护的基本框架 ... 235
  - 15.2.3 域名侵犯他人在先权利引起的不正当竞争 ... 236
  - 15.2.4 域名与域名类似或相同 ... 238
- 15.3 网页抄袭和链接引起的不正当竞争行为 ... 240
  - 15.3.1 网页保护与不正当竞争 ... 240
  - 15.3.2 超链接与不正当竞争 ... 243
- 15.4 本章小结 ... 244
- 15.5 思考题 ... 245

第 16 章 电子商务纠纷的法律救济 ... 246

- 16.1 网络环境下民事诉讼的管辖 ... 246

- 16.1.1 互联网及其对民事诉讼管辖的影响 246
- 16.1.2 网络侵权纠纷的管辖 247
- 16.1.3 电子合同的管辖 249
- 16.1.4 具有涉外因素的在线纠纷的管辖 250
- 16.1.5 中国首起网上纠纷管辖权案 251
- 16.2 电子商务纠纷的法律适用 252
  - 16.2.1 法律适用与管辖权的关系 252
  - 16.2.2 法律适用的原则 252
  - 16.2.3 电子商务对传统法律适用原则的挑战 253
- 16.3 电子商务诉讼中的证据问题 253
  - 16.3.1 数据电文在现行证据法中地位或效力 254
  - 16.3.2 数据电文证据效力 255
  - 16.3.3 数据电文作为证据的保全措施：网络公证和证据保全 257
  - 16.3.4 数据电文的证据效力：以电子邮件为例 258
- 16.4 电子商务争议解决替代方式：在线争议解决方式 261
  - 16.4.1 替代性争议解决方式 261
  - 16.4.2 在线争议解决方式的主要形式 262
- 16.5 本章小结 262
- 16.6 思考题 263

第17章 电子商务税收法律问题 264

- 17.1 电子商务对税收的影响 264
  - 17.1.1 电子商务给国家税收和征收带来的影响 264
  - 17.1.2 美国和国际社会对电子商务税收的政策 266
- 17.2 我国电子商务税收问题探索 267
  - 17.2.1 电子商务税收政策的选择 267
  - 17.2.2 电子商务税收制度：尚需解决的问题 269
  - 17.2.3 税收征管电子化 271
- 17.4 本章小结 273
- 17.5 思考题 274

附录 中华人民共和国电子签名法 275

第一篇　电子商务法基础

第1章　电子商务法导论

电子商务是计算机网络技术发展到大规模应用产生的商务形态。由于运行环境和商务模式的改变，使得传统的法律体系难以适应电子商务的发展，需要新的法律法规调整电子商务的运行，由此产生了新兴的部门法学——电子商务法。本章全面介绍了电子商务的内涵与范围；阐述了电子商务法的基本概念，由此确立电子商务法的独立地位；最后介绍了国内外电子商务立法现状及其我国电子商务立法的基本问题。通过本章的学习，达到了解和掌握电子商务及电子商务法的基本知识目的。

1.1　电子商务的内涵与范围

1.1.1　什么是电子商务

20世纪90年代以来，计算机网络技术得到飞速发展，不仅实现了网络全球化、普遍化，而且实现了其应用范围从传统文字处理和信息传递领域向商业领域的根本性转变，带来了商业运行模式的变革，开辟出区别于传统商务不同的商务模式，这便是电子商务（Electronic-Commerce）。不过，尽管电子商务是一广泛运用的词语，但什么是电子商务，它的范围如何，在国内外还没有一致的看法。

从字面理解，电子商务就是"商务活动电子化"或者说是"电子技术+商务活动"。这里有一个界定商务的范围和电子化范围问题。对这两个方面均有一个广义和狭义的理解问题。

1. 广义上的电子商务和狭义上的电子商务：从电子手段的角度来划分

电子商务可以从电子手段来界定，凡是采用电子手段的商务活动被归结为电子商务活动。广义上的电子商务包括利用各种电子通信手段从事的商务。

广义电子商务来源于联合国《电子商务示范法》[①]。根据联合国的界定，数据电文是指由电子手段、光学手段或类似手段生成、储存或传递的信息，这些手段包括但不限于电子商务交换（EDI）、电子邮件、电报、电传或传真。显然这里的电子技术包括了传统电子通

---

① 示范法本身并没有给出电子商务定义，只界定了数据电文。一般认为凡是使用数据电文的商务活动即属于电子商务。

讯与电子计算技术（含网络通信技术）。这便是广义的电子商务。

这一定义概括了电子商务基本特征，商务手段电子化，但是，使人难以把握其范围。于是就有了狭义的电子商务。

狭义的电子商务是指利用计算机网络进行的商务活动。

实业界对电子商务的理解更突出电子商务的独特性，认为电子商务是在利用现有的计算机硬件设备、软件设备和网络基础设施，通过一定的协议连接起来的电子网络环境条件下进行各种各样商务活动的方式。IT 行业是电子商务基础设施和环境营造者、电子商务业务推动者，基本上持这样的态度。无论是国际商会，还是 HP 公司、IBM 公司或 SUN 公司基本上都支持这样的定义。

因此，狭义的电子商务是"将传统的交易行为转移到计算机网络上的商务活动"。换句话说，电子商务是一种整合了商业运作中的信息流（信息的传递）、资金流（金钱的流动）和物流（货物流转或运输信息），并以电子传递形式或部分电子形式通过计算机网络来完成的商品交易新模式。

这里的网络包括不同形式的计算机网络，包括企业内部网（Intranet）、广域网（WAN）和因特网（Internet）。因特网也称国际互联网，不过在大多数情形下，人们习惯上称各种形态的网络为互联网。从发展的观点看，在考虑电子商务的概念时，仅仅局限于利用 Internet 网络进行的商业贸易是不够的，将利用各类电子信息网络进行的推销、采购、结算等全部贸易活动都纳入电子商务的范畴则较为妥当。但为了论述方便，本书将研究的范围确定为因特网上的电子商务，因为这一高级形态的商务法律规则可能直接或变通运用于其他形式的电子商务。可以说，对以因特网为手段的电子商务法的研究基本上代表了对整个电子商务法的研究。

将电子通信手段限定在互联网或网络技术上，突出网络这种电子通信手段区别于传统的电子传媒，它使用可编程序电文——电脑程序制作的电文，形成与传统电子通信根本差别；而且网络具有互动、协同处理等传统传媒所没有的特征。实质上，网络形成了一个所谓的虚拟社会，它已经不是简单的传媒，而且营造了一个虚拟空间或虚拟社会，成为商务运用的新平台。

因此，通常意义上的电子商务即指利用互联网开展的电子商务。

2. 广义的电子商务和狭义的电子商务：从商务范围角度划分

对于电子商务的理解，还存在对商务范围的界定。

《示范法》对"电子商业（商务）[①]"中的"商业"一词作了广义解释："使其包括不论是契约型或非契约型的一切商务性质的关系所引起的种种事项。商务性质的关系包括但不限于下列交易：供应或交换货物或服务的任何贸易交易；分销协议；商务代表或代理；客账代理；租赁；工厂建造；咨询；工程设计；许可贸易；投资；融资；银行业务；保险；开发协议或特许；合营或其他形式的工业或商务合作；空中、海上、铁路或公路的客、货运输。"这也就是说，所有这些商业活动运用了"数据电文"就是电子商务。

[①] 在汉语习惯上，商业主要指贸易活动，而商务除了贸易外，还包括所有偿服务等营利性事业。《电子商务示范法》最初的中文官方译本为"电子商业"，但后来人们习惯上称《电子商务示范法》。而且，在电子签字示范法颁布指南中文版中，也改称电子商务示范法。

这一定义得到了国际社会的响应，在几乎所有的有关电子商务的著作中，均将电子商务的商务范围包括各种典型的商务活动和与商务有关的活动。也就是说，商务范围几乎涵盖了所有经营性和非经营性活动、契约性活动和非契约性活动，包括所有生产、销售、服务和从事这些活动所涉及的活动。最典型的是广义的电子商务包括企业内部管理活动或业务流程。企业利用网络将企业内部管理流程集成为一个整体商业过程称为企业内部电子商务。

企业内部电子商务一般包括以下内容：发送内部 E-mail 和信息；在线发布公司文档；在线查询文档、计划和知识；向员工实时发布重要信息；管理公司财务和人事系统；生产后勤管理；安排存货、分销与仓储的供应环节的一条龙管理；向供应商和顾客发订货处理信息和报告；跟踪订货和装运；利用网络进行广告宣传、搜索产品信息，等等。这些活动一般不涉及契约（除企业内部雇用合同等外），不属于传统法律意义上的商务活动，但却属于电子商务之商务范畴。

之所以将企业内部的活动也纳入电子商务，主要是因为电子手段改变了整个商务运营环境和手段，使人们不得不面对无纸化环境的挑战。由此，在传统情形下，只是辅助性或非商业性的活动，也被纳入到电子商务范畴。因此，有关电子商务法律规则设计是以数据电文为基础设计的，而不管使用这种数据电文用于内部商务活动，还是对外的交易活动。

尽管有以上广义的电子商务定义，但是，电子商务法的重心仍然是交易活动，非交易性的"商务"活动除了遵循数据电文规则外，一般不涉及当事人权利义务关系，而以权利义务为核心内容的电子商务法当然将重心放在交易或契约活动领域。如果将商务圈定在交易范畴内，那么电子商务只包括不同主体之间通过互联网完成的商务活动，所有这些商务活动都是一种交易，都需要订立合同或契约，而不是单纯的信息传递。我们不妨称这种意义上的电子商务为狭义的电子商务。狭义上的电子商务也可以称为在线交易（on-line transaction）。

在线交易具有两个根本特征：一是利用计算机网络技术或互联网，二是从事交易活动或服务活动。

因此，电子商务与在线交易两者是有区别的，电子商务的范围远远超出在线交易的范围，在线交易仅仅是电子商务的核心内容。提出这样两个概念主要是为了法律规范和论述方便。在论述数据电文为基础的电子商务活动时，电子商务是广义的，比如，有关数据电文、签字认证的规范适用于所有的使用数字电讯商务活动甚至非商务活动，而在谈电子合同、在线交易规制、消费者保护等时则主要指狭义的电子商务。

1.1.2　电子商务类型和特点

如上所述，从电子手段和商务范畴两个角度均可以区分出广义的和狭义的电子商务概念，这些概念均被人们广泛应用于法律文件和现实生活中。好在这些区分不会根本上影响人们对电子商务的研究和规范。因为所有的电子商务定义均离不开电子化这样的共同背景。由于广义的电子商务显得广阔无边，本书更愿意将电子商务限定在在线交易上，即限定在利用互联网为平台的商事交易活动，但也不排除在广义上使用电子商务并研究其基本法律问题（例如第二编基本上适用于广义的电子商务）。下面，我们再从几个方面对电子商务作进一步的解释。

1. 电子商务的特点

电子商务具有以下特点，这些特点有助于人们进一步地理解电子商务。

（1）电子商务构造了虚拟商业环境。电子商务广泛采用先进的网络通信技术作为营销手段，可以将各类商业活动所需要的信息完整地再现出来，完成意思的传递、合意的达成、钱款的支付、物流信息的整合、信息产品的交付（传递）等商业活动。因此，经济学界认为电子商务构成了一个异于现实社会的虚拟商业环境，称为虚拟市场或虚拟商业。[①]在虚拟世界里，连从事交易的主体也"虚拟"化了。因而，法律上必须找到将网上各种行为主体还原为真实世界对应主体的机制。

（2）电子商务能够跨越时间和空间的局限性，真正实现了贸易的全球化。从空间概念上看，电子商务所构成的新的空间范围以前是不存在的，这个依靠互联网所形成的空间范围与领土范围不同，它没有地域界限，在这个空间范围活动的主体主要是通过互联网络彼此发生联系。从时间概念上看，电子商务没有时间上的间断，在线商店是每天24小时开业的。虚拟市场上的这种新的竞争形式正在波及到人们非常熟悉的实体市场，这个现实是任何人都不可以忽视的。

（3）电子商务实现了信息化和无纸化交易。在电子商务的交易中，传统记载交易者意思和交易内容的纸张被电子这一新的介质所替代。这些电子信息可以借助于相应的计算机软硬件工具和网络环境方便地读取。当然，必要时，这些电子信息也可以转化为书面的文件。

（4）交易自动化、迅捷化。在以网络为基础的社会中，产品信息、供求信息、订约信息等在弹指之间便可传递到世界各地。这不仅使产品行销更加方便，而且使商家与商家、商家与消费者之间的沟通和达成交易变得更为迅捷和有效。因此，电子商务是低成本和高效率的。

2. 电子商务（在线交易）的基本分类

电子商务可以从不同的角度加以分类。根据我们前面对电子商务定义的探讨，电子商务可以分为企业内部电子商务和外部电子商务（在线交易）。在这里，我们进一步按照两个标准对电子商务加以划分，一个是按照内容；一个是按照电子商务的复杂程度。

（1）贸易型电子商务和服务型电子商务

按照商务活动的内容分类，电子商务主要包括两类商业活动：一类是贸易型电子商务，一类是服务型电子商务。

贸易型电子商务是移转财产权利的电子商务，包括有形货物的贸易和无形的信息产品的贸易。二者的区别主要在于有形货物的电子交易仍然需要利用传统物流配送渠道如邮政、快递和物流配送系统；而无形信息产品的交易则可以通过网络实现标的物的交付。信息产品是指以数字形式存在的信息、知识、娱乐产品等，信息产品具有不可破坏性或不可消耗性、可变性（容易改变）和容易复制性。在网络环境下，所有的信息产品都可以通过以数

[①] 虚拟只是一种比喻，它只是描述不同于现实物理世界的网上世界，仍然是一种真实存在。法律上不承认任何虚拟的东西，不过，为了便于分析，本书也沿用这一概念。

字的形式表现、传递、复制,成为电子商务领域最核心和最活跃的领域。

服务型的电子商务包括为开展电子商务提供服务的经营活动和通过网络开展各项有偿服务活动的经营活动。服务型电子商务区别于贸易型电子商务的一个重要特点是它不移转任何财产,而只提供某种设施、因特网接入、传输、信息服务等。例如,ISP(网络服务提供商)主要是为电子商务提供基础性服务的主体,提供网络接入服务,交易平台服务、电子邮件、主机服务等服务;认证机构即是为电子商务提供信息安全服务的主体。另外,还有大量提供信息内容服务的网络服务提供商。只是在许多情形下,提供信息服务是贸易还是服务界线并不十分清楚,或者没有必要加以明确区分。

(2) 完全电子商务和简单电子商务

按照电子商务是否包含支付内容,电子商务分为简单电子商务和完全电子商务。简单的电子商务是通过网络达成交易,但在网下完成支付的电子商务,它是在网上支付存在困难或条件不成熟情况下采取的初级形态的电子商务;而能够实现网上支付的电子商务则是高级的或完全的电子商务。另外,信息产品交易和信息服务不仅可以实现在线支付,而且可以实现在线履行,实现信息产品的移转,达到信息传递、货币支付、"货物"交付三位一体,成为最为典型的也是最完全的电子商务。

3. 电子商务沿革:从 EDI 商务到因特网商务

EDI(Electronic Data Interchange,电子数据交换)商务是电子商务发展初期主要形式。

EDI 商务,按照国际标准组织的定义,是"将商务或行政事务按照一个公认的标准,形成结构化的事务处理或文档数据格式,从计算机到计算机的电子传输方法"。简单地说,EDI 就是按照商定的协议,将商业文件标准化和格式化,并通过计算机网络,在贸易伙伴的计算机网络系统之间进行数据交换和自动处理。

EDI 是商业发展史上的里程碑,因为它使得纸上商业交易成为昨日黄花。相对于传统的定货和付款方式,EDI 大大节约了时间和费用。相对于因特网,EDI 较好地解决了安全保障问题。这是因为,使用者均有较可靠的信用保证,并有严格的登记手续和准入制度,加之多级权限的安全防范措施,从而实现了包括付款在内的全部交易工作电脑化。

但是,实现传统的 EDI 需要对 EDI 概念有深入的了解,需要同商业伙伴达成一致意见,需要购买(或开发)相应的转换软件和 VAN(Value Added Net works)服务。所以建设 EDI 系统需要大量的投资,这些对于中小企业来说难以轻易实现。加之早期计算机昂贵,调制解调器(Modem)只有 300bps,商品软件少,许多应用程序需要自行开发,因此只有很大的公司才有能力使用 EDI。最重要的是,EDI 交易仅限机器间的通信,采用的是机器码。因此,EDI 只能交换预定的交易数据,公司间普通的通信仍需借助纸张、电话、传真等其他通信方法。这种状况使 EDI 虽然已经存在了 20 多年,但至今仍未广泛普及。

Internet 是一个完全开放的网络,是一个可以实现双向通信的网络,它能够传送种种形式的文件,利用各种应用软件,用户可以完成很多 EDI 不支持的活动。因此,Internet 成为当今电子商务主宰的形式。

近年来,随着计算机降价、Internet 网络的迅速普及,EDI 也开始利用因特网,出现使用可扩展标识语言(Extensible Mark Language,XML)的 EDI,即 web-EDI,或称 Open-EDI,逐步取代传统的 EDI。经过这样改造,使 EDI 形式在保留一些原来特有性能基础上,有了更方便的应用,因此,它仍将不断发挥它应有的作用。我国对外贸易经济合作部也正积极地推广这种贸易形式并可以直接作为海关审查的合同文本。[①]

1.1.3 相关概念辨析

1. 电子信息

计算机技术的发明带来了信息的全面电子化、数字化，网络技术的发明使数字化的信息可以大规模地、互动地实现无固定载体信息交流与传输。因此，经济学界或商界形象地将电子商务称为整合了物流、资金流和信息流的交易方式或系统。可以说，电子商务本质上是对信息的整合，电子商务与电子信息密切相关。

网络中传递的电子信息，亦即数字形式的信息。根据电子信息在电子商务中的作用，可以将电子信息划分为两类，一类是功能性的电子信息；一类是产品性的电子信息。

（1）功能性电子信息

功能性信息是用来沟通、传递某种事实的信息，如交易意思表示（如合同）、支付、身份等信息。这些信息在电子商务中，功能性信息只是交易的手段或者只是服务于交易的需要。电子商务的突出特点是在商务活动中所有的功能性信息被电子化、数字化了，以电子文档形式表现出来，代替传统的书面信函、文件，来表达交易条款或条件及其他信息，因而，需要专门的法律调整。这便是电子商务法研究的重要内容。这些功能性信息属于广义数据电文中的一种[②]。例如，电子邮件、电子订单、支付信息、身份认证信息等。

（2）产品性电子信息：信息产品

产品性的信息，是作为交易标的而存在的信息。在这里信息不再是表示当事人某种意思或传递某种事实信息，而其本身成为交易标的。这类信息我们称为计算机信息、数字产品或信息产品，比如数字化音像作品、应用软件、游戏软件等。这类信息交易只有在电子商务环境下才出现的，因而成为网络环境下特殊的交易形式。其特殊性在于标的物不再是有形的物，而是无形的信息，因而需要特殊规范。这些规范成为电子商务法的重要内容。

2. 互联网产业和信息产业

互联网既催生了一批新产业，又不断改造着一批传统产业或行业，使整个商业运行方式发生变革。经济学界对于这种变革有着不同的看法。与电子商务相关的几个概念，需要做一些介绍。

（1）互联网产业

互联网发展诞生了一个全新的产业——互联网产业，但对它的范围并没有一致看法。美国得克萨斯大学的一份研究报告把互联网产业定义为包括电子商务（网上商店、订购服务等）、产业基础设施（互联网接入、调制解调器制造商等）、软件应用（网络浏览器、搜索引擎等）及中介公司（经纪公司等）。我国有学者概括为包括网络基础设施业、网络接入

---

① 鉴于EDI商务的特殊性，有关内容需要专门的著作加以阐述；也由于因特网商务在电子商务中占据越来越重要的地位，本书仅部分涉及EDI商务。
② 如前，广义上，数据电文包括传真、电报等，但计算机网络手段生成和存储的数字信息是最重要的，也是最独特并需要予以规范的。因为数字信息既不是口头的而被视为是书面的（区别于电话）、也不需要借助纸面载体使人识别（区别于传真、电报等）而是完全电子化存在并以电子形式识别的信息。

设备业、网络内容提供业、网络增值服务业①。由此可见，互联网产业是指与互联网有关的产业，包括了互联网设备制造业；即使电子商务是互联网产业的一部分，电子商务也只是通过互联网进行的商务活动或营业，不包括制造业。

（1）信息产业

信息产业是一个比互联网产业更大的概念，它包括了所有与信息传输、加工、处理、储存、信息数字化、网络化等有关的硬件制造、软件生产、网络集成和传输服务。它既包括计算机制造等制造业，又包括电信业、广播电视业等传统通信和传媒业。由此可见，信息产业所强调的是与信息的某种关联。

总之，不管是互联网产业，还是信息产业，均是从某个角度对产业的划分，前者更侧重与互联网的关联，而后者更侧重与信息的关联；而电子商务则是商务加互联网，只有通过互联网从事某种商务活动的才属于电子商务。

1.2 电子商务法

1.2.1 电子商务法的调整对象和范围

1. 狭义的电子商务法和广义的电子商务法

一般认为，法律调整特定社会关系或社会行为的行为规范。电子商务的发展和自身的规范要求导致电子商务法的产生。电子商务法顾名思义，是调整电子商务活动或行为的法律规范总和。但是，对于电子商务存在着不同的理解，就会使电子商务法调整范围显得难以把握和统一。

（1）电子商务法的基本定位

一般认为，电子商务法的基础是电子商务活动（尽管对于商务有广义和狭义两种理解）。电子商务作为一种商务活动，属于商事行为范畴，应当遵循传统商法的一般规则。而之所以要产生一个新的法律调整电子商务，是因为这些商务活动移至网上进行，其传导介质、交易手段和交易环境发生了重大变化，导致传统的商法难以解决因采用电子商务方式而引起的相关问题。所以，对于电子商务法的一个基本定位是：电子商务法不是试图涉及所有的商业领域，重新建立一套新的商业运作规则，而是将重点放在探讨因交易手段和交易方式的改变而产生的特殊商事法律问题。

这也就界定了电子商务法研究的范围：电子商务法主要研究商业行为在因特网环境下的特殊问题。

（2）电子商务法的调整对象

电子商务的特殊性首先在于，它是在网络环境下、采用数据电文（Data Message）为交易手段的商务。因此，电子商务法首先解决因使用数据电文而引起法律问题。它所解决的问题集中于计算机网络通讯记录与电子签字效力的确认、电子鉴别技术的选定、安全标准与认证机构的确立，及其权利义务的确定等方面。联合国《示范法》首先采纳了这种思路

---

① 孙强主编，《互联网商务应用》，对外经济贸易大学出版社，2000年，第56~59页。

和观点,且为许多国家所效仿。因此,通常人们将电子商务法视为调整以数据电文为交易手段而形成的因交易形式所引起的商事关系的规范体系。

但是,数据电文或数字信息引起的形式问题是电子商务法的重要内容,但不是全部内容。当商务活动移转到网上进行还会引起对交易本身和交易引起的特殊法律问题予以规范的问题。例如在线货物买卖交易、在线信息产品交易、在线服务、在线拍卖等问题(详见下文)。

为便于分析,我们将调整以数据电文为内容的电子商务法称为狭义的电子商务法。狭义电子商务法强调电子商务行为手段,狭义的电子商务法的任务是,在电子通讯技术的商业化应用上,建立一个使之顺畅运行的法律平台,亦即要从法律上造成一个使各种通讯技术都能畅通无阻的应用于其中的商事交易活动的环境。而与此相对的广义电子商务法更加强调电子商务中交易行为本身及其由此引出的其他问题。

本书采信广义的电子商务法,既注重形式方面的规范,又注重电子交易内容规范,将电子商务法视为调整电子商务形式和内容两个方面行为的规范总和。

2. 在线商业与传统商业:广义电子商务法调整的范围

在线商业的突出特征是利用因特网构筑的虚拟环境和信息交流手段完成各种商业活动,交易环境和手段改变产生了一系列新问题,而这些新问题正是广义电子商务法所要解决的问题。这些问题大致可以分为 11 种。

(1) 电子商务网站建设及其相关法律问题

电子商务网站是电子商务运营的基础。在电子商务环境下,交易双方的身份信息、产品信息、意思表示(合同内容)、资金信息等均需要通过网站发布、传递和储存。规范电子商务网站建设是电子商务法的首要任务。在通过中介服务商提供的平台进行交易的情况下,电子商务法必须确定中介服务商的法律地位和法律责任。同时电子商务法也需要确定在电子商务平台上设立电子商务网站、设立虚拟企业进行交易的主体之间的法律关系,确定电子商务网站与进入网站购物的消费者之间的法律关系。电子商务法还需要明确因为电子商务网站运作不当,如传输信息不真实、无效等引起交易损失时,网站应当承担的责任和相对人获得法律救济途径和方法。

(2) 在线交易主体及市场准入问题

在现行法律体制下,任何长期固定从事营利性事业的主体都必须进行工商登记。在电子商务环境下,任何人不经登记就可以借助计算机网络发出或接收网络信息,并通过一定程序与其他人达成交易。虚拟主体的存在使电子商务交易安全性受到严重威胁。电子商务法首先要解决的问题就是确保网上交易主体的真实存在,且确定哪些主体可以进入虚拟市场从事在线业务。目前,在线交易主体的确认只是一个网上商业的政府管制问题,主要依赖工商管理部门的网上商事主体公示制度和认证中心的认证制度加以解决。

(3) 数据电文引起的法律问题

电子商务的突出特点是信息数字化(或电子化)和网络化,一方面企业内部信息和文档电子化,另一方面表现为对外交易联络、记录的电子化,尤其是电子合同的应用,带来了许多法律问题。就前一方面而言,数据电文的应用带来了管理信息、财务记录、交易记录等完全电子化、网络化,如何保证这些信息安全并具有证据效力就是必须解决的问题。而在后一方面,因所有当事人的意思表示主要以电子化的形式存储于计算机硬盘或其他电子介质，这些记录方式不仅容易被涂擦、删改、复制、遗失，而且不能脱离其记录工具（计算机）而作为证据独立存在。电子商务法需要解决由于内部记录、电子合同而引起的诸多问题，突出表现有效电子记录规则、签字有效性、电子合同订立和履行等方面的问题。

（4）电子商务中产品交付的特殊问题

在线交易的标的物分两种，一种是有形货物，另一种是无形的信息产品。应当说，有形货物的交付仍然可以沿用传统合同法的基本原理。当然，对于物流配送中引起的一些特殊问题，也要作一些探讨。而信息产品的交付则具有不同于有形货物交付的特征，对于其权利的移转、退货、交付的完成等需要作详细的探讨。

（5）特殊形态的电子商务规范问题

在电子商务领域存在一些特殊的商务形式，如网络广告、网上拍卖、网上证券交易、网络咨询服务等，这些在传统法律领域受到特殊规范的商业形式，转移至因特网上后，需要新的条例加以规范和管制，这一领域成为电子商务法研究的一个重要分支。

（6）网上电子支付问题

在电子商务简易形式下，支付往往采用汇款或交货付款方式，而典型的电子商务则是在网上完成支付的。网上支付通过信用卡制和虚拟银行的电子资金划拨来完成。而实现这一过程涉及网络银行与网络交易客户之间的协议、网络银行与网站之间的合作协议以及安全保障问题。因此，需要制定相应的法律，明确电子支付的当事人（包括付款人、收款人和银行）之间的法律关系，制定相关的电子支付制度，认可电子签字的合法性。同时还应出台对于电子支付数据的伪造、变造、更改、涂销问题的处理办法。

（7）在线不正当竞争与网上无形财产保护问题

因特网为企业带来了新的经营环境和经营方式，在这个特殊的经营环境中，同样会产生许多不正当的竞争行为。这些不正当竞争行为有的与传统经济模式下的不正当竞争行为相似，有些则是网络环境产生的特殊不正当竞争行为。这些不正当竞争行为大多与网上新形态的知识产权或无形财产权的保护有关，特别是因为域名、网页、数据库等引起一些传统法律体系中所没有的不正当竞争行为，更需要探讨新的法律规则。这便是在线不正当竞争行为的规制问题。

（8）在线消费者保护问题

在线市场的虚拟性和开放性，网上购物的便捷性使消费者保护成为突出的问题。在我国商业信用不高的状况下，网上出售的商品可能良莠不齐，质量难以让消费者信赖，而一旦出现质量出现问题，退赔、修理或其他方式的救济又很困难，方便的网络购物很可能变得不方便甚至使人敬而远之。法律需要寻求在电子商务环境下执行《消费者权益保护法》的方法和途径，制定网上消费者保护的特殊法，保障网上商品的质量，保证网上广告信息的真实性和有效性，解决由于交易双方信誉不实或无效信息发生的交易纠纷，切实维护消费者权益。

（9）网上个人隐私保护问题

计算机和网络技术为人们获取、传递、复制信息提供了方便，但网络的开放性和互动性又给个人隐私保护带来麻烦。在线消费（购物或接受信息服务）均需要将个人资料传送给银行和商家，而对这些信息的再利用成为网络时代的普遍现象。如何规范银行和商家的利用行为，保护消费者的隐私权成为一个新的棘手问题。这一问题的实质是消费者权益保护、树立消费者信任的重要组成部分。

(10) 网上税收问题

作为一种商业活动，电子商务是应当纳税的，但从促进电子商务发展的角度，在一定时期内实行免税也是很有必要的。从实际运作情况看，由于网络交易是全球范围内的交易，因此征税管理十分困难。每天通过因特网所传递的资料数据相当庞大，其中某些信息就是商品，如果要监管所有的交易，必须对所有的信息都进行过滤，这在事实上是不可能的。探索网络征税的有效方法是税法的一个重要任务。从另一方面看，如果按照现有的税法进行征税，必然要涉及到税务票据问题，但电子发票的实际运用技术尚不成熟，其法律效力也有较大的争议，这方面的问题也需要深入研究。

(11) 在线交易法律适用和管辖冲突问题

电子商务的本质是商务。虽然在线交易是在"网络"这个特殊的"虚拟环境"中完成的，但实体社会的商法框架和体系对电子商务仍然有效，电子商务法只是解决在线交易中的特殊法律问题。这里面就存在一个现有法律法规的适用问题。由于因特网超地域性，法院管辖范围也需要做相应的调整。因此，对于网络环境引起的法律适用和法院管辖等问题的研究也就成为电子商务法的重要组成部分。

1.2.2 电子商务法的地位、性质与特征

1. 电子商务法的独立地位

法的地位是指一部法律在整个法律体系中有没有自己独立存在的位置，有没有自己独立存在的理由和必要性。能够在法律体系中形成独立存在的位置，才可能有单独立法的必要性。法律制度必须反映一定的社会发展需求，调整一定领域的社会关系，形成自己的独特的调整对象。一般而言，只有现行法律难以调整现行社会关系或社会发展要求突破现行法律框架时，才有独立部门法的出现。

电子商务是广泛采用新型信息技术或网络技术并将这些技术应用于商业领域后的结果，电子商务形成的社会关系交叉存在于虚拟社会和实体社会之间，具有其独特的性质。传统法律调整的对象都是在现实物理世界的范围之内，二者的调整对象有显著区别。因此，商业行为在因特网环境下形成的独立的调整对象孕育了新的部门法——电子商务法。

传统民商法及民事程序法仍然可以适用于虚拟环境中的商务活动，但是，在许多方面需要作适当的调整或者需要确立新的规范，突出表现在合同电子化所带来的一系列问题和诉讼管辖、证据认定等司法救济规则方面，传统法律不能完全适应以网络为载体的全新的信息交流方式。

传统商法以现实中的商主体和商行为调整对象。面对因特网环境下的商业行为，建立完善的规范体系确保这种特殊环境和手段下的商务运行安全有序，成为一个崭新的研究领域。因此，建立在线商事主体资格登记和管制制度、建立身份认证和其他安全保障制度、完善电子合同和电子支付的运作程序成为电子商务法的核心内容。

电子商务的开放性、系统性、集成性等特点使现行分割的行业管理和调控难以适应电子商务的发展。典型的在线交易从网上选购商品或订购到价款支付和货物交付是一个完整的系统工程，具有系统性和集成性的特点，而它所涉及的管理部门，包括工商、税务、海

关、卫生、质量监督等都是分立的。正确调整各部门之间的关系，协调各部门的职能，明确各自的法律职责，及时、公平、有效地解决在线交易问题，需要有新的经济法发挥作用。

面对传统法律难以解决的大量新问题，有必要制定应付新问题的法律，而这些分门别类的法律综合起来即形成一门新法学——电子商务法。电子商务法也就是研究在网络环境下对电子商务进行规范和调控的法学。随着计算机网络通讯技术的飞速发展和广泛应用，电子商务将成为未来商业活动的主宰形式，而电子商务法也将在商事法领域里发挥越来越重要的作用。

2. 电子商务法性质与特征

电子商务法是一个综合性法律体系，涉及许多领域，如民法、经济法、商法，总体上，电子商务法属于商事法范畴。商法是公法干预下的私法，它是以任意性规范为基础，同时有许多强制性规范。电子商务法是商法与时俱进发展的结果。按组织法与行为法划分，电子商务法在性质上应属于行为法或者是交易行为法的范畴，它同原有的商事法律相配合，以调整具体的电子商务法律关系。

作为信息网络时代的商法，电子商务法具有以下特点：

（1）习惯法性

传统商法的主要特点是习惯性。商法一开始只是商人在商业交往中自然形成的行业惯例，并随商业的扩展而扩散各地。尽管现代大陆法国家的商法均走向制定法或成文法，但习惯仍然占重要地位。由于网络环境下的商事行为规范仍然在探索和形成阶段，因而行业自律、自治是电子商务规范形成的重要途径，而且也是电子商务规范不可或缺的组成部分。因此，以行业惯例或标准为基础，仍然将是电子商务法的重要特征。

（2）无国界性

国际贸易的发展，使得商事法具有了较高程度的超地域性，而这种全球化特征在电子商务法中表现得更为突出。这是因为网络没有中心，也没有国界，在网络环境中的商务活动也不受国界的限制。这种状况决定了电子商务许多领域的问题中只有国际社会采取一致规则才能解决，也只有进行广泛的合作才能有成效。因此，在电子商务立法过程中，国际社会特别是联合国起到了非常重要的作用。它较早地制定了供各国参照模仿及补充适用的示范法，起到了统一观念和原则的作用，为世界电子商务立法的协调一致奠定了基础。因此，电子商务法具有跨越任何国界、地域的，全球化的天然特性。

（3）技术性

互联网络是现代通信技术的代表，以网络为手段的商务活动规则也必然带有一定的技术特征。在电子商务法中，许多法律规范都是直接或间接地由技术规范演变而成的，特别是在数字签字和数字认证中使用的密钥技术、公钥技术、数字证书等均是一定技术规则的应用。实际上，网络本身的运作也需要一定的技术标准，各国或当事人若不遵守，就不可能在开放环境下进行电子商务交易。

1.2.3 电子商务法的作用

电子商务法的作用，主要体现在以下三方面。

1. 为电子商务的健康、快速发展创造一个良好的法律环境

随着信息高速公路和因特网技术的迅速普及,电子邮件和电子数据交换等现代化通信手段在商务交易中的使用正在急剧增多,且可望得到进一步的发展。然而,以非书面的电文形式来传递具有法律意义的信息,可能会因使用这种电文所遇到的法律障碍或这种电文法律效力或有效性的不确定性而受到影响;制定起草电子商务法的目的,是要向电子商务的各类参与者提供一套虚拟环境下进行交易的规则,说明怎样去消除此类法律障碍,如何为所谓的"电子商务"创造一种比较可靠的法律环境,克服电子商务所遇到的法律障碍。

2. 法律是保障网络交易安全的重要手段

一谈到交易安全,人们首先想到的是技术保障措施,例如防火墙(fire wall)技术。但是,单纯技术仍难以完全保障电子商务的交易安全,更何况技术本身也需要法律规范。因此,电子商务安全仍然需要法律保障。

电子商务安全问题涉及到两个方面,一个是交易安全,另一个是信息和网络安全。这两个安全问题往往又交织在一起,没有信息网络安全,就没有交易安全。我国目前还没有出台专门针对电子商务交易的法律法规,其主要原因是上述两个方面的法律制度尚不完善,因而面对迅速发展电子商务,难以出台较为完善的安全保障规范性条文。

在我国电子商务法尚未出台的情况下,目前仍然应当抓紧已经公布的有关交易安全和计算机安全的法律法规的落实,保护电子商务交易的正常进行,并在此基础上不断探索,逐步建立适合中国国情的电子商务的法律制度。

3. 鼓励利用现代信息技术促进交易活动

电子商务法的目标包括促进电子商务的普及或为此创造方便条件,平等对待基于书面文件的用户和基于数据电文的用户,充分发挥高科技手段在商务活动中的作用等。这些目标都是促进经济增长和提高国际、国内贸易效率的关键所在。从这一点讲,电子商务立法的目的不是要从技术角度来处理电子商务关系,而是创立尽可能安全的法律环境,以便有助于电子商务参与各方高效率地开展贸易和服务活动。

1.3 电子商务立法

电子商务需要相应的法律规范调整,也需要相应的立法。由于目前我国电子商务立法相对滞后于其他国家,本节简要介绍国际组织和主要国家电子商务立法,然后就我国电子商务立法提出一些设想和看法。

1.3.1 国际和外国电子商务立法

1. 电子商务早期立法

电子商务的国际立法是随着信息技术的发展而展开的。20世纪80年代初,由于计算机技术已有相当发展,一些国家和企业开始大量使用计算机处理数据,从而引起了一系列计算机数据的法律问题,例如计算机数据的"无纸化"特点与商业文件的"纸面"要求的

冲突。早期的国际电子商务立法主要是围绕着电子数据交换（EDI）规则的制订展开的。1979年，美国标准化委员会制订了 ANSI/ASC/X12 标准。1981 年欧洲国家推出第一套网络贸易数据标准，即《贸易数据交换指导原则》（GTDI）。1984 年，联合国国际贸易法委员会（UNCITRAL）提交了《自动数据处理的法律问题》的报告，建议审视有关计算机记录和系统的法律要求，从而揭开了电子商务国际立法的序幕。

1990 年 3 月，联合国正式推出了 UN/EDIFACT 标准，并被国际标准化组织正式接受为国际标准 ISO9735。UN/EDIFACT 标准的推出统一了世界贸易数据交换中的标准，使得利用电子技术在全球范围内开展商务活动有了可能。此后，联合国又先后制定了《联合国行政商业运输电子数据交换规则》、《电子数据交换处理统一规则（UNCID）》等文件。1993 年 10 月，联合国国际贸易法委员会电子交换工作组 26 届会议全面审议了《电子数据交换及贸易数据通讯有关手段法律方面的统一规则草案》，形成了国际 EDI 法律基础。

电子商务发展早期由于受到网络技术发展的限制，国际电子商务立法只能局限于 EDI 标准和规则的制订，其影响也是有限的。

2. 电子商务法律框架形成时期

（1）国际组织

20 世纪 90 年代初，随着因特网商业化和社会化的发展，从根本上改变了传统的产业结构和市场的运作方式。在商界积极地探索和运用这种新经济模式的同时，国际组织和一些国家也积极地探索规范这种经济运行的法律体制，以便为新经济运行提供安全有序的法律环境。这一立法努力仍然是由联合国为先导的。

1996 年 6 月联合国国际贸易法委员会通过了《电子商务示范法》。它是经过众多的国际法律专家多次集体讨论后制定的，意在向各国政府的执行部门和议会提供电子商务立法的原则和框架，尤其是对以数据电文为基础的电子合同订立和效力等作出了开创性规范，成为各国制定本国电子商务法规的"示范文本"。

为了贯彻实施示范法确立的原则，1999 年 9 月 17 日，联合国国际贸易法委员会电子商务工作组颁布了《电子签字统一规则（草案）》，旨在解决障碍电子交易形式推广应用基础性问题——电子签字及其安全性、可靠性、真实性问题[1]。之后，联合国国际贸易法委员会电子商务工作组广泛吸取了一些国家许多已经生效的或正在起草的立法文件的经验，于 2001 年 3 月 23 日正式公布了《电子签字示范法》[2]。

其他国际组织也积极参与电子商务立法和国家之间电子商务共同原则的探索和制定。国际商会、经济合作和发展组织（简称经合组织）、欧盟等是这方面工作的积极推动者。

国际商会于 1997 年月 11 月 6 日通过的《国际数字保证商务通则（GUIDEC）》，试图平衡不同法律体系，为电子商务提供指导性政策，并统一有关术语。另外，国际商会目前

---

[1] 《Draft Uniform Rules on Electronic Signatures》, Article 2, A/CN.9/WG.IV/WP.82, United Nations Commission On International Trade law, Working Group on Electronic Commerce, Third-fifth Session, Vienna, 6-17, September, 1999 。中文文本请参见上海信息化办公室编译的《国内外信息化政策法规选编——国外电子商务部分》，中国法制出版社 2001 年 2 月第一版，第 72~98 页。
[2] *UNCITRAL Model Law on Electronic Signatures With Guide to Enactment 2001*, United Nations Commission on International Trade Law Working Group on Electronic Commerce, Thirty-eight session New York.

正在制定《电子贸易和结算规则》等交易规则。

经合组织（OECD）发布的有关电子商务的指导性文件有：《隐私保护和个人资料跨界流通的指南》（1980年）；《信息系统安全指南》（1992年）；《加密政策指南》（1997年）；《经合组织关于电子商务中消费者保护指南的建议》（1999年）；《经合组织保护消费者防止跨境欺诈和欺骗性商业活动指南》（2003年）。

1995年10月欧盟颁布《个人数据保护指令》（全称：《个人数据处理和自由流动有关的个人保护指令》），确立了因个人信息被他人收集而产生的基本权利。1997年提出《关于电子商务的欧洲建议》，1997年5月20日颁布了《远距离合同消费者保护指令》，1999年颁布《欧盟电子签字法律框架指南》，以促进电子签字的使用并有助于其法律上被认可。

世界贸易组织（WTO）于1997年达成三个协议，为电子商务和信息技术的稳步有序发展奠定了基础。这三个协议是：《全球基础电信协议》、《信息技术协议》、《开放全球金融服务市场协议》。另外，WTO对于贸易领域的电子商务已提出了工作计划，拟议中的立法范围主要包括：（1）跨境交易的税收和关税问题；（2）电子支付问题；（3）网上交易规范问题；（4）知识产权保护问题；（5）个人隐私；（6）安全保密；（7）电信基础设施问题；（8）技术标准问题；（9）普遍服务问题；（10）劳动力问题；（11）政府引导作用问题。

（2）主要国家的立法努力

美国是电子商务的主导国家。1994年1月，美国宣布国家信息基础设施计划，1997年7月1日颁布《全球电子商务纲要》，正式形成美国政府系统化电子商务发展政策和立法规划。

全国统一州法委员会（National Conference of Commissioners of Uniform State Law, NCCUSL）于1999年7月通过了《统一电子交易法》，现在已经为大多数州批准生效。2000年9月29日全国统一州法委员会发布了《统一计算机信息交易法》，并向各州推荐采纳（现只有两个州采纳）；联邦议会于1999年制定颁布了《全球和全国商务中的电子签字法》。

许多国家也在立法上对电子商务及时作出了反映，一方面对原有法律进行修订和补充，另一方面针对电子商务产生的新问题，制定新的法律。后一方面的工作最初是从电子签字开始的，即通过立法确认数字签字的法律效力。自美国犹他州1995年制定了世界上第一部《数字签字法》后，英国、新加坡、泰国、德国等国也开展了这方面的立法。此后，各国针对电子商务的有关问题，如公司注册，税收、交易安全等都制定了相当一批单项法律和政策规则。

随着网络经济的迅猛发展，电子商务立法引起了各国政府的重视，许多国家开始制定综合性的法律以促进和规范电子商务的发展。据联合国国际贸易法委员会（UNCITRAL）统计，截止2000年9月底，已经有十余个国家和地区通过了综合性的电子商务立法。它们是：新加坡《电子商务法》（1998年）；美国伊利诺斯州《电子商务安全法》（1998年）；美国《统一电子商务法》（1999年）；加拿大《统一电子商务法》（1999年）；韩国《电子商务基本法》（1999年）；百幕大群岛《电子交易法》（1999年）；哥伦比亚《电子商务法》（1999年）；澳大利亚《电子交易法》（1999年）；中国香港特别行政区《电子交易法令》（1999年）、法国《信息技术法》（2000年）；菲律宾《电子商务法》（2000年）；爱尔兰《电子商务法》（2000年）；斯洛文尼亚《电子商务和电子签字法》（2000年）等。

从美国犹他州的《数字签字法》和俄罗斯的《联邦信息法》至今，短短几年时间，就有几十个国家和地区、国际组织相继制定或正在制定电子商务的单行规则和综合法规,这在世界立法史上是极为罕见的。

1.3.2 我国电子商务立法现状

我国政府高度重视电子商务的立法工作。但是,由于在电子商务立法条件和立法形式上存在分歧,我国的电子商务立法相对滞后于世界上电子商务发展较快的国家。目前,国家和地方立法主要集中在计算机和网络管制方面,对于实质意义上的电子商务立法还没有出台。

1. 计算机和网络管制立法

20世纪80年代我国开始草拟制定有关计算机方面的法规,主要涉及计算机和网络安全方面。如1994年2月18日,国务院发布了《中华人民共和国计算机信息系统安全保护条例》,九届全国人大常委会会议表决通过的《全国人民代表大会常务委员会关于维护互联网安全的决定》;1996年2月1日国务院发布的《中华人民共和国计算机信息网络国际联网管理暂行规定》开始涉及互联网的管理。1997年6月3日,国务院信息化工作领导小组主持设立了中国互联网络信息中心(CNNIC)并发布了《中国互联网络域名注册暂行管理办法》和《中国互联网络域名注册实施细则》。1997年12月8日,国务院信息化工作领导小组根据《中华人民共和国计算机信息网络国际联网管理暂行规定》,制定了《中华人民共和国计算机信息网络国际联网管理暂行规定实施办法》,详细规定国际互联网管理的具体办法。

2000年,国务院发布了《互联网信息内容服务管理办法》,主要规范互联网内容服务。之后国务院新闻办公室、信息产业部制定了《互联网站从事登载新闻业务管理暂行规定》;信息产业部颁布了《互联网电子公告服务管理规定》。

2. 《合同法》

1999年3月我国颁布了新的《合同法》。合同法在合同形式方面大胆地吸收了数据电文形式,并将之视为书面合同。可以说是世界上第一部采纳电子合同形式的合同法。这为电子合同的推广应用以及为今后的电子商务立法奠定了基础。《合同法》第11条明确了数据电文为书面合同形式:"书面形式是指合同书、信件以及数据电文(包括电报、电传、传真、电子数据交换和电子邮件)等可以有形地表现所载内容的形式。"第16条和第34条分别规定了采用数据电文形式订立合同的成立时间和地点。这些规定的出发点是希望电子合同在既有的合同法框架下能够推行和运作。但是,这些简单的规范还不能使电子合同具有可操作性和安全性,或者不能解决互联网交易的缔结、履行、争议解决等问题。

另外,2000年新修改的《海关法》则确定了电子数据报关单的法律地位,承认其具有与纸质报关单相同的法律效力。

3. 电子签名法开始起草

2002年5月国家信息化领导小组决定起草电子签名条例,并移转国务院法制办负责,2004年3月24日国务院常务委员会讨论并原则通过《中华人民共和国电子签名法(草案)》。该草案于2004年4月2日提交全国人大常委会第八次会议审议并于2004年8月28日通过

（见附录）。电子签名法主要规范数据电文效力和电子签名效力，对于保障电子商务交易安全，维护有关各方的合法权益具有重要意义。

4. 特殊行业监管

随着互联网推广和应用，一些行业主管部门陆续制定规章，对一些特殊行业网络经营行为加以规范。如：证监会在2000年4月颁布了《网上证券委托暂行管理办法》；国家药品监督管理局2001年1月11日公布了《互联网药品信息服务管理暂行规定》等。2001年7月9日，中国人民银行发布了《网上银行业务管理暂行办法》等。

另外，如何对在线经营行为进行工商行政管理，也是一项世界性课题。在这方面，北京市工商管理局和上海市工商管理局做出了一些探索，发布了一些地方规章。如2000年4月，北京市工商行政管理局发布了《北京市工商行政管理局网上经营行为备案的通告》，对网上经营行为进行网上登记备案管理；上海市工商管理局于2000年颁布了《上海市营业执照副本（网络版）管理试行办法》，将申领营业执照副本网络版（营业执照的电子数字证书）作为确认企业和个体工商户在互联网上的经营主体资格的真实性的手段。

1.3.3 电子商务立法的基本问题

1. 电子商务立法的思路选择

从立法学的角度看，电子商务的立法可以有两条途径：

第一，先分别立法，即首先解决电子商务发展过程中遇到的现实问题，制定单行法规，如电子签字和认证法、电子合同规则、电子支付规则、电子提单规则、电子商务税收征收办法、网络广告规则等，待时机成熟后，再进行综合立法。这种方法的优点是，能够及时解决电子商务发展过程中的具体问题，并能够在实践中不断积累经验，逐步提出比较完善的综合立法的思路。这种方法的缺点是缺乏宏观思考，全局性不足，各单行法规很难实现统一性和一体性。而且，很容易沿袭传统的按行业和部门归属立法的弊端。

第二，先着手综合立法，形成我国电子商务立法的综合思路，出台电子商务基本法，然后对各个具体问题制定单行规则。对于电子商务这样一个发展十分迅速的新生事物，其立法应当反映现实并服务于现实，这是理所当然的，但立法超前性的指导意义也是非常重要的。"先综合立法后分别立法"的思路有利于从宏观上把握电子商务这一新事物的发展趋势，有利于统一电子商务活动中关键问题的看法。基本法制定出来，指导实践，规范实践，但不要限制实践的发展。如果立法不适应了，还可以修正。而且，由于电子商务所依赖的信息技术发展迅速，所制定的单行法规也需要经常修改和变动。这种修改和变动，如果没有综合的思路和统一的目标，很可能会产生诸多自身的问题和相互矛盾的问题。

因此，本书更倾向于采用第二种立法思路，这也是国际上普遍采用的方法。着手研究电子商务的关键问题，起草电子商务基本法，应当是目前较好的立法选择。

2. 电子商务立法指导思想与原则

电子商务法属于商法范畴，商法存在的基础和必要性是确保交易安全。同样，电子商务立法的主要目的也应当是交易安全的保护。具体地说，电子商务立法旨在为电子商务提供一个透明的、稳定的、有效的行为规则，以使在线经营者有一个稳定和安全的预期，提供一个和谐统一法律环境，维护交易安全，保护公平竞争，保护消费者权益，保护知识产权，保护个人隐私。在制定强制性规范的同时，也应当为当事人意思自治留有余地，或者鼓励在电子商务领域行业自治和当事人自治，鼓励商界探索新的规则，使限制性的规定建立在维护交易安全合理的基础上。

从上述指导思想出发，建议我国电子商务立法应采纳以下原则：

(1) 与国际电子商务规范接轨原则

电子商务是无地域界线或超国界的商业方式，因此，它比传统商业活动更需要采取统一规则。在这方面，联合国贸易法委员会《电子商务示范法》率先确立了一些基本原则，为电子商务立法基本原则的统一奠定了基础。事实上，之后许多国家立法均采纳了示范法的基本原则。因此，我国电子商务立法也应当尽量与联合国《电子商务示范法》保持一致，这样有利于我国电子商务规范与世界接轨。与此同时，吸收其他国际组织和发达国家成熟的立法经验，既可以避免走弯路，同时也可以减少磨擦和规则冲突，使我国立法一开始就融入到全球电子商务大环境中。

(2) 技术中立原则

技术中立原则是指政府或立法机构对于各种有关电子商务的技术、软件、媒体等采取中立的态度，由实际从事电子商务者和信息服务中介商自己根据技术发展选择采取新的或与国际社会接轨的技术，政府应当不偏不倚，鼓励新技术的采用和推广。只有这样才能建立开放的、全球性的电子商务运行的法制环境。

技术中立原则意味着在电子商务法的起草过程中不应偏重任何技术手段。例如，电子商务法不应当确定一种相当于任何一种书面文件的计算机技术等同物，相反，电子商务法只需要提出书面形式要求中的基本作用，以作为标准。任何数据电文，不管采用什么技术，一旦达到这些标准，即可同起着相同作用的相应书面文件一样，享受同等程度的法律认可。技术中立原则还意味着，电子商务立法必须考虑信息技术的高速发展趋势，为新技术的采纳留有余地，或者不应排斥新技术的采纳，以适应电子技术和电子商务模式的新发展。

(3) 促进交易原则

促进交易原则可以从两个角度来理解。从政策的角度理解即是采取适当的鼓励措施，促进电子商务交易形式的普及和运用。电子商务是一种新生事物，许多规范尚需要探索和实践，国家应当鼓励商界探索新的商业模式和领域。从法律规范的角度，促进原则表现为尽可能地为当事人自治和行业自治原则留有余地，在交易某些领域的法律规范仍然强调引导性、任意性，为当事人全面表达与实现自己的意愿，预留充分的空间；在法律实施领域坚持私法自治原则，只要现行法律没有禁止的，就是允许的或者不视为违法，只要法律没有强制规定，那么当事人之间安排就是合法的。这种态度有利于商家不断地探索电子商务运行的经验和习惯，有利于形成成熟的行为规范。可以说，促进交易是任意性规范的法理基础之一。

(4) 安全原则

商法的基本目标是保障商事交易安全，而电子商务法更是如此。电子商务法是在虚拟的环境中运行，在线交易给人们带来效率的同时，也带来不安全因素。因为在线交易是全球性的、非面对面的交易、是以电子信息或数据电文为手段的，这里不仅有传统法律环境下的不安全，如对方丧失履约能力，而且存在特有的风险，比如交易当事人是否真实存在、资信如何等。因此，电子商务法具有特有保障其交易安全的规范，如数字签字、身份认证制度等。另外，确保交易安全也是对在线交易规制的基础。法律之所以对网上交易格式条款的监督、对网上广告的监督、对缔结过程的提示义务的规定等强制性规定均是为了保护交易的安全和公平。超出安全原则的监督管理、强制规范都是多余的。

（5）保护消费者权益原则

电子商务的繁荣最终要依赖消费者的参与，如果在电子商务活动中，消费者利益得不到保护，就不可能有持续发展的电子商务。而且，电子商务是在虚拟环境（网络环境）下运行的，其交易环境的非透明度、交易过程的非直接性、交易手段的非纸面性等特征，不仅增加消费者受损害的机会，而且会导致消费者的不信任。为此，世界各国普遍把保障交易安全，增加消费者的信任作为发展电子商务首先要解决的问题。对网络交易的消费者权益维护除了适用传统的消费者保护法外，还要针对网上交易的特点对消费者实施特殊的保护。因此，除了制定专门的针对网上消费者权益保护的特殊法外，还应在网上交易的各个环节的规定中注重保护消费者的利益。

3. 电子商务法律体系

电子商务并非改变或完全推翻原有的法律规则和体系，而只是改变某些方面或者增加一些新规则。因此，电子商务仍然应当放在传统法律框架中加以解决，在传统法不能解决或不能保障交易安全时，需要制定新的法律、法规来解决新问题。因此，电子商务法律环境包括整个法律体系。但是，通常我们在论述电子商务法律体系时，并不涉及整个法律环境，而只涉及在网络环境下诞生的与电子商务和网络经营有直接关系的法律领域。

关于电子商务法的法律体系，首先我们应当明确的是，电子商务法只是部门法意义上的称谓，它应当包括许多子类，这些子类共同构成一个完成的体系调整电子商务及其有关的法律关系或法律行为。这个体系构架主要取决于一国的立法模式和设计。本书的一个基本想法是，紧紧围绕前面指出的11个问题及其可能出现的问题，在探讨其必要性和可行性前提下进行立法，构筑我国的电子商务规范体系。

1.4 本章小结

本章是电子商务法基础知识概述，主要知识点有三个：什么是电子商务，什么是电子商务法，现在电子商务立法状况如何。

电子商务就是"商务活动电子化"，但人们对商务和电子化或电子手段理解不一样，均存在广义和狭义理解。

从电子手段运用角度来看，广义上的电子商务包括利用各种电子通信手段从事的商务，而狭义的电子商务仅包括运用计算机网络通信手段从事的电子商务。互联网通信的特点是采用数据电文通过网络通信，因所有信息数字化，使用编程电文，可以互动和协同处理，由此给人虚拟环境之感。在这一意义上，本书所述的电子商务为狭义角度的电子商务。

从商务的角度来看，广义电子商务是联合国示范法确定包括契约型或非契约型的一切商务性质的关系所引起的种种事项；而狭义的电子商务仅指契约型的事务，即在线交易行为。本书从广义的电子商务法律问题研究起，但主要研究在线交易法律问题。

电子商务的主要特点是无纸化交易、自动化、跨越时空限制和环境虚拟性。

电子商务可以从不同的角度分类，从商务性质角度可以分为企业内部电子商务和外部电子商务（在线交易）；按照商务活动的内容划分，可以分为贸易型电子商务和服务型电子商务；按照电子商务是否包含支付内容，电子商务分为简单电子商务和完全电子商务。

电子信息或数字化信息在电子商务中扮演着重要角色，它既可以作为交易手段，同时又可以作为交易标的，两者含义和功能不一样。由此本书将电子信息划分为两类，一类是功能性的电子信息；一类是产品性的电子信息。

电子商务法是调整电子商务活动或行为的法律规范总和。

作为一商务活动，电子商务首先适用传统法律规范和体系，电子商务法只是解决通信手段或介质、交易手段或环境改变而引发的致传统民商法难以解决的问题。电子商务法并不能替代传统商法重新建立一套新的商业运作规则，而是将重点放在探讨因交易手段和交易方式的改变而产生的特殊商事法律问题。因此，电子商务法主要研究商业行为在因特网环境下的特殊问题。

对电子商务法也存在广义和狭义理解。狭义电子商务法旨在解决使用数据电文引起的形式问题；而广义的电子商务法还调整在线交易引起的特殊法律问题。本书采信广义的电子商务法，既注重形式方面的规范，又注重电子交易内容规范，将电子商务法视为调整电子商务形式和内容两个方面行为的规范总和。

电子商务法是一个非常庞杂的法律体系，涉及许多领域，既包括传统的民法领域如合同法、著作权法等，又有新的领域如数字签字法、数字认证法等，但总体上属于商法范畴。电子商务法是以网络为手段的商务活动规则，它是当今世纪占主导地位的商事法。

电子商务法有四个特征：程式性、技术性、开放性和复合性。

电子商务法指消除传统法律适用于网络环境的障碍，弥补现有法律的不足，创制安全、可信的商务运行环境，促进和保证电子商务高效有序的发展。

早期的国际电子商务立法主要是围绕着电子数据交换（EDI）规则的制订展开的。1996年6月联合国国际贸易法委员会通过的《电子商务示范法》揭开了国际电子商务立法新篇章；该法对以数据电文为基础的电子合同订立和效力等作出了开创性规范，成为各国制定本国电子商务法规的"示范文本"。另外，联合国2000年9月正式公布的《电子签字统一规则》，尽管不是首创，也将对世界范围内的电子签字立法产生影响。其他国际组织，例如国际商会、经合组织、欧盟等也是电子商务立法的积极探索者和推动者。世界贸易组织也正在为电子商务和信息技术的稳步有序发展奠定了基础。

在电子商务立法的国家层面上，美国走在世界各国的前列，美国的犹他州1995年制定了世界上第一部《数字签字法》，全国统一州法委员会1999年7月通过了《统一电子交易法》，现在已经为大多数州批准生效。

新加坡、加拿大、韩国、哥伦比亚、澳大利亚、法国、俄罗斯等国也是电子商务立法的先行者，均制定了电子商务法或类似法规。

我国政府高度重视电子商务的立法工作。电子商务立法相对滞后于世界上发达国家。目前，国家和地方立法主要集中在计算机和网络管制方面，对于实质意义上的电子商务立法还没有出台。

从技术方面，电子商务立法应当先着手综合立法，形成我国电子商务立法的综合思路，出台电子商务基本法，然后对各个具体问题制定单行规则。立法中应当遵循与国际电子商务规范接轨原则、技术中立原则、促进交易原则、安全原则、保护消费者权益原则。

1.5 思 考 题

1. 试述广义的电子商务和狭义的电子商务。
2. 试述功能性电子信息和产品性电子信息的区别。
3. 试论述电子商务法与传统商法的关系。
4. 简述电子商务法的调整对象与范围。
5. 简述电子商务立法原则。
6. 电子商务法应包括哪些核心内容？
7. 从国外电子商务立法的发展状况分析我国电子商务立法差距和出路。

第2章 网站设立和网络信息服务法

网络服务不仅是广义上的电子商务的组成部分，也是支撑在线交易营运环境的基础。网络服务的媒介或平台是网站，设立和维护网站的既可能是专业性网络服务公司，也可能是普通的商业公司、社会组织等。但不管怎样，所有的网站均具有共同的服务内容，这便是信息的收集、整理、发布、传递与存储。因此，学习和研究电子商务法首先应从电子商务运营的基础——网站的建设和及其所从事的信息服务开始。

本章主要研究网站的设立和网络服务管制方面的法律问题，同时研究网站在信息服务中的法律地位、义务和责任。通过本章学习，学生应掌握各种网络设立和运营制度规范，了解可能遇到的法律问题及其防范措施。

2.1 网站设立中的法律问题

从某种意义来上，任何一种网站都具有为他人提供信息服务的能力，而且所有的网站也都在从事信息传输、处理等服务。正因为如此，国家对于网站的设立或互联网服务的内容具有统一的规范。凡设立网站——不管是自己企业推销产品，还是专门为他人提供交易平台——均受国家有关互联网服务法规范，而且网站设立的基本程序和法律问题是一样的。这里忽略各网站服务内容差异，仅讨论网站设立的基本程序和法律问题。

2.1.1 接入互联网

设立网站首先必须接入互联网。我国关于互联网接入的法规主要有国务院1996年颁布的《计算机信息网络国际联网管理暂行规定》以及当时的邮电部根据该规定制定的《中国公用计算机互联网国际联网管理办法》等。根据这些法规和规章，计算机信息网络直接进入国际联网，必须使用邮电部国家公用电信网提供的国际出入口信道，任何单位和个人不得自行建立或者使用其他信道进行国际联网。中国公用计算机互联网（Chinanet，简称中国公用互联网），由中国邮电电信总局（以下简称电信总局）负责建设、运营和管理，面向公众提供计算机国际联网服务，并承担普遍服务义务的互联网络。另外，还可以通过吉通通信的金桥信息网、联通、铁通等网络接入互联网，其结果是一样的。

个人、法人和其他组织（以下统称用户）的计算机和其他通信终端进行国际联网，必须通过接入网络进行。用户可以通过专线或通过公用电信交换网接入网络。

接入中国公用互联网的条件是：
（1）依法设立的企业、事业单位或机关、团体；
（2）具有由计算机主机和在线信息终端组成的局域网络及相应的联网装备；
（3）具有相应的技术人员和管理人员；

（4）具有健全的安全保密管理制度和技术保护措施；

（5）符合国家法律、法规和邮电部规定的其他条件。

接入的主要手续是：

（1）主管部门审核同意。要求接入中国公用互联网的接入单位，应经其主管部门或主管单位的审核同意。

（2）到电信总局办理接入手续。办理接入手续时，接入单位应报送接入网络的系统构成、应用范围、联网主机数量、域名地址及终端用户数据等资料。接入运行后，上述事项发生变更时，应及时向电信总局申报。

互联网的接入在电信总局与接入单位之间的关系具有双重性，既有电信服务合同关系，又具有管理关系的内容；电信局既为其提供性能良好、安全可靠的服务，又负责互联网内接入单位和用户的联网管理。接入单位负责对其接入网内用户的管理，并按规定与用户签订协议，明确双方的权利、义务和责任。但接入单位与用户之间的基础关系是服务关系，双方的权利和义务基本上可以适用合同法，管理主要是技术上的，而不纯粹是行政上的。

2.1.2 域名及其注册

1. 什么是域名

互联网是无数个站点互联形成的，这些站点由一台主机（服务器）等设备构成，其内容表现为该主机提供的信息服务。为了区分每一个站点以及为了使整个站点联为一个整体，每一个网络和每一台服务器主机都分配了一个地址，这便是互联网协议地址（Internet Protocol Address），简称 IP 地址。IP 地址包含网络号和主机号两部分，用二进制数来表示，长 32 比特，在读写时，将 32 位转换成十进制，字节之间用"."分隔。如上海热线的 IP 地址为：202.96.209.5。

IP 地址构成计算机通往互联网的必经之路，要进入某个网站或访问某人的计算机必须使用这个数字地址。由于互联网上有大量的计算机，也就大量的 IP 地址，而这种地址又是数字型的，使用起来不方便，记忆起来更困难。于是又发明了另一套字符型的地址，采取英文字母来表示站点地址的办法（现在也有了中文域名、数字域名等），这便是域名（Domain Name）。域名有语词意义，易于理解和记忆。

因此，从技术角度讲，域名是"互联网上的电子地址"，是用于解决互联网上 IP 地址对应的一种方法。

域名有不同层次，通常分为三级，即顶级（一级）域名、二级域名和三级域名。顶级域名由互联网名称与地址分配公司（ICANN）来定义和分配。顶级域名分为通用顶级域名（GTLD, General Top Level Domain，国内也称为国际域名，如 com、net、org、edu 和 gov）和国家代码顶级域名（CCTLD, Country Code Top Level Domain），如中国代码为 cn。二级域名可分为两类：类别域名和区域域名。

类别域名至少有以下 6 个，分别为：

ac：适用于科研机构；

com：适用于工、商、金融等企业；

edu：适用于教育机构；

gov：适用于政府部门；
net：适用于互联网、接入网络的信息中心和运行中心；
org：适用于各种非营利性的组织。

行政区域域名有 34 个，大多为行政区名称的拼音缩写，如上海市为"sh"，江苏省为"js"。但也有与拼音缩写不相符的，如河南省为"ha"，海南省为"hi"。

从一级域名和行政域名可以判断网站的地理位置，如 cn 表示中国，bj 表示北京等，从类别域名可以判断网站的性质，如 com 表示公司，gov 代表政府等。这两类域名均由域名管理和注册机构确定；域名申请人所能确定的是三级域名，比如 eastday、yahoo 等。

因此，三级域名是当事人可以自主命名并代表自己特色和喜好的名称，它是域名的核心，因此也称为核心域名；对应地，二级、一级域名属于后缀。打个比喻，核心域名相当于企业商号或字号，而加上后缀则相当于企业名称（全称）。

域名地址的广泛使用是因为它便于记忆，互联网中真正寻找（被叫）时还是用 IP 地址，因此有一种叫域名服务器（DNS）的设备，专门从事域名和 IP 地址之间的转换翻译工作。域名地址本身是分级结构的，所以域名服务器也是分级的，在寻找时，实行逐级向上查寻，直到找到主机位置。

域名作为一种地址在全世界具有惟一性，其目的在于保障在一台电脑上搜索而不发生重复。为此特别要求第三级域名应当具有特殊性。这种惟一性实质上使得域名在全世界具有排他效力，只要一域名被注册就排除了全球范围内相同域名的可能性。由于域名本身具有"专有"特性，而每一个域名对应于一个网站或公司，这就使得本来只是一种虚拟世界（网络）中的地址的域名具有了识别或标识现实中的企业的功能或作用。因此，在申请域名时，起一个好听、易记、赋有某种含义的域名就是非常重要的事情。

2. 域名命名的规则

域名命名规则主要针对三级域名。三级域名由字母（A~Z，a~z，大小写等价）、数字（0~9）和连接符（-）组成，各级域名之间用实点（.）连接。为了强化域名在虚拟世界中标识现实企业的作用，也基于现行惯例，申请者一般采用本单位名称的中文的汉语拼音全称或缩写、英文全称或缩写、本单位商品或服务商标等享有专有权的字符。域名长度不超过 20 个字符，且不能与已注册域名、行业名称、地名、二级域名、专用术语等冲突。也就是说，在单位名称、商标等并不当然地能够注册为域名，因为有时单位名称缩写或在先权利与已有域名完全一致。另外，单位选择域名不能违反下列规定：

（1）未经国家有关部门的正式批准，不得使用含有"China"、"Chinese"、"cn"、"National"等字样的域名。

（2）不得使用公众知晓的其他国家或地区名称、外国地名、国际组织名称。

未经各级地方政府批准，不得使用县级以下（含县级）行政区划名称的全称或缩写。

（3）不得使用行业名称或商品的通用名称。

（4）不得使用他人已在中国注册过的企业名称或商标名称。

（5）不得使用对国家、社会或公共利益有损害的名称。

正确选择域名的重要性在于，域名实际上就是接入互联网的单位在互联网上的"名称"。域名最好与单位的性质、单位的名称、单位的商标以及单位平时所做宣传相一致，这样的域名容易记忆，容易查找，也能很好地反映单位的形象。例如，中国银行的域名 boc.cn.net

就是一个不太规范的域名：按照域名的命名规则和国际惯例来说，net 下的域名是指网络服务单位，cn 作为中国的国家顶级域名代码应该放在最后。中国银行规范的域名应该是 boc.com.cn，说明这是一家中国的企业。而联想集团的域名"Lenovo.com.cn"则是一个规范的域名（legend 是联想的英文名称）。总之，域名应当与网站名称、企业名称、商品或服务商标相一致或相关联，且具有惟一性、易识别或记忆性，以提高域名宣传现实网站或企业的效果。

3. 域名的申请

域名申请的途径有两种：一种是到互联网名称与编码分配公司（Internet Corporation for Assigned Names and Numbers，简称 ICANN）或其授权的代理机构注册国际通用域名；一种是在中国注册 cn 顶级域名下的域名。

其一，注册国际通用域名

目前国际域名的注册管理机构为互联网名称与地址分配公司（ICANN），用户可以到有权代理注册国际通用国际域名的网络公司（网站）申请，如到中国万网（www.net.cn）、东方通信域名注册中心（http://reg.eastcom.com/）等申请注册域名。

目前，可供选择的国际域名有以下几类：

（1）传统国际域名（中/英文）：.com、.net、.org、.gov。.com 商业性的机构或公司；.net 从事 Internet 相关的网络服务的机构或公司；.org 非盈利的组织、团体；.gov 政府部门。

（2）新顶级域名：info、.biz、.name、.pro。.Biz 取意来自英文单词"business"，是流行的.com 的有利竞争者；.Info 作为信息时代最明确标志，它将成为网络信息服务的首选域名；.Name 为个人名字在域名空间拥有自己独立于商业的域名创造了机会；.Pro 是取得一定资格的专业人士使用的限定性域名后缀，拥有.pro 的专业人员会比其他人更有权威，享受更多的专业服务。

（3）全球性国际顶级域名：.tv、.cc、.sh。TV 域名将作为宽频时代的主流域名，其站点将应用在：视听,音乐视频,电影,电视会议；CC 的意思是商业公司（Commercial Company）的意思；SH，有 Shop 含义，又与上海（Shanghai）协音。

域名注册主要审查：1）域名是否已经发放，即是否与已经注册的域名重复；2）域名是否明显含有法律禁止的内容。而且，注册机构只要求不与他人域名、商标相同或混淆性相似，但并不主动审查域名是否侵害他人权利（包括侵害商标权等在先权利），而是要求申请人向 ICANN 保证所注册域名不侵害他人商标权等权益，允许商标权人和其他享有在先权利人向 ICANN 或法院提出异议或诉讼；ICANN 自己或依据法院判决决定注册人是否有权继续使用争议域名。

根据《中国互联网络域名注册暂行管理办法》，在这些机构注册的域名（顶级域名非为 cn）且在中国接入互联网的，必须在 CNNIC 备案，以保证其合理而有效的运行。

不过，通常我们注册域名时，用户只要通过域名代理注册机构选名、付款即可以了，其余的事情由域名代理机构负责。

其二，在中国注册 cn 顶级域名下的域名

1997 年 5 月，国务院信息化工作领导小组办公室颁布了《中国互联网络域名注册暂行管理办法》，中国互联网络信息中心于 1997 年 6 月发布了《中国互联网络域名注册实施细则》等对 cn 下的域名注册有详细的规定。这两个法律文件是域名申请和管理的主要法律

文件。

根据《中国互联网络域名注册管理暂行办法》，在注册登记程序上我国基本上采纳了国际上通行"先申请先注册原则"的原则和"由申请人选择和负责原则"。这两个原则概括起来就是遇有相同域名申请注册，那么先申请者获得注册，后申请的人不能获得注册；申请注册的域名由申请者自己自由命名，域名注册机构只审查域名命名是否规范和与在先域名是否重复，而对域名是否侵犯了他人的在先权利（商标权、商号权或其他无形财产权）注册登记机构并不作实质审查，因而对因侵犯他人在先权利的域名注册所产生的一切法律责任和经济纠纷均与各级域名管理单位无关[①]。

域名注册机构即是 CNNIC[②]，申请人可通过访问 http://www.cnnic.net.cn、电子邮件（hostmaster@cnnic.net.cn）、传真（010-62559892,010-62533515）等电子手段获得申请表，并通过这些手段提交申请表。但是，申请人必须在随后的 30 天之内通过邮寄或面交方式向 CNNIC 递交书面的正式域名申请材料。在这 30 天内 CNNIC 为申请人保留域名。也就是以电子方式申请表提交日作为计算申请日的依据。但是，如果申请人未能在 30 日内提交全部材料，则该次申请自动失效，保留的域名将被撤销。

域名申请应提交的材料主要有：
（1）域名注册申请表；
（2）本单位介绍信；
（3）承办人身份证复印件；
（4）本单位依法登记文件的复印件，如营业执照或批准文件。

代理域名注册申请还应提交代理委托书和受托单位介绍信。

用企业名称全称或缩写作为域名的用户，需提供企业营业执照复印件；以本单位注册商标作为域名的用户，也必须提供注册商标证书复印件或国家商标局出具的受理书复印件。

CNNIC 在收到上述材料后进行审查，在 10 个工作日内将把域名注册处理情况通过电子邮件通知给申请人。如果符合注册条件，则通知申请被接受。申请人应当在规定的日期内向 CNNIC 缴纳域名首年年度运行管理费；CNNIC 在收到域名首年管理费后，向用户发放《域名注册证》。至此，完成注册。

目前可供选择的国内域名主要有两类：
（1）国内英文域名：.com.cn、.net.cn、.org.cn
（2）国内中文域名：.中国、.网络、.公司

---

① 《中国互联网络域名注册管理暂行办法》第 22 条规定："各级域名管理单位不负责向国家工商行政管理部门及商标管理部门查询用户域名是否与注册商标或者企业名称相冲突，是否侵害了第三者的权益。任何因这类冲突引起的纠纷，由申请人自己负责处理并承担法律责任。当某个三级域名与在我国境内注册的商标或者企业名称相同，并且注册域名不为注册商标或者企业名称持有方拥有时，注册商标或者企业名称持有方若未提出异议，则域名持有方可以继续使用其域名；若注册商标或者企业名称持有方提出异议，在确认其拥有注册商标权或者企业名称权之日起，各级域名管理单位为域名持有方保留 30 日域名服务，30 日后域名服务自动停止，其间一切法律责任和经济纠纷均与各级域名管理单位无关。"
② 中国域名管理机构是由中国政府指定的中国互联网络信息中心（CNNIC）来管理；CNNIC 成立于 1997 年，在法律性质上亦属于非营利性、非官方的民间组织。中国互联网络信息中心主要负责中国国家域名.cn 及中文域名".中国"下域名的注册管理工作。

目前，国内中文域名还不普遍。

中国互联网注册的域名实行年检制度，以保证域名体系的有效性和规范化运行。根据规定，注册域名可以变更或者注销，不许转让或者买卖，如有违反，CNNIC 有权撤销其域名，并暂停其所有注册域名运行 6 个月。

在我国，域名的申请者必须是法人单位而不能是个人；外国企业或机构要在 cn 的二级域名下注册域名，必须在中国境内设有分支机构或办事处，并且其主域名的服务器在中国境内。

2.2 网站设立及其网络服务的法律管制

2.2.1 网站分类及其管制

1. 网站及其分类

网站是网络中的一个站点，或者说是 Web 服务器。从其构成上，网站有大量 www 格式的信息和运行 www 服务器软件的计算机；其功能是管理和处理网上其他计算机向其提出的请求并按要求发送文件，提供 www 服务。网络用户通过 Web 浏览器向 Web 服务器请求信息，浏览 www 系统提供的各种信息资源。

互联网是设立于不同国家和层次的站点按照 TCP/IP 协议联结而成，每一个站点都是由特定程序及其相应数据库构成。在线商业的所有活动都离不开网站进行的信息存储、处理和传递工作。

网站可以按照设立人的性质进行分类，政府机构设立的网站即是政府网站，企业、金融机构等设立的即为商业网站，科研机构设立即为科研网站、教育机构设立即为教育网站，如此等等。但是，这种分类并不完全代表网站信息服务的性质。因为，设立人的性质和种类只说明该网站服务的行业和内容，说明它的主要特色，而并不说明其他问题。

从是否从事经营或营利性活动的角度，网站可以区分为经营性网站和公益性网站。但是，由于网站本身的开放性，任何一个人都可以利用任何一个网站上的公共信息，这样，所有的网站都具有公益性。这样定义公益性，就丧失了区分意义。什么是营利或经营行为？是只有从事 B2C 或 B2B 交易的才算是营利行为，还是包括有偿提供信息服务的也算是营利行为？是以网站的运营成本与收入核算为标准，还是以从事营业活动为标准？每一种答案都可能有失偏颇。因此，网站很难从经营性和公益性的角度加以区分。

正是基于此，2000 年 9 月 25 日国务院颁布的《互联网信息服务管理办法》（下称《办法》）没有根据网站设立主体区分网站并进行相应的管制，而是将网站服务行为区分为经营性和非经营性两类，进行行为管制①。《办法》没有采用"公益性"的概念，而是采用了"非经营性"的概念，意味着除了经营性外均属于非经营性。至于什么是经营性信息服务，该

---

① 不过，《办法》并没有将之贯彻到底，因为第 11 条第 2 款提到，非经营性互联网信息服务提供者不得从事有偿服务。显然是将网站的服务截然地划分为经营性信息服务和非经营性信息服务。这无疑是与整个法规的思路不谐调的。

办法没有规定。一般来讲，除了从事 B2C 或 B2B 等在线交易或提供在线交易平台服务明显具有经营性特征的信息服务外，从事广告服务、有偿信息服务和其他有偿服务的行为也应属于经营性信息服务；而除此之外的均属于非经营性信息服务。按照《办法》第 11 条第 2 款的推测，似乎立法者将二者区分的标准定位于是否提供有偿服务，但这又大大地拓宽了经营性概念，使经营性网站范围扩大。因此，一般倾向于将经营性网站限定在从事 B2C 或 B2B 等在线交易及其他商业服务上。

网站的主要功能即提供信息处理、传输、存储服务。当然网站可以是仅仅供自己使用，而一旦向别人提供信息发布、传输等服务时，就被称为"互联网信息服务"。上网用户包括个人、企业、社会组织等；信息服务包括应用户请求的信息服务，也包括主动提供的信息服务，包括一般信息服务，也包括提供交易平台、进行网上交易等电子商务服务。

2. 对网站的管制

我国对提供互联网信息服务实行管制制度，不过因信息服务种类和性质不同采取不同的管制，这些管制实际上构成网站设立的条件，因为如果网站要从事某种服务就必须办理某种手续或取得许可。我国对网络信息服务行为的管制大致分以下四种情形：经营性行为许可制度；非经营性行为备案制度；特殊行业服务特许制度；特殊信息服务专项备案制度。

（1）公益性网络信息服务备案制度

《办法》第 4 条明确规定："国家对经营性互联网信息服务实行许可制度；对非经营性互联网信息服务实行备案制度。未取得许可或未履行备案手续的，不得从事互联网信息服务。"这就是说，从事非经营性的网络服务的网站只需要到主管部门进行备案，即可以开站运营。根据第 8 条的规定，从事非经营性互联网信息服务，应当向省、自治区、直辖市电信管理机构或者国务院信息产业主管部门办理备案手续。有些省市，如上海市，是在信息化办公室进行备案的。

办理备案时，应当提交的材料主要是：
① 主办单位和网站负责人的基本情况；
② 网站网址和服务项目；
③ 服务项目属于本办法第 5 条规定范围的已经取得有关主管部门的同意文件。

（2）特种行业信息服务审批制度

《办法》第 6 条规定：从事新闻、出版、医疗保健、药品和医疗器械等互联网信息服务，依照法律、行政法规以及国家有关规定须经有关主管部门审核同意，在申请经营许可或者履行备案手续前，应当依法经有关主管部门审核同意。依照该规定，可以得出以下几点：

第一，从事上述行业的网络信息服务的，如果法律法规规定必须经有关部门审批的，必须在申请办理网站设立备案或许可前办理必要的审核批准手续，也就是这种审批是一种前置程序。

第二，不管是经营性信息服务，还是公益性或非经营性信息服务如果涉及这些行业，都必须办理审批手续。

（3）从事特殊信息服务专项备案制度

《办法》第 9 条规定：从事互联网信息服务，拟开办电子公告服务的，应当在申请经营性互联网信息服务许可或者办理非经营性互联网信息服务备案时，按照国家有关规定提出专项申请或者专项备案。电子公告即是 BBS,是供公众自由发表言论的地方。所有网站如开辟这项服务的话,要到有关部门办理专项申请或备案。

2.2.2 经营性信息服务网站设立的主要条件和程序

1. 经营性互联网站设立的条件

经营性互联网信息服务在《中华人民共和国电信条例》(《电信条例》)中被划为增值电信与信息服务业务。根据《办法》第 6 条和《电信条例》第 13 条,举办经营性网站应当具备以下条件:

(1) 经营者为依法设立的公司;
(2) 有与开展经营活动相适应的资金和专业人员;
(3) 有为用户提供长期服务的信誉或者能力;
(4) 有业务发展计划及相关技术方案;
(5) 有健全的网络与信息安全保障措施,包括网站安全保障措施、信息安全保密管理制度、用户信息安全管理制度;
(6) 服务项目属于《互联网信息服务管理办法》第 5 条规定范围且已取得有关主管部门的同意的文件;
(7) 法律法规规定的其他条件。

2. 经营性互联网信息服务申办的程序要件

根据《办法》第 7 条的规定,包含经营性信息服务内容的网站必须办理两项手续,一是获得增值电信业务经营许可证;二是在工商管理部门办理登记手续。

(1) 办理经营许可证

从事经营性互联网信息服务,应当向省、自治区、直辖市电信管理机构或者国务院信息产业主管部门办理互联网信息服务增值电信业务经营许可证。省、自治区、直辖市电信管理机构或者国务院信息产业主管部门应当自收到申请之日起 60 日内审查完毕,作出批准或者不予批准的决定。予以批准的,颁发经营许可证;不予批准的,应当书面通知申请人并说明理由。

(2) 办理企业登记

经营性网站是作为企业或公司来进行登记的。因此,取得经营许可证后,还应当持经营许可证向企业登记机关即工商行政管理机关办理登记手续。

这里需要指出的是,工商登记机关办理的登记手续是企业设立的登记手续,而且是已经设立后的登记手续。我们认为,经营性网站是一种企业,因此应当按照一般企业设立程序,由工商管理部门办理登记手续。这种登记包括企业(网站)名称、注册资本、办公地点等事项。这样,经营许可即成为设立网站企业的前置条件。

2.3 网络服务提供商的义务和责任

从广义上讲,任何一个网站的设立和经营者都是网络服务提供者,因为他们从事共同的事务——信息传输、存储、处理等服务。但是，习惯上仅把专门为他人设立经营网站或为其他网络通信提供服务的网络服务提供者称之为网络服务提供商。在有些情形下，网络管制是针对所有网站经营者的，而在有些情形下，法律有必要专门对网络服务提供商的义务和责任作出界定。本节首先从所有网站经营者均从事信息服务这一共同特性论述所有的网站设立人的法律义务和责任，然后再讨论网络服务商在侵权责任中的特殊性。

2.3.1 网站经营者作为公共信息服务提供者的义务和责任

网站具有发表、传递和交流信息的功能，因此被誉为"第四媒体"，任何人借助计算机登陆某一个网站就可以浏览和阅读网上公开信息。消费者或公众借助于网站的信息处理和传输功能，可以实现信息交流，这种交流可以是一对一的，也可以是群体对群体的。因此，在网站与社会公众之间存在着一种"服务关系"。但这里不需要当事人任何意思表示或合意就直接推定或默示其存在这样的服务关系。而且，网络服务提供者与公众之间的权利和义务直接由法律规定，法律直接规定网站在向公众提供信息服务过程应当履行哪些义务，以确保网络信息发布和传输能够按照合法、有效的方式运营。正是基于此，《互联网信息服务管理办法》规定了网站基本义务。这些义务大致可分为两方面：一是服务行为合法义务；二是保证信息内容合法义务。这两项义务是所有网站对社会公众应当承担的义务。

1. 服务行为合法义务

网络信息服务提供者（即网站），首先应当按照经营许可范围提供服务。《办法》第11条规定：互联网信息服务提供者应当按照经许可或者备案的项目提供服务，不应超出经许可或者备案的项目提供服务。这是我国对网络服务提供商实行管制的必然结果。这意味着网站服务内容必须依照许可上列明的服务事项，特别是非经营性互联网信息服务提供者不得从事有偿服务。

《办法》第12条明确规定，互联网信息服务提供者应当在其网站主页的显著位置标明其经营许可证编号或者备案编号。这一规定实际上要求网站公示其服务身份的合法。如果没有这样的公示，那么其身份就不合法，消费者不宜接受这些网站的服务，否则法律不予以保护。

另外，《办法》第14条规定了网站在从事特殊服务项目中要求登记备案的义务。根据该条规定，从事新闻、出版、以及电子公告等服务项目的互联网信息服务提供者，应当记录提供的信息内容及其发布的时间、互联网地址或者域名；互联网接入服务提供者就当记录上网用户的上网时间、用户帐号、互联网地址或者域名、主叫电话号码等信息。这些记录备份应当保存60日，并在国家有关机关依法查询时，予以提供。

2. 保证信息内容合法义务

《办法》第13条规定："互联网信息服务提供者应当向上网用户提供良好的服务，并保证所提供的信息内容的合法"。这一条有两个含义，一是提出了一个信息服务提供者应当履行的一般性义务，即提供良好的服务，至于什么是良好的服务，需要根据具体情况分析，至少要包括在现有技术范围内一般网站所能做到的水平。另一个含义是网站应保证提供的信息内容的合法性。《办法》第15条规定了九种不合法的信息，因此，保证提供信息的合法性义务至少要求服务提供者提供的信息不包含下面九种不合法信息：

（1）反对宪法所确定的基本原则的；

（2）危害国家安全，泄露国家秘密，颠覆国家政权，破坏国家统一的；

（3）损害国家荣誉和利益的；

（4）煽动民族仇恨、民族歧视，破坏民族团结的；

（5）破坏国家宗教政策，宣扬邪教和封建迷信的；

（6）散布谣言，扰乱社会秩序，破坏社会稳定的；

（7）散布淫秽、色情、赌博、暴力、凶杀、恐怖或者教唆犯罪的；

（8）侮辱或者诽谤他人，侵害他人合法权益的；

（9）含有法律、行政法规禁止的其他内容的。

第16条规定，互联网信息提供者发现其网站传输的信息明显属于上述九种内容之一的，应当立即停止传输，保存有关记录，并向国家有关机关报告。这也就是说，不仅网站经营者自己不能发布这些不合法的内容，而且也负有禁止他人在网上传播不合法的信息。该条主要确定了互联网服务提供者发现后停止继续传输义务和向国家有关机关报告义务，而没有明确网络服务提供者是否有监控其所传输的内容是否合法的义务，更没有规定注意到什么程度。

对于提供内容服务的网络公司，上述义务的履行和责任承担是明确的，但是，对于提供中介服务的网络服务提供者，情形较为复杂。在这一点上，需要根据中介服务提供者的服务内容及其对被动上传的信息的监控能力来确定。本书将在下面的网络服务提供商在侵权中的责任加以讨论。

2.3.2 网站经营者与特定用户之间的网络信息服务合同义务

1. 网络信息服务合同概述

网络服务提供商在向网络用户提供信息上传、传输、存储、交流、检索和查询等服务过程中，会在服务提供方和服务接受方，形成服务合同关系。对此合同，可暂且称之为网络信息服务合同。

从信息服务的内容讲，网络服务者提供的服务大致可以分为三种：第一种是信息发布，即接受他人委托在网站上发布针对不特定受众的某种信息（可能是商业性的信息，也可能是非商业的）。第二种是信息传输，即将某甲的信息传递给某乙。与前一种不同，其受众是特定的，如发送电子邮件、发送订购单或确认函等即属于传输服务。第三种是提供信息服务，即向特定的消费者提供其索取的信息，如学术文献、产品信息等有偿查询服务即属于向特定用户提供信息服务。另外，在所有这些信息服务过程中，均存在一个共性的网上信息服务，即信息贮存服务。

所有这些信息服务既可能是通过明示的合同建立起来的，也可能是通过用户（消费者）的注册登记而建立的。一般而言，如果用户请求网站提供某种信息或者提供某种信息传输服务，一般必须进行登记或注册，将姓名、性别、年龄、国籍、身份证号、住址、电话等个人信息登记于网站的信息库中，这种注册或登记意味着消费者通过注册登记和网站之间达成一种信息服务合同。这种信息服务可能是有偿的，也可能是无偿的，但不管是有偿还是无偿，在网络服务提供者和用户之间都构成一种信息服务关系。

目前，我国还没有关于信息服务或信息交易方面的立法，而现行法对网络服务提供者的基本义务也没有明确的规范，实践中主要根据法律一般原则、行业习惯，网站经营者提供的格式合同，来确定双方的权利、义务和责任。因此，网络服务提供者和用户之间的权利和义务应当遵循合同法总则和分则的有关规定。而且，对于特定的服务，当事人还可以通过合同加以约定。例如，遵守《合同法》第39~41条关于格式合同的规定。关于此内容请参阅本书13.2。

2. 网络信息服务合同中的几个法律问题

在法律没有明文规定的情形下，网络服务提供者在向特定用户提供信息服务的过程中的一些基本的权利、义务和责任，是一个值得探讨的问题。这里讨论几个特殊问题：网络服务商对信息内容所承担的义务和责任；有偿合同和无偿合同责任的区别；应请求的中止行为的责任问题。

（1）对信息内容的一般义务和责任

在向特定用户提供信息服务的过程中，网络服务提供者对于信息内容承担的义务要超出作为公共信息服务者的义务，除了保证信息的合法外，还应当保证信息真实、有效。所谓合法，即提供的信息不为法律所禁止，也就是不得含有前面提供的为法律所禁止传播的内容。所谓真实，即是所提供的信息符合事实或不虚假。所谓有效，即是保证所传递的信息是在有效期限内，而不是失效的信息。

（2）有偿合同和无偿合同的区别问题

网络服务提供者对用户承担的责任是否因服务合同的有偿无偿而有所区别？根据注册用户是否向网络服务者支付费用，可以将网络服务者与用户间的合同分为有偿合同和无偿合同。而在现实中，大多数网络用户与服务提供商之间有的服务合同是无偿的。例如，电子邮件服务大多数是无偿的，只有个别网络服务商开始提供有偿邮箱服务。作为一般原则，合同不因无偿而免责，向用户提供免费信息服务的网络服务商同样要承担基本合同义务和责任。但是，根据权利义务对等原则，在因服务瑕疵而给用户造成损失时，可以考虑只要求服务商承担轻赔偿责任。也就是只有在网络服务商对其服务有故意或重大过失的情况下，才承担赔偿责任，而在一般过失或疏忽情形下，不承担责任或只承担实际损失的责任。

（3）应请求的中止行为

网络服务提供者的中止行为主要是针对信息的处理。网络服务提供商对于网络内容存在监控能力和义务时，按照"表面合理标准"审查而出于善意主动删除或接到权利人发出通知而采取删除等措施制止侵权行为，但后来被权威机构认定不成立，此时服务商要不要承担违反合同的责任呢？再比如权利人指控上传信息者侵害其版权，在裁决之前被权威机构通知暂停传播，但后来被裁决不构成版权侵权（可能属于合理使用或其他原因）。此时服务商承担什么责任呢？对此类问题，美国的《跨世纪数字版权法》确立的规则是可以借鉴的。该法规定，如果网络服务者出于善意而采取删除等措施，则不需承担法律责任；发出通知的人如果作虚假陈述，应当承担法律责任，赔偿被控侵权人和网络服务者因其虚假陈述所遭受的损失，包括增加的成本及律师费。

2.3.3 网络服务提供商及其侵权责任一般原则

网络服务提供者虽然是在虚拟世界中提供有关服务,但其行为也应遵守真实世界里的法律规定,并对侵权行为承担相应的法律责任。2000年12月28日全国人大通过的《关于维护互联网安全的决定》第6条第2款首次明确了网上侵权责任:"利用互联网侵犯他人合法权益的,构成民事侵权的,依法承担民事责任。"利用互联网侵犯他人权利自然包括网站经营者和其他人两种。利用网络侵权仍然适用传统法中谁侵权、谁担责的基本规则。而对于利用网络侵权而言,最重要的是区分两种情况:一是网站经营者利用自己的网站侵犯他人权利时应当承担什么责任;二是在他人利用网站实施侵权时,网站经营者应承担什么责任。为此,我们需要了解网络服务提供商的分类,以确立其在侵权中的责任。

1. 网络服务提供商:从在信息传输中的作用分类

网络服务提供商比较复杂,通常按照其服务的内容区分为许多种类,存在不同的称谓,常见的有:

网络服务提供商(Internet Service Provider,简称ISP);

网络接入提供商(Internet Access Provider,简称IAP);

网络内容提供商(Internet Content Provider,简称ICP);

在线服务提供商(Online Service Provider,简称OSP);

网络平台提供商(Internet Presence Provider,简称 IPP);

应用服务提供商(Application Service Provider,简称ASP)。这些网络服务提供者均直接或间接具有信息服务功能。

从网站经营者在信息传输中的作用或者网站经营者对信息内容的控制角度,网络服务商大致可以分为两类,一类是网络内容服务提供商;一类是网络中介服务提供商。在前一种角色下,网络服务器的经营者直接向消费者(接受者)发布信息,充当主动传输内容的角色;在后一种角色下,是经营者以外的人通过某个服务器发布信息,网络服务经营者充当被动传输信息的角色。为了便于分析,我们将内容服务提供商简称为ICP,而其他网络服务提供商统称为ISP。ICP充当网络信息交流的一方当事人(发布者),而ISP充当网络信息交流的媒介或中介。

(1) 网络内容服务提供商

在一定程度上说,任何人都能成为网络内容提供者,不论是普通的个人或企业用户,设立并经营网站的个人、公司,只要提供信息向网络发布就属于网络内容提供者。但是,通常一讲到网络内容服务商,专指提供内容服务的网络服务公司。所谓内容服务,即向网络上传、发布、传递有价值信息,供人阅读、浏览、下载、视听等。在提供内容服务的情形下,网站经营者在信息传播中充当了发布者(Publisher)的角色,类似于出版社、报社、杂志社、广播电台、电视台等传统媒体。内容服务提供者所发布的信息可能(往往也是)来源于其他人,但是,这些信息均是由网络服务提供审核、编辑、上传的,而不是由其他人直接上载于网络的。大多数网络服务公司既提供中介服务,同时也提供内容服务,因此,通常是以网络经营者在特定信息发布中的作用来确定其角色,而不是仅仅依据网络的性质。

（2）网络中介服务提供商

网络中介服务提供商指为网络提供信息传输中介服务的主体，它又可以分为接入服务提供商和主机服务提供商。

① 接入服务提供商。接入服务提供者，指为信息传播提供光缆、路由器、交换机等基础设施，或为上网提供接入服务，或为用户提供电子邮件服务的主体。接入服务提供者对网上信息所起的作用仅仅相当于一个传输管道，无论是信息提供者发送信息，还是信息获取者访问信息，均通过接入服务提供者提供的设施或计算机系统，经过自动的技术处理过程实现信息内容的传输。在技术上，接入服务提供者无法编辑信息，也不能对特定信息进行控制。

② 主机服务提供商。主机服务提供者指为用户提供服务器空间，为用户提供空间，供用户阅读他人上载的信息或自己发送信息，甚至进行实时信息交流，或使用超文本链接等方式的搜索引擎，为用户提供在网络上搜索信息的主体。例如，电子布告板系统经营者、邮件新闻组及聊天室经营者等就属于这一类。虽然，主机服务提供者一般是按照用户的选择传输或接受信息，本身并不组织所传播的信息，但其对网上的信息所担当的角色已不仅限于"传输管道"，在技术上，主机服务提供商可以对信息进行编辑控制。

虽然上述两类网络中介服务提供商在网络信息传播中均处于媒介地位，不属于信息的发布者，但二者对所被动传输的信息控制能力却不尽相同。正是基于此，接入服务提供者在信息传输中的地位被认为是"类似但不完全等同于普通电信业者"[①]；而主机服务提供者的地位显然不是信息发布者，同时也不是纯粹的信息传播者（Distributor）[②]。主机服务提供者作为一种全新的信息发布和传播者，其特殊的运作方式很难简单地归类为发布者或传播者。其理由主要有以下两个方面：

其一，主机服务提供者无法事先对信息行使充分的编辑方面的控制权。网络用户向网络上载信息，并得以在主机服务提供者所运营的系统或网络上进行传播（或称发表）的过程是自动的，主机服务提供者无法事先获悉该信息内容，当然也就无法行使编辑控制权。如BBS的经营者不能对用户信件上传前阅读、修改或删除。这是主机服务提供者与传统发

---

① 徐盛国：《网站经营者之民事责任》，中国台湾《资讯法务透析》1998年第9期。
② 在美国等西方法学理论中将信息流动过程中所有当事人分为两类，发布者（Publisher）和传播者（Distributor）。发布者是指以自己的名义向他人发布信息的人；而传播者则是指在不知信息内容违法的前提下，消极地、原封不动地对现有信息继续传播的人或机构，如书店、报刊亭、公共图书馆等。二者的法律地位完全不同。对于发布者而言，在将信息以书籍、文章、广播节目或电视节目等方式向社会公众发布之前，都有充分的机会对原始信息的内容进行选择和审查。正因为发布者在向社会公开发布信息之前，已经依职责进行了审查，知悉其内容，并对其行使了"充分的编辑方面的控制权"，能够预料到它可能造成的后果，因此，各国法律普遍规定，发布违法信息或侵权信息提供者均应承担法律责任。在这里不管发布者是事前明知（故意），还是本应发现却因怠于行使审查和编辑权，而未发现（过失），均应承担责任。而对于传播者而言，由于传播者不可能对其出售、出借、出租的大量书籍、报纸等的内容进行审查，更不可能行使"编辑方面的控制权"去修改或删除其某一部分，法律一般推定他们事先不知道或没有合理的理由知道出版物的内容，无法预料到对社会可能产生的不利影响。因此，如要求传播者对传播内容负责，则必须首先举证证明其在了解信息内容非法后仍加以传播，即存在着主观上的故意。参见王迁：《论BBS法律管制制度》载《法理学、法史学》1999年第3期。

布者的区别之处。

其二,主机服务提供者可以事后对信息行使一定的编辑方面的控制权。虽然主机服务提供者在用户上载的信息发表前不能对其内容进行审查,但对已经发表的信息却可以行使一定的编辑控制权。例如,BBS 的负责人在用户将信件上传并由系统自动发表后,如发现信件内容不适当,可以对该内容进行删节、修改,甚至从 BBS 中完全删除。在这一点上,网络信息传播者不同于传统的信息传播者。传统的传播者,例如书店,对于已经售出的书籍(信息载体),即使事后发现有违法或侵权之处,传播者也不可能对已流入社会的信息内容再作出变更或阻止信息的进一步传播[①]。

因此,主机服务提供者的法律地位是介于发布者和传播者之间的一种新的信息传播者,其法律责任标准也不能简单地以发布者或传播者的标准衡量,而需要依据主机服务提供商的独特地位予以确定。

2. 网络侵权行为及其归责的基本原则

网络作为一种新型的信息传播媒体,在其上可能发生多种侵权或违法行为,包括侵犯他人的著作权(如未经著作权人许可将其作品上传到网络)、侵犯商标权或专利权(网上销售商品侵犯权利人商标专用权或专利权)、发布虚假广告导致侵权或法律责任、侵犯隐私权(如将他人的个人资料上传到 BBS 上供人利用)、侵犯名誉权(在网络上散布不实信息侮辱、诽谤他人)、侵犯消费者权益(如发布不实商品信息,导致消费者损失)、侵犯商业秘密(如擅自在网上披露他人的商业秘密)、传播非法或有害信息(如色情信息或图片)等。

就网上公开的信息所产生的侵权责任问题,存在一个基本原则,即谁发布,谁承担责任。也就是说,如果是张三在网上发布的侵犯他人隐私或著作权的信息,那么由张三承担由此而引起的侵权责任。对于网络上的侵权行为而言,每一行为均涉及直接实施侵权行为的网络内容提供者,同时还牵涉到为侵权信息的传播提供媒介服务的网络中介服务提供商。在有些情形下,权利人难以找到网络内容的提供者,有时即使找到了,又可能在别的国家,本国法院很难以行使管辖权,因此,网络中介服务提供者最易成为侵权诉讼的被告。这就使得网络中介服务提供商面临很大的风险。

ISP 只为用户网上信息交流提供通道、空间及技术服务,且不能事先选择、改变传输信息的内容,也不能选择信息的接受者,一旦他人(用户)利用其系统或网络发送侵权或违法信息,侵犯他人的合法权益或危害社会公益,ISP 是否应为此而承担责任,责任的性质、范围如何、采什么样的归责原则我国法律目前尚无明确规定。根据冯刚和张昱 1999 年进行的调查,在所调查的 13 家网络公司中只有两家认为网络服务公司应承担部分责任,其余公司都认为只要做到了"事先规定,事后删除"这些技术上能够做到的事情,就不应承担任何责任;不过有一家公司的有关人士表示可以区别情况对待,如果提供的这些服务是营利性质的,则网络服务公司应承担部分责任;如果是公益性质的,则不承担责任[②]。

如何从法律上正确恰当地界定 ISP 在侵权法中的地位与责任问题,不仅直接关系到 ISP 和用户的切身利益,同时也关系到社会公共秩序及 Internet 的健康发展。在这方面,国外已有一些立法、判例及学说形成了一些规则,对我国的立法具有一定的借鉴意义。

---

① 蒋志培主编:《网络与电子商务法》,法律出版社,2001 年,第 184 页。
② 冯刚、张昱:《网络服务公司知识产权保护现状调查报告》载《科技与法律》2000 年第 1 期。

2.3.4 国外立法经验

1. 欧盟

欧盟非常注重依法规范电子商务,欧盟议会和理事会多次草拟与电子商务有关的法律报告,并最终通过《欧盟电子商务指令》。该指令第二章第四部分(中间服务提供商的责任),指令要求成员国保证在满足指令规定的条件下,服务提供者在履行传输服务、存储服务、主机服务中不承担责任。根据第 12 条规定,从事信息传输服务或接入服务,免责的条件是[①]:

(1) 服务提供者没有主动传输信息;
(2) 服务提供者没有挑选传输信息的接受者;
(3) 没有删选或修改传输信息。

根据指令第 13 条,如果服务提供者在其他服务接受者的要求下自动地、中间性地、短暂地储存传输信息的惟一目的是使信息传输更有效,则服务提供者对这样的信息储存不负责任:

(1) 提供者没有修改信息;
(2) 提供者遵守信息准入的条件;
(3) 提供者遵守业内普遍认可的信息更新规则;
(4) 提供者没有干涉合法利用业内普遍认可和采行的技术获取信息使用的数据;
(5) 提供者一旦确切获知传输最初来源中的信息已经从网上删除或已经禁止获取或法庭或行政机关已经下令删除或禁止获取,就迅速有效地删除了其储存的信息或使之禁止获取。

指令第 14 条规定的是主机服务(提供储存服务接受者提供的信息的服务),服务提供者对在服务接受者的要求下储存的信息不负责任:

(1) 提供者确实不知为非法的活动或信息,并且在涉及损害赔偿时他也不知道非法活动或信息产生的事实背景;
(2) 提供者一旦确切获知或意识到为非法活动或信息,就迅速有效地删除了该信息或使之禁止获取。

但是,服务提供者在所有情形下均应当承担停止侵害责任,或者说指令只免除赔偿责任,而不免除停止侵权或防止侵权行为发生的责任。免责条款不妨碍法庭或行政机关根据成员国法制有可能要求服务提供者停止或防止侵权行为的发生,也不妨碍成员国有可能制定调整信息删除或禁止获取的程序规则。

指令第 15 条特别规定信息服务者无一般性监督义务:即当服务提供者提供第 12、13、14 条下的服务时,成员国不应对之施加监督其传输或储存的信息的一般性义务,也不应对之施加积极查找表明为非法活动的事实或背景的一般性义务。但是,成员国可以为信息服

---

① 指令规定:只要自动地、中间性地、短暂地储存传输信息的惟一目的是为了实现信息在通讯网络上的传输并且储存的时间没有超过传输所需的时间,那么这样的储存就属于第 1 款中规定的信息传输和提供接入服务行为。

务者设定迅速向有权公共机构报告有违法嫌疑的活动或信息的义务，或在有权机构的要求下通报能够识别与之订有储存协议的服务接受者身份的信息的义务。

2. 美国

欧盟指令是针对 ISP 在提供信息服务过程中发生的所有侵权责任、违法责任，而美国目前只对 ISP 的版权侵权责任作出了系统、详细的规定，而对 ISP 的其他侵权责任，目前适用通信法的相关规定。对于 ISP 版权侵权责任的认定，美国立法者走过了从严格责任到限制责任这样一个过程。1995 年发布的《知识产权与国家信息基础设施：知识产权工作组的报告》（即通称的"白皮书"）认为，ISP 的系统或网络中的基于其履行中介服务所必需的自动、暂时性复制与传输，属于版权法上的复制，ISP 应对此负严格责任，即无论它是否有能力控制，都要为所传输的侵犯版权的信息承担法律责任。1996 年 2 月通过的《通信正当行为法》也采此规则。但该法因受到普遍反对而被最高法院以违宪为由裁定废止，且法院在随后两个案件审理中采取了相反的立场[1]。法官认为，如果 ISP 在他人的侵权行为过程中的作用不过是建立和运行一种维持网络正常运行所必需的系统的话，那么，让无数这样的 ISP 陷入责任之中就是不明智的。毕竟，让整个 Internet 为他人的侵权行为负责并不能有效地预防和制裁侵权行为[2]。

在这种背景下，1998 年通过的《跨世纪数字化版权法》（DMCA）对 ISP 的侵权责任作出了限制。该法在第二章第 512 条分别对 ISP 承担传输通道、系统缓存、根据用户的要求在其系统或网络中存储信息及提供信息搜索工具等四种功能时的版权责任作出了限制。根据该法，所有 ISP 在享受侵权责任限制待遇时必须具备两个一般共同条件：

（1）它必须制定和合理实施一项政策，即如果其用户再次侵权，则必须中止其帐号；

（2）它必须采用"标准技术措施"。这种措施是版权主体与 ISP 之间所达成的用以表明或保护其版权作品的协议。

除此之外，该条还分别对 ISP 履行上述四种功能时的责任限制及其要件作出了明确的规定。根据规定对履行传输通道功能的 ISP 符合下列条件的，则对他人利用其系统或网络实施的侵权行为，不承担赔偿损失责任，只承担停止侵权的责任：

（1）信息的传输是由他人发动的；

（2）传输、路由、连接、复制必须是通过自动化的技术过程实现的，且信息没有经过 ISP 的选择；

（3）ISP 不能决定信息的接收者；

（4）ISP 系统或网络中任何中间或暂时存储所形成的复制件，除能被预定的接收者获得外，通常不能被其他任何人获得，而且这些复制件保存的时间不能超过合理所需的时间；

（5）信息在传输过程中不能有任何内容上的改变。

对履行系统缓存功能的 ISP 侵权责任豁免待遇必须符合下列条件：

（1）这种存储必须是中介和暂时性的通过自动化的技术过程实现的，其目的在于为后续访问者提供方便；

（2）ISP 不得改变缓存信息的内容；

---

[1] 薛虹著：《网络时代的知识产权法》，法律出版社 2000 年，第 209~210 页。
[2] 薛虹著：同上

（3）ISP 必须遵守业界普通确立的信息"刷新"规则；

（4）ISP 不得干预将用户点出信息反馈给信息提供者的技术手段；

（5）ISP 必须根据信息提供者附加的访问条件（即密码保护）限制不符合条件的用户访问；

（6）一旦被告知其缓存的信息已在源址被删除、阻止，ISP 必须立即删除或阻止访问缓存在其系统中的信息。

对履行存储功能的 ISP 的侵权责任享受责任限制待遇的条件是：

（1）ISP 实际不知道或没有意识到侵权行为的发生；

（2）ISP 没有直接从侵权行为中获得经济利益；

（3）在收到侵权告知后，ISP 必须立即撤下该侵权信息或阻挡对该信息的访问；一旦 ISP 在收到侵权告知后立即撤下侵权信息或阻挡对该信息的访问后，即可被免除经济赔偿责任；ISP 对任何因其在上述情况下撤下信息的投诉不负任何责任。

ISP 在通过提供诸如超级链接、网上索引、搜索引擎等信息搜索工具，将用户引向或链接到载有侵权信息的网址的行为时，享受责任限制待遇的条件是：

（1）ISP 实际不知道或没有意识到侵权行为的发生；

（2）ISP 没有直接从侵权行为中得到经济利益；

（3）在收到侵权告知后，ISP 必须立即清除该信息或阻止对该信息的访问。一旦 ISP 在收到侵权告知后清除或阻止对侵权信息的访问后，便不因此承担任何责任。

就网上信息侵犯他人版权而引发的侵权责任而言，美国与欧盟指令的规则基本一致，在满足非故意或知情等条件下，免除 ISP 赔偿责任，而不免除其停止或防止侵权的责任。

2.3.5 我国司法解释

目前，我国尚未有法律和行政法规涉及网络服务提供商责任。但是最高人民法院《关于审理涉及计算机网络著作权纠纷案件适用法律若干问题的解释》（下称《网络著作权解释》）[①]对网站传播信息内容侵犯他人著作权时案件管辖、网站责任作出了规范，所采用的规则基本上是我国审判实践的总结且与欧盟、美国等国际上通行规则一致。

尽管该司法解释只针对网络环境下的著作权侵权，但是，由于以下两个原因，《网络著作权解释》所确立的网络侵权归责原则，可以适用或准用于几乎所有的网站发布、传播的信息侵权的情形。这两个原因是：第一，网站发布信息侵权具有共同特征，即信息内容或信息本身侵害他人权利；第二，其归责原则为"谁发布信息、谁承担责任"，网站在其中的责任取决于它是否能够控制信息或是否知道信息内容侵权。当然，这是在没有统一立法情形下的学理解释，最终规则的确立尚待国家法律加以明确。

---

① 2000 年 11 月 22 日最高人民法院审判委员会第 1144 次会议通过，根据 2003 年 12 月 23 日最高人民法院审判委员会第 1302 次会议《关于修改〈最高人民法院关于审理涉及计算机网络著作权纠纷案件适用法律若干问题的解释〉的决定》修正。

2.3.6 网络中介服务商的侵权责任

民事责任是以民事义务为前提的，因此要确定网络中介服务者的民事责任，必须先明确网络中介服务者负有哪些民事义务。从上述对国外主要国家和国际组织的立法介绍来看，网络中介服务者的义务主要有两个，监控义务和协助调查义务。其中，协助调查是辅助性，而监控义务是主要义务。中介服务商是否承担责任主要看它是否履行了这些应尽有义务。

1. 中介服务商的监控义务

网络服务商的监控义务应当包括两个方面：其一，事先审查义务，即在被明确告知侵权信息存在之前，主动对其系统或网络中信息的合法性进行审查；其二，事后控制义务，即在知道侵权信息的存在后及时采取删节、移除等措施阻止侵权信息继续传播。网络中介服务者知道侵权一般有三种情况：一是经事先审查或其他方式得知；二是接到权利人确有证据的通知；三是权利人向法院起诉。在为网络中介服务者设定监控义务时，首先不能脱离其实际监控能力，包括技术可行性、法律判断力和经济承受能力等，同时还应当作出有利于平衡社会公共利益的考虑。正如前文指出，接入服务提供者与主机服务提供者对网络信息的编辑能力和对特定信息的控制能力有很大不同，因此，其监控义务也有很大区别。

（1）接入服务提供商的监控义务

接入服务提供者的地位类似于邮电、电信等电信业者，只是为信息在网络上传播提供"传输管道"，不能对信息进行编辑，因此要求接入服务提供者履行事先审查义务在技术上是不可能的，故法律不应向其施加事先审查义务。同时，由于接入服务提供者对网络信息传播的控制能力也是有限的，一般只能采取封锁网络上某个特定站点或特定用户，甚至关闭整个系统的方法来达到停止侵权信息传播的目的，不能就某一特定信息采取控制措施。因此，接入服务提供者事后监控能力也有限，即使要求承担事后监控义务，也只是在负有技术可能、经济许可的范围内采取阻止违法、侵权信息继续传播的义务。

（2）主机服务提供商的监控义务

主机服务提供者的法律地位介于发布者和传播者之间，故不能简单地适用发布者或传播者的责任标准，对于其监控义务的设定主要看对什么时段对传输信息具有监控能力。

在用户信息发布（上传）之前，主机服务者在技术上无法获悉该信息的内容，无法行使编辑控制权，主机服务不负有任何事先监控的义务。

在用户信息发布（上传）之后，主机服务提供者在技术上具备了编辑控制能力，因此，主机服务负有两项监控义务：一项是主动审查义务；另一项是应请求中止传播义务。

① 主动审查义务

由于网络信息数量巨大以及主机服务提供者法律判断能力有限，主机服务的主动审查义务只能限定在合理限度之内，所谓合理限度，指"合理时间内"和"表面合理标准"。合理时间是指用户信息发布后至信息依据表面合理标准被删节或删除之间的时段。合理时间是供主机服务提供主动发现违法或侵权信息的时间，它既不能规定太长，因为时间太长信息已被广泛阅读或转载，再删除也不能有效地保护权利人的合法权益；但也不能太短，因为时间太短会迫使主机服务提供者运用过多的人力物力进行审查工作，增加经营成本，妨碍网络服务业的发展，也会影响审查的质量。

表面合理标准是指主机服务提供者只负有对信息表面依据常理进行审查的义务。它包含两层含义，首先是应当删除明显违法、含有侮辱或诽谤等给社会或他人造成不良后果的字句、段落，即审查的的主要对象是用语而非内容本身。其次，判断标准是一般公众识别能力，而非专业编辑或专家鉴别能力。

② 应请求中止传播义务

在接到权利人确有证据的通知时，主机服务者负有立即中止违法或侵权信息传播的义务。我们称之为应请求中止传播义务。当有人提供充分的证据表明主机服务器上传播的某个信息违法或侵权时，应当视主机服务提供者知道其侵权或违法，因此，负有中止继续传播的义务。但是，对于权利人通知的程序、条件和效力同样也应当加以合理的界定，否则就会使网络服务商陷入两难境地：一方面，如果网络中介服务商得到了权利人关于侵权信息存在的通知，而不立即采取措施控制该信息在其系统或网络中继续传播，就会面临着承担侵权责任的风险；另一方面，如果网络中介服务商收到通知后，不对通知的侵权指控做法律上的分析判断即采取控制措施或披露被控侵权人的情况，则一旦侵权指控不能成立，则擅自清除用户上载的信息或披露用户资料，以会承担合同责任甚至侵权责任的风险。

为解决这一问题，美国《跨世纪数字化版权法》对权利人的通知要件、通知的程序、用户的针对指控的反通知及其各自在各种情形下的责任作出了详尽的规范，可以为我国所借鉴。比如对通知的形式要件可以作如下规范：首先，通知必须是书面的，不能采用电话、电子邮件等方式；其次，通知必须具备三类文件：一是身份证明，即权利人的身份证、法人执照、营业执照等有效身份证件及其住址、电话等联系方式；二是权利证明，即权利人享有其所主张的权利的证明，例如有关著作权登记证书、创作手稿等；三是侵权情况证明，即在网络中介服务者所运营的系统或网络上确实发生了侵权事件的证明，包括被控侵权信息的内容、所在位置等。《网络著作权解释》也大致列明了权利人提出警告时应当提供的证明：权利人或指控人的身份证明、权利人的权属证明及侵权情况证明。[①]

只要权利人或经其授权的人发出的通知符合上述形式要件，就应当视为权利人已发出了确有证据的通知，即为有效的通知，网络中介服务者在接到这样的通知后，应当采取相应的措施阻止被控侵权信息的继续传播。如果权利人的侵权指控实际并不成立，因网络中介服务者采取措施而引起的有关法律责任应当由权利人承担；反之，如果权利人发生的通知不符合上述形式要件，而且没有说明正当理由的，也应当视为未发出通知，网络中介服务者可以置之不理。[②]

根据《网络著作权解释》第 9 条，网络服务提供者经著作权人提出确有证据的警告而采取移除被控侵权内容等措施，被控侵权人（即直接发布侵权信息的人）要求网络服务提供者承担违约责任的，人民法院不予支持。而假如著作权人指控侵权不实，被控侵权人因网络服务提供者采取措施遭受损失而请求赔偿的，应当由提出警告的人承担赔偿责任，而不是网络服务提供商。

[①] 《网络著作权解释》第 8 条："著作权人发现侵权信息向网络服务提供者提出警告或者索要侵权行为人网络注册资料时，不能出示身份证明、著作权权属证明及侵权情况证明的，视为未提出警告或者未提出索要请求。"

[②] 参见蒋志培主编《网络与电子商务》，法律出版社，2001 年，第 198~210 页。

2. 中介服务商的协助调查义务

网络中介服务商的协助调查义务是指网络中介服务者负有协助权利人或有关机关收集侵权行为证据的义务。直接实施侵权行为的人一般就是网络中介服务者的注册用户，在一般情形下用户信息及其一定时段的读写记录等会贮存于中介服务商的服务器中。一旦发生侵权行为，网络服务商一般掌握有关侵权行为的直接证据。因此，要求网络中介服务履行协助调查义务是合理的，也是可行的。现在有些网络服务者并不要求注册用户提供真实的身份资料，而且读写记录的储存也不规范，因此施加协助调查义务，不但有利于查清侵权事实，而且也有利于促使网络中介服务者规范对其用户及服务的管理，使网络服务业走向规范化。

网络中介服务商协助提供的证据一般应当包括：被控侵权人身份情况的证明材料以及上载、下载情况记录等有关侵权行为的证明材料。网络中介服务商的协助调查义务具体表现为：在用户信息发表后的任何时间，服务商明知某信息为侵权信息或经权利人发出了确有证据的通知后，或者经法院等权威机构发出调查令，服务商在技术可能、经济许可的范围内负有向权利人或有关机关提供上述证据的义务。

在协助义务方面，《网络著作权解释》第6条规定："提供内容服务的网络服务提供者，对著作权人要求其提供侵权行为人在其网络的注册资料以追究行为人的侵权责任，无正当理由拒绝提供的，人民法院应当根据民法通则第一百零六条的规定，追究其相应的侵权责任。"显然，这一解释只规定了内容服务提供商提供侵权行为人在其网络注册资料的义务，而没有规定中介网络服务提供商是否有这样的义务。一般认为，只要网络服务商能够提供，那么，网络服务提供商即应当视为有这样的义务。规定这样的普遍义务有利于被侵权人主张权利，维护当事人的合法权益。

3. 中介服务提供商违反义务的责任

由于中介服务提供商并非属于传统法意义上的信息发布者角色，因此，在其所经营的服务器上传到网络中的信息被认定为违法或侵权时，服务商并非当然地承担责任，即承担出版者的严格责任；而只有违背其应当承担的义务时，也就是存在过错时才应当承担相应的责任。根据不同情形，中介服务商的责任主要有以下几种情形：

（1）直接侵权责任

① 接入服务提供者负有在技术可能、经济许可的范围内阻止侵权信息继续传播的义务，如果接入服务提供商明知某信息为侵权信息或接到权利人发出确有证据的通知后，在技术可能、经济许可的范围内不采取必要措施阻止该信息继续传播的，则主观上具有过错，客观上实施了不作为的侵权行为，根据民法通则第106条第2款的规定，应当在其责任范围内承担侵权的民事责任。

② 主机服务提供商负有在用户信息发布之后的合理时间内依据表面合理标准审查信息合法性的义务，如果服务商怠于履行主动审查义务或根据表面合理标准应该发现并删除侵权信息却因忽略没有发现并删除，则主观上具有过失，客观上实施了不作为的侵权行为，根据《民法通则》第106条第2款的规定，应当在其责任范围内承担侵权的民事责任。

③ 网络中介服务商在接到权利人发出确有证据的通知以及提供有关侵权证据的要求后，不履行上述义务，致使权利人无法向直接实施侵权行为的网络内容提供者寻求救济的，

根据《民法通则》第 106 条第 2 款的规定，应当承担直接侵权责任；造成权利人其他损害的，应当在其责任范围内承担相应的侵权责任。

（2）共同侵权责任

在以下情形下，网络中介服务商与网络内容提供者承担共同侵权的连带责任：

（1）网络服务提供商通过网络参与实施侵权行为，或通过网络教唆、帮助他人实施侵权行为，应当与直接实施侵权行为的网络内容提供者一起承担共同侵权的连带责任（参照《网络著作权解释》第 4 条）。

（2）网络服务提供商明知网络用户通过网络传播侵害他人合法权益的信息，或者经合法权利人提出确有证据的警告，但仍不采取移除侵权内容等措施以消除侵权后果的，构成共同侵权，应当承担连带责任（参照《网络著作权解释》第 5 条）。

上述第一种情形规范两种典型的共同侵权责任。参与实施一般可理解为有共谋或共同侵权意思的共同侵权；而教唆、帮助他人实施侵权，一旦他人实施了侵权活动，教唆或帮助人亦要承担共同侵权的责任[①]。因此，如果网络服务提供商参与他人实施发布侵权信息行为或教唆或帮助他人发布、传播侵权信息的话，即应当承担共同侵权责任。

上述第二种情形是网络环境下较为独特一种共同侵权形式。它包括两种情形：其一是网络服务提供商明知网络用户发布、传播侵权信息的行为。这主要是指在网络服务提供商具有审查义务情形下，且尽到合理注意义务即可以发现或知道发布、传播信息侵权，而一旦知道还不采取移除侵权内容，那么即构成侵权。其法理基础在于，知识发布、传播信息侵权还继续传播，视同有义务制止而默认侵权行为（继续）发生。在实务中，是否构成侵权关键在于如何确定网络服务提供商明知或知道网络上传播信息侵权。在没有主动审查义务（这种义务应当是法定的）情形下，网络服务提供商基本上无从知道哪些信息侵权；即使有审查义务，侵权信息的判断也是困难的[②]。

其二，网络服务提供商收到确有证据的通告或警告，但仍不采取移除侵权内容。这一种情形与前一种情形具有共同的基础，仍然是网络服务提供商知道信息内容侵权，只是这种知道是经通知而知道的。在实务中，问题在于网络服务提供商并不是一经通告即移除，而通告人必须提供"确有证据"的警告。一般理解，这里的证据必须充分或足以证明某项信息侵权，而网络服务提供商尽到合理的注意义务加以判断这些证据是否支持侵权主张即可[③]。而一旦认定构成侵权，那么网络服务提供商即得移除涉嫌信息；如果不移除，则应当承担共同侵权责任。

依据《民法通则》第 130 条，二人以上共同侵权造成他人损害的，应当承担连带责任。

上述网络服务提供商的义务和责任设计具有一定合理性，它符合服务商在网络信息传

[①] 《关于贯彻执行＜中华人民共和国民法通则＞若干问题的意见（试行）》第 148 条：
"教唆、帮助他人实施侵权行为的人，为共同侵权人，应当承担连带民事责任。
教唆、帮助无民事行为能力人实施侵权行为的人，为侵权人，应当承担民事责任。
教唆、帮助限制民事行为能力人实施侵权行为的人，为共同侵权人，应当承担主要民事责任。"
[②] 侵权信息本身的判断不同于非法信息，对于非法信息，一看基本上能够判断是否合法，而侵权信息则不一定。
[③] 在这方面，网络服务提供商不是职业法官或专家，因此，只要尽一般人知识或经验判断构成侵权或不构成侵权，都应理解为网络服务提供商尽到了注意义务。

播中的作用和角色，同时也与它们对于信息控制的能力相适应，并且按照过错责任原则确定其是否承担责任。当然，这些原则还需要根据具体的情形贯彻到具体案例中，这仍然是一个需要探索的问题。

2.3.7　ISP和ICP在侵权行为中的责任比较：案例两则

1. 《大学生》诉首都在线

本案被告263首都在线（北京京讯公众技术信息有限公司所属），是一家综合性网站，它为普通网民设立了可免费上载的个性化信息"个人主页空间"。1998年9月，《大学生》杂志社编辑出版了《大学生》杂志特刊《考研胜经》，其中汇编了179篇文章。1999年8月，李翔未经《大学生》杂志社的许可，亦未指明所载内容的出处和向相关作者支付报酬，即将《考研胜经》中的137篇文章上载于263首都在线开设的个人主页"复习指导"栏目内。

2000年2月，《大学生》杂志社以首都在线为被告向北京市第二中级人民法院提起诉讼，要求承担侵犯著作权、名誉权的责任。被告首都在线一时难以确认个人主页归属，并认为，要求网民带着身份证——去网络公司申请注册是不可行的，网站已经声明要求用户在注册时必须承诺"遵守中华人民共和国的各项法律法规，否则须承担所导致的任何民事和刑事责任"，并对要求开设主页者填写身份证号码等必要的个人资料，已经履行业内手续。同时，互联网隐私权、言论自由的特殊性也给网站管理带来很大困难。263个人主页现有10多万用户，每天更新的数据量有数百兆甚至上千兆，要求首都在线一一审查是不现实的。而原告认为，首都在线没有严格执行《计算机信息网络国际联网安全保护管理规定》的第11条和第12条规定，既然不能确认网站与个人主页申请者到底是谁或谁将《考研胜经》的内容上传（后来查到为南开大学硕士研究生李翔），故可推定双方共同所为，共同承担侵权的连带责任。

2000年11月28日北京市第二中级人民法院作出判决，认为，《大学生》杂志社对《考研胜经》这部编辑作品享有著作权，李翔未经杂志社许可，在个人网站上载《考研胜经》的主要内容的行为，构成了对《大学生》杂志社著作权的侵害。判决李翔不得未经许可在其个人网站上载与《考研胜经》选材、编排相同的内容；在"首都在线"个人主页频道的首页上发表致歉声明；赔偿《大学生》杂志社经济损失人民币5000元。

该案成为中国首例因网民擅自上传侵犯他人著作权而将网站推上被告席的诉讼案件。在该案中，首都在线充当ISP的角色，它为网民免费提供个人主页服务，很难作到对所有个人主页内容事先审查，而且法律也不应当施加这样的义务。法院的判决直接认定侵权责任人为个人主页设立人李翔，而不是首都在线，是正确的。

2. 王蒙等6作家诉世纪互联

1999年6月15日，王蒙、张洁、张抗抗、张承志、毕淑敏、刘震云等6位著名作家，向北京市海淀区法院提起诉讼，状告由"世纪互联通讯技术有限公司"（http：//www.cenpok.net）主办的"北京在线"（http：//www.bol.com.cn）网站，未经许可将他们享有完全著作权的文学作品登载到网上，从而侵犯了他们的权益，要求赔偿经济和精神损失。6位作家诉讼被侵权的作品分别为：王蒙《坚硬的稀粥》、张洁《漫长的路》、张抗抗

《白罂粟》、刘震云《一地鸡毛》、毕淑敏《预约死亡》、张承志《黑骏马》和《北方的河》。

1999年9月18日北京市海淀区人民法院作出以下判决：要求被告世纪互联通信技术有限公司停止使用六作家的七部作品，在其网上的主页上刊登致歉声明，并分别赔偿六位作家经济损失和合理费用。世纪互联对一审判决不服，向法院提出上诉，1999年12月北京市第一中级人民法院做出了维持原判决的终审判决。

二审法院认为，我国著作权法所明确规定的作品使用方式中，没有穷尽使用作品其他方式存在的可能。虽然著作权法对"网上传播他人作品"没有明确界定，但著作权法的核心在于保护著作权人的正当权益。网络若未经许可使用他人作品，将对著作权人的著作权，尤其是著作权人的经济利益产生重大影响；对此若不控制，互联网上的著作权则将形同虚设。鉴于此，驳回上诉人"世纪互联"关于"不承担侵权责任"的请求，维持海淀法院的原判。

这是我国首起因网络站点刊登他人作品而引起的著作权纠纷。本案中的网络充当的角色为ICP，在其网站的栏目中刊载了原告的作品。在庭审中，被告曾以其网站所刊载的原告作品，是从网上下载的（除网友通过E-mail方式提供外，其余均是从灵波小组从亦凡书屋、黄金书屋上下载的），而不是其首先在网上传播为由进行抗辩。但其他网站上涉及原告作品的传播与被告的行为是否构成侵权无关，不能以上传作品来自于其他网站而主张免责；只要服务商未经著作权人的许可而将作品上传到自己的服务器上进行传播，就构成侵犯著作权行为，就应承担相应的责任。

该案最终判决实际上确立并保护了著作权人的网络传播权。网络媒体的出现导致区别于传统的复制、发行等方式使用作品的方式——在网络上向公众传播作品的使用方式的产生。为此世界版权组织对《伯尔尼公约》中的向公众传播权作出扩大解释，将作品在网上传播权也包括在内。一、二审判决虽然没有明确提出，但均已肯定：虽然我国著作权法未明确网络上作品的使用问题，但并不意味着对在网络上使用他人作品的行为不进行规范。这实际上等于对著作权人的网上作品的传播权加以保护。

2.4 本章小结

网络服务不仅是广义上的电子商务的组成部分，也是支撑在线交易营运环境的基础。因此，学习和研究电子商务法首先应从电子商务运营的基础——网站建立和从事的信息服务开始。本章知识点是：网站设立的基本过程、条件和程序；我国对互联网的管制；网络服务提供商的义务和责任。

设立网站首先必须选择接入互联网的信道出口，在我国最主要的中国电信、吉通通信、中国联通提供接入服务；与此同时要选择适当的域名并在互联网名称与地址分配公司（ICANN）授权代理机构注册国际域名，或在中国互联网络信息中心（CNNIC）授权的网站注册中国代码下的域名。

我国对网站设立与运营实行管制政策，最主要有三种制度，对经营性互联网信息服务实行许可制度；对非经营性互联网信息服务实行备案制度；对从事新闻、出版、医疗保健、药品和医疗器械等互联网信息服务实行审批制度。从事经营性信息服务的网站必须符合一定条件并办理两项手续,一是获得增值电信业务经营许可证;二是在工商管理部门办理登记手续。

网络服务提供商的义务和责任,根据网站所处的法律关系大致可以分为三种类型:第一,网站作为公共信息服务提供者,负担两项义务:一是服务行为合法义务;二是保证信息内容合法义务。第二,网站作为向特定用户服务的信息服务提供者,其义务根据服务内容由合同加以约定,没有约定,按照合同性质和目的解释提供人的义务。第三,在网站传输的内容侵犯他人权利(主要是著作权、人格权等)时,其归责原则基本上是谁发布,谁承担责任。这时主要看网站是内容提供商还是中介服务提供商。内容提供商属于信息发布者角色,应承担侵权责任,而中介服务提供商充当网络信息传播媒介,其是否承担责任主要看它是否履行了监控义务和协助调查义务,一般即不再承担责任。这些都是国际上采取的通行规则,我国是否采取这样的规则尚待立法加以明确。

2.5 思考题

1. 简述经营性信息服务网站设立的主要条件和程序。
2. 试述网络服务提供商的合同义务和责任。
3. 试述网络中介服务商的侵权责任。
4. 通过案例分析比较 ISP 和 ICP 在侵权行为中的责任。

第 3 章 在线交易主体及其规制

在线交易不同于现实交易，这不仅表现在运行的环境和使用的手段不同，而且表现在网上交易主体也具有虚拟性。但是，法律从来不承认虚拟主体，电子商务法的重要任务就是要确保网上交易主体的真实存在，并具备从事相应网上交易的资质。本章将在介绍在线交易参与主体、标的物、交易模式的基础上，重点讨论网上交易主体的设立、认定和法律管制等方面的法律规则。

3.1 在线交易概述

3.1.1 在线交易参与主体

在线交易的主要特征是交易主体利用网络环境和手段进行交易。其参与主体仍然是现实主体，其中有些仍然是实体社会中存在的法人、自然人和其他组织，网络只是其参与交易的一种手段；有些主体是新型的所谓虚拟主体——在虚拟市场中设立独立的"摊位"或"门面"，但在现实社会中没有相应的实体的企业。这种虚拟主体应当视为现实主体在网络世界中的延伸。为保障在线交易安全，必须存在一种机制，确保在线交易主体在现实中真实存在。因此，电子商务法的首要任务便是确立网上交易主体真实存在的判定规则，保证网上交易主体的真实性。

在线交易的参与主体包括：在线交易主体和在线交易服务提供主体。

1. 在线交易当事人（主体）

在线交易当事人是直接通过网络缔结买卖合同或服务合同的在线交易主体，其中，转让某种财产或提供某种服务的为卖方，而受让某种财产或接受某种服务的为买方。一般说来，现实中的自然人、法人和其他组织均可成为在线交易当事人，只是他们必须借助网络（也许是通过自设网站，也许仅通过终端设备）进入互联网，进行通信联络、缔结合同。

在线交易当事人与网络企业或在线企业是两个概念。这里有两种情形需要说明。其一，有些在线交易或网络公司并不直接从事交易，而只是向交易者提供服务。因此，在线交易当事人是承担在线交易（合同）关系的权利和义务的人，而从交易服务的企业不是交易当事人。其次，从事在线交易的当事人并非一定都是企业，有大量的自然人可以登陆他人在线交易平台从事交易。因此，从事在线交易主体并不都是企业。

2. 在线交易服务提供者

在线交易是利用网络通信的非面对面的交易，几乎所有的交易记录和意思表示都表现为电子数据。因此，为了保证在线交易的安全和效率，需要许多主体参与到货物交易或者服务交易中。相对于在线交易的当事人，这些主体属于第三人范畴，他们在交易中与交易当事人之间也会形成各种各样的法律关系。这些主体包括银行、认证机构、交易平台提供者、货物配送机构、认证机构等。

（1）银行等金融机构

在完全电子商务模式下，交易的支付全部在网上实现。银行和与银行有关的金融机构从一开始就进入到交易过程中，成为交易缔结和履行的重要环节。从功能上看，银行的作用仍然与传统银行一样，服务于交易中资金流转的需要；但在提供支付服务或电子货币服务方面，银行实际上直接参与了交易的大部分过程，形成在线交易不可缺少的辅助商。

（2）认证机构

在线交易是无纸贸易，不仅内容和签字盖章变得无形，而且二者之间的物理联系发生了分离，发生将特定通信内容归属于特定人具有困难或不确定性。这就需要值得交易各方都信赖的第三方出面，证明电子签字人的身份，从而消除交易双方疑虑，确保交易的安全。所以，认证机构是对电子签字及其签署者的真实性进行验证的具有法律意义的服务机构。

（3）交易平台或网络服务提供商

企业既可以自己设立网站直接与他人交易，也可以通过他人设立的交易平台或网上商品交易中心与他人交易。在后一种情形下，平台提供者为交易者提供场所服务、信息服务等服务，成为交易不可或缺的辅助主体。

（4）货物配送机构

在网络实体货物买卖中，货物配送仍然需要沿用过去的送货方式。但这种货物配送将与出卖人结成密切的合作关系，或者说，在线交易的发展要求发达的、成网状结构的物流配送系统。

3.1.2 在线交易的标的物

在线交易内容或对象主要分三类：有形商品、数字化商品或信息产品和在线服务。

1. 有形商品

从理论上说，现实中所有的货物都可以通过网络进行交易，几乎不存在任何障碍。例如网上书店可以象现实中的书店一样卖书，网上超市可以将所有的日用消费品陈列于网上供消费者选购。即使是不动产，也可以在网上缔结合同在网下履行必要的手续。因此，凡是可以转让或交易的商品均可以通过网络进行交易。不过，有形商品的贸易，还得依赖传统的手段完成配送或交付。

2. 数字化商品或信息产品

数字化商品是以 0 或 1 构成的二进制数字形式存在的无形商品。消费者在经许可后，可通过网络直接下载数字化商品或信息，如电子书刊、影音资料、电脑软件、游戏等，不再需要邮寄或专人配送。信息产品网上交易是以许可（licenses）方式进行的。信息许可在法律性质上属于信息使用权交易，而不是知识产权交易。

3. 在线服务

在线服务是通过网络向消费者提供某种信息或其他服务，如房屋租赁信息、法律咨询、财经咨询、健康咨询、代订旅馆、机票、远程教育等。在线服务行业可以是传统服务业在网络延伸,也可以是完全新型的服务行业。

3.1.3 在线交易的模式

在线交易的模式有多种,不同的企业可能存在不同的设计。但总体上而言,根据交易平台经营者在交易中的地位或作用,在线交易主要有两种模式:一种是直接销售模式;另一种间接(中介)销售模式。

1. 在线交易的直接模式

形象地说,在线交易的直接模式就是在网上开设独立的门面对外进行交易。其前提条件是企业设立交易站点或开设在线商店独立地对外进行交易。

网络商品直销是消费者和生产者,或者是需求方和供应方直接利用网络形式所开展的买卖活动。这种买卖交易的最大特点是供需直接见面,环节少,速度快,费用低。其流转程式可以用图 3-1 表示。

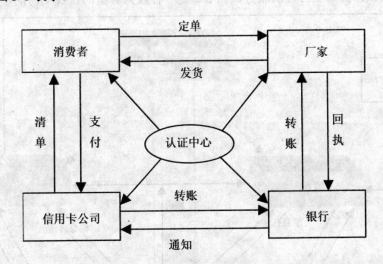

图 3-1 在线交易的直接模式

由图 3-1 可以看出,网络商品直销过程可以分为以下 6 个步骤:
(1)消费者进入因特网,查看在线商店或企业的主页。
(2)消费者通过购物对话框填写姓名、地址、商品品种、规格、数量、价格。
(3)消费者选择支付方式,如信用卡,也可选用借记卡、电子货币或电子支票等。
(4)在线商店或企业的客户服务器检查支付方服务器,确认汇款数。
(5)在线商店或企业的客户服务器确认消费者付款后,通知销售部门送货上门。
(6)消费者的开户银行将支付款项传递到消费者的信用卡公司,信用卡公司负责发给消费者收费清单。

在整个过程中,需要第三方认证机构(CA)认证,以确认在线经营者的真实身份。

在线交易的直销模式是消费者与商家之间直接"见面"或"联系",并由此建立交易或服务法律关系的,通常不易引起混淆。因为登记该企业网站就如同进入某个企业的大门,与该企业进行网络谈判,订立电子合同,消费者可以确信是与该企业进行交易的。但是,这种交易也存在一些不足,比如,消费者只有在知道该企业的站点或域名的情况下才能登陆到该企业网站,进行浏览、购物,它也不能同时直接浏览其他生产同类产品的企业网站,而在中介模式下,就可以方便地做到这一点。

2. 在线交易的中介模式

网络商品中介交易是通过网络商品交易中心,即虚拟网络市场进行的商品交易。网络交易中心存在很多种模式和运作方式,其中最简单交易中心为信息中心,主要功能是收集、编制供应商的产品或服务目录,使买家容易在网上寻找到这些产品和报价。最普遍的交易中心是贸易中心(Trading Hubs),中心要为买卖双方提供信息服务和交易机会,促进双方成交,然后从交易中赚取佣金。此外,网上拍卖中心或交换中心也是运作较为成功的交易中心。

在典型的网络商品交易中心运作模式中,交易中心利用先进的通讯技术和计算机软件技术,将商品供应商、采购商和银行紧密地联系起来,为客户提供市场信息、商品交易、仓储配送、货款结算等全方位的服务。图3-2是一种较为典型的在线交易的中介模式。

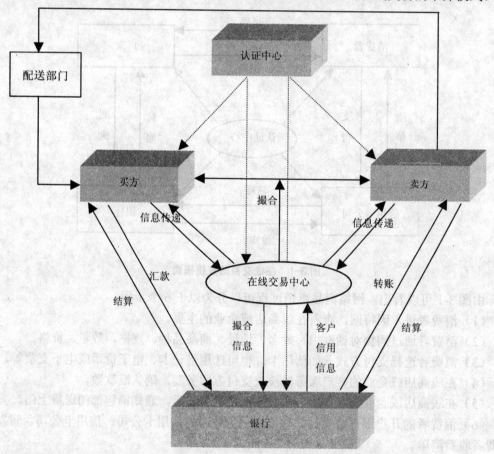

图3-2 在线交易的中介模式

在线交易的中介模式可分为以下几个步骤:

(a)买卖双方将各自的供应和需求信息通过网络告诉给网络商品交易中心,网络商品交易中心通过信息发布服务向参与者提供大量的、详细准确的交易数据和市场信息；

（b）买卖双方根据网络商品交易中心提供的信息，选择自己的贸易伙伴；

（c）网络商交易中心从中撮合，促使买卖双方签定合同；

（d）买方在网络商品交易中心指定的银行办理转账付款手续；

（e）指定银行通知网络交易中心买方货款到账；

（f）网络商品交易中心通知卖方将货物发送到设在离买方最近的交易中心配送部门；

（g）配送部门送货给买方；

（h）买方验证货物后通知网络商品交易中心货物收到；

（i）网络商品交易中心通知银行买方收到货物；

（j）银行将买方货款转交卖方；

（k）卖方将回执送交银行；

（l）银行将回执转交买方。

通过网络商品中介进行交易具有许多突出的优点：

第一，网络商品中介为买卖双方展现了一个巨大的世界市场。以中国商品交易中心为例，这个中心控制着从中心到各省份中心、各市交易分部及各县交易所的所有计算机系统，构成了覆盖全国范围的"无形市场"。这个计算机网络能够储存中国乃至全世界的几千万个品种的商品信息资料，可联系千万家企业和商贸单位。每一个参加者都能够充分地宣传自己的产品，及时地沟通交易信息，最大程度地完成产品交易。

第二，网络商品交易中心可以提供交易服务，便利在线交易进行或纠纷解决。在线交易合约通过交易中心达成，合同文本存储于中心服务器，以作为双方履约的基础，作为纠纷解决的依据；网络商品交易中心还可以基于交易履行信息，向交易当事人提供信用服务。另外，在线交易中心往往还会将其他在线交易服务提供者集并到平台上，便利交易当事人履行合同。如提供在线支付端口、物流企业信息，以便当事人迅速履行合同。

但是，在中介模式下，中介服务提供商在线交易中的地位如何，如何界定在线交易参与者之间权利、义务和责任是在线交易规范面临的新问题。

3.2 在线交易主体认定问题

3.2.1 在线交易主体认定

1. 在线交易主体识别问题

在线交易是一种合同关系，因此，判定在线交易的当事人即是判定合同的当事人。也就是说，在线交易当事人判定是要问在线交易卖方是谁或者许可方是谁，问买方或被许可方是谁。

根据一般法律常识，转让某种财产或提供某种服务的为卖方，而受让某种财产或接受某种服务的为买方。在线交易当事人认定亦应遵循这一规则。但是，存在以下三个因素，在线交易当事人判定比现实交易当事人判定更加复杂：

其一，在线交易当事人是直接通过网络缔结买卖合同或服务合同的，相互之间缺乏真实接触和了解。

其二，存在着许多在线企业或虚拟企业的情形。在网络环境下，许多企业均以网站或主页的形式出现，此时虚拟形态的企业在现实中是否是真实的存在，就成为重要的问题。

其三，在许多情形下，在线交易是经过中介网站或交易平台进行的，中介平台介入增加了交易主体判断困难。

因此，法律必须建立一套规则，保障网上交易主体的易识别性和真实性。目前，我国尚没有相应的立法，这里先从传统民商法原理提出规范在线交易主体应当遵循的基本法律原则。

2. 在线交易主体的认定的基本原则

判断在线交易的合同主体须遵循三个基本原则：第一，民事主体真实原则；第二，民事主体资格法定原则；第三，公示原则。

（1）主体真实原则

民事主体真实原则，即是说民事法律关系的主体必须是真实存在的，而不应当是"虚拟"的或不存在的。就法律而言，不存在虚拟主体，所以网上在线企业（主体）必须真实存在。而真实存在即要求企业在现实中不仅有相应的物理形态，如具备住所或办公场所、注册资本、组织机构等，而且还应当具有法律承认的主体资格。

很明显，在线企业只是相对于传统企业而言的，网上虚拟主体在现实社会中应当有真实存在。但是，并不是所有网上虚拟主体都是民事主体，这里涉及到第二个原则，民事主体资格法定原则。

（2）主体资格法定

民事主体资格法定是民法的一个基本原则，即哪些主体可以参与民事法律关系，享有的民事权利、承担的民事义务都由法律规定。民事主体资格法定突出地表现在商事主体法定上。在我国，凡从事营业或以企业或商事主体身份从事商事交易，必须获得企业登记；不具有法人资格的独资企业、合伙企业或其他营业主体（如分支机构），只要取得营业执照或进行营业登记，也可以具有从事商事交易的主体资格。从民法的角度看，只要获得营业执照，即可认定为具有参与民事法律关系的主体资格（即权利能力）。现在争议的问题是如何对在线企业进行登记。具体论述参见 3.3 节。

网络虽然给主体识别带来一定困难，但同时它也存在一个优点，即便于企业的公示。因此，我们还提供在线交易主体的第三个原则：公示真实主体原则。

（3）主体公示原则

商事主体的名称或商号最主要的功能是区别交易主体，不同的名称即视为不同的主体，以谁的名义缔结合同，谁即是合同的当事人。这是民商法上自主行为、自我负责原则推出的一个基本结论。但是，在中介模式中，许多企业集中在一个市场，在网站交易平台的统一管理和经营下，以谁的名义进行交易就显得非常重要。在这一点上，中介模式下的交易可以适用代理法上显名规则（尽管这里笔者不同意把中介网站与企业之间的关系界定为居间关系），即在交易过程中应当向交易相对人显示专卖店的设立人或真实的交易主体，所显示的是谁，谁即成为交易的主体。如果中介网站不能向客户提供真实的现实存在的交易主体的姓名或名称，那么即可推定该网站为合同的主体。所以，主体公示原则要求在线企业必须在网上显示其真实主体，这一点特别适用于在网站上开设虚拟专卖店的情形。

以上三个原则应当成为指导在线主体立法原则，及其确认在线交易主体的原则。

3.2.2 在线交易主体识别具体规则

1. 网站和交易主体

如前所述，网站是网络中的一个站点，而当商务活动移转网络进行时，网站便成为企业运行的重要平台，包括企业内部和外部的通信、信息管理及发布、客户服务、技术支持以及市场营销等。当用户浏览网站时，呈现在用户面前的网页界面和数字化信息；网站主页一般有网站名称、标识、设立人等信息。进入一个网站或服务器，就如同进入某个企业大门。但是，网站本身并不具有主体资格，而是网站经营者的产品、阵地或经营场所；真正的主体应是网站的设立人。网站与企业的经营场所无异，正如我们不把企业经营场所视为主体一样，我们也不把网站视为主体。因此，网站的责任，或者网站与用户之间的关系，实际上是指网站设立人（网络公司、企业等）的责任。

因此，网站并不具有主体资格，设立网站的主体才是真正的主体。

2. 网站设立人

网站设立人是投资设立网站，从事电子商务经营的人。原则上，任何民事主体（个人、法人和其他组织）均可以设立网站。这里有两种情形，一种是原主体不变，设立网站作为原企业业务的扩展；任何制造企业、批发或零售企业，均可以建立在线销售渠道和网上交易系统，从事在线交易。另一种情形是，为从事在线交易而设立网站，也就是新设公司或企业，以网站为基础开展某种营业。在前一种情形下，网站是属于既存企业；而在后一种情形下，网站是归属于新设立的公司或企业。区分二者在法律上没有什么意义，只有在经济学或统计学上，对于认定哪些新兴网络公司有意义。只是我们应知道，网站设立人既可能是现有的民事主体，也可能是为设立网站而成立了新主体。

但是，网站的设立人并不都是企业，在现实生活中，也有网站是由自然人或非企业组织设立的。因此，我们不能轻易地将网站等同于企业，网络并不能等同于交易主体。

3. 在线交易实现：在线交易主体存在方式

设立网站并不是从事在线交易的前提，从事在线交易也并不都需要设立网站。现实生活中的任何适格主体均可以通过在他人网站中设立账户、建立企业（个人）主页（有的称为在线商店等）从事在线交易。

有独立站点的在线交易主体与以主页面形态出现的主体最主要的不同是，具有独立站点的在线交易主体拥有自己的域名和服务器（包括虚拟主机）；而主页面形态的在线企业不拥有自己的域名、服务器，而只是存在于其他网站特定空间中或在该网站页面中以独立用户名或账户显示出来（有时候称为在线商店）。对于第三人来讲，有独立站点交易主体，其设立人独立、在线交易主体较易判断，而主页面形态的交易主体，因涉及到与网站企业的关系，网页显示是否足以使外人识别其为独立主体或其业务或责任是否独立，则存在一定模糊性。这有点类似于现实中的企业之间"挂靠"，最易导致产权或主体界线不明。下面的案例，即说明这一问题。

3.2.3　在线交易当事人认定：案例分析

由于在线交易刚刚起步，其基本的法律框架还在探索之中，更没有现成的法律规则可依，加上现实操作混乱和不规范，以致于发生纠纷时对于谁是在线买卖法律关系的当事人存在不同认识。现以发生于上海的一个案例为引，运用上述理论加以剖析。

1. 案情

原告系某电大女生，被告为某网络信息服务公司。原告于2000年上半年在被告网上订购了"KOSE 特效银杏减肥啫喱水"一瓶，后发现系假货。为进行网上购物纠纷诉讼之需，原告于2000年8月29日前往公证处，申请对其在网上购物的整个过程进行保全证据。于是在公证员在场的情况下，原告操作计算机在被告的网上订购了"美美化妆品专卖店（化名）"的护肤品中心的"KOSE 特效银杏减肥啫喱水"一瓶，价值人民币88元，并在订货表上确认了送货地点和送货时间。公证员在该时间至原告家中等候。届时，该化妆品专卖店的一名送货员将原告订购的"KOSE 特效银杏减肥啫喱水"一瓶送到，原告付清货款人民币88元后，在送货单上签字后，当场取得盖有该化妆品有限公司的发票专用章的发票和送货单各一张。嗣后，经中日合资春丝丽有限公司上海分公司及高丝国际贸易（上海）有限公司工作人员证实，该产品并非日本 KOSE 公司制造。为此，原告诉至法院，要求根据《消费者权益保护法》的规定，判令被告（从事 C2C 业务的经营性网站）承担退一赔一的民事责任，共计人民币176元；并赔偿公证费400元。

另查，被告系外商独资企业。2000年6月28日被告与筹建中的美好化妆品有限公司（化名）签订了合作协议书，协议书就该化妆品公司在被告的网上设立网上专卖店销售其经营的系列产品事宜，确定了合作原则、合作目标、协议签订的必要条件、合作方式、双方责任与义务、信息确认及结算方式、纠纷处理等条款。根据协议，美好化妆品公司应支付被告一次性店铺入住费1000元，一次性网页制作费5000元，一次性商品登录费1000元和每月网页维护费500元；被告在商家专卖区域设立美好公司的网上专卖店标志；顾客将在美好公司的网上专卖店内选购物品，被告及时将顾客订单 E-mail 传递给美好公司；美好公司负责开具发票及产品送达事宜，并负责产品的质量保证和售后服务。

2. 分析

本案即属于在交易平台上设立专卖店而引起的纠纷。本案被告是一家从事 C2C 业务的经营性网站，除有直销业务外，还为商家提供交易平台，从事在线交易。美美专卖店是由美好公司设立的一家专卖店。尽管这里只有一字之差，亦应认定专卖店并不是设立企业本身。因此，该专卖店是一异于其设立人名称的在线企业或主体。由于目前法律没有禁止企业在网上设立异于其名称的专卖店并以专卖店名义缔结合同，所以我们不能以主体不合法或不具有民事主体资格为由否定以其他名义订立的合同的效力。但是，由于专卖店是虚拟主体，不能独立承担由此而引起的民事责任，我们必须确立交易的真实主体是谁。

在本案中，原告直接将网站公司作为惟一的被告诉诸于法院，要求网站承担基于买卖合同关系发生的"退一赔一"的责任。在法院受理后，就谁是合同的卖方和谁应当承担退一赔一的责任等问题召开了小范围的研讨，听取了不同学者的观点。在讨论中形成四种观

点:

第一种观点认为网站与美好公司是合伙关系,美美专卖店是它们两家合伙的产物。美美专卖店所销售的商品即是网站公司的产品,它们是连带关系。因此,消费者可以起诉它们中的任一家,或是将二者作为共同被告起诉。这种观点将专卖店比作"超市货架"。

第二种观点认为,美好公司在网站开设的专卖店类似于商厦中的专柜租赁,商厦与商家之间的租赁关系仅是内部关系,对外在商厦与消费者之间建立买卖关系。这两种观点均认为网站可以成为本案被告,且对本案消费者欺诈行为承担责任。

第三种观点认为,专卖店与网站之间的关系可准用现实生活中柜台出租的法律关系。专卖店是设立于在线交易平台之上的,专卖店是以其自己的名义对外交易的,因此它类似于长期或临时的专业交易市场或交易中心的某种法律安排。在这种安排中,市场举办者将市场的摊位或柜台分别出租给不同的商家,由商家以自己的名义对外进行买卖活动(出具商家自己的发票);商家和市场管理者之间的租赁关系是内部的,而对外买卖关系是在承租商家和购买人之间建立。只是为了保护消费者的权益,《消费者保护法》第 38 条特别规定,在租赁结束后或找不到商家时,才可以找交易中心或展览举办者等场地出租方。

第四种观点认为,买卖合同关系在消费者(原告)和专卖店设立企业之间成立,但是,网站作为交易平台的提供者、信息传递者、宣传者等角色,起着类似于现实中居间作用,因此网站应当承担居间人信息不实的责任。因此,网站本身也是有责任的,原告状告网站是有道理的,但不能引用《消费者权益保护法》第 38 条要求网站承担退一赔一的责任。如果网站在媒介过程中存在过失或过错,如发布信息不真实,那么消费者可以追究类似于居间人过错责任。

作者将在 3.3.3 对上述观点做出理论分析,这里先从本案事实(证据)角度对本案法律关系做一分析。对此,作者认为,本案的买卖合同关系只能在原告与专卖店设立人之间成立。

网络公司本身可以是合同的卖方,即网络公司作为零售商以自己的名义出售其产品(例如网上直销即是这种情形,当然其前提是获得零售营业执照),也可以依靠其他企业在其网站上开辟窗口或设立专卖店来支撑和形成市场,让这些商家以自己的名义缔结合同、履行合同(即所谓中介模式)。从本案网上购物实际过程来看,消费者(原告)首先进入网站主页面,在其打开商家专卖店频道进入美美专卖店看到网页的商品陈列、商品规格及价目表等构成要约引诱,消费者下单行为是要约行为。原告的要约虽然直接是发给网站,但网站只是负责将定单传递给商家,且网站将商家的联系方式告知了原告,并由商家打电话向消费者确认并送货上门,发票也由商家开具。在这一系列行为中,要约的承诺是商家,送货人出具的发票是商家。而且在购买者最后需点击"联系商家"才能下订单(属要约),页面上有如下字样:"以下是您在商家专卖中选购的商品,商家将会直接与您联系"。在购买者点击确认订单后,页面上显示:"用户:您好,您的订单(号码)已被输入我们的数据库。三分钟内,您会收到我们的确认函,其中包括了你的订购情况及商家的联系信息。商家会在两个工作日内与您联系,并确认送货及付款方式,您也可直接致电商家了解您的订购情况。……"所有这些均说明,网络公司已经提示购物者是在与商家作交易,且告诉了商家的联系信息(包括名称、住址等)。另外,在实际销售活动中,网站在"商家专卖"频道中有个法律声明,其中一条规定:因在网站购物而遇到商品质量之类的纠纷,您可以按该商品销售商的承诺和有关法律解决，网站在其责任范围内协助您与销售商协商解决。同时规定，只要消费者向商家提交定单，视为接受该规定。这项声明的法律意义无非是要表明网站与商家是相互独立的，网站不承担购物纠纷的法律责任。

因此，从合同开始履行到结束，原告都知道签订合同和履行合同不是网络公司本身，而是专卖店，而因专卖店不具有主体资格，应当由设立该专卖店的美好公司承担。虽然在进入美美专卖店页面时并没有显示厂商名称，但在随后的合同订立和履行过程中，商家名称和联系信息也为购买人所知悉。因此，网站不能成为合同关系的当事人，合同的卖方应为设立美美专卖店的设立人美好公司。

3.3 在线交易主体规制

3.3.1 企业从事在线交易的登记和公示

在网络环境中，企业从事网络经营或在线交易，往往是通过网站或网页反映其存在的，至于其是否真实存在并不能给人以直观的认识。因此，如何确保在线交易的企业主体的真实性就成为保障在线交易安全的一个重要问题。

为了保障在线企业主体真实性实现，有两个相关问题：一是企业登记，凡是以企业名义从事网络经营或在线交易的企业，得应当进行工商登记，取得营业执照；二是在线企业的公示，指在线企业应当公开其对应的现实社会真实的主体身份及其相关资料。

1. 企业登记

不管是传统企业设立网站，还是新型网络企业设立网站成立企业，均得进行企业登记。

（1）新设企业的登记

关于经营性网站，《电信条例》和《互联网信息服务管理办法》已经作出相应的规定，其设立不仅需要获得网络信息服务的许可，而且也要办理企业登记。但是，哪些属于经营性网站其范围并不十分清楚。按照我们的理解，这里的经营性网站只包括网络服务提供商，而不包括一般性企业网站。这也就是说，新设企业从事网络服务或以网络为平台从事电子商务，那么必须按照上述两部法律法规办理企业登记手续。

（2）已经设立企业从事在线交易的登记

已经取得营业执照的企业设立网站，从事在线交易一般需要办理营业登记，因为在线企业或网站并没有异于现实企业的主体资格。当然，是否需要办理变更登记，增加网络经营内容，是可以考虑的。也就是已经成立并运行的企业，现在经营场所转移到网络或利用网络平台从事经营活动，需要进行变更登记，将增加的营业方式记载于登记簿中。

2. 从事在线经营活动企业的公示：上海市经验

凡是设立网站从事电子商务或在线交易的企业，必须在网站上公示企业注册信息，以表明其是真实存在、合法有效的企业。这便是从事在线经营企业的公示。在这方面，上海市和北京市均探索出各自的公示方式。这里先介绍上海市的经验。

上海市工商管理局以行政规范性文件形式发布了《上海市营业执照副本（网络版）管

理试行办法》(2000年9月1日实施),探索对网上经营主体和经营行为进行管理的"上海模式"。

根据试行办法第2条,营业执照副本(网络版),是指由工商行政管理部门颁发的,营业执照的电子数字证书,是在互联网上确认经营主体资格的证明件。

凡是在上海市登记注册、利用互联网从事经营活动的企业和个体工商户,如果要从事网上经营活动,必须申请和使用营业执照副本(网络版)。对于新设互联网企业和个体工商户,在办理营业执照时,同时即发给营业执照网络版;已设企业或个体工商户新增在线经营业务的,要进行经营范围的变更登记,经核准变更登记注册的,同时核发营业执照副本(网络版)。

营业执照副本(网络版)记载营业执照正本中的主要登记事项和以下事项:
(1) 自营网站的域名或者委托上传交易信息的网站的域名;
(2) 前项中有关网站的IP地址;
(3) 已取得的可以从事相关商品及服务的许可证及其有效期;
(4) 营业执照副本(网络版)的有效期。

由此可见,营业执照副本(网络版)只是普通纸面营业执照的电子版,它与传统营业执照没有什么两样,只是为了从事在线交易企业公示其合法主体资格的手段。试行办法规定了公示要求:

其一,凡领取营业执照副本(网络版)的企业和个体工商户应当依法使用。凡有独立域名,并在互联网上设立网站从事经营活动的企业和个体工商户,应当在网站主页显著位置公示指定的营业执照副本(网络版)专用标识。

其二,凡接受委托,在自己的网站上为他人提供交易平台,上传交易信息的企业,应当在网站内设置公示委托人营业执照副本(网络版)标识的网页,并在网站主页醒目处设置连接窗口。

总之,通过公示营业执照网络版,达到公示在线企业经营者的目的。

3. 从事在线经营活动企业的公示:北京市经验

北京市工商行政管理局于2000年3月和5月分别发布了关于开展网上经营行为登记备案的通告,率先在北京市推行企业在互联网上经营行为的登记备案制度。之后于当年9月1日正式出台了《经营性网站备案登记管理暂行办法》(以下简称《备案登记办法》)取代了前面的通告。

《备案登记办法》第2条规定:经营性网站备案登记实施全国统一备案登记[1]。根据《备案登记办法》凡是企业设立的网站或网站的设立人之一为企业,凡是利用网站开展以营利为目的的经营活动的,均须向备案登记主管机关(即北京工商管理局)申请备案登记,领取《经营性网站备案登记证书》并在其网站首页安装备案登记电子标识(以下简称电子标识)。

---

[1] 北京市工商行政管理局是国家工商行政管理局授权的进行全国经营性网站备案登记试点的主管机关(以下简称备案登记主管机关),对经营性网站实施监督管理。依此,北京工商管理局是经国家工商行政管理局授权作为试点,实施经营性网站登记备案的,其权力来自于国家工商管理局的授权。但是由一个地方工商管理机构自己制定规章管理全国的登记备案,似乎层次或效力显得太低了一些。

网站备案登记由网站所有者提出申请,按照备案登记主管机关的要求如实填写并提交有关文件及证明材料。其有两个较为独特的地方是:其一,要求网站的经营范围应当与网站所有者的经营范围一致。也就是说,网站所有者须有相应的经营范围,否则须办理企业变更登记(经营范围变更)。而个人设立经营性网站的,应先办理有关工商登记手续,领取营业执照(事先有个体工商户营业执照的,其范围一致的,不需要);如果之前已经开办的,应当补办营业执照手续。这也就是经营性网站设立人必须具有营业执照,且执照的经营范围与网站一致。其二,经营性网站应在办理备案登记的同时申请网站名称注册,经登记核准后,取得《网站名称注册证书》[①]。

备案登记的内容包括网站基本情况和网站所有者基本情况[②]。网上经营行为登记备案的主要事项备案通过互联网进行,完成后向网站所有者颁发《经营性网站备案登记证书》,编制网上经营行为备案代码并通过互联网提供备案标志,该网络经济组织应在其网站首页设置备案标志。这种标志即被称为电子版营业执照。例如,如果你点击新浪网主页"工商"电子标识,可以浏览到它的登记备案资料。

与上海市制度设计不同的是,北京市制度设计的出发点是网站的登记,涉及网站名称的登记和网站经营者登记,而且似乎是独立于企业或营业登记之外的备案登记。实质上,上海市制度设计的出发点则是企业登记或营业登记,而北京市的做法是对经营性网站的工商认证。两种方式各有千秋,但都达到了公示有线经营主体的目的。

3.3.2 其他在线交易主体的公示问题

在线交易主体真实性原则要求在网上从事营业活动的企业必须标明其真实身份。对于已经进行营业登记的主体,在线交易主体公示,可以通过注册身份信息公示的方式实现。而对于没有营业执照的主体(个人、组织)是否可以不经营业登记从事在线交易及其如何公示主体身份,仍然是一需要探索的问题。

1. 从事在线交易是否得进行营业登记

个人或其他没有营业执照组织,是否可以直接在网上开展营业活动,甚至设立固定页面的在线专卖店等,是否要获得营业登记,则是一个较难定夺的事情,需要进一步研究。笔者态度是,在电子商务的初期,对于个人主办的零售或专项服务店,毋须强制进行营业登记;至于一些非企业组织兴办网站或设立主页从事或变相从事经营活动,是否可以考虑根据其组织性质,允许从事与组织目的或事业范围有关信息服务,而禁止超出目的范围的在线经营,除非获得营业执照。当然,所有这些需要国家法律作出明确规范。

网络具有国际性、开放性,从事在线交易是否必须进行营业登记才能从事交易,需要考虑国际通行规则和普遍作法。否则将会限制我国电子商务的开展。在国际社会实行在线

---

① 北京市工商管理局率先颁布了《网站名称注册管理暂行办法》(2000年9月1日实施),在全国范围内推行网站名称注册登记制度。
② 包括:网络经济组织名称、注册号(或有效证件号码)、住所(家庭地址)、法定代表人、注册资本(金)、类型、经营范围、网络管理负责人、网络从业范围、通信地址、联系电话、电子邮件地址、注册域名、IP地址及网络提供商、网络地址、服务器的机器名及所在地点、其他事项。

企业的设立自由原则情形下，我国亦暂时允许人们尝试这一新兴经营事业。但是，法律必须保障在线企业真实性，也就是保障在线企业必须有相应真实存在的主体。这种保障机制是通过在线企业的公示制度实现的。

2. 其他在线交易主体的公示问题

对于没有工商登记（没有营业执照）的在线营业主体，亦应当要求公示其真实身份资料。这里的公示，只是公示现实姓名或名称、住址、联系方式等身份资料，而不具有赋予营业主体资格的作用。由于没有工商登记的环节，这些在线交易主体的公示只能依赖第三方认证或在线交易平台本身身份认证实现。通过身份认证，发放身份认证书或准予登记为用户，以确保网上交易主体的真实性和合法性。

笔者认为，在我国市场行为信用度不高的情况下，应当建立一套确保设立的在线企业主体的真实性、保障交易安全的公示制度。

3.3.3 在线商店的设立中的法律问题

在许多情形下，从事在线交易是在他人网站的交易平台设立窗口或专卖店实现。对于这类在线交易主体，如何规范也是一个新兴问题。这里有两个问题，一个是交易平台经营者与在线商店（专卖店）之间关系的性质；二是，在线商店的公示。

1. 在线商店与交易平台经营者关系。

作为为社会提供交易平台的网站，其生存需要吸引商家到该平台设立专卖店；而对于需要开辟在线交易窗口的商家而言，也只有在这样一些具有一定规模的专业网站设立店铺，才能进入虚拟市场从事交易。网站（或交易平台）与设立专卖店的设立人之间存在着相互依存的关系。网站既要为商家提供服务，也要管理整个虚拟市场，创立市场的品牌和形象。因此，在现实生活中，商家与网站之间是什么性质的法律关系，应当适用什么法律，则是需要探讨的。

有人认为，网站与专卖店设立人之间是合伙关系。这种看法似乎不能成立。第一，虽然网站的虚拟市场是由进入市场的所有企业设立的专卖店构成，而且网站要与所有这些设立人签订合作协议，但是在这些企业之间并不存在设立交易市场的共同的意思表示。第二，除非专卖店标明是网站与设立企业合资举办的，否则，标明是商家专卖且标明了设立人的专卖店应当被认为是设立人独立设立的。一般来讲，网站与专卖店设立人合伙设立专卖店的可能性很小，因此，多数情况下，网站与专卖店设立人之间不是合伙关系。

专卖店与网站之间的关系有点类似于租赁关系。现实生活中的大多数批发市场、交易中心甚至专业性商厦都是将场地租赁给众多的商家。各个商家独立对外交易，共同构成市场；同时，交易市场也有机构统一管理和对外宣传，形成了既分散独立，又有一定程度统一的市场。在网站交易平台建设过程中，也要吸引众多商家"入住"，网站为商家提供一定磁盘空间、制作专卖店的主页面、提供其他配套服务等，因此可称之为网络空间的租赁。甚至有学者将专卖店比喻为交易市场或商厦的摊位租赁或专柜。在某种意义上，这种观点具有一定的道理。因为，虚拟市场的交易模式也无非是现实生活模式的"镜像"。但是，虚拟世界有其特殊性，很难完全套用现实世界中的某一种法律关系构筑这新环境下的"合作关系"。而且这种合作关系中有许多内容远不是租赁合同所能容纳得了的，特别是它包含居间关系和技术服务等方面内容。

在以下两个方面，网站与专卖店设立企业之间的关系类似于居间关系。第一，专卖店的商品信息、要约或要约引诱信息、确认（合同成立等）信息是由网站传递给客户的，客户的订购、支付等信息等也是经网站公司传递给专卖店。第二，网站一般要按照专卖店营业额收取交易"佣金"，这种佣金类似于居间人的佣金。但是，网络公司提供的信息传递工作，有三点不同于居间人的作用。第一，网站仅仅提供传输手段或通道，主要起单纯的传递的作用（最多相当于传达），而没有选择、改变等功能；更为准确地说，网站只是给交易双方提供了渠道，而不是信息本身，因网站这一特殊"舞台"，而使他们建立直接联系。第二，网络公司传递的信息要远远超出居间，在合同标的为电子产品的时候，通过网站即可以完成寻购、下订单、确认订单、交付（下载文件）、支付价款等全部过程；在标的物为货物时，除交付（物流）不能通过网站实现外，其余也可以通过网站实现。第三，按照营业额收取一定比例的法律关系并不一定都是居间。因此，网站与专卖店设立企业之间的关系很难说是《合同法》中的居间，也无法完全适用《合同法》关于居间合同的规定。

就技术服务合同而言，网上开店合同也有其特殊性。纯粹的技术服务合同是指当事人以技术知识为另一方解决特定技术问题，一般是委托人提供工作条件，受托人只提供智力劳动或技能的传授。而在网上开店合同中，受托的网站则全面提供设备、程序、磁盘空间等，不仅仅是网页制作和维护等技术服务，而且这种服务的提供具有长期性，只要专卖店营运，这种服务就得继续。这些特征使得这种技术服务合同具有了合作性因素。实际上，缺少合作或在某些方面的相互配合，专卖店和网上交易都很难生存下去。双方既有共同商誉和利益的一面，也有各自商誉和利益的一面。这种相互依存、共同发展的合作关系，使网站的服务区别于独立主体之间完全基于技术服务合同所提供的服务。

因此，网站与设立专卖店企业之间不是合伙，也不是租赁、居间、技术服务所能单独反映的一种特殊法律关系。它的特殊性就在于它反映了企业为从事在线交易而在他人的交易平台上设立在线企业的一种复杂行为，这种行为既具有合作因素，但又不以成立共同的主体为目的，是网站通过提供设备、技术服务为设立人从事在线交易准备了手段和条件，而这种服务又具有传递双方信息的作用。我们不能沿用传统观点看待在线交易这种新生事物，也不能以现实法律关系的框架和思维模式界定这种新型的合作关系。有鉴于此，我们更倾向于将他们之间的法律关系定位在新型服务合同法律关系。服务提供方是网站，接受方是企业，服务的客体是服务行为。之所以说它"新型"，是因为它是在网络环境下的为他人提供在网上进行交易的全套服务，不仅内容广泛，而且这种服务具有长期性、持续性，因此使他们之间的关系具有合作因素，但这种合作绝不能构成合作经营。

2. 在线商店的公开

在线商店设立人比较复杂。在目前电子商务状态下，任何人或组织，不管是否取得营业执照，均可以在他人开设的交易平台上设立账户、开设店面，从事在线交易。这种交易可以是长期的、固定营业，也可以是零星的二手货交易。作者认为，凡是企业或个体工商户，在其设立在线商店从事在线交易时，在其店面中应当依法公示其工商登记的身份信息，对此可参照或遵照从事在线经营活动企业的公示规则进行；而非企业组织、个人，零星从事在线交易或网络经营活动，亦应当按照公示其真实身份资料，至少交易平台经营者在用户登记注册时，对其身份进行必要的认证，并且每个在线商店中都要公示店主的必要信息。另外，最为关键的是，平台经营者应当在适当的位置，声明平台交易者与在线商店之间的法律关系。

3.4 本章小结

电子商务法的首要任务便是确立网上交易主体真实存在的判定规则，保证网上交易主体的真实性。本章论述在线交易当事人、在线交易参与人和虚拟企业基本概念，国家对在线交易主体管制态度，在线交易判定的基本规则。

在线交易当事人与在线企业或虚拟企业是两个概念。任何具有民事主体资格的现实主体均可以成为在线交易当事人，其中有一些新型企业因依赖互联网生存的，被称为虚拟企业。实际上法律上并不存在虚拟东西，虚拟企业仍然得有真实存在。另外并不是所有的虚拟企业是交易当事人。在线交易需要许多服务于在线交易的企业，包括银行、认证机构、交易平台提供者、货物配送机构、认证机构等。

在线交易内容或对象主要分三类：有形商品、数字化商品或信息产品和在线服务。

在线交易的模式有多种，不同的企业可能存在不同的设计。但总体上而言，根据交易平台经营者在交易中的地位或作用，在线交易主要有两种模式：一种是直接销售模式；另一种是间接（中介）销售模式。

在线交易主体复杂多样。就企业主体而言，它既可以是传统企业，也可以是新型的网络企业，既可以通过独立站点（网站）进行，也可以仅以主页面（如在线商店）形式存在。另外，在网络环境下，还存在大量没有进行工商登记、取得营业执照而从事在线交易的主体。

如何判断交易当事人是在线交易主体是电子商务的一个难点。作者认为判断在线交易的合同主体须遵循三个基本原则：第一，民事主体真实原则；第二，民事主体资格法定原则；第三，公示原则。在这些原则指导下，还必须区分网站与网站设立人（设立人是真正的主体，网站不是），根据不同的经营模式加以判断。在此，我们以一个真实案例分析了在线交易主体认定问题。

为确保在线交易安全和在线交易主体真实性，有必要在制度设计上解决在线交易主体的登记和公示问题。在第3节，作者结合北京市和上海市做法，就此问题做了粗略的探讨。作者认为，凡以企业名义设立网站，从事在线交易必须进行企业登记，同时企业亦应当在网站主页公示主要身份信息。而不管上海市的营业执照副本，还是北京市的工商认证均可以达到这样目的。而对于没有进行营业登记（获得营业执照）的个人、组织的在线交易行为如何规制仍然是一个难以解决的问题。

在他人网站的交易平台设立窗口或专卖店是开展电子商务较为简便的方式，在线商店与交易平台经营者是在互联网时代产生的新性质服务合同法律关系，但如何规范二者的关系，确保交易安全，仍需要进一步探讨。

3.5 思考题

1. 区别以下概念：在线交易参与主体；在线交易当事人；在线交易服务提供者
2. 在线交易直接模式和中介模式区分的意义如何？
3. 试述在线交易主体认定的基本原则。
4. 试述网上专卖店设立与网站之间的法律关系。
5. 结合实际案例，说明网上购物中主体认定和消费者保护的法律措施。

第二篇 电子商务基本法律制度

第4章 数据电文法律制度

电子商务的主要特点是以数据电文取代传统书面文件作为商业记录和交易意思表示形式。为了克服传统书面形式制度对电子商务应用造成的障碍，确立数据电文法律效力，是电子商务法的基本任务之一。本章依据国际立法已有成就，阐述数据电文的概念、其书面功能等价标准、其法律效力，及其发送、接收与归属等基本问题。

4.1 传统书面形式制度与数据电文的矛盾

4.1.1 传统书面形式概述

法律对某些重要交易行为提出的书面形式要求，与现实交易手段之间出现冲突，并不是网络时代才产生的。只不过在因特网环境下，该问题显得更加突出罢了。早在电报、电话、传真等电子通讯手段，被广泛应用于商事交易时，书面形式要求问题就曾引起过法律界的争论，甚至出现了一些国家为适应新的交易环境，而修订相关法律的情况。尽管电子商务的书面形式要求问题，已经在EDI电子交易时期，得到了部分的解决，而且在国际范围内，形成了较为统一的认识。由于电子商务在我国才刚刚起步，法律上的书面形式要求，基本上还停留在纸面交易媒介的基础上。所以，无论是从理论上，还是从实践上看，对这一问题都有认真研究的必要。

1. 书面形式的普通含义

所谓书面，即书写于表面。至于内容如何，在何种物质表面上书写，并未涉及。《现代汉语词典》的定义是："以文字表达的（区别于'口头'）"。词典从人类的书写行为，而推论出了文字的表达形式。从用法来讲，"书面"是个修饰词，很少单独使用，常用搭配有：书面材料、书面通知等。可见书面是以固体物质为介质，作用于人的视觉器官的；而口头则是以声波为介质，作用于人的听觉器官的。这便是书面与口头二者在客观方面的区别。

2. 书面形式的法律意义

书面形式在法律文件中，是与口头形式相对应而使用的。现代社会的法律文件，通常是书面形式的。只有这样才能符合法律的公开、确定等特征。而法律文件中所规定的法律行为的形式，目前主要有两大类，即口头形式与书面形式。

民商法上的书面形式的内容，就是以文字所表达的，当事人设立、变更、消灭民事权利义务关系的意思。而书面——即所谓文字之表达,则是民商事意思的表现形式。在民商事法理论中,书面形式属于法律事实部分,是法律行为的一种形式因素,是意思表示的外在躯壳。一定的法律事实的发生,之所以能产生一定的法律后果,是以法律规范事先有规定为前提的。同理,书面形式之所以对当事人的权利义务有相应的影响,其采用与否,是由法律的强制性规定而决定的。

民商法教科书中,一般都对书面形式有所论述,并且通常编排在法律行为的形式或合同的形式等章节里。其解释大同小异,概括地讲,指以文字表达的意思表示(或合同内容等);具体列举而言,除了正式书面协议外,还应包括书信、电报、电传、传真等。我国1999年制定的《合同法》将数据电文、电子邮件等列入了合同的书面形式。

4.1.2 传统书面形式制度的内涵

对商事交易的书面形式要求,是现行各国国内立法,乃至国际条约与国际惯例的一项常见的契约要求。其历史原因在于,这些立法大都是纸面交易时代的产物。而如何使传统立法中的书面形式要求,与电子商务交易中的无纸化特征相容纳,相协调,就是在因特网上进行商事交易,首先遇到的法律困难。其核心问题是以电子网络通讯记录所订立的合同能否有效的问题。

世界各国法律中的书面形式要求,并非是单一的规范,而是同时由许多相互有着紧密联系的规范,共同构成了书面形式的法律体系。各国之所以将书面记载,作为重要的民商事法律行为的形式要求,其原因主要在于证据方面,因为书面形式具有长久保存的优点。另外,如果再加上手书签名的认证,以及原件等要求的配合,使之符合了理想的法庭证据要求,从而可据以确定纷争之民商事关系中的事实。换言之,书面要求的更深层的原因,应当在于证据法上的价值,而不仅仅在于实体法上的要求。

具体地说,书面形式要求是一个相对完整的规范体系,其内涵包括了与书面紧密联系的手书签名,以及原件的保存与提交等内容。这是书面形式制度的目的所决定的。单纯的书面形式,并不能起到证明法律事实的作用。只有将当事人的签名,以及书面原件等规范合并在一起,才能较完整的达到法律规范的具体适用者——法官的要求。这就是说,书面要求是有其体系规范和层次性要求的。一般的书面形式,即不附加签名或原件要求的,充其量只能起到对文件内容长期保存的作用。如果要求当事人对书面内容承认时,则需要以其签名附加于上,这时书面要求的层次就不同了。因为它将文件的内容与特定的当事人联系在一起,既表明了文件的来源,又确定了签名者对文件内容的承认。当书面形式不仅以纸面与签名条件,而且还要求原件时,其真实性、完整性要求的层次,就又提高了一步。因此,要将某一法律行为与特定的当事人相联系,仅仅有单纯的书面形式,是远远不足的。所以,一般情况下,这三项规范性要求是同时并举,相辅相成的。总而言之,现代法律的书面要求中一般是包含了签名与原件要求在内的。在探究书面形式问题时,不可只见表面,而忽略了与之有紧密联系的规范体系及其根源。

4.1.3 关于书面形式问题的解决方案

电子商务应用所面临的书面形式障碍问题,20世纪80年代就引起了联合国贸法会的高度重视。该会除了于 1985 年提出"计算机记录的法律价值"报告之外，还成立了国际支付工作组（现名为 EDI 工作组）对书面问题进行了深入的研究。在此基础上，于 1992 年提交的研究报告总结道：许多国家的法律都要求，某些交易必须以书面形式订立合同，有的是作为合同有效性的文件，有的是作为证据。对于书面形式的法律要求，可能出于不同的需要：一是使合同的存在及其内容有切实的证据，以减少争端；二是使当事人理解订立合同的法律后果，以及双方的权利义务；三是使当事人对书面合同或单证产生信赖；四是基于行政管理，如税收、会计、审计等的需要。据此，报告指出，要在法律上完全取消书面形式要求是不大可能的，比较可行的解决方案应是设法使 EDI 电子被视同"书面形式"。为此，报告提出了两条具体的解决途径，即合同途径与法律途径[①]。后来随着计算机网络的迅速发展，电子商务业务的广泛开展，以及对电子交易规范必要与可行性认识的深化，贸法会正式决定起草《电子商务示范法》，从支持当事人的合同解决方案，到鼓励各成员国的法律扩大解释方案，最后走上了主持制定综合数据电文立法的道路。

1. 书面形式问题的合同解决途径

合同途径，是指由当事人在通讯协议中约定，将电子商务通讯信息及其记录视为"书面"。因而，该方法被称之为"合同途径"。一些贸易组织往往在实践中通过制定通讯协议范本的方法，使电子商务交易电讯等同于"书面"文件。其方法大致有两种，一是由当事人在通讯协议中一致商定电子商务交易电讯即为书面文件。如《国际海事委员会电子提单规则》规定，电子商务交易所载信息，包括货物清单、收货日期和地点、装货时间和地点以及运输条件的规定，"应视同这些信息被载入书面提单具有同样的效力与效果。"《美国律师协会协议》明确规定，"按照本协议适当传递的任何（信息）应被视同'书面'"；而另一种方法则是由当事人在协议中做出声明，放弃根据应适用的法律对电子商务交易电讯的有效性和强制执行力提出异议的权利。《贸易电子数据交换系统（TEDIS）协议》（草案）第 10 条第（1）款规定，"各方当事人明确表示，他们以 EDI 进行交易时，将放弃缺乏书面形式为由主张该项交易无效的任何权利。"《加拿大电子数据交换理事会协议》第 6 条也规定，"各方当事人明确表示，他们间在任何关于一项合同或涉及合同的法律诉讼中，都将放弃以缺乏书面形式为由而提出的任何抗辩"。为简明计，人们往往又把这两种具体方法称之为"定义法"（Definition）与"弃权法"（Waiver）。

在缺少成文法或案例法的情况下，合同可为交易人之间营造内部灵活性等优势，但是，该方法有着自身不可逾越的局限性，其一，它不能克服由成文法或案例法产生的强制条款，对电子商务造成的法律障碍。譬如，在遇到诉讼时，衡量由于合同规定使用通讯协议，所产生的法律上的不确定性，就是一个固有的困难。其二，交易当事人不能以双方间的合同，有效地调节其与第三人之间的权利义务，至少对那些没有参与合同协议的人是没有约束力的。如此看来，"合同途径"并不是解决书面形式问题的理想方法。另外，并不是每个国家都允许这样做。从这一意义上看，只有法律途径才是最可靠的解决途径。

2. 书面形式问题的法律解决途径

与合同途径相对应的另一种办法是，法律上的解决方法。其中又大致分为两种，即扩

---

① 参见单文华：《电子贸易的法律问题》载《[J]民商法论丛》，1998 年第 10 卷第 31 页。

大解释法和另立类型法。

(1) 扩大解释法

对"书面"作扩大解释，将电子商务交易中的通讯记录，纳入书面范畴，可称之为"法律解释途径"。贸法会的报告曾指出，"书面形式"的含义本身就是一个有争议的问题，但从有些国家对"书面"一词下的定义可以看出，所谓"书面"主要是依据记录于载体的方式，而不是依据载体本身的特征来界定的。例如前述英国《1978年解释法》就是如此。事实上，在一些国际公约中，"书面"形式的定义已经扩及电报与电传，如《联合国国际货物销售合同公约》。而贸法会制定的《国际商事仲裁示范法》，则把书面的概念进一步扩展到包括电话、电传或提供仲裁协议记录的其他电讯手段。罗马统一国际私法会议（UNDOROIT）草拟的《国际商事合同通则》（PICC），则将书面定义为"保持有其中所载信息的记录，并能以有形形式复制的任何通讯方式。"这些定义中实际上已采用了功能等价方法。

(2) 另立类型法

在计算机网络通讯条件下，文字表达的具体方式已经发生了根本性变化。计算传输中的信息并不是文字，其载体也非人所能直接感知意义的物质。如果仍然用扩展书面形式内涵的办法，将这些崭新的交易形式勉强容纳于内，也只不过是运用修辞学上的借代手法，来指称具有书面功能的电子通讯记录罢了。其实二者已经没有多少内在联系。

将数据电文作为独立的意思表示的形式，而与口头、书面形式相区别，无论从立法、司法，以及理论研究上都是有益的。而从国际立法上看，《示范法》实质上采取了对数据电文确立完整规则的方法，以便为电子商务关系的运行制订一个完善的法律平台，因而所采用的是"另立类型法"。该法从数据电文概念的定义，到通讯规则的制定，完全建立了一整套新的、独立于传统书面法律制度的规范体系。

4.1.4 数据电文制度产生的必然性

1. 书面形式的极限

多年来，各国关于法律文件的书面形式制度，一直明显妨碍着电子商务的全面应用。其原因是这些规范都产生于传统书面条件下，已不能适应现代通讯计算技术应用的需要。书面形式固然存在其价值，但其适用空间毕竟有极限，不能容纳形式多样的数据电文及其记录。这也正是一些国际组织和国家，采取相应的法律措施的原因所在。

通过前述对于书面问题的解决方案的分析，可以察觉到：以书面形式这一传统的概念，来囊括所有的新的通讯技术的商业化应用，只是一种权宜之计，而决非完善的解决方案。在书面形式之下，不断纳入新的由计算通讯而形成的新的交易方式，使传统书面概念变得越来越抽象，越概括。譬如，"记录"的方式，从电磁脉冲到声、光，均有纳入之趋势，以至于使之在包罗万象中失去了自身的特征。

如前所述，书面形式规范的演变，是一个渐进过程。它走过了由先是个案解决，即在个别案例中扩大书面概念的方法；再到各类纳入，即通过解释将某一种通讯记录列入其中；最后到制定开放性条款作概括性规定，以囊括所有现行与未来之新技术。其实这是一个由量变到质变的过程。当书面概念泛化到失去自身特征之时，新的交易形式类型——数据电文，就将应运而生了。在电子签名技术的应用上，情况亦如此，先是技术特定化电子签名方案率先出台，而后再扩大到所有功能类似的技术标准。实质上，它是由个别到一般，由封闭到开放的过程。

从全球范围来看，目前关于书面形式要求的条文与规则，正处于变化之中，大有重新解释、重新定位，使之符合电子交易需要的趋势。当今的立法者与法学家们，已建立了一种信念：即电子记录从许多目的来看，是书面形式的。法律界已普遍认为，全面承认电子商务的合法性是有益的，而不应让滞后的法律观念与原则阻止电子商务的应用前景。此外，在商事主体的权利保障与救济制度方面，如公证、诉讼等程序的进行，都必须以书面材料的提交为基本条件。这些规范性的要求，都与电子商务所构成的交易环境是不相容的。有必要全面清理，以便电子商务法律环境的配套。当然，在消费借贷等特殊交易领域，法律还将正确选择是坚持要求书面形式，还是以其他方式调整其电子商务形式。但是，无论如何，书面形式的规定，必须服从、让位于当代商业交易的需要，而不应让电子商务中的生动的交易关系，为适应僵化的规范而削足适履。

2. 书面形式问题的全面解决方案——数据电文制度的确立

以适合新的电子交易形式的法律制度，即数据电文制度，来调整数据电文交易手段所引起的商事关系，是必然趋势。无论从数据电文的自身特征，及其在商事交易中所占的重要地位来讲，都有必要独立于口头、传统书面形式之外，而成为一种新的独立的法律行为的形式。从近年来关于商事交易形式的立法趋势来看，数据电文制度在联合国贸法会，及一些电子商务应用较早的国家内，已基本形成。

然而，法律关于书面形式的要求，在电子商务环境中适用问题的解决，必须同所有相关的法律相结合，仅仅通过修改某一部法律，并不能从根本上消除传统法律对电子商务所构成的障碍。因为在诸如诉讼法、证据法、消费者保护法，以及其他一些法律之中，都包含着一些传统的书面形式要求。数据电文制度与书面制度一样，同样也应具有体系化的结构，以适应电子商务交易的多重需求。只有对现行的书面制度规范全面清理，重新确定其效力，或保留，或取消，或修改，才能为数据电文制度的建立奠定基础。

贸法会历时五年制定的《示范法》，实际上就是一部关于数据电文效力的法律制度，它主要就数据电文的概念、书面功能等价标准、法律效力、发送与接收，及其归属等基本问题作了规定。这些都是电子商务法的最基本的制度，其核心是对数据电文法律地位的确认。只有保障了数据电文的有效使用，各种电子商务活动才能广泛展开。故此，设专节予以介绍。

4.2 《电子商务示范法》概述

4.2.1 《电子商务示范法》的起草背景

运用诸如电子邮件、电子数据交换（EDI）、因特网等现代通讯手段，进行国际贸易交易的实例正在迅速增长，然而传统书面形式制度，可能对以无纸化信息通讯的法律效力产生法律障碍，或者使其法律效力处于不确定性状态，以至于妨碍了对该种信息的使用。《示范法》的目的，就是为了给国内法的制定者，就如何排除此类法律障碍，并给电子商务创造更加安全的法律环境,提供一套国际上可接受的规则。《示范法》还可在不断扩大的电子商务应用中,为其单个用户以合同方式制定克服法律障碍的解决方案时,提供一些具体表述的原则和术语。

《示范法》的大部分内容都与现代通讯技术的使用有关,它还有助于消除由于国内立法的不足,而对国际贸易关系产生的负面影响。因为各国国内立法中关于调整这类通讯技术的规范的不一致与不确定,很可能阻碍企业进入国际市场,或限制其经营的范围。

从国际范围看,《示范法》将对由于现行的对电子商务的使用,而对国际公约与国际文件的履行产生法律障碍所进行的解释是有用的工具。比如对于那些规定某些文件与合同条款,必须以书面形式做成的国家,就是如此。如果从这些国家,到国际性法律的实施,都采用《示范法》的原则,作为其解释规则,便可提供承认电子商务应用的方法,从而避免国际法律文件之间不协调,或冲突现象的出现。

《示范法》的目的主要在于促成和便利电子商务的应用,并且为基于纸面的文件与基于计算机信息的应用者,提供同等的法律待遇,这对于促进经济与国际贸易的有效进行,是必不可少的。应用电子商务的国家,通过将《示范法》规定的程序,纳入其国内立法,可以创造媒介中立的环境。

为了促进国际贸易法的协调与统一,贸法会于 1996 年 6 月通过了《示范法》,以便排除由于不适当或不统一的法律,对国际贸易的不必要的障碍。由世界各个地区,各种经济发展状况的成员国组成的贸法会,在过去四分之一世纪以来,已经通过制定国际公约(1978 年汉堡规则等),示范法(国际商事仲裁等),仲裁规则等,履行了其使命。而电子商务法,则是一部针对 21 世纪信息时代的需求所做出的又一新的努力。

总之,《示范法》是适应当事人(或称"交易伙伴")之间,因使用计算机或其他现代技术,引起贸易通讯方式上的较大变化而起草的。旨在为一些国家在对因使用计算机、或其他现代技术而涉及的某些商事关系领域的法律与惯例,进行评估与更新时,树立一个样板,以建立一个前所未有的新的适应计算机网络化的法律环境。

4.2.2 《电子商务示范法》的适用范围与结构

1.《电子商务示范法》的适用范围

《示范法》第一条就规定了该法的适用范围:"本法适用于在商务活动方面使用的,以一项数据电文为形式的任何种类的信息。"

(1)《示范法》中"商务活动"的范围

《示范法》专门对"商务活动"一词作了以下解释:"必须对'商务'给予广义的解释,以便能涵盖所有发生于商务性质关系中的事项,无论是合同关系的,抑或非合同的。商务性质的关系应当包括,但不限于以下交易活动:任何提供或交换货物或服务的贸易交易;分销协议;商务代表或代理;代办商;租赁;承揽;咨询;设计;许可;投资;融资;银行;保险;开发协议或特许;合资或其他形式的企业或贸易合作关系;海、陆、空货物或旅客运输"。从这一以非穷尽式列举中,可以明显看出其内容的广泛性,只要是商业性质的活动,都可囊括在内。

(2)《示范法》中数据电文的范围

关于数据电文范围，《示范法》第二条第一款规定得较为明确："数据电文，是指以电子手段、光学手段、或类似手段生成、发送、接收、或储存的信息，这些手段包括但不限于电子数据交换（EDI）、电子邮件、电报、电传、或传真"。此概念与商务活动一样，是开放性的，其手段与形式均具有多样性，是指以各种现代技术而形成的，口头、书面形式以外的无纸化的信息。此概念在电子商务法中的作用，犹如坐标原点一样重要。

(3)《示范法》的适用与消费者保护问题

对于消费者保护问题，《示范法》正文中没有直接涉及。为了避免误解，该法曾在其注脚中，做出了如下提示："本法并不否定任何意在保护消费者的法律规则"。《示范法》的具体条款，是否适合于消费者保护规范，各国立法者可根据情况予以考虑。至于哪些个人或团体是"消费者"的问题，则有待于《示范法》以外的适用法决定。

2. 文本结构

《示范法》分为两部分，一部分规定电子商务的一般问题，另一部分处理电子商务的特别领域中的问题。其处理特定领域电子商务的部分，目前仅有一章（即第二章），只适用于货物运输的电子商务。电子商务的其他内容，可以在将来需要时再作规定。因此，《示范法》可以被看作是开放型的文件，以后可进一步增删具体内容。贸法会有意继续观察《示范法》所建立的基础——技术、法律和商务的发展，以期对现行《示范法》条款，做出明智的、及时的增删，或修改。譬如贸法会曾考虑过，将《统一电子签名规则》，作为《示范法》的一个篇章增加进去。同时，也有人主张把它当作一个独立的法律文件。不过，无论该规则最终以何种文件形式问世，《示范法》都能将之包容在内。因为其开放性结构，不仅包括了法律制度的纵向隶属关系，同时还包括了各文件之间的横向联结关系。

《示范法》应当被看作是向制定国作为单独的立法文件而推荐的一套全面的任意性的规则。制定国可以根据自身情况，以不同的方式实施之，既可以采用独立的成文法，也可以采用几个立法文件。

3.《电子商务示范法》结构及特点

(1) 开放系统

《示范法》是一个开放性的系统，它允许根据需要而不断增加相关的章节。譬如，其中的第二部分"电子商务的特定领域"所规定的"货物运输"问题，就是实例。它是第一部分"电子商务的一般规则"，在货物运输领域的实际应用。又如贸法会最新制订的《电子签名示范法》，虽然文件的法律性质及其与示范法的关系尚未达到终局性的认识。但在该规则的各项准备中，均是视为《示范法》的附件而进行的。贸法会还决定在适当的时候，再增加一些更具体的内容。这一特点本身就是电子商务开放性、灵活性特征的具体反映，顺应了电子商务发展的规律，具有创造性。

(2) 网状联结

《示范法》的开放性，不仅表现在一部法律文件中的一般规范，与具体应用的纵向联结关系上。从广义的电子商务法概念来理解，还可与其他相关的电子商务法律规范形成网状联结，构成电子商务法律群。譬如，联合国贸法会以前颁布的《电子资金传输法》等，都可以通过联结而纳入电子商务法之内，而对电子商务关系进行多维度的调整。诚如贸法会在《示范法实施指南》中所指出的：《示范法》目的实现，有待于对该法原则与条款的尽可能广泛的应用。

（3）积极务实

《示范法》以解决交易中的实际问题为出发点，及时对电子商务活动中出现的新的法律问题采取对策，而不论法律部门的限制，消除部门法画地为牢的积习。这一点较多地体现了英美法实用主义的观点，对我国的类似立法有一定的借鉴意义。其系统结构的开放与网状联结性，便是务实的具体表现。在具体规范与概念的设计上，采取面向未来的适当超前的作法，便体现了改变法律滞后以适应新技术发展的务实思想。此外，立法工作组长期跟踪电子商务实践的进展，也是其积极态度的反映。

4.2.3 《示范法》的方法与解释原则

1. "功能等价"方法

《示范法》所运用的"功能等价"法，是一种将数据电文的效用，与纸面形式的功能进行类比的方法。其目的在于摆脱传统书面这一单一媒介条件下产生的僵硬规范的束缚，为电子商务创造一个富于弹性的、开放的规范体系，以利于多媒体，多元化技术方案的应用。其具体操作方式是，将传统书面规范体系分层剖析，从中抽象出功能标准，再从电子商务交易形式中找出具有相应效果的手段，以确定其效力。表面上看，该方法是一种类似功能的传递，实质上它是传统商法价值在网络环境中的嫁接。它既适应了电子商务灵活多变的特性，又满足了商法价值的平衡，是功能转换与价值保留的枢纽。因此，它既是《示范法》的认识论工具，同时，又是该法的立法与执法的指导方针之一。

《示范法》一方面允许各国修改其国内立法，以促进应用于贸易中的通讯技术的发展，而不必要完全排除纸面要求及其法律概念与方法。另一方面，电子数据的成功应用，又在某种程度上要求以新的规则予以规范。因为数据电文与纸面文件有着重要的区别：书面中的文字可被人眼所识别，而数据电文则必需转化为纸面或显示于屏幕，才能被人辩别。实际上该法在书面形式扩大解释的基础上，进一步将数据电文另立为独立于口头、书面形式之外的一种交易形式。这就为数据电文制度的建立，创造了条件。

《示范法》基于一种称为"功能等价"的方法，通过对传统的纸面要求的功能与目的的分析，以确定如何通过电子商务技术来实现其功能与目的。具体而言，纸面文件可实现以下功能：文件可被所有人阅读；经过长时间保持不变；可以复制，令各方当事人持有相同内容的副本；可通过签名的方法对内容进行鉴别；是法院和公力机关可接受的证据形式。然而，电子记录完全可以提供与上述纸面文件一样的功能与安全程度。甚至在多数情况下，只要采用了一定的技术手段并符合法律的要求，还能产生比纸面文件的可靠性更高、速度更快的效果，特别在辨别讯息发送方的身份和数据的内容方面，更是如此。应当指出的是，采用功能等价方法，不应对电子商务的使用者，提出比纸面环境更严格的安全标准。一定的安全程度总是以相应的交易成本为支撑的。过高的要求将会造成歧视待遇。

同时，纸面环境下的法律要求是分层级的，并非一律等效。《示范法》采取了弹性标准：在运用"功能等价"方法时，应注意纸面文件形式要求方面的具体层级，即它所提供的不同程度的可靠性、可追踪性和不可更改性。例如，当数据可作为书面形式提交，而构成了

"最低要求"时,就不应与诸如"签署书面"、"签署之原件"或"见证之法律行为"等更严格的要求相混淆。

数据电文本身,并不能直接构成纸面文件的等价物,因为二者毕竟性质不同,并且数据电文不一定能完全执行纸面文件所有的、可预想的功能。《示范法》没有在计算通讯方面,具体界定出任何与纸面文件相当的等价物。相反,它只指出了纸面形式要求的基本功能,并以此建立等价物的标准。只要数据电文一旦与该标准相符合,就应让这些数据与执行同等功能的纸面文件一样,受到法律承认。从范围上看,《示范法》仅将功能等价方法在"书面"、"签名"和"原件"等概念上使用,具体规定在第 6 至 8 条中,而并没有在其他概念上使用。例如,在第 10 条中,就没有规定数据存储要求的功能等价物。其原因在于传统书面是由相互紧密联系的规范而构成的,依据各个规范的具体的效用,将其剥离开来,才能清晰地认识其法律价值,并寻找出合适的解决方案。

2. 解释原则

法律的解释原则,往往是与立法的目的相一致的。《示范法》的主要目的,是通过给各国立法者提供一套国际上可接受的规则,以便排除传统法律中的障碍,为"电子商务"创造更加安全的法律环境。因而《示范法》第 3 条规定:"(1) 对本法做出解释时,应考虑到其国际渊源,及促进其统一适用和遵守诚信的必要性。(2) 对于本法管辖的事项,而在本法内并未明文规定解决办法的问题,应按本法所依据的一般原则解决。"

其第 3 条的内容,是受《联合国国际货物买卖合同公约》第 7 条的启发而制订的,旨在为法院或其他国内或地方机关对《示范法》解释时,提供指南。其预想的效果是,限制只按地方法律概念对示范法条文进行解释,从而保持类似法律的国际可接受性。

需要引起国内法院或其他执法机关注意的是,虽然《示范法》的条文(或实施示范的文件的条文),可制定为国内立法,并具有国内法的特点,还应考虑到其国际渊源,以便保证各国在解释《示范法》时的统一性。而在确定《示范法》所依据的一般原则时,可考虑以下非穷尽之列举:(1) 在各国之间促进电子商务;(2) 使以新信息技术方式订立的交易有效;(3) 促进与鼓励使用新信息技术;(4) 促进法律的统一;(5) 支持商业惯例。虽然《示范法》总的目的是促进电子通讯方式的使用,但是,不应以任何方式解释为强制使用之。

4.3 数据电文法律制度的基本内容

4.3.1 数据电文的概念

1. 数据电文的基本含义

(1) 解词

数据电文(Data Massege),是一个与计算通讯相关的崭新的术语,在中、英文词典里尚未查到直接解释的词条,只能分别找到对数据(Data)和信息(Message)的解释,这似乎无助于理解数据电文的法律含义。从国际立法上看,数据电文是独立于口头、书面等传统意思表达方式之外的一种电子通讯信息及其记录,是电子商务中用于表达意思的电子信息的总称,其含义较为丰富。

（2）《示范法》条文中的"数据电文"

该法第二条规定道：就本法而言，"数据电文，是指以电子手段、光学手段或类似手段生成、发送、接收或储存的信息，这些手段包括但不限于电子数据交换（EDI）、电子邮件、电报、电传或传真"。仔细分析《示范法》第2条关于数据电文的规定，至少可以得出以下几方面的理解：

① 从数据电文本身的归类上看，它是一种信息。

② 从数据电文的产生与运用方式讲，它是指以电子手段、光学手段或类似手段生成、发送、接收或储存的信息。

③ 从数据电文的具体表现形式看，包括但不限于数据交换（EDI）、电子邮件、电报、电传或传真。

④ 具有开放、兼容与流通等特性。

（3）立法解释中的数据电文

为了解释前一定义，贸法会在其《示范法实施指南》中，以三个自然段的篇幅，对数据电文做了详细的解释：

① "'数据电文'的概念并不仅限于通讯，它还意在包括计算机生成的，准备用于通讯的记录。因此，它涵盖了'记录'这一概念。然而，与第六条'书面'因素特征相联系的'记录'之定义，在那些认为有必要的法域里可以增加进去。"

② "条文中'类似手段'一词，旨在反映《示范法》并不局限于现存通讯技术环境的事实，它还为可预见的技术发展提供保障。'数据电文'的目的是，包括所有类型的、本质上是以无纸化形式生成、存储或通讯的信息。为此，所有信息的通讯与存储方式，只要可用于实现与定义内所列举的方式的相同功能，都应当包括在'类似手段'中。尽管严格来讲，'电子的'和'光学的'通讯方式，可能不相同。在《示范法》的意义上，'相类似'是指'功能上的等价'。"

③ "数据电文定义，还旨在容纳以后可能被废除或修改的情况。某种暂时认为是具有确定信息内容的数据电文，但它可能被其他新的数据电文所废除或改进。"

（4）数据电文的形态与作用

数据电文，实质上是一种传达民商事主体的内在意思的无纸化信息，它可分别处于信息的传递和存储过程中。从其动态形式看，它可能是传输于信道（无论是有线或无线的）中的电磁波或比特；而其静态，则可能是硬盘、软盘或磁带上的电磁记录。其动态与静态方式的运用，需要不同的技术标准与法律制度予以规范。前者如电子签名，后者如数据电文的保管等。

数据电文在交易中的具体作用，表现在两个方面：一是作为商事意思的载体，即在交易过程中以数据电文作为交易条件的表达手段。譬如，作为要约、承诺而发出的数据电文，均属此类。调整具有此种作用的数据电文的规范，就构成了狭义的电子商务法。二是作为商事交易的标的，或其衍生物，即以数据电文表示交易内容的情况。比如以数据电文为载体的应用软件、电子货币等等，都具有后一种功能。为了使两种数据电文有所区别，本书称之为数字化产品。而调整涉及此类作用的数据电文（数字化产品）的规范体系，可以归入广义的电子商务法。本章主要讨论具有商事意思表达功能的数据电文。此外，本书将在第三编中对作为交易标的的电子信息进行论述。

(5) 数据电文与传统电信形式的关系

虽然，《示范法》起草时，尽量参考了现代化的通讯技术，如电子邮件、EDI、因特网等，同时它在所建立的原则及其条款中，还意在能适用于不太先进的通讯技术环境，如电报。因为会有这样的情况存在：数字化的信息最初以标准化的 EDI 形式发出，在发出人与收件人之间的通讯环节的某一点，以计算机生成的电传形式，或以计算机打印出的电报而提交。数据电文可能以口头通讯起始，并以 EDI 形式终结。电子商务的特点是，它包含了程序化的信息（电讯），该种计算机程序与传统纸面文件之间，有着本质不同。基于用户对各种通讯技术的调整规则的兼容性、一致性的需求，这些情况都被考虑在《示范法》中。更长远地看，还应对以下原则给予充分注意，即出于对未来可能出现的新技术提供规范的需求，任何通讯技术都不应被排除在《示范法》之外。如此看来，《示范法》对于各种电子技术的商业性应用，力图做到既能瞻前，又能顾后，颇具用心。

(6) 数据电文的通讯形式及其与电子商务的关系

电子商务的外延十分广泛，据《示范法实施指南》的解释，在起草《示范法》时，贸法会之所以用电子商务来命名《示范法》，就是为了选择一个比 EDI 更广泛的概念。在标题中用"电子商务"一词，可以将各种与贸易有关的 EDI 的应用都涵盖在其中，尽管该术语的含义尚不确定。在"电子商务"概念所包含的通讯方式中，下述传输模式是基于电子技术的：以被定义为狭义的计算机到计算机的，以标准数据格式进行传输的通讯；既可以通过公共标准，也可以通过专用标准进行电子信息传输的；通过电子方式，如因特网的自由格式文本传输。还应注意到，在某些情况下，电子商务的概念还可能包括诸如电报、电传等技术的使用。"

通过上述的描述，可以得到两方面的信息。其一，数据电文的具体通讯形式有四种，即封闭型的 EDI 网络；局域网与因特网的连结；开放型的因特网；传统的电信方式。实际上它以列举方法，将现行的口头与书面以外的无纸化通讯形式尽收于其中了。不仅如此，该法还为未来的技术发展留下了接口。其二，从通讯形式上讲，数据电文的范围与电子商务的范围是一致的。所以，一般当人们提到以电子商务进行交易时，实际上指的是以数据电文形式进行的交易，二者在一定的语境中可以互换使用。

2. 与数据电文相关的几个概念

数据电文并非天然物，而是由交易当事人使用一定的信息系统，所生成的表达商事意思的信息，其产生与传输离不开一定的条件，即当事人、信息系统等。而确定这些概念的含义，对于了解数据电文的运行，确定行为的主体与途径，具有重要的意义。

(1) 数据电文的发件人与收件人

《示范法》第二条 C、D 款规定：数据电文的"发件人"，是指在数据电文存储之前，发送或生成该数据电文的谓称者或其代表，但不包括作为中间人来处理该数据电文的人；数据电文的"收件人"，是指发件人意欲的接收该数据电文的人，但不包括作为中间人来处理该数据电文的人。

在现代法律体系里，"人"的概念，是指权利与义务的主体，既包括自然人，也包括法人组织或其他实体。但是，在电子商务环境中，除了由自然人发、收数据电文之外，还存在着由计算机自动生成数据电文，而不需要人工直接介入的情况。对此，不应将其中执行数据电文生成功能的计算机，理解为权利与义务的主体。而应当将计算机所代表的法律实体,作为其主体。其中所产生一些代理方面的问题,可由《示范法》之外的规则予以确定。

《示范法》中的"收件人",是指发送人想要通过数据传输通讯的人,相对于在传输过程中任何可能收到、转递或复制数据的人,"发件人"是生成数据电文的人,尽管电讯可能是由其他人传输的。"收件人"的定义是与"发件人"的定义相对应而言的,它并不注重操作者的内心意愿,而应以数据电文中的表征来判断。譬如发、收件人的地址、称谓、验证数据电文的程序等,即属此列。

应当注意的是,某一数据电文的发件人与收件人,可能是同一个人,譬如作者欲保存自己的数据信息的情况,就是如此。这种存储由自己发送的电讯的收件人,其本身不是上述意义上的"发件人"。"发件人"的定义,不仅应包括生成并通讯的信息,还应包括那些生成并存储,而没有通讯的信息的情况。但是,在"发件人"的概念里,应把只存储信息的接收人,排除于发件人之外。

(2) 中间人

《示范法》第二条(e)款规定:"就某一特定数据电文而言,'中间人'是指代表另一人发送、接收或储存该数据电文,或就该数据电文提供其他服务的人。"

《示范法》的焦点在于处理发件人与收件人之间的关系,而不在于发件人或收件人与中间人之间的关系。为了确立其概念,有必要将之与发件人、收件人,以及第三方当事人区别开。"中间人"定义,包括了任何发、收件人以外的,履行中间功能的人,既指专业化的,也指非专业的中间人。除了《示范法》所列举的,"为了他人而发送、接收或储存数据电文的人"之外,诸如数据电文的格式化、翻译、记录认证、证明与保存,以及电子交易的安全服务等"增值服务",都可由网络运营商一类的中间人来履行。《示范法》上的"中间人"并不是凝固的定义,需要以具体的数据电文而定。因此,同一人可能是某一数据电文的发件人或收件人,也可能是另一数据电文的中间人。《示范法》集中处理发件人与收件人之间的关系,一般不规定中间人的权利与义务。关于发、收件人与中间人之间的关系,一般应由网络服务合同的条款来规定。对此,本书第6章有简略介绍。

(3) 信息系统

《示范法》第二条(f)款规定的信息系统,"是指生成、发送、接收、储存或用其他方法处理数据电文的系统。"该定义,旨在包含所有用于传输、接收和存储信息的技术手段。比如,根据实际情况,信息系统可以表示通讯网络,在某些情况下,还可包括电子邮箱,甚至传真机。信息系统内涵的广泛性,是与数据电文的开放性相匹配的。另外,《示范法》并没有讨论信息系统所应放置的位置问题,无论在收件人营业处所,或其他地方都无关紧要。因为该法没有将信息系统作为数据电文发、收的有效地址标准。这是由计算机通讯网络的跨地域、远程操作特性所决定的。

(4) "电子数据交换 (EDI)"

《示范法》第二条(b)款指出,"电子数据交换 (EDI) 系指电子计算机之间,使用某种商定标准来规定信息结构的电子信息传输。"

上述定义,来源于联合国负责 UN/EDIFACT 技术标准的组织——欧洲经济委员会促进国际贸易程序工作组(WP,4)所采用的定义。但《示范法》中的 EDI 定义,并不解决其具体范围问题。EDI 电讯可能是计算机到计算机的电子化通讯,也可能是通过电信系统通讯的数据电文,在某些情况下,还可能包括不涉及通讯系统的 EDI 数据结构的情形,比如通过传送人向收件人交送的，包含 EDI 的电讯的磁碟的情况。不论人工传送的数字数据，是否可以包括在 EDI 定义里，它都应当根据《示范法》包括在"数据电文"定义里。实际上《示范法》所采用的数据电文概念，已经完全包括了 EDI 的各种形式，并且在外延上是开放的。

4.3.2 数据电文的功能等价标准

数据电文，是独立于口头、书面等传统意思表达方式之外的一种电子信息及其记录。作为一个类概念，它不仅内涵丰富，外延广阔，而且具体形式与作用，灵活多样。法律不应当，也不可能对它在交易中的特定化应用，做出千篇一律的规定，而只能指示一些标准，以判断其在个案中的作用。这就是前面所提到的"功能等价法"。具体来讲，至少可以有三个层面的标准，来衡量它所执行的意思表达功能。

1. 数据电文的书面功能标准

数据电文与纸面形式有着性质上的不同，二者无法相互完全替代。法律上对数据电文的书面效力要求，只是一种等价功能上的要求。

《示范法》第 6 条规定，如法律要求信息须采用书面，则假若一项数据电文所含信息可以调取以备日后查用，即满足了该项要求。该要求是否采取一项义务的形式，也无论法律是不是仅仅规定了信息不采用书面的后果，该规则均将适用。

为了使数据电文信息，达到"书面"保存或提交的法律要求，该条界定了电子商务环境中"书面"的基本标准：即"可以调取以备日后查用"。这实际上是"电子记录"的代名词，只不过它是从使用功能的角度予以描述的。应注意的是，该条仅是分别规定于第 6 至第 8 条中的，关于书面、签名、原件要求中的一项。它们都与传统交易形式的法律要求相联系，并且都采取了等价功能方法，同时又具有相同的结构，应当一并阅读，相互参照理解。

综观纸面环境的各种"书面"，所能履行的传统功能，大致有以下方面：(1) 保证有形证据和当事人受其意愿约束的存在；(2) 有助于当事人意识到其订立合同的后果；(3) 提供各方都可阅读的文件；(4) 提供经久不变的文件或交易记录；(5) 允许文件复制，以便各方当事人可持有相同数据的副本；(6) 可通过签名方式对数据进行认证；(7) 提供法院和公力机关可接受的文件形式；(8) 以"书面"固定作者的意愿，并对该意愿提供记录；(9) 允许数据易于以有形的形式存储；(10) 便于控制和以后的会计审计，税务或法定的要求；(11) 在"书面"作为生效要件的情况下，使法律权利与义务生效。需要指出的是，这只是非穷尽式的列举。

《示范法》起草者认为，对书面所履行的功能，采取一个高度综合的概念是不合适的。现实中对数据电文的书面形式要求，常常是与其他条件相结合的，比如同时要求签名和原件形式，因而它实际上与书写于纸面的"书面"不同。在采用功能等价方法时，应将"书面"要求，看作是交易形式要求层次中的最低层，只要它对纸面文件提供了明显的可靠性、可追踪性和不可改变性。因此，数据电文以书面形式表达的要求（被称为是"起码要求"），不应与诸如"签署书面"、"签署原件"或认证之法律行为等更严格的要求相混淆。例如，在某些国内法中，既没有日期，也没有签名，并且作者的身份也不明确，或者连信笺抬头也没有的书面文件，也被认为是"书面"的，尽管它在没有其他关于原作者的证据（如证言)时,几乎没有多少证据力。此外,文件的"不可更改"概念(是与数据电文的完整性相联系的,将在原件等价功能中提到),也建立在对书面的绝对要求上,因为在现行法律定义中,铅笔"书写"也被认为是"书面"的。甚至在某些纸面环境下,连伪造的文件也被认为是"书面"的。诸如"证据"和"当事人受其意愿的约束"的概念,是与数据的更广泛的可靠性和认证相联系的,也不应包括在"书面"要求中。

《示范法》并不要求数据电文在任何情况下,都能执行书面的可感知的功能,也并不集中于书面的某些特别法上的功能,例如,税法上的证据功能,或民法中的警示功能,而是关注于信息能够复制与阅读的基本功能。此种书面概念,是以提供客观标准为条件的,也就是说,数据电文中的信息必须可以调取、利用,以便能够用于以后查阅。"可调取"一词的使用,隐含着该计算机数据形式,应具有可读性和兼容性,并且必须保留阅读该信息的软件。"可用性"一词并非仅指人可使用,还指可以计算机处理。关于"以后查阅"的含义,常被与"耐久性"或"不可更改性"相联系。但要防止确立过于严格的标准,或对"可阅读性"和"可理解性",构成过于主观的标准。

该条中的除外规定,即限制数据电文作为书面而适用的事项,是为了使制定国在具体立法时,对某些情况可从该条款中排除其适用。制定国可根据特定形式要求的目的,而产生排除某些特殊的情况。譬如对特定的事实或法律风险,要求以书面发出通知或警示,并将书面放置于某些产品上。从家庭法中诸如书面遗嘱的要求,到履行国际条约的义务(如根据1931年日内瓦统一票据公约的支票书面要求),制定国都可能排除一些数据电文的适用。

《示范法》将特定事项的排除,留给制定国自行选择,可以更好地使之考虑其国内的具体情况。然而,如果利用除外条款,划定大规模的排除范围,《示范法》的目的就无法实现,因而应避免这种情况的出现。过多地排除对于"书面"、"签名"、"原件"等价功能标准(第6~8条)的适用,可能对现代通讯技术的发展造成不必要的障碍,因为《示范法》对于数据电文的应用,只规定了最基本的原则与方法,并希望能使之产生普遍的效用。

2. 数据电文的签名功能等价标准

签名是传统纸面交易中的形式要求之一,数据电文在何种条件下,可执行此功能,是电子商务法必须确认的问题。

《示范法》第7条规定,"(1)如法律要求要有一个人签字,则对于一项数据电文而言,倘若情况如下,即满足了该项要求:(a)使用了一种方法,鉴定了该人的身份,并且表明该人认可了数据电文内含的信息;和(b)从所有各种情况看来,包括根据任何相关协议,所用方法是可靠的,对生成或传递数据电文的目的来说也是适当的。(2)无论本条第(1)款所述要求是否采取一项义务的形式,也无论法律是不是仅仅规定了无签字的后果,该项均将适用。……"

该条是基于对纸面环境下签名功能的分析与认可而规定的。一般而言,签名具有如下功能:辨别某签署人;确定签署人其因签署行为而其亲自参与的事实;将该人与文件的内容相联系。根据所签署文件的性质,签名可能执行不同的功能。例如,可用签名来检验:当事人愿受所签署的合同内容约束的意愿;承认是文本的作者的意愿;将其自身与由他人起草的文件的内容相联系的意愿;某人在某地,某时的事实等。

应注意的是,伴随着传统手书签名,存在着许多不同的签名类型(如盖章,打孔),它提供了不同程度的确定性。例如,在某些国家,存在着普遍这样一些的要求:为了使交易具有执行性,超过一定数额的货物买卖合同必须"签署"。然而,现代环境下所采用的签名概念差距很大,一方面有些商业实践已经将盖章、打孔,甚至打字,都认为完全达到了签名要求。另一方面,还存在着将传统手书签名,与额外的安全程序结合的要求,譬如必须要求见证人对签名的确认。

针对现存的各种层次与类型的签名,发掘其等价物是较理想的作法。该方法可从法律上赋予各种签名以相应的确定性,这就需要在电子商务中使用各种认证方法,以构成"签名"。然而,签名的概念是与纸面不可分割的。任何专门制定的标准或程序规范,用以构成特定"签名"的尝试,都可能产生将电子商务法的框架,与本国的特定技术发展相联系的风险。

为了避免仅仅因为没有通过纸面文件的特定方式,而否认符合一定认证要求的电讯的法律价值的情况,《示范法》采取了综合的方法。它确定了认证的一般条件。只要数据电文达到了此点,其认证就是充分可信的,并且对于签名要求,是完全有效的。《示范法》集中于签名的两个基本功能,即鉴别了作者的身份,并且确认作者认可了文件的内容。它确立了这一原则:签名的基本法律功能,是通过鉴别数据电文发送人的身份,并且确认数据电文发送人认可了数据电文的内容来实现的。

对于认证方法所达到的安全程度,《示范法》确立了弹性原则。只要数据电文生成和传输的方法是可靠的,且从交易目的上看是适合的,其方法就是适当的。这是技术中立原则在认证方法上的具体运用。

确定数据电文中签名所使用的方法是否适当时,需要考虑法律上、技术上和商业上的因素,具体包括以下方面:(1)各方当事人使用的设备的复杂程度;(2)其交易活动的性质;(3)当事人之间从事交易的频繁程度;(4)交易的种类与数量;(5)在特定法律与规范环境下签名要求的功能;(6)通讯系统的能力;(7)对中间人规定的遵守;(8)中间人认证程序的可利用范围;(9)对贸易惯例与习惯的遵守;(10)现行的对未经授权的电讯的保险赔偿方法;(11)数据电文中包含的信息的价值与重要程度;(12)身份鉴别方法的可利用性与选择性;(13)在约定方法与数据电文传输时,相关行业与领域对身份鉴别方法的接受与不接受程度;(14)以及任何其他相关的因素。

《示范法》并没有在以通讯协议联结的电子商务使用者,和事先没有就电子商务的应用形成合同关系的当事人之间,划出界线。因此,可认为它对数据电文的认证,确立了基本的标准,不仅对事先没有合同关系的当事人如此,同时,亦对当事人在通讯协议环境下,如何通过电子商务应用,构成签名的合适的替代物,提供了指南。因此,《示范法》对于要求签名的情况,以及那些将数据认证问题,完全留给当事人自由处理的情况,都提供了指南。前者通常在国内法上规定为强制性条款,不允许当事人以协议更改之。

"数据电文的发送人与收件人之间的协议"的概念,不仅包括直接交换数据电文的双方或多方当事人之间订立的协议(如"交易伙伴协议","通讯协议","交换协议"),还应包括所涉及的中间人协议,诸如网络协议(如"第三方服务协议")。电子商务的当事人和网络之间订立的协议,可以包括"系统规则",即应用于数据电文传输管理与技术方面的规则。然而,发送人与收件人之间就认证方法的协议,并不是关于该方法是否可靠的决定性证据。

应注意的是,根据《示范法》,仅仅以手书签名的等价功能,对数据电文的签署,其本身并不能对数据电文赋予法律有效性。数据电文是否符合具有法律效力要求的签名,是由《示范法》以外的有效法来决定的。

3. 数据电文的原件功能等价标准

在某些情况下,要求文件以原件提交或保存,是纸面环境下对交易形式的又一法律要求。数据电文在何种条件下,可能符合该要求,是电子商务法不可回避的又一关键性问题。

《示范法》第 8 条专门对此做了规定"(1)如果法律要求信息须以其原始形式展现或留存,倘若情况如下,则一项数据电文即满足了该项要求:(a)有办法可靠地保证自信息初次以其完成形式生成,作为一项数据电文或充当其他用途之时起,该信息保持了完整性;和(b)如要求将信息展现,可将该信息示给察看信息的人。(2)无论本条第(1)款所述要求是否采取一项义务的形式,也无论法律是不是仅仅规定了不以原始形式展现或留存信息的后果,该款均将适用。(3)为本条第(1)款(b)项的目的(a)评定完整性的标准应当是,除加上背书及在通常传递、储存和显示中所发生的任何变动之外,有关信息是否保持完整,未经改变;和(b)应根据生成信息的目的,并参照所有相关情况来评定所要求的可靠性标准。……"

如果将"原件"定义为初次附着于媒介上的信息,对于数据电文来讲,就不可能存在原件。由于数据电文的复制具有高保真性,其复本与"原本"之间几乎不存在区别,因而任何数据电文的收件人,只能接收到其复本。因此,《示范法》上的原件,必须以特定的角度来理解。由于实践中常发生关于文件的原始性问题的纠纷,因而提交原件的要求,就成了电子商务推广的主要障碍之一。尽管如此,"原件"概念在电子商务中仍然是有用的,因为它反映了电子商务中数据电文的不可更改性和完整性。在某些法域里,"书面"、"原件"和"签名"等概念,存在着相互交叉的情况,而《示范法》却将它们分为三个独立的概念,来分别对待。澄清"书面"与"原件"的区别,对于票据法、证据法,以及电子商务法同样具有非常重要的作用。

原件的独特性,不仅因其与权利证书和流通证券相联系,而显得特别重要,而且还表现在对交易标的的规格、品质的证明方面。《示范法》不仅仅适用于权利证书和流通证券,或那些就"书面"存在着登记或公证等特别要求的法律,如处理家庭事务或出售不动产等。在交易环节中要求"原件"的例子还有:重量证明,农物产地证明,质量数量证明,检验报告,保险证书等贸易方面的文件。虽然这些文件并不用于转移权利,但实质上也要求在传输中保持未经改变,即以其原样形式提交。只有这样,国际商事交易的对方当事人,才能相信其内容。在纸面环境下,为减少交易风险,这些文件只有是以"原件"提交时,通常才会被接受。尽管有些改动在纸面复本里是很难被检查出来的,使用"原件"的要求并没有因此而改变。因为在电子商务环境下,可用许多技术方式,证明数据电文的内容,以确认其"原件性"。没有这些"原件性"的等价功能,以电子商务销售货物时,就会受到阻碍或怀疑。甚至于迫使这些文件的签发人,每次在货物销售时,都要重复传输其数据电文,或被迫使用纸面文件,以辅助电子商务交易。

第 8 条仅规定了数据电文在原件要求方面,所能达到的最低的等价功能。在相同情况下,当现行法律条中关于纸面原件的条文,具有强制性时,该条应同样具有强制性。对于该"最低可接受"的形式要求标准,各国不应做出比《示范法》所确立的要求更严格的规定。

第 8 条强调信息作为"原件"的完整性的重要意义,并规定了通过查阅系统的记录,评价其完整性的标准,以保证信息记录没有漏洞,并保护数据免受更改。它将原件的概念与认证方法相联系,并将重点放在了遵守认证方法,以保证信息达到完整性要求。其基本要素有三:一是关于数据的简单的"完整性"标准;二是在评价完整性时所应考虑的因素;三是弹性因素,即对环境的参考。

所谓"信息初次以其完成形式生成",是指信息作为纸面文件起草,随后转录入计算机的情况。在这种情况下,它要求保证信息从其作为纸面文件起草之后,保持其完整并未经更改,而不仅仅是在被翻译为电子形式时未被改动。然而,在电讯起草完成前,有几个草稿生成存储时,不应误解为要求草稿的完整性。

在确立评价完整性的标准时,应注意把对初始(或"原件")数据电文的必要的添加,如背书、证书、公证等,从更改中区别出来。只要数据电文的内容保持完整和未经更改,对数据电文的必要的添加,不影响其"原件性"。因此,电子证书附加于数据电文的"原件",以检测其原件性时,或当计算机系统自动在电讯的开头与结尾加注,以便发送时,这些原件的附加物,如同发送一张纸面"原件"的信封与信戳一样,并不构成对原件的破坏。

4.3.3 数据电文的效力

数据电文的效力,不仅是当事人所极为关注的问题,同时,也是电子商务法的立足点。没有对数据电文效力的明确的规定,电子商务的应用与推广是毫无保障的。《示范法》对数据电文效力的规定,大致体现在以下方面:即一般效力的确认、合同订立中效力的确认、当事人单方的确认,以及证据效力的确认几个方面。

1. 数据电文效力的一般确认

《示范法》第 5 条,就数据电文的法律承认规定道:"不得仅仅以某项信息采用数据电文形式为理由,而否定其法律效力、有效性或可执行性。"

该条是对数据电文效力的一种原则性的确认,它标示了电子商务法的基本出发点。其主要目的是在法律上为数据电文的运用,建立公平的、非歧视性的待遇。其主要对象是各成员国的成文法,即要求各国的同类立法应普遍承认数据电文的效力。

该条规定了不得对数据电文歧视的基本原则,即对数据电文与纸面文件之间,不得有任何不公平的对待。其旨在适用于任何成文法对"书面"与原件的要求。该原则具有广泛的适用性,其范围不应仅限于《示范法》所规定的证据,或第 2 章规定的货物运输方面。然而,应注意的是,该条只说明某种数据表达或保存的形式,不能作为否定其法律效力、有效性或可执行性的惟一理由。而不应误解为它概括的确认了任何数据电文或信息的法律效力。该条并不否认《示范法》中所包含的书面、签名、原件等要求(第 6 至 8 条)。它实质上是从法律上为数据电文争取与纸面形式同等待遇的基本宣言,特定数据电文法律效力的状况,还要根据具体的法律规定与事实情况而决定。

需要说明的是,该条对于数据电文效力的统帅性的作用,有待于从不同的侧面予以落实,以便构成对数据电文效力的全面承认的规范体系。

2. 参见条款效力的承认

除前述对数据电文的一般承认之外,1998 年贸法会 31 次会议通过了第 5 条的补充条款，即对通过参考而纳入的数据电文效力的承认，简称为"参见条款"。

参见条款所针对的具体情况是：在数据电文中某些条款与条件，没有完全说明，或仅仅只是提示了，但是只要被提示的内容在所指示的数据中完全包含并清楚说明了，就应该同样承认参见条款的效力。这种承认是为许多国家的传统纸面通讯所接受的，通常还附加一些诸如消费者保护的规则。通过"参见条款"来规定合同的内容，是一种简洁的陈述方式。但是，必须在文件指示处，备有不必每次完全重复的，详细的通用条款。这既是电子商务交易讲求效率的要求，同时也完全符合传统的交易惯例。

在电子环境下，譬如在 EDI、电子邮件、数字证书，以及其他电子商务形式中，"参见条款"通常作为一种广泛应用的方法。因为电子通讯以这种方式构成，大量的电讯才可以交换。数据电文的简洁性，使它比纸面文件更经常地利用别处可参考的信息。在电子通讯中，当有外部信息资源可以利用时，如数据库、密码词汇表等，就不应给专业人员增加过量的自由文本信息义务，可通过使用缩写语、密码或其他参考信息，辅助实现意思的交流。

对于公钥证书的使用者，通过参见条款而纳入其他数据电文的标准也很重要，因为这些证书内容的表述，通常严格而简要，其记录在规格上是有限制的。然而，颁发证书的可信赖之第三方，可能要求包括相关的合同条款，以限制其责任。因此，在电子商务实践中，没有外部条款纳入参考，证书的范围、目的和效力就会含混、不确定。在国际通讯环境下，涉及到遵循不同贸易惯例与实践的不同的当事人，情况尤其如此。

确立通过参见条款而将某一数据电文纳入其他数据电文的规范，对于电子商务的交易的成长是很关键的。没有由这种规范所支撑的法律确定性，仅将传统的标准适用于相应的电子商务环境，来确定参见条款的有效性，将给电子交易造成重大风险。因为依照传统的方法，可能将电子环境中合理的方法确认为是无效的。

通过电子通讯，虽然能够使电子商务中运用参见条款方法所提示的完全信息文本的可利用性，在很大程度上得到改进。比如，一些数据电文可以植入统一资源定位器（URL）里，向读者指示参考文件。该资源定位器可提供"超文本链接"，允许读者用指示设备（如鼠标），选择与 URL 相关的关键词，参考文本就可被显示出来。然而，在决定利用可访问的参考文本时，需要考虑以下因素：可用性（存储器的运营小时和访问的难易程度）；访问的成本；完整性（内容的证实，发送者的认证，以及通讯错误的更正方法）；和该条款以后被修改的范围（升级通知，政策修改通知）。

在许多法域中，能否将传统的参见条款使用于电子商务环境还存在着疑问。第 5 条补充款的目的之一就在于排除参见条款在电子环境中适用的不确定性，以促进该方法的普遍使用。然而，在采纳补充内容时，应当注意避免在电子商务的参见条款中，引入比纸面贸易更严格的要求。

该款的另一目的是，承认消费者保护，或其他国内或国际法律的强制性（如在定式合同中保护弱势当事人规则），是不能削弱的。在电子环境下使用参见规则时，也可通过"法律允许的范围内"，或在相应条款中列举排除适用事项，以达到该效果。此外，不应将第 5 条解释为在电子环境下，对参见条款创造一个特别的法律领域。相反，通过确立非歧视性原则，可以使适用于纸面环境的国内的参见规则，与用于电子商务中的参见条款同等的适用。例如，在许多法域里，现行的强制性法律只承认符合以下条件的参见条款为有效：（1）参见条款必须包含在数据电文中；（2）被提及的文件，如一般条款与条件，对方当事人所依赖的条款事实上是知道的;(3)除了知道之外,参见条款还要被该方所接受。

3. 数据电文在合同订立上的效力

数据电文作为商事意思表示的工具,主要体现在合同的订立方面。《示范法》第 11 条就此规定道"(1)就合同的订立而言,除非当事各方另有协议,一项要约以及对要约的承诺,均可通过数据电文的手段表示。如使用了一项数据电文来订立合同,则不得仅仅以使用了数据电文为理由,而否定该合同的有效性或可执行性。……"

该条并不干涉当事人订立合同,相反,它就合同的订立问题,规定了要约与承诺表达的形式,增加了利用电子方式订立合同的法律确定性,有利于促进国际贸易。在某些国家的法律中,订立合同的要约与承诺,可与其他的意思表达一样,以任何方式传递,包括数据电文。然而,在有些国家中,合同是否能以电子方式订立,还存在着不确定性,因而有必要在合同领域,重申数据电文的法律效力原则。现实中的不确定性,可能产生于以下一些情况:即数据电文表达的要约与承诺,是由计算机生成的,没有人的即时介入,因此对当事人意愿的表达产生了怀疑。另外,通讯方式的内在性和不存在纸面文件,也可能引起不确定性。

该条针对合同订立的情况,强调了已包含在《示范法》其他条款(5、9、13 条)的原则。它们都确立了数据电文的有效性。然而,由于其他条款中,关于电子信息具有证据法价值的规定,并不一定意味着可用于订立有效合同的目的,所以,在合同订立上重申是必要的。

该条不仅涵盖了要约与承诺,都以电子方式传递的情况,还包括了以电子方式单独传递要约或承诺的情况。关于要约与承诺是以数据电文表达的情况下,合同订立的时间与地点问题,《示范法》中没有具体的规定,这样做是为了不影响国内法在合同订立上的适用。该条的任务仅在于,规定电子通讯可与纸面通讯达到同等程度的法律确定性。第 15 条中包含的条文,是合同订立的现行规则的结合,旨在排除因电子化交换要约与承诺,而在合同成立的时间与地点上的不确定性。

条文中的"当事各方另有协议"的除外规定,只是在合同订立的情况下,重复了对当事人自治的承认,其作用在于阐明《示范法》并不强求依赖纸面通讯的当事人,使用电子通讯方式。因此,该条不应解释为以任何方式,限制任何当事人不使用电子通讯的意思自治。

为避免可能产生否认其他国内有效法的不利效果,同其他的条款一样,该条预留了排除适用部分。譬如某些国内法对合同的订立规定具体的手续,包括公证以及其他对"书面"的要求,也可能出于对公共利益的考虑,如阻却某些当事人,或向他们警示特定的风险。

4. 当事人对数据电文的承认

数据电文的一般法律承认,是针对各国际组织及成员国的成文法而言的,它要求法律上为数据电文营造公平的待遇。而《示范法》第 12 条,则就当事各方的对数据电文的承认,做出了规定,"(1)就一项数据电文的发端人和收件人之间而言,不得仅仅因采用了数据电文形式为理由,而以意旨的声明或其他陈述,来否定其法律效力、有效性和可执行性。"其基本含义是,当事人不得以单方声明的形式,排除对数据电文效力的承认,以确保数据电文法律的稳定性和预见性。

该条与第5条、第11条一起，构成了对数据电文效力的全面承认。由于第11条只局限于订立合同而生成的数据电文，《示范法》中缺乏与订立合同无关的，却又是履行合同义务的数据电文（如货物瑕疵通知，支付表示，合同履行地的通知，债务承认等）的具体条款，才于《示范法》起草的后期增加了第12条。因为大多数国家缺乏具体的立法，致使现代通讯方式在不确定的法律环境中运行，因而《示范法》不仅以第5条表述了电子通讯不应被歧视的一般原则，还应包括对这一原则的具体解释。合同订立和单方意愿表达的法律效力，以及其他可能以数据电文形式发布的通告，就是上述原则在这些领域中的有益解释与适用。

第11、12条规定的情况是任意性的，旨在促使电子通讯应用的有效性，并非强迫使用电子通讯方式，所以当事人可以协议做出改变。如果以非纸面方法传输数据，对收件人是一种意外情况的话，不应将第12条看作是对收件人强行附加电讯法律后果的根据。

5. 数据电文的证据效力

数据电文的证据效力问题，是电子商务应用的主要障碍之一。为此，《示范法》第9条专门就数据电文的可接受性和证据价值，作了规定，"（1）在任何法律诉讼中，证据规则的适用在任何方面均不得以下述理由否定一项数据电文作为证据的可接受性；（a）仅仅以它是一项数据电文为由；或（b）如果它是举证人按合理预期所能得到的最佳证据，以它并不是原样为由。（2）对于以数据电文为形式的信息，给予应有的证据力。在评估一项数据电文的证据力时，应考虑到生成、储存或传递该数据电文的办法的可靠性，保护信息完整性的办法的可靠性，用以鉴别发端人的办法，以及任何其他相关因素。"

第9条确立了数据电文在法律程序中，作为证据的可接受性，及其证据价值。就可接受性而言，在一般的法律程序里，不能仅仅以证据是电子形式为由，而否认数据电文的证据可接受性。它重点强调了第5条规定的原则，并明确其适用于证据的可接受性。这是一个特别复杂的问题。"最佳证据"概念在普通法域里是较容易理解的。然而，该概念可能在其规则不清晰的情况下，产生大量的不确定性。一些国家（如大陆法系的），在制定电子商务法时，则可以不使用"最佳证据规则"概念。

此外，该条对如何评估一项数据电文的证据力，提供了有用的指南。譬如，通过证据是否以可靠的方式生成、存储或传输等，进行评估的方法。

4.3.4 数据电文的通讯与保存规则

数据电文作为民商事意思表达的工具，是经由通讯而实现其交流的。由于数据电文的传输与传统的纸面通信，在形式与性能上有很大不同，因此，为其制定通讯规则，保障电子商务中信息传输的顺畅安全，从而避免技术与法律风险，是十分必要的。以下所讨论的问题有：数据电文收到确认的效力、数据电文的归属推定、数据电文的发收地点以及数据电文的保管规则等。这些都是运用电子商务手段进行交易时，所必须确定的基本问题。

1. 收到确认的效力

为了保证数据电文传输的可靠性，许多信息系统，都设置了收到确认功能。收到确认规则，就是针对此种电子商务实践而设计的，它对于确定收到确认功能的法律性质，具有重要意义。以下从五方面阐述《示范法》第14条关于收到确认的内容。

(1) 概括性规定

其第一款说明了该条的属性与范围，即它是任意性规范，仅适用于数据电文的通讯之中。其原文为："(1) 本条第(2)至(4)款适用于发端人发送一项数据电文之时或之前，或通过该数据电文，要求或与收件人商定该数据电文需确认收讫的情况。"

《示范法指南》对该条曾作了概况解释，其大意如下：功能性确认的使用，应由电子商务用户依商业原则决定；《示范法》并不强迫这种程序的使用。考虑到收到确认系统的商业价值，以及该系统在电子商务中的广泛使用，《示范法》讨论了由于使用确认程序而产生的一些问题。应注意的是，"确认"这一概念有时涵盖了不同的程序，从只确认收到一件非特定的电讯，到对特定数据电文的内容的同意的表示。在许多情况下，"确认"程序与邮政系统所称的"收到回执要求"相同。可能在不同的文件中要求收到确认，如在数据电文之内，在双方或多方通讯协议中，或"系统规则"中。不同的确认程序意味着相应的成本。《示范法》基于这样的推定，收到确认程序的应用由发送人自行决定。除了确定数据电文的收到外，该法并不处理由发送收到确认而产生的法律后果。例如，当发送人在数据电文中发出了要约，并要求收到确认，该收到确认仅仅证明要约被收到了。该确认的发出是否构成接受要约，《示范法》并不规定，而由其外的合同法来解决。

(2) 收件人的推定处理

如前所述，在数据通讯中，收到确认程序的应用，一般是由发送方单方决定的。在缺乏此种决定的情况下，就产生了收件人如何行事的补充性规范。第14条第2款为此做出了如下规定，"如发端人未与收件人商定以某种特定形式或某种特定方法确认收讫，可通过足以向发端人表明该数据电文已经收到的：(a) 收件人任何自动化传递或其他方式的传递，或 (b) 收件人的任何行为，来确认收讫。"

当发送人未与收件人商定必须以某种特定形式确认收到时，可通过通讯，或收件人的行为判定确认有效，（如货物的发运作为采购要约的收到确认）。如果发送人单方要求以条文中没有规定的特定的形式确认的话，则该条隐含了相应的处理后果，即发送人就确认形式的单方要求，不应影响收件人以任何通讯，或足以向发送人表明电讯已经收到的行为，做出收到确认权利。如此解释，对于强调《示范法》在数据电文收到确认的效果，与任何对数据电文的内容的回应的通讯之间的区别，是必要的。这也是规定(7)段的原因。

(3) 发端人的推定处理

与前述收件人推定规范相对应，《示范法》第14条第3、4款从数据电文发送人角度，规定了两种情况下的推定：

A、发送人以收到确认为条件的推定

第14条第3款规定，"如发送人已声明数据电文须以收到该确认为条件，则在收到确认之前，数据电文可视为从未发送。"该款调整发送人要求数据电文以收到确认为条件的情况，而无论发送人是否规定确认必须在一定的时间内收到，均可在确认前将数据电文作未发送之推定。

B、发送人未规定收到确认的推定

"如发送人并未声明数据电文须以收到该项确认为条件，而且在规定或商定时间内，或在未规定或商定时间的情况下，在一段合理时间内，发端人并未收到此项确认时：(a)

可向收件人发出通知,说明未收到其收讫确认,并定出必须收到该项确认的合理时限;(b)如在(a)项所规定的时限内仍未收到该项确认,发端人可在通知收件人之后,将数据电文视为未发送,或行使其所拥有的其他权利。"

该款具有较普遍的意义,适用于发送人并未声明数据电文须以收到该项确认为有效条件的情况。其必要性在于:对要求收到确认的数据电文的发送人确立了时间段,如果此时间段内没有收到要求的收到确认,则免除其所发送的数据电文的法律约束力。其应用性表现在,合同要约的发送人,没有收到意向的要约收件人的收到确认,明白自己在一段时间之后,可自由地将要约转向其他人。应注意的是,该条并不对发送人产生约束的义务,而只是给发送人以确定的方式。在某些情况下,还可以在没有收到要求的确认时,明确其地位。另外,该条也不对数据电文的收件人产生任何约束义务,在大多数情况下,他可以自行决定信赖,或不信赖某项数据电文,只要他承担数据电文由于缺乏收到确认而不可靠的风险。但是,从结果来看,该条使收件人受到了保护,因为没有收到意向的收到确认的发送人,不能象没有发送过一样,自行处理数据电文,而不给收件人进一步的通知。该款中规定的程序,是由发送人自由决定的。比如,当发送人根据当事人之间的协议,发出一个必须在某一时间内收到的数据电文,并且发送人要求了收到确认,他就不能仅仅以撤消了要求的确认,而否认电讯的法律效力。

(4) 收到确认的效果

收到确认的法律后果,直接关系着发送方与接收方权益的问题,但其效果仅局限于数据电文的通讯方面。《示范法》第14条第5款规定,"如发送人收到收件人的收到确认;即可推定有关数据电文已由收件人收到。这种推断并不含有该数据电文与所收电讯相符的意思。"

该款确立了可辩驳的推定,对于数据电文的确定性是必要的,对那些没有订立"交易伙伴协议"的当事人之间,进行电子通讯特别重要。应注意将该款第二句与13条第5款结合起来看,当发现发出和收到的数据电文文本之间有不一致的情况时,该法确立了收到文本占主导地位的条件。

(5) 收到确认的技术指标

"如果所收到的收讫确认指出有关数据电文符合商定的或在适用标准中规定的技术要求时,即可推定这些要求已满足。"该款与某些收到确认的技术类型相联系,例如,以EDIFACT电讯确定数据电文收到,是指语句结构上正确,即它可被收到方计算机处理。技术要求上的参数,可解释为是 EDI 通讯环境下的"数据结构";可能与电报与电传等其他通讯方式的使用关系较少。除了与"数据结构"规则相一致外,证明数据电文内容完整的程序的使用,以及该程序符合规定的技术适用标准的要求,也应包括在内。

在上述各点之外,第14条还在最后重申了其适用范围,"除涉及数据电文的发送或接收外,本条无意处理源自该数据电文或其他收讫确认的法律后果。"其目的在于就收到确认的法律效力,排除所存在的不确定性,它再次表明收到确认,不应与任何承认电讯内容的通讯相混淆。

2. 数据电文的归属

任何法律行为,必定由一定的主体做出。当行为的主体不明确时,法律关系必然紊乱,其责任也就无人承担。数据电文归属规则,是电子商务环境下,将电讯的发出与其发出者相联系的基本规则，它是确立交易当事人之间，因数据电文而产生的法律后果的前提性规范。从适用次序来讲，它则是前述数据电文发送规则的补充规范，只有当数据电文的发送人不清楚或有争议时，才适用此规则。

关于数据电文的归属，《示范法》规定在第13条中。其内容可溯源于《国际资金传输示范法》，对支付令发送者义务的规定。《示范法》的规定主要适用于，对数据电文是否真的由表面发送者发出产生疑义时。在纸面通讯环境下，此疑义可能导致主张称谓发送者伪造签名的争议。在电子通讯环境下，可能发生未经授权的人发送电讯，但以密码、加密等认证却是正确的情形。《示范法》并不就此处理责任分担问题，而主要通过确立在某些环境下，数据电文被认为是发送者的，来处理数据电文的归属，并进一步在收件人知道或应当知道该数据电文不是发送者的时，所应适用的推定。

具体而言，第13条所确立的规则，是分别就不同的主体或设施状况而做出的，大致有以下三种情况。

（1）对数据电文的发端人而言

"一项数据电文，如果是发端人自己发送，即为该发端人的数据电文。"发送人如果有效地发送了数据电文，就理应受其数据电文的约束。这是行为者自负后果的体现，其理不言自明。

（2）就发端人的代理人或"电子代理人"而言

发端人与收件人之间，当"数据电文在下列情况下发送时，应视为发端人之数据电文：（a）由有权代表发端人行事的人发送；或（b）由发端人设计程序或他人代为设计程序的一个自动运作的信息系统发送。"这里规定了当电讯是由发送人以外的，有权代表他的人发送的情况。它仅在于确定数据电文的归属，并不决定发送人的权利状况，至于发送执行人是否事实上或法律上有权代表发送人行事，应由《示范法》以外的有效法律（如代理法）去解决。

（3）从收件人角度做出的推定

第13条所确立的数据电文归属规则，主要包含在这一部分，即从收件人角度做出的推定中。它是当发端人，及其代理人，或"电子代理人"都不明确的情况下所适用的规则，又可分为三种情形。

① 对发端人的推定

第13条3款规定，"就发端人与收件人之间而言，收件人有权将一项数据电文视为发端人的数据电文，并按此推断行事，如果：（a）为了确定该数据电文是否为发端人的数据电文，收件人正确地使用了一种事先经发端人同意的核对程序；或（b）收件人收到的数据电文是由某一人的行为而产生的，该人由于与发端人或与发端人之任何代理人的关系，得以动用本应由发端人用来鉴定数据电文确属源自其本人的某一方法。"

上文规定了两种情况，即收件人可能相信某电讯是作为发送人的：一是收件人正确地使用了一种事先经发端人同意的认证程序；二是数据电文是由某人的行为而产生的，而该人由于与发端人之间的关系，得以利用发端人的认证程序。通过说明收件人"有权将一项数据电文视为发端人的"。其旨在表明收件人可以将该项数据电文，视为发端人的而推断行事，直至他收到发端人通知有关数据电文并非该发端人的，或他知道，或理应知道该数据电文并非发端人的数据电文时。

据此，如果收件人正确地使用了一种事先经发端人同意的认证程序，而该应用对发送人作为电讯的来源，产生了适当的证明，该电讯就推定为是发送人的。它不仅涵盖了认证程序已经由发送人与收件人同意的情况，而且包括发送人单方地，或由于与中间人的协议而选择了一种程序，并同意受符合该程序要求的数据电文约束的情况。因此，协议可不经发送人与收件人之间的直接协议生效，而是通过第三方服务提供者的参与而生效。这种情况也应包括在收件人的推定之中。然而，应注意的是，上述推定仅适用于发送人与收件人之间的基于事先协议上的通讯，而不适用于开放的通讯环境。

从上述推定引伸出来的含义是，发送人或收件人，在一定的情况下，应对某些未经授权的，但可以证明是由于该方当事人的过错而生成的数据电文负责任。也就是所谓的"该人（未经授权人）由于与发端人或与发端人之任何代理人的关系，得以动用本应由发端人用来证明数据电文确属源自其本人的某一方法"的情况。

② 上述发端人推定的例外

对上述推定归属于发端人的数据电文，还有一些例外情况，即自下列时间起推定规则不适用：（a）自收件人收到发端人的通知，获悉有关数据电文并非该发端人的数据电文起，但收件人要有合理的时间相应采取行动；或（b）如属与发端人相关者所为的情况，则自收件人只要适当加以注意，或使用任何商定程序便知道或理应知道该数据电文并非发端人的数据电文的任何时间起。

值得注意的是，不能误认为这一例外推定具有追溯力，解除发送人数据发送的后果，而不论收件人是否按照数据电文是发送人的推定而行事了。它并非规定收到了发端人的通知，就追溯性地使原来的电讯无效了。根据该条，发送人在通知收到后，才解除电讯对其的约束力，而不是在此之前。此外，在事实上电讯是由发送人发出，而收件人正确使用了商定的或合理的认证程序的情况下，该推定不应理解为允许发送人向收件人发送通知，而逃脱数据电文的约束力。如果收件人可以证明该电讯是发送人的，将适用本人行为的推定，而不是其例外规则。关于"合理时间"的含义，是指给予收件人以充足的反应的时间。比如，在实时供货的情况下，必须给收件人时间以调整其生产线。

关于与发端人相关者所为的情况，所应注意的是，《示范法》可能导致收件人有权按照发端人的数据电文，做出推断并行事，如果他适当地使用了商定的认证程序，即使他知道该数据电文不是发送人的。在起草《示范法》时，普遍认为为了保持商定的认证程序的可靠性，接受由此而产生的风险是必要的。

③ 收件人推定的处理后果

第13条第5款规定，"凡一项数据电文确属发端人的数据电文或视为发端人的数据电文，或收件人有权按此推断行事，则就发端人与收件人之间而言，收件人有权将所收到的数据电文视为发端人所要发送的电讯，并按此推断行事。当收件人只要适当加以注意或使用任何商定程序便知道所收到的数据电文在传送中出现错误，即无此种权利。"

该款一方面预防发送人否认其曾经发送的电讯，另一方面，又为收件人规定了适当的注意义务。除非收件人知道或应当知道该数据电文不是发送人的，否则发件人不得抵赖。同时，它处理了电讯由于错误传送而产生的内容错误、数据电文的错误复制等具有重要实践意义的问题。它确立了适用于收件人的，区别数据电文的错误复制与独立的数据电文的注意标准。换言之，收件人的推断行事，必须以合理的注意为前提。

3. 数据电文发送与接收的时间与地点

数据电文发送与接收的时间与地点，不仅是电子商务意思表示生成的必要条件，而且是法律事实中的重要因素，许多相关的法律关系将以此为基点。

（1）数据电文发送与接收的时间

《示范法》在第 15 条前 3 款，规定了数据电文的发出和收到的时间问题："① 除非发端人与收件人另有协议，一项数据电文的发出时间，以它进入发端人或代表发端人发送数据电文的人，控制范围内之外的某一信息系统的时间为准。② 除非发端人与收件人另有协议，数据电文的收到时间按下述办法确定：A. 如收件人为接收数据电文而指定了某一信息系统：a. 以数据电文进入该指定信息系统的时间，为收到时间；或 b. 如数据电文发给了收件人的一个信息系统，但不是指定的信息系统，则以收件人检索到该数据电文的时间，为收到时间；B. 如收件人并未指定某一信息系统，则以数据电文进入收件人的任一信息系统的时间，为收到时间。③ 即使设置信息系统的地点，不同于根据第④款规定所视为的收到数据电文的地点，第②款的规定仍然适用。……"

《示范法》第 15 条第 1 款，界定了信息发出的时间，即在数据电文进入发送人控制范围内之外的某一信息系统的时间为准，它既可是收件人的，也可是中间人的信息系统。确定"发出"的概念的含义，旨在为各国内的电讯发出规则提供补充，而不是替代之。如果于数据电文进入收件人的信息系统构成发出时，那么它就与收到同时发生，除非数据电文发到了收件人的信息系统，但该系统却不是收件人所指定的信息系统。

关于数据电文收到的时间，《示范法》第 15 条第 2 款规定了收件人单方为接收数据电文指定了某一信息系统（无论是否收件人的信息系统，均可指定），和数据电文到达了收件人的系统，但不是指定的信息系统的情况。在后一种情况下，以收件人检索到该数据电文的时间为收到。所谓"指定信息系统"，是指由一方当事人特别指定的系统，例如要约中明确表示的承诺发送的地址。仅仅在信笺或其他文件上标示电子邮件，或电报地址，并不构成对信息系统的指定。

应当注意的是，"进入"某一信息系统的概念，既适用于数据电文的发出，也用于数据电文的收到。数据电文进入信息系统的时间，是它在系统中可被处理的时间。数据电文是否以收件人可感知的，或可利用的方式进入了信息系统，超出了《示范法》的范围。该法并不想否定国内法的条款，即数据电文的收到发生于电讯进入收件人的范围内，而无论电讯对收件人是否是可感知的，还是可利用的。《示范法》也不想违反贸易惯例，其中某些加密的电讯在收件人可利用或可感知之前，就被认为收到了。其理由是，《示范法》不应做出比现存的纸面环境更严格的要求，其中电讯即使对收件人是不可感知的，或者不想让其感知，也可被认为收到了，譬如为了保护知识产权，或仅仅出于保存的目的，将加密数据以发送到数据库。

数据电文仅仅到达收件人的信息系统，而没有进入其中，则不应认为是发送了。应注意的是，《示范法》没有明确讨论因信息系统故障，而产生的责任的问题。特别是，当收件人的信息系统根本不工作，或工作不正常，或虽工作，但数据电文不能进入的情况（如传真一直占线），按照《示范法》这些发送，就没有发生。《示范法》起草者一直认为，不应当通过普遍的条款，给收件人被附加过重的，保持其信息系统时刻正常运行的义务。

(2) 数据电文发送与接收的地点

对于这一问题,《示范法》第 15 条的规定是"……(4)除非发端人与收件人另有协议,数据电文应以发端人所设立的营业地,视为其发出地点,而以收件人所设的营业地,视为其收到地点。就本款的目的而言:(a)如发端人或收件人有一个以上的营业的,应以对基础交易具有最密切管辖的营业地为准,如果并无任何基础交易,则以其主要的营业地为准;(b)如发端人或收件人没有营业地,则以其惯常居住地为准。……"

在电子商务环境中,接收数据电文的收件人的信息系统,或数据电文检索的系统,往往位于收件人本身地址以外的法律管辖区内。而现行法律对此种境况,没有给予适当的对待。该条款的内在理由是,信息系统的地址,不是交易的决定因素;在收件人与接收地之间,应存在一些合理的联系,并且该地点能让发送人容易断定。不过,《示范法》并未就如何指定信息系统,或在收件人指定之后,是否可更改,做出具体的规定。

该条在推定接收地和数据电文的事实到达地之间,做出了区别。然而,该推定可能不适用计算机传输环境以外的情况(如电报或电传)。它仅限于在计算机网络之间的数据电文传输,并就其法律事实确立了可辩驳的推定,可适用于其他法律(如信息合同或冲突法)要求确定数据电文的收到地的情况。此外,该规则的目的,并非就数据电文传输中的损失与损害,在发送人与收件人之间分担风险。

条文中的"基础交易",是指事实上的,也指预料中的交易。而"营业地"、"主要营业地"、"惯常居住地"等词,是从联合国《国际货物买卖合同公约》第 10 条引入《示范法》的。

通过上述对《示范法》"关于数据电文的发送与接收时间与地点"规则的分析,可以看出,对于计算通讯数据在时间标准上,是以信息系统作为其判别依据的;而在地点标准上,则是以"营业地"为判别标准的。前者,适应了计算机网络的特点及通讯技术应用的需要,后者,照顾了传统法律管辖的便利,同时也避免了信息系统的不稳定性。但是,以传统地域管辖支持的规范,能否最终对全球网络条件下的商事关系,做出有效调整,还有待于实践的考验。

4. 数据电文的保存

数据电文必须以适当的形式保存,才能实现书面的等价功能,并与现行的证据法相吻合。因此《示范法》也就数据电文如何满足一些传统贸易中信息存储的要求(如会计,或税务方面的),确定了一套替代性的规则。

第 10 条第 1 款规定:"如法律要求某些文件、记录或信息须予以留存,则此种要求可通过留存数据电文的方式予以满足,但要符合下述条件:(a)其中所含信息可以调取,以备日后查用;(b)按其生成、发送或接收时的格式,留存了该数据电文,或以可证明能使所生成、发送或接收的信息准确重现的格式,留存了该数据电文;(c)如果有的话,留存可据以查明数据电文的来源和目的地,以及该电讯被发送或接收的日期和时间的任何信息。"

该款重复了数据电文满足"书面"表达所规定的义务,同时,又表明电讯不一定保持未更改,只要所存储的信息准确地反映了发送时的数据电文。因为要求所存储的信息未被更改,并不符合数据电文的特点。通常为了存储电讯,要对之加密,压缩,或转换。将上述两点合起来看,数据电文达到具有书面等价功能,并保持了完整性和可利用性,也就符合现存的适用法的数据存储义务中规定的条件。

然而，对于上述规则，仍需有两点要求予以说明：

一是按照该款规定在文件、记录或信息的存留义务中，不包括只是为了使电讯能够发送或接收而使用的任何信息。所需要存储的信息，除了电讯以外，还包括某些辨别电讯的必要传输信息。由于要求保留与数据电文相关的传输信息，产生了比大多数现存国内法，对纸面通讯存储标准还高的要求。然而，不应将之理解为，对某些数据电文传输添加信息附加义务，这些是电讯生成、存储或传输的信息，或数据电文中包含的单独的信息，如收到确认。此外，虽然有些信息重要，并且也应当存储，但其他对数据电文的完整性并不造成威胁的信息，可以免于存储。这就是为何第 2 段确立了区分哪些传输信息的要素对于辨别信息重要，和那些信息传输的因素（如通讯技术协议），它对数据电文来说没有什么价值，一般会在数据电文正式进入收件人的信息系统时，被接收计算机自动剔除掉。

二是，任何人均可通过使用任何其他人的服务，来满足前述数据电文存留的要求，但该服务满足第 1 款所列的 3 项条件（即 a、b、c 项）。事实上存储信息，特别是传输信息的存储，常常可能由发送人与收件人之外的人来实行，比如中间人。这些人也有责任保留某些传输信息，而不能随意逃脱履行义务。不能仅仅因为，所运行的通讯系统，并不要求保留信息，而成为借口。这是为了防止中间人的劣质服务和恶意行为。另外，"任何其他人的服务"范围较广，不仅仅指中间人。

4.4 本章小结

本章着重论述数据电文法律制度的基本问题，共由三个部分组成。第一节传统书面形式制度与数据电文的矛盾，阐述了数据电文制度产生的必要性。第二节《电子商务示范法》概述，简介了联合国贸法会制订的，目前世界上影响最广泛的数据电文法律文件。而第三节数据电文法律制度的基本内容，则是前一问题的细化。

传统法律是以书面形式为基础的。民商法上的书面形式的内容，就是以文字所表达的，当事人设立、变更、消灭民事权利义务关系的意思。如何使传统立法中的书面形式要求，与电子商务交易中的无纸化特征相容纳、相协调是电子商务法的核心问题。

各国之所以将书面记载作为重要的民商事法律行为的形式要求，其原因主要在于证据方面，因为书面形式可长久保存并可以手书签名认证。但是，书面也在不断演进，电报、传真后来被认为可构成业经签名的书面文件。但是电子信息是否属于书面与签名，在以往的法律里却不很确定。国际立法界提出了两种法律上的解决方法：扩大解释法和另立类型法。联合国《示范法》对数据电文确立了完整规则，属于"另立类型法"。该法主要就数据电文的概念、书面功能等价标准、法律效力、发送与接收，及其归属等基本问题作了规定。

《示范法》是为适用因使用信息技术引起贸易通讯方式上的较大变化而起草的，旨在为一些国家建立新的适应计算机网络化的法律环境树立一个样板。该法适用于在商务活动方面使用的，以一项数据电文为形式的任何种类的信息。

《示范法》分为两部分，一部分规定电子商务的一般问题，主要规定数据电文的法律效力等，另一部分处理电子商务的特别领域中的问题，处理特定领域电子商务的部分，目前仅货物运输的电子商务一章。该法为开放式结构，今后将不断完善补充。

《示范法》所采用的主要方法是"功能等价"法，它只指出了纸面形式要求的基本功能，并以此建立等价物的标准。只要数据电文一旦与该标准相符合，就应让这些数据与执行同等功能的纸面文件一样，受到法律承认。

数据电文是独立于口头、书面等传统意思表达方式之外的，一种电子通讯信息及其记录。有三个层面的标准，来衡量它所执行的意思表达功能：数据电文的书面功能标准；数据电文的签名功能等价标准；数据电文的原件功能等价标准。据此，《示范法》对数据电文的一般效力、合同订立中的效力、证据效力作了明确的规范。同时，示范法还制定了数据通讯规则，保障电子商务中信息传输的顺畅安全，从而避免技术与法律风险。这些规则关于：数据电文收到确认的效力、数据电文的归属推定、数据电文的发收地点、以及数据电文的保管规则等。

4.5 思 考 题

1. 传统书面形式的功能。
2. 数据电文与传统书面形式的异同。
3. 示范法的方法、结构与原则。
4. 我国合同法中的"数据电文"与示范法中"数据电文"的关系。
5. 数据电文等价功能的方法。
6. 数据电文的通讯规则。
7. 数据电文的"原件"标准。
8. 数据电文的归属规则。
9. 数据电文能完全替代纸面文件吗？

第 5 章　电子签名及其法律规范

当人们在网络中表达意思的方式，由口头、书面转化为以数据电文方式进行时，就很难以纸面上的签字来证明文件的内容。传统的手书签名，必然要由一种与数据电文相适应的"电子签名"来代替。由于电子签名涉及的技术复杂，关系的利益重大，并且是一个崭新的问题，所以比书面问题更为重要，更为迫切。为了较全面地认识电子签名的法律功能，本章将从传统签名的定义开始，进而将传统签名与电子签名进行比较，最后再论述电子签名的概念、基本条件、效力等问题。

5.1　传统签名的概念与功能

5.1.1　签名的意义

1. 签名的基本含义

签名是指执笔者为了表示对文件、单据负责而亲自写上自己的姓名或画上记号的，具有法律意义的行为，而不是自然事件。它首先是一种证明行为，签名人可借以证明物品、行为，或意思的归属。譬如，在属于自己的财物上写上名字，表示为物的所有者。又如在文件上签名，以表明对其内容的同意，以便让其他人察觉、理解之，并于以后可向其他人对此做出证明。

从民商法看，签名虽然不是法律行为的必要条件，但它是构成要式的或特约的法律行为的重要因素。当法律规定或当事人约定，以签名作为法律行为的生效要件时，签名就成了该法律行为的决定因素之一。

2. 传统签名的法律要求

虽然法律以及学者论著中的签名定义各有不同，但就传统签名的内涵来看，签名一般是指特定的人手写的自己的名字，以此来表达他将受书面内容约束的意愿。对签名的要求应包括以下三个重要方面：正确的名字；书面形式；本人亲手书写。

5.1.2　签名的功能及其形式演变

1. 签名的功能

签名与书面，虽然在形式上密不可分，并且都具有证据法上的价值，但二者毕竟有所区别。书面的基本功能，主要在于信息（意思表示）的表现与保存方面，而签名则具有标示当事人身份，及其对内容承认、认可的作用。

联合国欧经会工作组，在一份题为"签名以外方式的贸易文件认证"的报告中称："贸易文件上的签名,主要有三项功能:一是能表明文件的来源,即签名者;二是能表明签字者已确认文件的内容;三是能构成证明签字者对文件内容正确性和完整性负责的证据。"该文件题目中所用的"认证"一词,是指"证明,证实"。签名所证实的是:(1)对方当事人所期望的人,即有权或获得授权而为法律行为的人,亲自到场。签名的个人亲自表示的特征,使之成为"独特的认证者"。(2)其意愿,即以签名表达了承认文件的内容,以及愿意受之约束的意愿。德国法要求签名的位置,必须在文件的尾部,以减少对意思表示内容产生疑义的可能。签名还具有订立交易与财产担保的效力。只有证明其意思被错误或欺诈所导致,签名人才能摆脱其所签署文件的约束。

2. 签名形式的演变

大陆法系至迟于16世纪就在法律中正式承认了签名。然而,对签名的过度依赖,使得它对某些新的公众交易形式来说造成了种障碍。譬如现代公司所发行的股票、债券,不可能全部都让董事长亲自签名,而需以印章、印刷等方式来替代。当今电子化交易很普遍,特别是电子银行和电子商店的兴起,对传统签名提出了全面挑战。商事交易已经逐渐为无纸化形式所代替,传统签名的替代物,如数字签名、动态签名分析等,正在大量地使用或实验中。这就导致了实践上与传统法律相背离的严重状况。

传统签名方式受到质疑的理由主要有三:一是形式上的要求常导致不公平;二是传统签名在公众交易或贸易方面的缺乏操作性;三是不便于在电子通讯环境中使用。为了方便贸易,联合国在《海上货物运输公约》(1978 汉堡)中,对签名制定了开放型条款。其具体规定是:"提单上的签名可以是手书的,传真打印、打孔、盖章、使用符号或通过任何其他机械的或电子的手段,如果这不与提单签发地国家的法律相违背的话",并且"'书面'包括电报和电传"。美国在其《统一商法典》中规定,"签字(Signed)包括当事人意图鉴别一份书面材料时所作的或所使用的任何符号(Symbol)"。签名定义的发展,与书面概念的演变有着类似之处,就是为了适应交易的需要,其外延越来越宽泛,内涵越来越抽象。

3. 传统签名的局限性及其风险

传统签名的局限性在于:它必须以纸面等有形固体物为介质,无论是书写,还是传送,都较之电子通讯媒介的成本要高得多。其次,它必须由个人亲笔书写,这虽然对于法律行为的发生具有证据法上的意义,但是从交易数量与频率上看,由于受书写人的精力、时间、及其行动空间的约束,不适合于大规模的交易行为的进行。其三,传统签名存在着相当大的被仿冒的可能性,一方面仿冒签名并不需要很高的技术或成本,另一方面对伪造签名的鉴定,却需要一定的前提条件和较专业的技术,并且其鉴定的准确性绝非万无一失。

5.2 电子签名的概念

5.2.1 电子商务安全与电子签名的产生

1. 电子商务的安全要求

交易安全,是电子商务中所要解决的核心问题之一,它对计算机网络及应用系统,提出了一些基本要求。具体而言，安全的电子商务系统应当达到以下几点，以满足其交易安全的需求。

（1）信息的保密性。
（2）交易各方身份的认证。
（3）信息的防抵赖性。
（4）信息的完整性、防篡改性。

2. 电子签名产生的原因

现实生活中许多事务的处理都需要当事者签名，如命令、文件的签发，合同的订立，收取款项等。签名在其中至少起到了两个作用，一是表明签名人是谁，二是表明此人承认、证明，或核准了所签署的文件的内容。

从一定意义上讲，签名本身就是证明签名人的身份与文件内容被认可的一种信息，它可以用不同的形式来表示。在以书面文件为基础的事务处理中，采用书面签名形式，如手签、印章、指印等。由于书面签名得到司法部门的支持，具有相当重要的法律意义。在以计算机网络为工具的商事交易中，信息的载体已变得无纸化，采用传统书面签名已不再可能，于是就研究开发了能执行传统签名功能的电子形式的签名（Electronic Signature），这也就是前面提到的一种安全技术措施。从广义上讲，凡是能在电子计算通讯中，起到证明当事人的身份、证明当事人对文件内容的认可的电子技术手段，都可被称为电子签名。就目前来看，有口令、密钥、数字加密、生物特征认证等等。随着计算机技术的不断发展，电子签名的具体形式将会层出不穷。如果抛开签名的具体形式，从功能上考察，它是与认证功能相联系的，而并不凝固与具体的载体或技术手段之上。

计算机网络、电子支付系统和自动化交易系统的广泛应用，使得电子签名问题显得越来越突出。因为在许多应用系统中，电子签名问题不解决，交易安全无法保障，实际上就不具有应用价值。这也是电子签名问题，成为电子商务中的重要的技术与法律问题的原因所在。

3. 电子签名的基本条件

简单地说，电子签名，是指附加于数据电文中的，或与之有逻辑上联系的，电子形式的数据。它可用来证明数据电文签名人的身份，并表明签名人同意数据电文中所包涵的信息内容。它与传统手书签名在载体和技术手段上，没有多少相同之处。之所以将电子签名称为"签名"，实际上是使用了修辞上的借贷手法，借签名的使用功能，来指称具有这种作用的电子技术手段。

一个较完善的签名，一般应满足以下三个条件：（1）签名者事后不能否认自己签署的事实；（2）任何其他人均不能伪造该签名；（3）如果当事双方关于签名的真伪发生争执，能够由公正的第三方仲裁者，通过验证签名来确认其真伪。手签、印章、指印等书面签名，基本上满足了以上条件，因而得到立法与司法部门的支持，并具证据法上的意义。为了将传统交易中的法律观念移植于电子商务交易的环境中，这些传统签名所具有的基本功能，也就成了衡量电子签名的条件。能够达到这些功能的电子技术手段，一般都可称之为电子签名。

事实上并不是所有的电子签名，都具有与传统签名一样的功能。目前IT界所说的诸如口令、密钥、数字加密等电子签名形式,并不一定都达到了上述要求,有些只是在某些方面实现了其功能。它们可以被包含在最广义的电子签名概念之中。除了广义的电子签名概念之外,还有狭义的电子签名和折衷的电子签名概念之分。其中每一种电子签名所使用的技术手段、所能实现的法律功能都有差异。到底哪一种电子签名能实现手书签名的基本功能,达到由法律确认其效力的地步,是一项复杂的系统工程,它不仅涉及到技术标准的制定,同时要有立法的认可,以及相应机构的保障等。

4. 电子签名与传统签名之间的差异

如上所述,电子签名与传统签名仅在功能上有等价之处,而其间的差异倒是比比皆是。了解其不同,有助于对电子签名的全面认识。

(1)电子签名一般是通过在线签署的,是一种远距离的认证方式,它不能象传统签名一样,保证签名人亲临交易现场,即便是生物特征法电子签名,也不能如此。计算机网络化的交易,已经使人们跨越了时空差距。

(2)电子签名本身是一种数据,它很难像纸面签名一样,将原件向法庭提交。传统证据规则拒绝将电子签名与传统签名相等同。

(3)大多数人只有一种手书签名样式,虽然事实上它可能发生演变。但一个人可能同时拥有许多个电子签名,每使用一个信息系统,就有可能配发一个。

(4)传统签名几乎不存在被签名人完全忘记的情况,而电子签名则有可能被遗忘。

(5)传统手书签名可以视觉比较,而电子签名一般需要计算机系统进行鉴别。

传统签名与电子签名之间存在差异,是不可避免的,但它并不意味着二者之间有不可逾越的鸿沟,只要电子签名能够实现与传统签名相同的一些基本功能,就可能替代后者而广泛应用。通过对二者差异的考察,有人认为电子签名更接近于签名的衍生物——加盖印章,而不是签名。为了提供印章是由其所有者加盖的证据,需在证人面前加盖。

5. 电子签名的技术方式

一般可将广义的电子签名分成两大类。第一类是个人身份密钥或个人身份号码(PIC/PIN),即以人为的特征(如密钥的记忆与拥有)作为鉴别的参照物。

PIC可由电子银行,或电子商店系统操作者决定。在这种情况下,它常以计算机打印,并装在密封的信封里,寄给或交给用户。在计算机存储中不包含PIC的情况下,用户在编写PIC前,必须向系统提示用户卡(UIC),但系统只是通过数学算法,比较卡里的数据是否与PIC相一致。有些系统在用户第一次使用系统时,允许其编写或选择自己的PIC。在此情况下,PIC必须由计算机存储。有些系统将两种可能性结合在一起:比如八个字的PIC,四个由系统规定,四个由用户自定。对于其中由用户自定的密钥,通常用户有权出于安全或其他原因而修改。同样,为了执行某些业务,系统可能要求额外的编码。在金融交易或更改PIC时,用户不仅要输入其PIC,还要输入系统的交易号(TAN)。TAN包括七个数字。用户可从金融机构,得到一系列随机产生的TAN。每个TAN只能用一次,并且只能以正确的次序使用。所以,为了正确进行金融业务,需要知道PIC和交易号码。

第二类电子签名,是与用户个人生物特征相联系的。譬如指纹、视网膜纹、脑电波或声波等,都可用来辨别用户。此外,通过动态签名的识别(又称生物笔迹鉴别法),也可使个人身份与其签名发生特定的联系。目前运行的电子银行和电子商店系统中,还没有大规模使用上述签名方法。这是因为处理此类签名的终端还较贵，并且为了鉴别签名，还需昂贵的软件和大量的计算机存储。此外，该签名可能被疏忽地处理或被复制。所以，人们不太愿意用指纹作为辨别标志。

5.2.2 广义的电子签名

1. 含义

所谓广义的电子签名，是指包括各种电子手段在内的电子签名。联合国贸法会《签名示范法》第二条规定："电子签名，是指于数据电文中，以电子形式所含、所附或在逻辑上与数据电文有联系数据，它可用于鉴别与数据电文相关的签名人和表明签名人认可数据电文中所含信息"。它着重阐明了电子签名的目的与作用，而对电子签名所运用的技术方式几乎没有规定，凡是具有一定鉴别作用的，数据电文中所含、所附的，或与之有逻辑上联系的电子形式的数据，都可成为电子签名的方式，它是广义电子签名概念的表述。

在电子签名法案中，采用这种广义的电子签名概念的，还有美国《统一电子交易法》，澳大利亚的《电子交易法案》等。

上述广义电子签名定义的采用，表明了这些国家在电子商务立法上采取的技术中立的态度，它们不愿过早地将某种特定的电子签名方法法定化，或赋予高于一般签名方法的效力。因而采取了外延广阔的电子签名概念，以便为新技术的发展留下空间，避免在法律上为之设置障碍。

2. 广义电子签名形成的方法

从制定的方法上看，广义电子签名概念，是基于对纸面环境的签名的功能的分析与承认而产生的。在制定《签名示范法》时，起草者考虑了签名的如下功能："能辨别某人；在该人因签署行为而表明其亲自参与方面提供确定性；将该人与文件的内容相联系"。

根据签署文件的性质，签名可能执行不同的功能。例如，签名可能检验当事人愿意被所签署的合同的内容所约束的表示；某人承认是文本的作者的意愿；某人将其本身与由他人起草的文件的内容相联系的意愿；某人在某地，某时的事实等。在不同的交易环境下，以及不同的当事人之间，所要求的电子签名执行的具体功能，可能存在着很大差别。

3. 广义电子签名效力与适用范围

广义电子签名的适用范围相当广泛。凡是以手书签名，或其衍生物可以有效使用的地方，都是广义的电子签名可以适用的范围。但是，广义电子签名毕竟是手书签名在电子环境中的等价物，二者在实际应用的效果上，不免有一些差异，所以其适用范围不能完全相等。关于广义电子签名的适用范围，一般是给予抽象的肯定。而对于其不能适用的范围，则是予以具体的否定的。换言之，在法律文件中，其范围是以概括式的规定肯定的，而其限制则是以详细列举式的规定排除的。

譬如，新加坡《电子交易法》第4条规定，"第2部分（通用电子记录和签名）和第4部分（电子合约）不适用于某些法律规定需要手签或手写的场合，如委托、代理权的产生、有关不动产产权转让或不动产收益转移的契约、授权文件等。"其中的"通用电子签名"，就是广义的电子签名。也就是说，当特定法律对广义电子签名在某些事项的适用上有排除或限制时，它就不能当然地具有与手书签名一样的效力。我国《电子签名法》也在第一章"总则"中专门指出了排除使用的范围。

上述除外范围，只能是由法律明文做出规定，任何个人或实体，都不能强迫交易对方使用或不使用某种电子签名。并且，按照贸法会的要求，各国应尽量缩小这种限制的范围。随着科学技术的发展，数据电文记录的强化，以及加密方法的改进，从法律上消除对电子记录和加密应用范围的限制，将是必然趋势。

5.2.3 狭义电子签名

1. 含义

狭义的电子签名，是以一定的电子签名技术为特定手段的签名，通常指数字签名，它是以非对称加密方法产生的数字签名。所谓数字签名，就是只有信息发送者才能生成的，别人无法伪造的一段数字串，这一数字串同时也是对发送者发送的信息的真实性的一个证明。安全性是狭义电子签名概念的基本着眼点，也是它以特定的技术作为有效签名手段的根本原因。其潜台词是：以某种技术进行电子签名是安全的，因而该电子签名就应当在法律上是有效的；而其他的电子签名技术的安全性，尚未被验证认可，所以不应赋予法律效力。有少数法律专家认为，以生物特征法电子技术手段获取的在线电子签名更加安全，他们也可能将以该种方法生成的电子签名，称为安全电子签名。

2. 狭义电子签名所应用的技术

（1）关于数字签名的工作原理。签名之所以成为鉴别书面文件的一种手段，一是因为本人的签名难以否认，可确定文件已签署的事实；二是因为签名不易仿冒，可确定文件的真实性。数字签名与书面签名有相同之处，它能确认以下两点：其一，信息确实是由签名者发送的，即确认对方的身份，防止抵赖；其二，信息自签发后到收到为止，未曾作过任何修改，保证信息的完整性、防篡改性。因此，数字签名就可用来防止电子信息被人伪造、或冒用他人名义发送信息、或发出（收到）信件后，又加以否认等情况的发生。采用数字签名和加密技术相结合的方法，可以很好地解决信息传输过程中的保密性、完整性、防抵赖性及身份认证等问题。这样电子信息的易被修改的脆弱点，就得到了有效的弥补。

（2）关于生物特征电子签名的技术。凡是以获取签名人的生物特征，作为其身份认证的方法者，可称之为生物特征电子签名。其中又包含了许多具体的形式，如生物笔迹鉴别法、指纹鉴别法、眼虹膜鉴别法、声纹鉴别法等。目前由于确认生物信息特征的电子方法成本还比较高，在商事交易中还未广泛应用。

3. 有关数字签名的法律规定

数字签名是电子签名的一种，它本身具有特定的含义，IT界在谈到数字签名时，一般是指以非对称加密技术所进行的电子签名。该专业化术语已经超越了技术领域，被制定在法律文件中。

美国犹他州的《数字签名法》，是最早以法律形式对数字签名做出规定的。其第三条第10点写道："数字签名，是某人欲以一串比特字节签署，而生成相关的清晰的标识讯息。该讯息是通过单向函数运算，然后对生成的讯息摘要，以非对称性加密术和其私钥进行加密的。"此外，新加坡《电子交易法》也使用了这一术语。

有些国家的电子签名法，虽然以安全电子签名术语取代了数字签名，却实际上将非对称电子加密术作为安全电子签名的惟一的法定安全技术，所以，它实质上则是狭义电子签名概念的变形，只不过将数字签名称之为"安全电子签名"罢了。

4. 狭义电子签名的立法理由

在立法中直接采用狭义电子签名概念，并对该签名方法赋予特定法律效果的原因大致有以下两方面：

（1）基于对特定签名技术的信赖。狭义电子签名概念，是建立在对现有生成电子签名的技术方法的考察基础上的。其基本理由是：在现行的电子认证技术中，计算机口令容易被破获，其安全系数不足；对称密钥加密不适应开放型市场的需要，而笔迹、眼虹膜网等辨别技术应用成本过高，惟有非对称密钥加密（也叫数字签名）方法，既安全可靠，又能适应开放型市场密钥分发的需要，而且成本也不太高，是较为理想的电子签名技术方案，因而应作为法定的电子签名技术予以确定。只有用非对称密钥加密术做出的电子签名，才具有如同手书签名一样的法律效力。

（2）认为政府应直接参与电子签名标准的制定与实施。狭义电子签名的另一理由是：电子签名的技术已趋于成熟；而要使电子商务大众化、市场化，被消费者普遍接受，关键是建立起信心。这就需要政府出面，以法律手段消除各种不确定因素，以利于电子商务市场的成长。譬如，美国犹他州就是这方面的代表。该州不仅以《数字签名法》确定数字签名为有效的电子签名形式，以州政府作为普通认证机构的审批者，而且还由州政府担任"根"认证机构的角色。

5. 狭义电子签名的效力

狭义电子签名所使用的技术，要比广义电子签名所使用的技术更确定、更加趋于成熟。许多专家认为，以非对称性加密算法生成的数字签名，通常是安全的，甚至比纸面签名的安全系数要高。因此，其适用范围可能要比广义电子签名广泛一些。比如，数字签名已经被广泛应用于电子支付领域，成为重要的金融交易工具。这就说明它能适应于风险较高的交易活动。如果从效力上看，狭义电子签名将签名人与其身份的联系力，比广义电子签名要更强，即其推定效力较强。但是从功能等价的角度讲，其推定效力又与安全电子签名相同。

5.2.4 安全电子签名

1. 含义

安全电子签名（Secure Electronic Signature）或称"可靠的电子签名"，是指经过一定的安全应用程序，能够达到传统签名的等价功能的电子签名方式。其具体形式是开放型的，任何能够达到同一效果的技术方式，都可囊括于内。与上述广义与狭义的电子签名概念相比较，该电子签名概念是一种折衷式的概念。

2. 安全电子签名产生的原因

前面介绍过广义与狭义两种电子签名，二者之间存在着一般原则与具体应用上的矛盾。

广义的电子签名,虽然可以囊括各种电子签名的技术手段,但是由于它过于宽泛,其中包含了一些不具备传统签名基本功能,或缺乏安全可靠性的电子签名手段,以至于很难在电子商务实践中具体应用。相反,如果以某一特定的技术所产生的电子签名,作为法定的签名方式,譬如将数字签名作为法定签名,又与电子商务的开放性原则不相符,可能造成限制新的电子签名技术开发与应用的后果。

为了弥补这种缺陷,于是在两种电子签名之间,出现了折衷的概念,即所谓的"安全电子签名"。其特点是着重强调电子签名的效果,而在其具体实现方式上尽量泛化,以囊括各种技术手段,以便既能全面支持业已成熟的,或正在被普遍接受的非对称性公开密钥加密技术的使用,同时又为生物法电子签名等新技术的发展与应用,在法律上预留了空间。它与数据电讯概念的开放性是一致的,并且相互配合而应用。

3. 安全电子签名与其他电子签名的关系

从时间上看,安全电子签名出现得最晚,这使得其创造者有机会借鉴前两种电子签名的得失,而考虑得更加周到。

(1) 从外延上看,广义电子签名实际上已将安全电子签名包括在内。逆向推理,安全电子签名是广义电子签名的下位概念。在电子签名所执行的基本功能和技术手段方面,二者是一致的。但是,在安全程度方面,其要求却不相同。安全电子签名在广义电子签名的基础上,增加了对电子签名安全性的要求。

(2) 从效果上看,安全电子签名与狭义电子签名的要求是基本一致的,即必须达到一定的安全水准,能够证明数据电讯签名人的身份,并表明签名人同意数据电讯中所包涵的信息内容。二者的差别在于,所肯定的技术范围不同。狭义电子签名,以列举式的方法指定某种某技术为有效电子签名手段;而安全电子签名,则概括地提出安全签名的基本标准,凡是达到该标准的,就可称之为强化(安全)电子签名。从外延上看,安全电子签名可以将狭义电子签名概念容纳于其中。

5.2.5 电子签名立法模式简析

电子签名是保障电子商务安全的重要措施,其法律规范大都包含在电子商务法或电子签名法中。目前至少已有30多个国家制订包含电子签名法的法律文件。

世界各国已颁布的电子签名法规,不仅名目繁多,而且内容各异,反映了不同立法思想。总的来说,其法律规范也可分为三大类:即技术特定式;技术中立式和折衷式(技术特定和技术中立方式并用)。三类立法模式各有千秋,利弊共存。

1. 技术特定式立法

数字签名技术目前比较成熟、能够推向市场,将其作为法定技术标准,可使电子交易在稳定、明确的环境下进行,消除对于在开放电脑网络上进行交易存在的风险忧虑。该方式将数字签名技术作为电子签名的法定技术,集中规定了数字签名的技术规则和法律效果。其主要缺陷是限制了其他同类技术的发展和应用。

2. 技术中立式立法

此法模式又称最低要求主义,它并不确定具体的技术方案,而是采技术中立的立场,对广义范围的电子签名给予法律确认。由于此种立法方式不特别地确认数字签名作为法定技术，因此也就没有关于认证活动各方责任分配的内容。该方式的优点，在于由市场和用户对电子签名技术手段的优劣做出决择，有利于各种电子签名技术的自由发展。其不利处是，法律仅对广义的电子签名的法律效力予以确认，规定过于笼统，司法操作性不强。澳大利亚《电子交易法》、加拿大《统一电子商务法》、美国《统一电子交易法》等，即采取此种方式。

3. 折衷式立法

该模式一方面对广义电子签名给予法律确认，一方面又规定了以数字签名为范例的安全电子签名的法律后果，通常包含有责任分配的条款。欧盟《关于电子签名的共同框架的指令》、新加坡《电子交易法》、联合国贸法会《签名示范法》等，属于折衷式立法。值得一提的是，我国的《电子签名法》，也采用这一模式。

该方法不失为一种较理想的模式，它结合了技术特定与技术中立方案的优点，避免了二者的缺点，既能够切实地满足当前电子商务实践的需要，又为将来的技术发展预留了空间。

5.3 《签名示范法》的基本内容

5.3.1 适用范围

《签名示范法》是以《商务示范法》为依据而制订的，二者的范围亦相同。具体而言，"适用于需要使用电子签名的各种商业活动中"。而对"商业"活动的解释，也与《商务示范法》一样。《签名示范法》之所以在说明其范围时，采取了非穷尽列举方法，目的就在于涵盖各种使用电子签名的具体场合，而不区分使用电子签名的具体技术。因为以限制《签名示范法》适用范围的方式，排除某种签名形式或介质的使用，实际上是很困难的。同时，它也违背了《签名示范法》所主张的"平等待遇、媒介中立"等原则。

5.3.2 基本原则

1. 平等对待签名技术

其基本含义是：除了法律明定或当事人协议以外，其他规定都不得用于排除、限制或取消一种生成电子签署方法的法律效力，只要该方法满足了《签名示范法》第 6 条的要求，或各国内法的规定。对该原则至少应做如下理解：其一，电子签名与传统签名之间是平等的。其二，各种电子签名技术之间是平等的。

2. 保持国际协调性

《签名示范法》第 4 条规定：在解释电子签名法时，应本着善意原则，从其国际性因素和有利于促进应用中的统一协调为出发点。虽然表面针对解释而言的，实则是整个规则的基本原则之一。在电子签名方面施行国际相互协调的规范，是电子商务得以在全球范围推行的基本条件。促进电子签名的国际协调性，正是制订《签名示范法》的初衷。

3. 尊重当事人意愿

该原则表现在《签名示范法》的第 5 条"协议变更"方面，即"规则的法律效力可以协议减弱或改变，只要在规则采纳国的法律上协议合法或有效（或者电子签名法另有规定的除外）"。

总之，在《签名示范法》所建立的原则中，包含着下列基本精神：（1）促进国内国际间的电子商务发展；（2）确认以新信息技术进行的交易的合法有效性；（3）从纯技术角度出发，鼓励和推动广泛性地使用新信息技术，尤其是电子签名技术；（4）促进法律的统一；（5）支持商业习惯的采用。

5.3.3 电子签名的基本要求

可靠性是电子签名的最基本特征，《签名示范法》以其核心条款（第 6 条）对之做了规定。它以《商务示范法》第 7 条为基础，并为检验电子签名的可靠性提供了标准。其目的在于确保可靠的电子签名，具有与手写签名同样的法律效果。

《签名示范法》第 6 条的主旨如下：其一，当法律要求某人签名时，对数据讯息所使用电子签名，也同样能满足该要求，只要根据所有相关环境，包括相关协议，该电子签名对于数据讯息生成或传送目的来说是适当与可靠的。

其二，电子签名只要符合下列条件，就应视为是可靠的：（1）在使用电子签名的情形下，签署电子签名的方式只与签名人相关，而非他人。（2）当签署时，电子签名的方式处于签名人，而非他人控制之下；（3）任何在电子签名后所做的篡改，都是有迹可察的；（4）当对电子签名的法律要求，是为了保证与之相关信息的完整性时，任何对签署后的信息所做的篡改，都是有迹可察的。

其三，不禁止任何人为了满足前述要求，以任何其他方式来确信某电子签名的可靠性，抑或证实某电子签名的不可靠。

5.3.4 电子签名的预决性

在电子签名应用之前，预先确定其法律地位，是保证电子签名效力的重要措施。采纳国可自行通过建立，或授权特定实体，确认电子签名的质量，或认定电子签名使用的合法有效性。电子签名后果的确定性和可预见性，是促进电子商务发展的必要条件，通常应于商事交易人使用之前对之确定，而非等到发生争议并诉诸法庭时。当某种签名技术满足了可靠性、安全性要求时，应有确定的方法和机构，对之进行评估，并以相应的形式做出认定。

有鉴于此，《签名示范法》第 7 条规定：（1）采纳国可以指定任何个人、团体或机关为权力机关（不论是公或私的性质的），来决定何种电子签名是有效的。（2）该决定应符合已被接受的国际标准。（3）且不得影响国际私法规则的采用。

《签名示范法》第 7 条说明，采纳国可以授权某一团体或机关，决定何种签名技术可从其第 6 条所确立的推定或实体规则中受益。但并非要求各国一定以特定形式授权于某机构。只要其决定根据国际标准做出，且电子签名技术符合《签名示范法》中的标准，即能实现确定性和可预见性，就应当是有效的。值得注意的是，不应认为《签名示范法》要么赋予某种签名技术强制性法律效力，要么将签名技术的使用，仅限于被认定为达到可靠性要求的技术。只要当事人协商一致，既可决定使用未达到第 6 条要求的签名技术，也可在仲裁庭或法庭前证实，所选择使用的签名方法，确实达到了要求，尽管该方法的效果事先未曾获得认定。

在理解电子签名的预决性时，有以下几点需要澄清。其一，不一定必须由官方机构来充当确认电子签名质量或有效性的实体。其二，所谓"国际标准"，不应局限于已有的官方标准。对之应作广义解释，工商业中的习惯与惯例，一些国际组织，诸如国际商会、贸法会发布的文件文本（包括本规则和示范法）等，应包括在内。其三，维护正常国际私法的运作，避免采纳国以不符合相关机关所设立的标准为由，而对外国的电子签名区别对待。

5.3.5　电子签名使用人的义务

《签名示范法》第 8 条对签名人规定了以下义务：

每一签名人应该：（1）履行合理的注意义务，以避免其签名制作数据被无权使用；（2）通知签名人可合理预料到的信赖其签名，或为其签名提供技术支持的人，并不应有任何不合理的迟延：只要签名人知道其签名制作数据已经受到损害；或者只要相关环境使签名人知晓签名制作数据已经产生受损的实质风险。

在证书证明电子签名的情形下，签名人应履行合理的注意义务，在证书的整个有效期内，保证所有与证书有关的，或者将要被包括在证书内的重要陈述，具有准确性和完整性。签名人应对未能履行上述要求而造成的损失负赔偿责任。

5.3.6　证书服务者的义务

《签名示范法》第 9 条对证书服务者设定了如下义务：（1）兼顾行业政策或惯例，严格依据其所作的声明行事；（2）履行合理的注意义务，在证书的整个有效期内，保证所有与证书有关的，或者已包括在证书内的重要陈述，具有准确性与完整性。（3）提供合理的查证途径使相对方能够通过证书确认：①证书服务者的身份；②证书所标明的人在签名时已经控制着签名制作数据；③签名制作数据在证书签发之时运行正常。（4）提供合理的查证途径，使相对方能够通过证书及相关资料确认：①用以识别签名人身份的方法；②对签名制作数据及使用到的证书的目的或价值的限制；③签名制作数据运行正常，未曾受到损害；④证书服务者约定的对责任范围或程度的限制；⑤是否为签名人提供签名制作数据受损的通知方式；⑥是否提供及时的撤销服务；（5）为签名人提供签名制作数据受损的通知方式，并确保可获得及时的撤销服务；（6）使用绝对可靠的系统、程序、人员来完成其服务。证书服务者应对其违背上述义务的行为承担责任。

5.3.7　电子签名的可信赖性

电子签名的可信赖性，是由多方面的因素所决定的，它与生成签名的运行系统、程序及人力资源等密切相关。《签名示范法》第 10 条列举了评价可信赖性时应考虑的诸项因素。

一方面，建立了评价指标，使之具有操作性，另一方面，又是非穷尽列举，旨在对可信赖性作灵活解释，使之适用于不同情形下生成的证书。

具体而言，在决定证书的可信赖程度时，下列因素应该予以考虑：(1)财力与人力资源，包括现有资产；(2)软件与硬件系统的质量；(3)证书生成与申请的步骤以及相关记录的保留；(4)证书所证明的签名人以及潜在的相对方的有关信息的可获取性；(5)是否由独立的第三方进行审计以及审计的程度；(6)规则采纳国已作出声明，存在一个鉴定机构，或者鉴定机构所确认的证书服务提供者；(7)任何其他相关因素。

5.3.8 关于依赖方的义务

依赖方如不能履行下列行为，应承担法律责任：(1)采取合理的步骤确认签名的真实性；(2)在电子签名有证书证明的情况下，采取合理的步骤，确认证书是否合法有效、被中止签发或被撤销以及遵守任何有关证书的限制。

上述义务要求：交易当事人应根据具体的环境，对所接收的电子签名的合理性及其程度，予以谨慎确认。电子签名的有效性，并不取决于依赖方的行为。但相对人不能因此而草率行事。它是与签署人、证书机构的义务相对应的，并且是三者之间划分责任的依据之一。应当将电子签名的有效性与依赖方的合理信赖义务区分开来。

《签名示范法》没有为"依赖方"提供定义。与行业惯例相一致，"依赖方"概念意在涵盖任何可能信赖电子签名的当事人。依赖方既包括与签名人或证书服务者有合同关系的人，也可能是与前二者无合同关系的。甚至签名人或者证书服务者本身就是"依赖方"。然而，无论此概念多么宽泛，也不应将那些在申请认证证书服务时，承担确认证书合法有效性义务的用户包括进去。

依赖方确认电子签名或证书的合法有效性义务的另一作用在于，如果依赖方未能履行确认要求，且经过合理的查证未发现签名或证书是无效的，则依赖方不能推卸对该签名或证书的接受。

5.4 电子签名的效力

《签名示范法》在电子签名概念上采用了折衷方法，既考虑到了生成电子签名的技术方式的多样性、开放性，体现了平等对待原则，又有利于各种电子商务交易对电子签名技术的实际需求，其前景较为广阔。

5.4.1 电子签名的法律要求

1. 电子签名的确定

作为具有法律效力的电子签名，其标准通常是由有权机关所制定或认可的，而不是由当事人在具体的交易中临时以协议商订的。所以，存在着签名标准与效力的预先决定问题。

贸法会《签名示范法》在其第7条中规定，"(1)规则采纳国可以指定任何个人、团体或机关为权力机关，不论其是公或私的性质，来决定何种电子签名为符合第6条规定的电子签名。(2) 根据第 (1) 款所作出的决定,应符合被接受的国际标准。(3) 本条不影响对国际私法规则的采用。"本条文至少包括以下三方面的内容:

(1) 电子签名的国际通用性。该条规定了采用《商务示范法》作为蓝本而起草相关国内法的国家,即《商务示范法》制定国的有权机关,可具体确定电子签名的条件。其实这是不言而喻的道理,如果一个主权国家要制定其国内的电子商务法,必然会有一定的机构来分担其立法与执法工作。该条的核心意义是,各国在制定此类法律时,必须与国际承认的标准相一致。数据通讯标准与电子签名标准的国际通用性,是电子商务国际化的关键所在。从该条文所采用的语言来看,此条应属于强制性规范,各成员国都有义务遵守之。

(2) 电子签名必须具备一定基本功能。正如前文所述,安全电子签名的基本功能,是从传统书面签名中经过分析而提取的,它包括两点:一是能证明电子签名签名人的身份;二是能表明签名人同意所签署的数据电文中所包涵的信息内容。这是电子签名的最基本的功能,如果不具备其中的任何一项,就不能构成有效的电子签名。当然,在认证机构以认证证书支持下的电子签名,可能提供比上述功能更多的信息或服务,但它们并不构成法定的功能条件。贸法会《签名示范法》第 6 条所说的"对电子签名的要求",实际上就指的是具备这些基本的功能。

(3) 电子签名必须具有相当的安全性。除了国际通用性与基本功能方面的条件外,贸法会《签名示范法》还对电子签名规定了安全性方面的要求。其安全性的效果,表现在签名的完整性不受破坏方面,而其技术手段,则体现在安全可靠程序、技术标准的使用方面。《签名示范法》在第 6 条中提示了这一要求。

2. 电子签名的条件

电子签名的法律要求,主要表现在其效果方面,一般而言,能够达到鉴定交易人的身份,并且表明他认可了数据电文内含的信息的任何电子签名,都可以是安全电子签名。而在对此种效果的要求中,往往包含了一些具体的条件。综观贸法会的《商务示范法》和《签名示范法》,以及其他各国有关电子签名的基本原则和有关条文,对电子签名的要求大体有以下几方面:

(1) 就签名使用者的目的或环境而言,该电子签名是独特的。独特性,是电子签名与其拥有者之间的联系点。其含义是,在一定的应用目的或环境中,只有特定的签名人,拥有某一特定的电子签名,而其他任何人都不拥有该特定的电子签名。建立这种签名人与电子签名之间的独特的联系,才能使数据电文及其签名的归属具有惟一性。它排除了任何其他人,对电子签名主张权利的可能;同时,也阻止了签名人否认其签名的可能。所以,这种独特性,就是二者之间的惟一联系性,是电子签名技术在网络交易环境中应用的理论依据。

(2) 能表明电子签名是由其拥有者直接签署,或使用由签名拥有者独占控制下的方式生成、或附加于数据电文中的。该条件是以前述的独特性为基础的,其目的是将签署行为的法律后果,归属于电子签名的拥有者。其意义在于,实现行为者自负后果的效果。电子签名拥有者,理应对他直接签署的电子签名负责。不仅如此,他还要对使用其独占控制的方式生成、或附加于数据电文中的电子签名负责任。因为电子签名的拥有者,负有妥善保护其电子签名不被泄露、不被滥用的义务,即必须将电子签名保持于其独占控制之下。一旦该电子签名被签署于数据电文之中,一般情况下,其拥有人是要承担责任的。这种责任归属效果的实现,有赖于从技术上、组织上、系统设备等多方面,对电子签名的应用予以保障。既要防止签名拥有者自身的否认,又要抵御外界的各种侵扰。

(3) 该电子签名是以对数据的完整性提供可靠保证的方式生成,并与数据电文相联系的。此条件是对生成电子签名的安全性手段的要求。其意义是,生成安全性电子签名的方式,应符合国际上的通用标准,该标准一般是经过多年开发与测验,已显示了其安全性。

5.4.2 电子签名的归属与完整性推定

电子签名的归属与完整性推定规则,是对其基本功能的补充措施。在当事人就签名者是谁,或其内容如何等问题发生争议,而又没有充足的证据予以确定时,就需要以该推定规则做出决断。由于在电子商务环境下,交易人的意思表示和认证手段,都是数据电文形式呈现的,因而有时存在着举证成本大、困难多、技术要求复杂等特点。该规则对于依照交易惯例推测当事人的真实意思,迅速解决纠纷具有重要的作用。它既是当事人之间的行为规范,又是审判机关的司法规范。

1. 电子签名归属的推定

电子签名归属的推定,是在交易当事人对签名人的身份发生争议时,所应采用的规则。由于开放性网络条件下,电子签名的应用存在着许多风险因素,当事人之间就安全电子签名是否由称谓者所签署而发生疑义,是不可避免的。其风险可能来自交易系统的错误、黑客的攻击、密钥被泄露、内部人员的恶意串通等等。即便有认证机构参与其中,颁发电子签名认证证书,这种情况也仍然可能产生。

贸法会《签名示范法》所谓的安全电子签名理应包含着归属推定效力,也就是说,已生成的安全电子签名,被推定为是某人的,或代表他的,除非已确定使用的安全电子签名,既不是签名人的签署人,也不是某个对其享有代理权的人所为。这种电子签名的归属推定,是可辩驳形式的推定。当确定了两种不适用推定的情况:即安全电子签名既不是签名人签署,也不是对其享有代理权的人所为之时,此推定将归于无效。

2. 完整性推定

电子签名归属推定解决的是签名是由谁做出的,或者是代表谁的问题;而其完整性推定则解决的是电子签名的数据电文在传输或存储中有无发生被非法修改的问题,即所签署的数据电文是否以"原件"形式存在着。然而,在数据电文环境中,本来是不存在所谓"原件"的,收件人只能接收到复本。其原因在于数据电文具有完全保真复制性,其拷贝与原版(即初次生成的数据电文)之间可以分毫不差。而数据完整性概念,则是从"原件"中提取的一种等价功能。当数据电文具有完整性时,它也就如同"原件"一样,即从实质上未曾更改过。

从贸法会《签名示范法》论证文件中可得知,其"完整性推定",应包括以下内容:其一,确定了推定数据电文完整性的依据,即当具有安全可靠性的电子签名使用于某一数据电文时,该数据电讯就被推定为保持了原始的完整性。这是交易人使用电子签名,以消除交易风险的直接目的之一。其二,规定了完整性推定的范围,即作为电子签名的数据电文所指定的部分,就是其完整性得到推定的部分。

5.4.3 电子签名的使用及其效果

电子签名的使用，依照其应用环境，可分为在封闭型交易网络中使用的和开放网络环境下使用的。在封闭环境中，交易当事人之间一般事先就交易数据的通讯签订有协议，或接受了其所加入的交易系统的规则。因而，交易人之间使用电子签名而形成的法律后果，应优先适用其协议的规定。

以电子商务法（或为"电子交易法"、"电子签名法"）形式，对电子签名的效果进行规范的，主要是针对后一种情况，即就开放性网络环境下，使用电子签名而形成的法律后果的规定。因为在开放性网络条件下，交易人之间可能素不相识，缺乏信用联系，存在着较大的不确定性。就一些特殊行业来讲，可能涉及到公众的利益。所以需要法律直接就电子签名的效果做出规定。

1. 电子签名满足了法律关于签名的要求

电子签名的首要效果，就是它能够、也必须满足一般，乃至绝大部分法律关于签名的要求。换言之，电子签名可以扫除法律对于电子签名应用的障碍，而成为具有法律效果的电子形式的签名。

贸法会在其《签名示范法》第6条中规定："凡法律规定要求有一人签名时，如果根据各种情况，包括根据任何有关协议，所用电子签名既生成或传送数据电文所要达到的目的，而且同样可靠，则对于数据电文而言，即满足了该项签名的要求。

2. 合法使用的效果

所谓电子签名的合法使用，是指其签名拥有人完全遵守了法律规范和交易惯例的要求，以电子签名对交易数据电文的签署。

对签署人的效力。交易当事人以合法的方式签署了电子签名，那么，将从法律上对签署人产生以下约束：（1）他不可否认地承认，自己是数据电文的发送人，如果该数据电文构成一项法律文件，他就是该文件的发送人。（2）签署人承认、认可、证实了数据电文的内容，如果该数据电文构成了一项法律文件，他就不能对该文件内容否认其所做出的承认、认可、或证实。

对数据电文内容的效力。以电子签名签署的数据电文，在交易当事人之间应作为原件对待，尽管在传输中，或在系统服务中可能有所变化。比如认证机构可能根据数据发送人的要求，对该数据电讯打上时间戳，以证明其发送时间。如果该数据电文构成了一项法律文件，那么，经过当事人以电子签名签署后，不仅在当事人之间作为原件，也可以符合证据法上原件的要求，向法庭作为原始证据而提交。在某种意义上说，电子签名的效力，已经超出了私法范围，而延伸到了公法领域。关于证据法上的效力，《商务示范法》在其第9条"数据电文的可接受性和证据力"中作了规定。

对法律行为的效力。电子签名的使用，是开放网络环境中，商事交易法律行为的事实构成要素之一。当法律规定某种法律行为必须以书面签名形式做出时，以电子签名对数据电文的签署，就充分地满足了这一要求。当然，某一电子签名签署的具体的法律行为，是否成立或生效，最终要以调整该法律行为的特别法来衡量。譬如，要以合同法规范对电子签名签署的要约、承诺的生效与否进行判断，而其合同法上的效力，不是电子签名本身所能决定的。但是，无论如何，电子签名对法律行为的成立与生效，起着极其重要的作用。当以电子签名签署的要约、承诺本身符合合同法的基本规范时，那么对该要约或承诺的电子签名的签署，就决定着合同成立与生效的时间、地点等重要的法律行为因素。

3. 未经授权使用的效果

如前所述，在电子签名合法使用的情况下，电子签名拥有者一般应对两种签名负责，一是对自己直接签署的电子签名，这是行为者自负后果表现。二是还要对使用其独占控制的方式生成、或附加于数据电文中的电子签名负责任。因为电子签名的拥有者，负有妥善保护其电子签名不被泄露、不被滥用的义务，即必须将电子签名保持于其独占控制之下。而在后一种签名情况下，即当电子签名由拥有者之外的人使用时，又存在着授权的使用和未经授权的使用两种类别。所谓未经授权使用安全电子签名，是指该签名既不是拥有者本人签署的，也不是其代表人签署的情况，即缺乏合法权源的使用。授权的使用当然属于合法使用，应由签名的拥有者负责任，而未经授权的使用的后果如何，也是必须明确的。

依照签名归属规则，推定为拥有者的电子签名，其责任理所当然应由该拥有者承担。即已生成的签名人的电子签名，被推定为是某人的，或代表他的，除非已确定使用的电子签名既不是签名人签署的，也不是某个对其享有代理权的人所为。但是，这种签名的归属规则，与签名责任的归属，却并不是完全相同的。也就是说，存在着电子签名不是由拥有者本人签署，亦不是由其代表人签署，而其后果与责任却要由签名拥有者承担的情况。就未经授权使用安全电子签名而言，除了对本人或其代表人的电子签名负有责任外，签名拥有人还承担着履行合理注意的义务，以防止其签名被未经授权而使用，并且设法使收件人免于对该类签名的信赖。

5.5 我国《电子签名法》的制订

5.5.1 立法过程与进展状况

我国海南、广东、上海等地较早制订了与数字签名有关的地方性法规和规章，以适应当地电子认证机构业务的需求。全国性的电子商务立法动议，始于2000年3月全国人大代表的第一号议案。而电子签名法的正式起草，则是从2002年启动的，当时国务院信息办委托有关单位开始起草《电子签章条例（草案）》，最初的定位是行政法规。但由于电子签名实际上是网络行为的基本规范，涉及到证据等重要法律制度，经过论证，国务院法制办决定将该法案提高到法律一级，在借鉴原条例草案内容的基础上，直接组织起草并形成了《签名示范法》。

2004年3月24日，在温家宝总理主持的国务院常务会议上，《签名示范法》获得原则通过，随即被提交全国人大讨论。十届全国人大常委会分别于4月2日、6月21日，对该草案进行了两次审议。在认真征求常务委员会委员意见的同时，还听取了法学专家的建议。最终，《签名示范法》改名为《中华人民共和国电子签名法》于2004年8月28日正式通过并予以公布（参见附录）。

5.5.2 我国《电子签名法》的框架

我国《电子签名法》共分为五章：第一章总则、第二章数据电文、第三章电子签名、第四章法律责任、第五章为附则。

第一章"总则"中规定了立法依据、适用范围、数据电文的效力等基本问题。肯定数据电文和电子签名的一般效力，明定其排除适用范围，是本章的宗旨所在。

第二章"数据电文"直接对电子通讯——这种现代行为手段作出了基本规定，为电子签名做了前提性铺垫。在制订《签名示范法》之前，我国尚不存在系统规定数据电文效力的法规，而电子签名又是数据电文的具体形式，所以该法在规范电子签名之时，必须先确定数据电文的基本规则。这也是该法在第二章专门规定数据电文的主要原因。由于我国《电子签名法》同时承担着贯彻联合国贸法会《商务示范法》和《签名示范法》的任务，在电子签名之前专门规定数据电文一章，其必要性也就显而易见了。与联合国贸法会《商务示范法》相似，该章主要运用"功能等同原则"明确了数据电文的书面、存留、收发等效力与规则。

第三章"电子签名"是该法的核心，它规定了安全电子签名的与手书电子签名所具有的同等效力。为了实现该立法目标，还规定了安全电子签名的条件，及其保障组织——认证机构的设立与运营规范。

第四章"法律责任"分别给电子签名的使用者和电子认证服务机构规定了相应的民事与行政责任，其目的是为电子业务（包括商务和政务）提供良好的制度化条件，实际上也营造社会信用环境。此外，由于该法涉及到许多新的技术术语，第五章为附则对之作了专门解释。

5.6 本章小结

电子签名规范的主要任务，在于确立适合电子商务广泛应用的法律原则与技术标准。目前世界上出现的三种，即广义、狭义与折衷的电子签名概念，代表了不同的立法思路。其中安全电子签名观点，更具有较广阔的应用前景。其特点是着重强调电子签名的效果，而在其具体实现方式上尽量泛化，以囊括各种技术手段。目的是为了在数字签名之外，为其他能够达到同一功能的技术方式留下余地。

联合贸法会的《签名示范法》，是世界上影响最大的电子商务法文件之一。其主要原则包括，平等对待签名技术、尊重当事人意愿、保持国际协调性三方面。《签名示范法》的主要制度包括以下几方面：

其一，关于电子签名的法律要求。

当法律要求某人签名时，对数据讯息使用电子签名，也同样能满足法律要求。只要根据所有相关环境，包括相关协议，该电子签名对于数据讯息生成或传送目的来说是适当与可靠的。电子签名只要满足下列要求就应视为是可靠的，只要：（1）在使用电子签名的情形下，签署电子签名的方式只与签名人相关，而非他人；（2）签名时，签署电子签名的方式处于签名人，而非他人的控制之下；（3）任何在电子签名后做出的篡改，都是有迹可察的；（4）当对电子签名的法律要求，是为了保证与之相关信息的完整性时，任何对签署后的信息所做的篡改，都是有迹可察的。《签名示范法》不禁止任何人：①为了满足前述要求，以任何其他方式来确信某电子签名的可靠性；或者②证实某电子签名的不可靠。

其二，电子签名的预决性。

各采纳国可以指定任何个人、团体或机关为权力机关（不论是公法或私法性质的），来决定什么样的电子签名为符合签名《示范法》要求的电子签名。根据《签名示范法》所作出的决定，应符合已被接受的国际标准，并不得影响对国际私法规则的采用。

其三，关于签名人的义务。

每一签名人应该：（1）履行合理的注意义务，以避免其签名制作数据被无权使用；（2）通知签名人可合理预期到的任何信赖其签名或为其电子签名提供技术支持的人，并不应有任何不合理的迟延：①要签名者知道其签名制作数据已经受到损害；或者②只要当时情形具有使签名制作数据可能已经受损的实质风险，而签名者已经知晓的。（3）使用有证书证明的电子签名的情形下，签名者应履行合理的注意义务，在证书的整个有效期内，保证所有与证书有关的，或者将要被包括在证书内的重要陈述具有准确性和完整性。（4）签名人应该对未能满足法定要求所造成的损失负赔偿责任。

其四，关于证书服务者的义务。

证书服务者应该：（1）兼顾行业政策或习惯，严格依据其所作的声明行事；（2）履行合理的注意义务，在证书的整个有效期内，保证所有与证书有关的，或者已被包括在证书内的重要陈述具有准确性与完整性。（3）提供合理的查证途径使依赖方能够通过证书确认：①证书服务者的身份；②书所标明的人在签名时已经控制了签名器；③签名器在证书签发之时或之前运行正常。（4）提供合理的查证途径，使依赖方能够通过证书或其他方面确认：①以识别签名者身份的方法；②签名器或可能使用到的证书的目的或价值的任何限制；③名器运行正常，未曾受到损害；④证明服务提供者约定的对责任范围或程度的任何限制；⑤是否为签名者提供签名器受损的通知方式；⑥是否提供及时的撤销服务；（5）为签名者提供签名器受损的通知方式，并确保可获得及时的撤销服务。（6）使用绝对可靠的系统、步骤、人力资源来完成其服务。证书服务者应该对其不能满足第（1）款要求的行为承担责任。

其五，关于可信赖性。

在决定证书服务者所使用的系统、步骤和人力资源的可信赖程度时，下列因素应该予以考虑：（1）财力与人力资源，包括现有资产；（2）软件与硬件系统的质量；（3）证书生成与申请的步骤以及相关记录的保留；（4）证书所证明的签名者以及潜在的依赖方的有关信息的可获取性；（5）是否由独立的第三方进行审计以及审计的程度；（6）规则采纳国已作出声明，存在一个鉴定机构，或者鉴定机构所确认的证明服务提供者；（7）任何其他相关因素。

其六，关于依赖方的义务。

依赖方如不能履行下列行为，应承担法律责任：（1）采取合理的步骤确认签名的真实性；（2）在电子签名有证书证明的情况下，采取合理的步骤：①确认证书是否合法有效、被中止签发、或被撤销；和②遵守任何有关证书的限制。

我国《电子签名法》吸收了联合国《电子签名示范法》的主要规范,二者有异曲同工之功效。

5.7 思 考 题

1. 传统签名的法律意义。
2. 联合国贸法会《电子签名示范法》的目的与特征。
3. 有效电子签名的归属。
4. 电子签名的法律后果。
5. 安全电子签名概念是怎样产生的,其意义如何?
6. 我国《电子签名法》的基本框架。

第6章 电子商务认证法律关系

数据电文的商业化应用，除了需要以电子签名作为认证手段之外，在开放网络环境下，认证机构的服务也是必不可少的。与此同时，调整认证法律关系的规范，将成为电子商务法律制度，乃至普通商事法律中的基本内容之一。

6.1 电子认证概述

电子认证，是以特定的机构对电子签名及其签名人的真实性进行验证的具有法律意义的服务。它虽然与电子签名一样，都是电子商务中的安全保障机制，但二者的具体功能和应用范围有一些差异。电子签名主要用于数据电文本身的安全，使之不被否认或篡改，是一种技术手段上的保证；而电子认证则主要应用于交易关系的信用安全方面，保证交易人的真实与可靠，主要是一种组织制度上的保证。从应用范围上看，前者同时适用于封闭型和开放型的交易网络，而后者则主要运用于开放型的交易网络。

1. 认证的意义

（1）含义。广义的认证（Authentication）即鉴别，主要包含对事物真伪辨识的意思，它既可能是第三人的鉴别，也可能是当事人之间的相互鉴别。它与电子商务认证在外延上相互有交叉之处。狭义的认证，特指由从事认证服务的第三方机构所进行的鉴别。本书所讨论的认证，主要指后一种，即由特定认证机构在电子商务中所做的认证。概括地说，认证是指权威的、中立的、没有直接利害关系的第三人或机构，对当事人提出的包括文件、身份、物品及其产地、品质等，具有法律意义的事实与资格，经审查属实后作出的证明。

（2）认证在电子商务中的意义。在纸面交易环境下，书面文件与其认证手段——签名，通常是紧密结合，甚至是合二为一的。交易双方可通过纸面文件上的手书签名，来判别文件的归属与真伪。在开放型的网络交易环境下，不仅"书面"和"签名"已变得无形，而且二者的联系有了间隙和分离。这就需要有交易各方都信赖的第三方出面，证明电子签名人的身份及其信用状况，从而消除交易双方的疑虑，为交易的达成起到桥梁作用。这一交易机制的具体形式，就是认证机构及其所提供的信用服务，它是以认证机构的中立性、公正性和权威性为支撑的，并以一系列技术手段和法律制度为其保障。

（3）认证与电子签名的关系。二者都是电子商务的保障机制，但其手段和目的却有所不同。电子签名是一种技术手段上的工具性的保障。法律规范对之所作的调整，主要表现为对符合签名基本功能的电子签名技术予以认定，从而确立其法律效力。而电子签名认证，则是对电子商务的一种组织上的保障，它不仅需要一定标准，还需要有一定的社会组织结构与之配套。也就是说，它更侧重于对交易人的身份、品行方面的考察。从目的上看，电子签名着重保护数据电文的安全，不使其被仿冒、篡改，或被否认。而电子认证，则主要确认交易人的身份,使之与实际上的数据电文的发、收人相一致。

2. 认证的作用

认证是一种服务,其作用可表现在对外防止欺诈和对内防止否认两方面。前者是防范交易当事人以外的人故意入侵而造成风险所必须的;后者则是针对交易当事人之间可能产生的误解或抵赖而设置的,以便在电子商务交易当事人之间预防纠纷。其目的都是为了减少交易风险。

(1) 防止欺诈。在开放型电子商务环境下,交易双方可能是跨越国境、从未见过面的人,其间不仅缺少封闭型社区交易群体的道德约束力,而且发生欺诈事件后的救济方法也非常有限,即便有救济的可能,其成本也往往要超过损失本身。所以只有事先对各种欺诈可能全面予以防范,才是最明智、最经济的选择。

(2) 防止否认。电子商务中的不得否认(Non repudation),既是一项技术要求,也是交易当事人的行为规范,它是民商法诚实信用原则在电子交易领域的具体反映。

技术上的不得否认,是一种防止发信方对已发生的通讯予以否认的措施。其具体包括:数据电文的发送、接收及其内容的不得否认。而行为规范上的不得否认,是以一定的组织保障和法律责任为基础的,其作用的全面实现,既依赖于合同条款、技术手段或协议的支持,也依赖于认证机构所提供的服务。

不得否认技术与服务的最终目的,是在电子通讯与商务交易的当事人之间避免纠纷,并且在纠纷发生的情况下,提供有效的解决方法。发端与传送的不得否认程序与规则,为交易当事人提供了大量的预防性的保护,减少了一方当事人试图抵赖发出或收到某一数据电文,而欺骗另一方当事人的可能性。

6.2 认证机构的设立与管理

6.2.1 认证机构概述

1. 认证机构的含义

(1) 认证机构一词,是由英文"Certification Authority"翻译而来的。本章所谓之认证机构,有特定的含义,专指电子商务中对用户的电子签名颁发数字证书的机构,它已经成为开放性电子商务活动中不可缺少的信用服务机构。

(2) 关于认证机构的法律定义,联合国贸法会在其《签名示范法》第 2 条"定义"中规定:"认证服务提供人,是指签发证书和可能提供与电子签名有关的其他服务的人。"

在电子商务交易中,无论是数字时间戳服务,还是证书的发放,都不是靠交易的双方自己来完成的,而需要有一个具有权威性和公正性的第三方来完成。认证机构(CA)就是承担网上安全电子交易认证服务、能签发数字证书,并能确认用户身份的服务机构。其主要任务,是受理数字凭证的申请、签发数字证书以及对数字证书进行管理。

(3) 认证机构的特点。作为对电子商务交易当事人提供信用服务的受信赖之第三方,认证机构应具备以下一些特点:

① 是独立的法律实体。认证机构以自己的名义从事数字证书服务,以其自有财产提供

担保，并承担一定的责任。当然，它也要向用户收取一定的费用，作为其服务报酬。认证机构作为独立实体，对其客户提供认证服务，并收取报酬已是商业惯例。

② 具有中立性与可靠性。认证机构一般并不直接与用户进行商事交易，而是在其交易中，以受信赖的中立机构的身份，提供信用服务。它不代表交易任何一方的利益，仅发布公正的交易信息促成交易。中立性与可靠性，是其参与并促成与电子商务交易的重要保证。实践中也有一身兼任两种角色的认证者。不过，这种既充当交易当事人，又作认证方的情况较少，不属于本章重点讨论之列。

③ 被交易的当事人所接受。如果商事交易各方不信赖认证机构，就不会接受其服务，而认证机构也不可能为其提供服务，当然也就无法参与其中。当事人的接受可能是明示的，如在当事人之间的正式合同中表达，也可能在交易中默示承认，或由成文法律、法规或条约所要求。对于某些商业化认证应用，须由政府机关审核。

④ 其营业之目的是提供公正的交易环境。从营业目标看，认证机构系非营利性公用企业。尽管认证机构也收取一定的服务费用，但该费用只能是微利性的。如果它以追求盈利为目标，就很可能损害其中立性与公正性。所以其营业宗旨，应是以提供公正的交易环境为主要目标，类似于承担社会服务功能的公用企业。

(4) 认证机构的分类。按照是否经过政府许可，可分为许可之认证机构与未经许可之认证机构。前者一般向公众提供认证服务，其条件与业务规程通常由法律规定，而后者多在封闭性交易团体中承担认证工作，其效力取决于协议内容。

按照认证机构是由个人，还是由法人实体担任，可分为法人机构与个人机构。大多数国家规定认证机构由法人承担，也有些国家允许个人从事认证业务。

按照认证机构事先与当事人之间的联系，可分为与一方有联系的和与双方有联系的认证机构。

2. 认证机构的结构

认证机构的结构，可从内部与外部结构两个方面来考察。内部结构，以其运行的功能来划分；而外部结构，则以其联结方式来描述。

(1) 内部结构。认证机构体系从其功能模块来划分，大致有以下几部分：接收用户证书申请的证书受理者（RS）、证书发放的审核部门（RA）、证书发放的操作部门（CP，一般称这部分为 CA）以及记录作废证书的证书作废表，又称证书撤销名单（CRL）。

证书申请受理者，用于接收用户的证书申请请求，转发给证书审核部门和证书发放部门进行相应的处理。

证书发放审核部门，负责对证书申请者进行资格审查，决定是否同意给该申请者发放证书，并承担因审核错误向不满足资格的证书申请者发放证书所引起的相应后果，因此它应由能够承担这些责任的机构担任。

证书发放的操作部门，负责为已授权的申请者制作、发放和管理证书，并承担因操作运营错误所产生的一切后果，包括失密和为没有获得授权者发放证书等，它可以由审核授权部门自己担任，也可委托给第三方担任。

证书作废表中记录尚未过期，但已声明作废的用户证书序列号，供证书使用者在认证与之通信的对方证书是否作废时查询。

业务受理点作为 CA 系统对外提供服务的一个窗口，为用户提供面对面的证书申请和发放服务，同时，它也可以担任用户证书发放的审核部门，当面审核用户提交的资料，决定是否为用户发放证书。

（2）认证机构的外部结构。正如一个内联网或局域网，并不能为开放的电子商务市场提供运行平台一样，一两个认证机构，并不能构成电子商务交易所需要的网络化的信用服务系统。

认证机构的外部结构，实际上是指各个认证机构之间的相互关系。认证机构结构之间，应具有一定的纵向层次和横向的联结关系。它由根认证机构、品牌认证机构、地方认证机构，以及持卡人认证机构、商家认证机构、支付网关认证机构等不同层次构成。上一级认证机构负责下一级认证机构数字证书的申请、签发及管理工作。通过一个完整的认证机构体系，可以有效地实现对数字证书的验证。每一份数字证书，都与上一级的签名证书相关联，最终通过安全认证链，追溯到一个已知的可信赖的机构。由此便可以对各级数字证书的有效性进行验证。根认证机构的密钥对所有各方公开，它是认证机构体系中的最高层次。

认证中心依据一定的认证规程，来实施服务操作。申请证书的用户向认证机构提交身份证明，认证机构收到用户的身份证明后，通过对其身份信息和公共密钥进行数字签名操作，产生数字证书。在 SET 协议中，数字证书的注册和验证，都是通过密码体制中的 DES 算法及 RSA 算法进行数字签名、数字信封等加密和解密操作进行的。

目前在全球处于领导地位的认证中心，是美国的 Verisigri 公司。此外，还有 United States Postal Service, IBM WorldRegistry Belsign，加拿大的 Canada Post Corporation，瑞士的 Swiss Key Digital ID Certification Authority 等。我国较大的电子认证机构有：金融认证中心、南方认证中心、北京数字认证中心等。各大商业银行在开展网上银行业务时，也将颁发相应的数字证书。

本书主要以单个的，即构成独立法律实体的认证机构，作为研究对象，而全球性的网络化认证机构体系，将涉及到更多的问题，有待于进一步研究。

6.2.2 认证机构的条件及其许可

通常，一个机构设立的条件，不外乎人员、资金、场地、设备几个方面。由于认证机构是提供专业化服务的机构，其具体要求就有所不同了。我国《电子签名法》就专门对此作出了规定。

1. 人员

认证机构的人员要求，可分为两方面，即关于机构发起人和关于从业人员方面的要求。由于两种人员的作用不同，承担的责任也不同，其具体要求也因之而不尽相同。

（1）关于认证机构发起人的法律要求。认证机构的发起人，是该机构的设立者，它一方面必须能承担因认证机构业务而产生的财产责任，另一方面，又必须具有从事信用服务的素质或资格。有些国家或地区的法律规定，无论法人或个人，均可成为认证机构的发起人，而大部分国家的法律，则只允许法人机构作为认证机构的发起人。

（2）从业人员。从业人员素质的好坏，关系着认证机构业务的成败。其从业条件一般分为积极条件与消极条件两个方面，前者是必须具备的，后者是必须禁止的条件。

① 从业人员的积极条件。又分为信用服务与技术服务两个方面。信用服务人员，指审

查客户资料,并签发数字证书的业务人员。其素质与服务水准,对证书用户或信赖证书的交易人影响重大,通常有特定的要求。对于技术人员而言,其条件则侧重于认证系统的运用水平方面。

② 从业禁止条件。无论是信用服务人员,还是技术服务人员,都必须具有良好的个人品质。禁止雇用那些犯过重罪或涉及欺诈、虚伪陈述或欺骗等刑事犯罪的人作为经营人员。

2. 设备

认证机构开展业务所必须具有的设备,包括硬件与软件两个方面。但它是一个变量,不宜以法律形式规定得过死,其原因在于信息业的技术与产品升级很快。其具体标准,应由主管部门根据技术发展现状作出要求。需注意的是,认证系统标准的制定,一方面必须与国际电子商务标准相协调,以避免造成人为的障碍,另一方面,各国在技术标准的制定中,还会适当考虑公共安全问题,比如对加密等安全产品的管制等。如何兼顾二者,使之达到平衡,是认证系统标准的关键所在。

3. 担保

认证机构的财产,除了营业所需的设备等财产外,主要表现在责任担保金方面,即根据其业务的规模和类型,向主管部门提供一定金额的担保。当认证机构因自身的过错,给用户或信赖证书的交易人造成损失时,应以此担保负担赔偿责任。

4. 营业场所

认证机构的营业场所,一般与其业务进行地是一致的。但从业务性质上看,由于认证机构是一种在线信息服务,其场地可完全不在业务开展地,即认证机构可以跨地区,乃至跨国从事业务。是否必须在所开展业务的地区都设立营业所,是一个值得探讨的问题。从认证机构方面看,不在业务开展地设立营业所,可能会降低成本,但也有不利因素,即用户可能对其利益的保障产生怀疑。从业务开展地的政府部门看,一般都会要求营业所的存在,以便对之行使管辖权。

如何在国际性的认证活动中,协调营业场地方面的规定,是值得考虑的。就《商务示范法》关于数据电文的发送与接收的规则来看,营业地是数据电文的发送与接收的推定地,其法律意义极其重要。各个法律辖区都不会在认证机构营业场地方面,放弃自己的管辖权利,但是让每个认证机构在所有开展业务的地区都设立营业所,又不经济。将来各国间很可能相互派驻专职或兼职认证机构代表,以便对本国认证机构的业务,再给予官方的认证。此举既能减轻认证机构营业的成本,又可提高认证机构证书的可信度,是未来全球认证体系建立时所必须进一步研究的问题。

5. 信息公告栏(存储库)

从某种意义上看,认证服务本身是一种以交易人信用为内容的信息服务。所以,信息公告栏的设置与管理极其重要。认证机构必须自备信息公告栏,或加入某一权威的公告栏,以便开展认证业务。这是设立认证机构不可缺少的条件。因为有效用户的名单,数字证书颁发、中止、撤销等重要的信息,都必须发布于其中。公告栏是认证机构信息公开规则的具体实现方式,其设置是不可或缺的条件。

6. 认证机构的许可

认证机构获得许可的标志，就是主管部门向符合条件的发起人，颁发认证机构许可证。该许可证是其从事认证业务的法律文件，其中要明确颁发的机关、证书机构发证数量及可靠程度（实际是证书等级）的限制范围等事项。

6.2.3 认证机构的管理

电子商务认证，是涉及到公众交易利益的信用服务，并非纯粹的商事交易，其正常运行离不开行政部门的管理。具体管理措施，主要体现在对认证机构制定规范和业务监督两个方面。

1. 制定规范

由于认证机构是网络环境下产生的新型交易中介实体，授权其管理机构根据实际需要，对认证行业制定规范，及时进行调整，是十分必要的。新加坡《电子交易法》和韩国的《电子商务基本法》，都就管理机构做了明确规定，并授权该机构制定相应的法规。

认证主管部门所制定的规范，体现在对电子（数字）签名法的具体实施规则方面，譬如所使用的软件、硬件标准，数字加密技术标准等。这些实施细则，既要考虑到安全实用性，又要与国际标准相吻合，以保证使认证机构的设施和操作，随时都处于适当的标准要求之下。

2. 业务监督

主管部门业务监督的任务，比其规范制定工作更为繁杂，可分为审批、信息、审计监督三个方面。

（1）审批许可。包括审核发起人资格及其创业条件，并颁发、中止或撤销其许可证书。这是针对认证机构的营业资格而进行的。美国犹他州《数字签名法》规定：（1）主管部门本身应是认证机构，并可以对许可之认证机构所规定的方式，颁发、中止和撤销证书；（2）关于数字签名效力的条款，在证书颁发方面适用于主管部门。其中所指的颁发、中止和撤销证书，并非面向普通证书用户，而是针对认证机构的，因为主管部门是根认证机构，其客户仅仅是认证机构。这实际上是一种管理权限。

（2）信息监督。认证主管部门的信息监督，本身也是一种信息服务，只不过此种服务的目的是为了对认证机构的监督而设置的。

在信息监督方面，主管部门除了自备公告栏发布信息外，还应对经许可的认证机构的信息发布栏予以适时的监督。因为证书客户不可能，也没有精力专门对公告栏中信息的真伪进行调查，而应由主管部门专职进行。因此，主管部门在信息发布上承担了网上"商业警察"的作用，以此来维护正常的在线交易安全及交易的持续开展。事实上，一些国家已经出现了针对网络诈骗活动的网上警察。

（3）审计监督。主管部门对认证机构的另一管理方法，是定期进行审计，并公布其结果，以利于阶段性的监督、审查。

按照美国犹他州《数字签名法》第 202 条的规定，审批和信息监督是主管部门直接进行的。而审计监督，则是委托会计师进行的。

6.3 认证机构的证书业务规范

6.3.1 认证机构在证书颁发中的职责

1. 证书概述

认证证书，又称数字证书（Digital Certificate，Digital ID）是用电子手段证实用户的身份及其对网络资源的访问权限的特定化信息。在网上电子交易中，如果交易双方出示了各自的数字证书，并用它们进行交易操作，一般情况下，双方就可以不必再为对方身份的真实性而担心。

数字证书可以用于电子邮件、电子资金转移、电子商务等许多领域。数字证书的内容包括：（1）证书的版本号；（2）数字证书的序列号；（3）证书拥有者的姓名；（4）证书拥有者的公共密钥；（5）公共密钥的有效期；（6）签名算法；（7）颁发数字证书的单位；（8）颁发数字证书单位的数字签名。

参与电子商务的各方持有不同类型的数字证书。一般来讲，数字证书有以下几种类型：
（1）客户证书：它仅仅为某一个用户提供数字证书，以便于个人在网上进行安全交易操作。它一般是由金融机构进行数字签名发放的，不能被其他第三方所更改。
（2）商家证书：它是由收单银行批准，由金融机构颁发的，是对商家是否具有信用卡支付交易资格的一个证明。在 SET 中，商家可以持有一个或多个数字证书。
（3）网关证书：它通常由收单银行或其他负责进行认证和收款的机构持有。客户对账号等信息加密的密码由网关证书提供。
（4）认证机构系统证书：即各级、各类认证机构（如 RCA、BCA、GCA、CCA、MCA、PCA 等）所持有的数字证书。

2. 证书的等级

在证书业务中，存在着根据客户的不同需求而提供不同服务等级的实践。认证机构一般根据证书的等级、证书政策，标明其可提供的不同的选择性的服务。在认证机构框架范围内，可能存在多重或多个认证机构，每个机构都支持一种或多种程度的服务。认证机构为特定服务程度颁发的证书，可能通过增值网对不同的网络社区有所不同。譬如，银行客户所持的证书等级，就一定要高于气象信息服务客户的证书。它们在登记程序、核实方式以及认证机构的责任程度上，都有很大差异。

证书的等级与认证机构所承担的责任范围有紧密的联系，所以应当成为认证服务合同的必要条款，或者作为认证业务声明的一项重要内容载入，以使用户对之有清楚的了解。

3. 证书的颁发

证书的颁发，是认证机构的基本业务内容之一，同时，也是认证机构与证书用户以及信赖证书的交易人之间，建立信用服务与信赖关系的起点，意义十分重大。所以，许多有关认证的法律文件，都对之作出了规定。譬如，联合国贸法会的《签名示范法》、新加坡的《电子交易法》以及美国犹他州的《数字签名法》，都对此有专门规定。

（1）颁发证书的条件。一般而言，如果认证机构收到签名人要求颁发的请求，并且自己或通过授权机构证实以下项目，即应向未来的签名人颁发证书：① 该申请人系即将发布的证书中载明的个人或实体；② 发布证书中信息准确无误；③ 申请人正确持有与证书内载明的公钥相符且能创设数字签名的私钥；④ 证书内载明的公钥得用于证实附随于潜在签名人持有的私钥生成的数字签名。

（2）认证机构在证书颁发中的义务。认证机构通过颁发证书，不仅与用户之间产生了私法上的义务，同时，也对不特定的信赖人，就其所颁发的证书，作出了信用担保宣示。认证机构与证书信赖人之间的具体的权利义务关系，实际上是以证书的具体内容而决定的。

4. 证书的发布

证书的颁发，是直接向用户所作出的一种当事人之间的通知行为；而其发布，则是向全社会作出的一种公告行为。二者共同构成完整的证书颁发业务。只有用户自己知道其证书，交易公众不曾知晓，就不可能使数字签名证书起到市场交易中介工具的作用。同证书的颁发一样，证书发布也是一种服务，其发布的方式与内容，应当由法律规定和协议的条款来决定。其中应包括必发、选发、密存三种不同的内容，而各种内容的依据又有所不同。

（1）必须发布的内容。由许可的认证机构颁发的证书应包括：① 用户通常使用的名称；② 用户的标识名；③ 与用户所持有的私密钥相对应的公共密钥；④ 对用户所使用的公共密钥的数学算法，按照主管部门的要求作简要介绍；⑤ 证书的序列号，它必须在认证机构所颁发的证书中是独特的；⑥ 证书颁发与接收的日期和时间，而后者是生效时间；⑦ 证书失效的日期和时间；⑧ 颁发证书的认证机构的标识名称；⑨ 以主管部门的形式对签署证书的数学算法作简要的介绍；⑩ 对信赖证书进行交易的可靠性限制建议；⑪ 主管部门以法规要求的其他项目。

（2）选择发布的内容。许可的认证机构颁发的证书，可根据用户与认证机构的选择包含以下内容：① 附属公钥与其标识或常用指示；② 关于证书可信度和以此为基础的请求的重要信息；③ 对证书使用的有用的重要的材料，包括颁发证书的认证机构和用户的；④ 主管部门以法规要求的其他项目。

此外，主管部门可通过法规要求证书中增加额外的信息，只要其要求对证书来说，是符合数字签名证书通常接受标准的，并且证书没有受到用户的否认和限制，或违反认证机构与用户之间的义务关系。与此同时，证书必须以主管部门规定的形式，存储于数据库中。

（3）秘密存储，只对特定人开放的内容。主管部门可根据用户与许可的认证机构的共同要求，在数据库里生成一个秘密范围。主管部门仅能将其秘密范围的内容向以下人透露：① 发布证书的许可之认证机构；② 主管部门授权的人员；③ 接到要求吊销相关证书申请的法院或政府官员。秘密范围的内容必须有密码或只有用户知道的事实，在该实体提出中止请求时，用于决定该请求人的身份。

5. 证书的接收

证书的接收是与证书颁发相对应的行为，它对与接收证书的用户来说，具有重要的法律意义。一方面通过证书接收，用户对其证书享有了支配、使用权；另一方面，自接收时起，就要承担作为证书拥有人的法定义务。

6. 证书的效力

证书的效力,是与证书服务关系中当事人所应遵守的义务,以及违反该义务的责任相联系的。首先,在证书的颁发、使用中,认证机构与证书用户都应履行自己的义务。从证书机构方面看,应认真核实用户的身份等方面的资料,及时中止、撤销有瑕疵的证书等。从用户方面讲,则应如实陈述知情之事实,妥善保管私密钥等。其次,在责任方面,认证机构对所颁发的证书,起码应在建议的可靠程度内对信赖人承担责任;而证书用户,则应对私密钥的妥善保管负责任。

6.3.2 认证机构在证书管理中的职责

证书的颁发,只是认证服务的第一步,而要使该服务能真正达到保障电子商务安全的效果,还必须实施一些维持证书可信度的措施。其中包括对无效的或有瑕疵的证书予以中止或撤销的行动。这不仅是证书颁发的后续服务,同时也是证书机构的基本业务规范之一。

1. 证书的中止

证书中止,主要是针对影响认证安全的紧急事件而采取的暂时性措施。它只暂时阻却证书的使用,待需要调查处理的事宜完毕后,再作决定,所以在证书中止期间,暂不涉及证书的最终命运。新加坡《电子交易法》第31条规定:"收到申请人、授权人或申请人的代表人的申请后,认证机构有责任暂停证书。"并在第34条规定:"在暂停证书时,认证机构必须在指定地点发布暂停通知。"

2. 证书的撤销

证书的有效期是有限制的,通常标示在证书的签署部分,指示了起始与期满的时日。有效期的长短,是以认证机构颁发证书时的条件决定的,一般从几个月到几年。证书颁发之后,一般期望在整个有效期内可使用。然而,在某些情况下,用户必须在有效期满之前停止对证书的使用。这些情况包括发生与其私钥相应的危险、主体名称或与认证机构关系的改变等。其危险既可以是已经发现的,也可以是正在发生的,或有足够的线索予以怀疑的。据此,认证机构可撤销证书。经由撤销,证书的有效期将比通常预计的期限要短。证书的撤销与中止,都涉及阻却认证的效力的措施,但中止只是暂时性的,而撤销则是永久性的。

新加坡《电子交易法》规定了依照申请的撤销条件:(1)收到撤销证书的申请,并证实申请是由签名人或其授权代理人发出;(2)收到证实签名人已经死亡的证明复印件或其他有关证明;(3)有证明签名人已经解散或不复存在的有关证明。同时,还规定了依职责撤销证书的条件:(1)证书中陈述的重要事实有虚假;(2)不符合颁发证书的要求;(3)认证机构的私密钥或可信赖系统存在严重影响证书可靠性的情况;(4)个人签名人死亡;(5)签名人消失或不复存在。该法还规定,在撤销证书时,认证机构必须在指定地点发布撤销通知。

在所有证书业务的规范中,关于证书的颁发与证书的撤销,规定得较为详细。因为它们直接涉及到认证机构义务与责任的产生,可能会产生重要的法律后果。譬如,撤销不当,会使认证机构对其用户承担责任,而未及时撤销,则要对证书信赖人承担责任。

3. 证书的届满

证书的期限届满,是一种使认证服务关系归于完结的法律事实。它是证书关系正常了结的方式,也是认证关系当事人所希望的结果。证书期限届满的后果,一般表现在两个方面:一是从认证机构而言,解除了因颁发证书而产生的一系列义务,如向证书用户和信赖人所承担的明示的或默示的担保等;二是同时也解除了证书持有人,即用户的许多义务,如对其私用密钥持续独占控制义务等。

4. 证书的保存

证书的保存与利用,是证书发挥作用的基本途径。其保存方式除了存放于数据库之外,对于证书资料的公开部分,其方式主要是发布于信息公告栏。如此,既可妥善保存,又可让证书信赖人随时查阅,以达到充分利用、促进交易的效果。关于保管的期限,可参考档案保管分类定期,以便充分利用数据库资源。譬如,可根据证书的等级制定保管的期限,一般而言,等级高的证书将用于数额大的交易,因而其证书的保管期限亦应适当长些。相反,低等级证书的保管期可相应短些。

6.3.3 认证机构的自身管理规则

以上所述关于证书业务方面的规则,是认证机构的对外业务部分。而其自身规范部分,虽然表面针对认证机构的内部管理,实际上,二者均与证书用户以及信赖人的利益关系十分密切,它们是一个问题的两个方面。认证机构的自身管理规则,是与证书业务相配合的、针对机构内部本身的活动而构成的规范,没有这些规则的约束,其对外业务的质量将无法保证。具体来讲,其主要规则大致有以下几方面:

1. 机构记录之披露

为了防止假冒,标示其合法性,认证机构应当向全社会公开其从业资格及其重要的业务记录,以便受到公众的监督与协作。这一要求类似于上市公司的信息披露规则,或许是由于二者都涉及到公众交易利益这一共同原因所致。新加坡《电子交易法》第28条规定:"认证机构必须披露自身的认证机构证书、有关认证业务声明、认证机构证书撤销或暂停的通知,以及其他一些影响认证机构行使职责的重要事项。"

需要说明的是,在实践中认证机构并不是将自身的所有证书资料,都一览无余地全部公布,而是如同普通用户的证书资料一样,包含有三种不同类别的信息,即必须披露的、选择披露的和秘密保存仅供特定人员查阅的信息。其中除了选择披露的信息是由认证机构根据自身业务决定外,其余两种信息的发布,是由法律规定必须遵从的。

2. 认证机构的内部系统要求

认证机构的内部系统要求,包括人员、设备、业务规则等多方面。其中关于人员、设备、场地、财产担保等,已经在本章第二节"认证机构的设立与管理"中论述过,此处只作提示,不再重复。

在电子商务运行系统要求中,常提到"可信赖系统"这一概念。譬如,新加坡《电子交易法》第27条规定:"认证机构有责任使用可信赖系统行使职责。"而该法案第2条对"可信赖系统"(Trustworthy System)的定义是:"指计算机的硬件、软件和程序,它们(a)是相当安全的,可防止侵扰和滥用;(b)具有较高的可用性和可靠性,并提供了正确的操作;(c)非常适合执行它们的固有功能;(d)符合通常公认的安全程序。"

3. 认证机构之危险活动的禁止

无论以何种方式对认证机构规定其义务与责任,都可能有遗漏之处,特别是随着技术的升级,很可能出现一些原定标准过时、被淘汰的情况。因此,对涉及公众交易利益的信用服务机构,有必要制定一些概括性的义务,以便利用该条款的弹性优点弥补规范上的缺漏或失效。这就是认证机构从业禁止条款产生的必要性所在。

美国犹他州《数字签名法》第207条、马来西亚《数字签名法》第71条,都具体规定了认证机构之危险活动禁止。这些从业禁止规定,对于全面保护用户和信赖人的利益,防止认证机构对其义务的懈怠或对其权利的滥用,都能起到较好的制约作用。

4. 认证机构的终止与接收

认证机构是一种营业性实体,它虽然不像自然人一样,有相对确定的预期寿命,但也同样有以设立、终止为标志的生存期限。由于认证机构的业务涉及到公众的利益,是一般交易的基础条件,其业务的终止,不能像一般的营利性企业一样,可在清算之后完全结束,而应建立使其营业持续进行的机制。在这一点上,该制度有些类似于人寿保险业务的延续。人寿保险业务关系到被保险人的生活保障,而认证机构的业务,则是交易人的"信用生命"的保证。二者服务对象不同,其理却相通。

6.4 认证机构与在线当事人之间的法律关系

6.4.1 认证机构业务的性质

认证机构并不向在线当事人出售任何有形商品,也不提供资金或劳动力资源。它所提供的服务成果,只是一种无形的信息,它包括了交易相对人的身份、公共密钥、信用状况等情报。虽然,这些信息无法以具体的价格来衡量,但它是在开放型电子商务环境下进行交易所必需的前提性条件,并且是交易当事人很难亲自获知的。与一般信息服务不同的是,认证机构所提供的是经过核实的,有关电子商务交易人所关心的基本信息。实际上它是关于交易当事人的事实状况的信息,通常包括交易人是谁、在何处、以何种电子签名方式与之交易、其信用状况如何等。因此,认证是一种信用服务,它与目前存在的信用评级公司所从事的业务有些类似。所不同的是,后者广告作用甚为明显,当事人可自愿采纳,信用评级公司一般不负法律责任(起码从我国的情况看)。而认证证书内的信息,则是经过核实的真实的资料,并且认证关系的直接当事人,即认证机构和证书用户,应共同对证书信息的真实性负法律责任。在传统交易环境下,交易当事人最关心的问题是谁先履行合同。一般来说,先履行义务者风险较大。而在电子商务环境下,交易人则首先要考虑的是,正在与何人进行交易,其信用如何。没有电子商务认证体系为依托,开放型电子商务就失去了生存环境。这是开放型电子商务的自身特征所要求的,也是必须以技术和法律方式给予全面解决的问题。电子认证服务的成功与否,直接影响着电子商务全球化的推广进程。这也是联合国贸法会以及各国之所以积极组织起草电子商务法的原因所在。

6.4.2 认证机构与证书持有人之间的关系

1. 认证关系的产生

认证业务关系的确立,是以认证机构与证书持有人之间的合同为基础而产生的。在网络环境下,电子认证机构一般是以中立的、可靠的第三方当事人出现,为交易双方或多方提供服务。因而,在认证法律关系中至少有买卖双方以及认证机构参与。换言之,该关系一般涉及三方当事人。在有些复杂的交易或服务关系中,交易当事人可能会更多些。譬如,在以信用卡在线电子支付的交易中,即以安全电子交易协议进行的交易中,认证机构不仅要向买卖双方相互间提供身份认证,而且还要对发卡银行、收付机构四方当事人之间提供认证服务。

2. 关于认证关系性质的争议

(1) 信托关系说。"就其性质而言,认证机构处于承担着与银行相类似责任的监管人或受托人的地位。"该种观点是从英美法理论出发的,其着眼点主要在于认证机构对用户应负的注意义务。但其缺陷是未能照顾到认证机构对证书信赖人所负的、公正的发布信用信息的义务。认证机构虽然并未因其服务而接受证书信赖人的报酬,却同样要负起诚实发布信息的义务。换言之,认证机构对那些不是委托人或受益人的信赖人,也负有义务。从信托关系说角度,难以解释此点。

(2) 非信托关系说。非信托关系说认为,机动车辆部门不是其颁发执照的司机的代理人,并且雇主也不会同意作其颁发了工作证章的雇员的代理人。同样,认证机构通常不愿对用户起到代理人或信托人的作用(除非有法律规定)。从实际交易看,认证机构并不参与在线用户数字签名交易之中,即它们不是该种交易的当事人。在这种情况下,"证书业务声明(CPS)"可能规定,在认证机构与用户之间不存在委托与信托关系。

(3) 专业信用服务说。本书作者以为非信托关系说有其合理性,只不过该观点就此而止,没有进一步说明其性质。专业信用服务说,是作者对认证关系性质的理解,是否恰当有待评论。就认证机构所提供的是信用信息服务而言,似乎比较清楚。问题在于认证机构与证书信赖人之间,有可能事先并不存在服务合同关系(如果交易一方不是证书用户,或不是本地区、本国的证书用户的话),那么其间是以何种法律关系为基础而产生权利义务的,就会产生疑义。

作者认为该种信用服务,并非一般的实现某种商品使用价值的服务,而是专业化的商业信誉方面的服务,如同医生对于病人,他们都负有职业上的特殊的义务。医生对于需要急救的病人,虽然事先未曾建立服务合同关系,但必须立即进行救治,履行职业上的义务。此种职业上的义务,实际上是一种社会责任。认证机构对于信赖证书的交易人,应承担公正信息发布义务,而不能因未接受其服务报酬,偏袒与之建立了服务合同关系的证书用户一方。相反,其义务的主要接收方(或称受益方)是信赖人。这一点在认证机构因证书信息虚假,而需要向信赖人承担责任时,体现得最为明显。任何一个认证机构都应当知道,证书信息的公正性,是其业务存在的根本条件,舍弃此点,该机构就没有必要存在。另外,从其营业目的上看,认证机构属于公用企业,以向全社会提供电子商务交易信用为己任,并非单纯追求盈利的企业。其服务费用的收取，也只是以微利为原则，而不能受高额利润的引诱。作为一种特许的营业，认证机构的成功，来自于规模化的经营业绩，决不能依靠向单个用户收取高额服务费来维持其经营。

从合同法原理上讲，认证机构与证书用户之间存在着服务合同关系。该类合同属双务、有偿、要式合同（大部分为格式化的）。近年来，许多国家以专门立法对之调整，使之成为新型的有名合同。从认证合同的订立过程来看，要约方一般是证书的申请者，而承诺方一般是认证机构。新增用户合同的要约和承诺过程，多在离线状态进行，部分资料亦可在网上传递。

3. 证书拥有人的义务

在认证关系中，证书拥有人（亦称签名人）是认证机构的客户，是接受认证服务的一方。他除了应履行一般的支付服务费用义务外，还应履行一些与认证服务关系的特性相应的义务。这些义务主要包括两点，即真实陈述义务和私密钥控制义务。

（1）真实陈述义务。真实陈述认证机构要求其提供的事项与资料，是证书用户在申请证书时所应履行的基本义务。因为就其身份、地址、营业范围、证书信赖等级的真实陈述，是证书可信赖性产生的前提，否则，将构成对证书体系可信赖性的损害，并因此而承担一定的法律责任。

（2）私密钥控制义务。当证书颁发并接收之后，用户就在真实陈述义务之外，又增加了一项私密钥控制义务。它是证书用户所应负的、针对不特定的任何人的义务。实际上，它是一种与认证机构的公正发布信息的义务相并列的社会责任。没有用户对其私密钥的独占性控制，认证机构就是再认真审核、公正发布信息，都无法保证电子签名证书的安全性。控制私密钥，使其处于独占之安全状态，不仅是用户保护自身利益所必需的，同时，也是维护证书体系信誉的不可或缺的措施。用户若违反了该义务，将承担相应的法律责任。

新加坡《电子交易法》第9部分专门规定了"用户的责任"，这些规范实际上都是关于私密钥使用与控制方面的义务及责任。其内容大致有以下几方面：其一，用户必须使用可信赖的系统，生成密钥对。其二，用户在获得证书时作出的所有重要陈述，必须是准确的，且应在其所知晓的范围内是完全的。其三，当签名人已经接受证书后，就将对由此产生的后果负责。其四，用户有责任对其私密钥保持控制，并不得向未经授权的人泄漏。其五，如果私密钥出现问题，用户必须向认证机构申请暂停或撤销其证书。

6.4.3 认证机构与证书信赖人之间的关系

证书信赖人，是指相信电子签名证书，并以该证书上所确定的证书拥有人为交易对方而进行交易的当事人。证书信赖人本身可能是，也可能不是认证机构的用户，他与认证机构，要比用户与认证机构之间的关系更为复杂。当证书信赖人不是认证机构的用户时，他与认证机构之间并无服务合同存在。但是，当他利用证书而与证书用户交易时，却又成为了证书服务关系中的对象，并且，认证机构在特定情况下还要对之承担责任。

1. 认证机构与信赖人关系的分类及其分析

在开放网络环境中，认证机构与证书信赖人之间的关系，大致有以下几种：

(1) 社区认证服务型。即交易双方当事人均为某认证机构的证书用户。此时，交易双方也同时都是证书信赖人，具有双重身份，并且认证机构并不是交易关系中的直接当事人，而只为其交易提供信用服务。这是一种典型的社区性在线认证服务，也是较为普遍的认证服务形式。

此种认证机构与其信赖人（同时都是用户）之间的关系，比较单纯，也好理解，因为他们与认证机构之间的关系，是以认证服务合同为前提而形成的。此处不再赘述。需要注意的是，不能因为这类用户本身与认证机构事先存在着信用服务合同关系，就忽视了其作为证书信赖人的地位。他们不仅能以证书用户的身份享有权利，同时，也可以证书信赖人的身份，要求认证机构履行谨慎从事的义务。另外，其合同的订立，可能是以格式化的表格或认证业务声明中的条款所构成的，与一般的服务合同的订立程序有所区别，应根据其业务运作惯例予以研究、确定。

(2) 单方证书用户型。当交易一方是认证机构的证书用户，而另一方不是认证机构的证书用户时，就是作者所说的"单方用户型认证关系"。此时，非证书用户是证书的信赖人。此种关系，多发生于消费型交易中消费者没有登记为证书用户的情况。

在上述关系中，证书用户（一般为商家）是以服务合同与认证机构建立了信用服务关系。而非证书交易人（一般为未申请证书的消费者），则是典型的证书信赖人，是依照认证机构的特殊职业义务，因交易关系的进行，而与认证机构之间形成了信赖其信用服务的关系。认证机构的特殊职业义务，就是其向社会提供公正的交易信用服务的义务（或称社会责任），是其所应负的职业责任。

(3) 交叉认证关系。实践中还有一种情况，即虽然交易双方都是认证机构的证书用户但其证书是由不同的认证机构分别颁发的。此种证书交易关系，可能在本地区发生，而在国际贸易中出现的可能性更大。本地区证书用户者，如持工商银行证书的用户与持中国银行证书的用户进行交易；跨国用户者，如持美国证书的用户与持中国证书的用户进行交易，即属此类。这就是所谓的交叉认证关系。该关系需要由各国或各认证机构之间的交易认证协议来解决，以便相互确认对方证书的有效性。同时，本地认证机构经过交叉认证之后，要替对方的认证机构，对自己的证书用户负信赖证书的责任。这种关系更为复杂，它涉及到认证机构的外部结构，需要由国际之间的或认证机构之间的协议予以协调。

(4) 非纯粹的认证关系（或称混合认证关系）。所谓非纯粹认证关系，是指认证机构是主营其他服务的，而认证服务只是其衍生业务。譬如，金融机构颁发给其客户的数字证书，同样可用于其他的在线交易认证。有的学者称之为"品牌证书"。在此种认证关系中，认证机构不是单纯提供电子签名认证服务的，而是在认证服务的同时，也以提供交易辅助条件的形式，参与了证书用户的交易之中。如银行在向用户提供认证服务的同时，还可提供支付、结算等服务。这种混合型认证关系，比单纯的认证服务关系要复杂得多，它涉及到多种法律关系的相互交叉与相互制约，在分析此类案例时，应注意辨别不同性质的关系及其规范的适用。

2. 证书信赖人的义务与选择

证书信赖人虽然不一定事先与认证机构存在合同关系，但他是认证关系的受益方之一。要求其承担相应的义务，是保障其利益的前提条件。贸法会《签名示范法》第11条规定，相对方（即证书信赖人）如不能履行下列行为，应承担法律责任：(1) 采取合理的步骤确认签名的真实性；（2）在电子签名有证书证明的情况下，采取合理的步骤：①确认证书是否合法有效、被中止签发或被撤销；②遵守任何有关证书的限制。

上述义务说明，对电子签名的信赖必须具有合理性。交易当事人应根据具体的环境，对所接收的电子签名的合理性及其程度，予以谨慎确认。电子签名的有效性，并不取决于相对方的行为。但相对人不能因此而草率行事。它是与签名人、证书机构的义务相对应的，并且是三者之间划分责任的依据之一。

证书信赖人对于交易相对人电子签名证书的使用，一般应在所建议的可靠程度内给予信任，并以此进行交易。但这只是一种任意选择权，作为证书信赖人的交易一方，可作出自己的判断，并承担相应的法律后果。

（1）在建议范围内行事。此种选择是最常见的，也是参与认证服务关系者通常所期望发生的。如果证书信赖人按照认证机构所建议的证书信用等级，即在一定的交易额度内与证书用户（持有人）进行了交易，一旦由于认证机构或证书用户的过错，而使证书信息不实，并给证书信赖人造成了损失，则认证机构和证书用户可能要承担一定的赔偿责任。这是认证信用服务对电子商务交易关系保障的最明显的体现。

（2）另作判断，风险自担。在实践中还会有这样的情况，即信赖人未按证书等级进行交易，而是超出了认证机构建议范围。这同样是信赖人行使其选择权的具体形式。不过，在此种情况下，认证机构不对其超出证书可靠性建议范围的交易额负责。实际上证书建议信任度，一般是与认证机构的最高责任限度相一致的，证书信赖人不可不察。

6.4.4 认证机构的主要义务

认证机构在网络化的商事交易中处于枢纽地位，其义务之规定与履行，关系着电子商务行业的成败。前面各章节中，对认证机构的义务已经做了不少介绍。依照规范的具体程度，可将认证机构的义务分为概括性与操作性义务。前者，如认证机构之危险活动禁止原则，后者，如证书的颁发、中止、撤销等业务规则。需要说明的是，对认证机构这种涉及公众交易利益的信用服务机构，制定一些概括性的义务，以利用条款的弹性优点弥补规范上的缺漏或失效，是十分必要的。因为无论对认证机构义务规定得再详尽，都可能有遗漏之处，特别是随着技术的升级，很可能出现一些原定标准过时、被淘汰的情况。根据规范所涉及的主体范围，还可分为对内与对外义务两部分。

总的来说，认证机构的义务大致可概括为以下几方面：安全、真实、及时、公开、谨慎、保密等。安全是认证机构服务的宗旨性目标，同时也是其义务，譬如使用可靠性系统，就是安全义务的体现。真实、谨慎，是针对用户对外资料的审查核实与公布而言的，也是对证书信赖人负责的做法。公开认证机构自身及用户的应予发布的信息，是其业务规则之一。保密则是对用户的不宜泄露的信息而言的。

6.4.5 认证机构的责任

如何确定认证机构在认证服务关系中的责任，是有关电子商务立法的关键性问题，也是争论的焦点之一。它直接关系到认证机构与其用户以及证书信赖人之间的交易风险的分配，是各方当事人，乃至立法者所极其关注的问题。

1. 证书责任的基础与性质

所谓责任的产生基础，是指依据何种法律关系而产生证书责任。这是前面讨论的认证关系的性质问题在认证机构责任方面的反映。毫无疑问，认证机构对证书用户承担的是合同责任。因而，在此种情况下，认证机构所承担的是违约责任。

然而，就认证机构对证书信赖人（特别是非证书用户信赖人）的责任来说，其基础就不同了，因为他们之间事先并不一定存在合同关系。认证机构对证书信赖人的责任，是因其职业义务而产生的。换言之，从事认证服务的证书机构，必须对全社会保证其证书中所载信息的真实与可靠性。这是一种法定义务，并非纯粹的合同义务。否则，电子商务环境下的信用制度，将无从建立。有论者称此为"广义的侵权责任"。

各国现行立法，通常将过错责任原则作为认证机构对信赖人责任的归责原则，从而排除了无过错责任的适用。因为认证机构的加害行为，与现代工业化灾难致人损害相比，其危害性要小，且只是财产损失，一般不会直接造成信赖人人身伤害，往往是假冒方利用错误证书施行欺诈，而使受害方财产受损。若采用无过错责任，则对认证机构显得过于严厉，以至于将会挫伤其拓展业务的积极性。除违反其法定义务之外，证书责任的承担，还需具备两个事实要件，即交易的进行和损失的发生，并且其交易额没有超出证书建议的可信程度的范围。

2. 认证机构的责任分配

认证机构的责任限度，实际上是交易风险的具体分配问题，其理论支点主要有两个，即各方当事人利益上的权衡和公平理念的满足。目前在认证机构责任上，一般采取的是限制责任，如美国犹他州、新加坡就是如此。但是，也有一些反对意见，认为这样会损害消费者的利益，挫伤其参与电子商务的热情，最终将阻碍在线业务的发展。

贸法会在制定《签名示范法（草案）》时曾分别规定了合同责任和非合同责任。后来由于意见分歧，在《签名示范法》正式稿去掉了这些规定。然而，公共密钥体系的广泛应用，在很大程度上将取决于对责任问题的解决。如果责任风险对于认证机构过高，或不确定，他们将不愿以不合理的成本进入市场提供公共密钥服务。另一方面，如果消费者（即使是熟练的用户）认为电子商务的应用，使其承担不可预料的风险，就会等该种风险减少到可接受的程度，才愿意加入进来。

证书责任矛盾的化解方法。考虑到证书信赖人（多数为消费者）保护的问题，从法律上规定认证机构的责任及其限度是必要与可行的。如果听任认证机构以合同形式处理与证书用户之间的风险责任问题，就可能出现极其不利于用户的格式合同，从而损害弱小用户的利益。然而，在线认证机构毕竟是新生的实体，其风险程度，还未能完全预知，并且相应的保险种类也尚未建立。如果令该机构承担过重的责任，将会使认证机构裹足不前，同样也会影响电子商务的发展。这是电子商务立法中难以两全其美的问题。其风险的公平分配，尚有待于电子商务市场的成熟、保险业务的配套，而并不是靠立法者灵感的迸发所能解决的。以下是实践中已应用的方法，具有参考价值。

其一，合同约定风险等级方法。从认证机构与用户对证书的实际应用而言，存在着以合同形式限制自身责任的可能性。譬如，Verisign 公司已经建立了三种用户等级。对于第一等级，用户只能依赖它做网页浏览和个人电子邮件，在这种环境下只是稍微增加了安全。

第二等级证书持有人，使用更详细的证明证书于组织内的电子邮件、小额及小风险的交易、个人之间的电子邮件、口令更改、软件确认以及在线订购服务。第三等级是用于电子银行、电子数据交换（EDI）、软件确认以及基于会员的在线服务。用户通常不想让其证书的使用超过不必要的风险等级。如果只是想上网浏览的话，拥有一个能够使个人受长期合同约束的证书，是不明智的。电子签名立法者应考虑到这一事实，并不是所有的证书签名者，都应有相等的约束力。

正如目前许多数字签名法所规定的，公共密钥证书可标明届满日期、姓名、可靠程度以及其他信息。如果再加上证书签署事项的限制，从技术上是完全可能的。换言之，用户可以从以下声明中选择加进其证书中：（1）本证书不能用于有效签署一年以上的合同；（2）本证书不能用于不动产交易；（3）本证书只能用来辨别用户的身份，不能用于签署合同。如果证书以此种约定风险等级的方式予以限制，可将现有的两种证书签名推定（签署了或没签署）转化为按等级评价，使交易的签署，只能在证书签名所能支持的具体交易范围内进行。这符合用户的实际需要，从技术上又是可行的，它可以避免简单的"是与否"之间的两极推定，使认证机构的责任分配走出两难选择之中，形成证书等级与交易范围相结合的多元化的责任分配体系。

其二，连带补偿保护信赖人方法。由于证书中的信息，是经过核实的真实资料，认证关系的直接当事人，即认证机构和证书用户，应共同对证书信息的真实、准确、有效负有法定义务。如果签名人（证书使用人）违反了义务，并由此造成了信赖方的损失，也应对信赖方负责任。对信赖人的赔偿责任，应由认证机构先予支付，然后再进一步向签名人追偿。因为信赖人是基于对认证机构的信任，而与签名人进行交易的，况且他不掌握签名人更详细的资料，处于十分不利的地位。相反，认证机构居于专业性服务机构地位，不仅掌握签名人的资料，而且负有核实的义务。因此，虽然最终责任可能在证书使用人，但由认证机构负连带责任是合适的。这是保护信赖人的有力措施之一。

我国银行所采取的是限额责任方式。其具体规定为，无论签署方或可信方的何种权利或义务，对每次证书应用来说，认证机构不承担 50 万元人民币以上的任何责任。与美国犹他州、华盛顿州的分等级限制赔偿方案相比，此方案便于计算，能使当事人预期交易的风险，但它可能会产生限制交易额，而增加交易次数的后果。

6.5 本章小结

认证是指中立的、没有直接利害关系的第三方，对当事人提出的包括文件、身份、物品及其产地、品质等，具有法律意义的事实与资格，经审查属实后作出的证明。电子商务认证，是电子鉴别技术在商事交易关系中的具体应用，它是网络环境中保障电子交易安全的重要手段，其作用表现在两个方面，即对外防止欺诈、对内防止否认。

认证机构是电子商务中对用户的电子签名颁发数字证书的机构，它已经成为开放性电子商务活动中不可缺少的信用服务机构。作为受信赖之第三方，认证机构应具备以下一些特点：（1）是独立的法律实体。（2）具有中立性与可靠性。（3）被交易各当事人所接受。（4）其营业之目的是提供公正的交易环境。一般而言，认证机构的设立，需获得政府主管部门的许可。其成立条件包括人员、资金、设备等方面的要求。

认证机构并不向在线当事人出售任何有形的商品，也不提供资金或劳动力资源。它所提供的服务成果，只是一种无形的信息，包括交易相对人的身份、公开密钥、信用状况等情报。认证机构与证书用户之间存在着信用服务合同关系。它与证书信赖人之间并不存在合同关系，其间的权利义务关系，是基于职业上的特殊责任而产生的。认证机构对于信赖证书的交易人，应承担公正信息发布义务，决不能因未接受报酬而有所懈怠。证书信息的公正性，是其存在的根本条件。

认证机构在网络化的商事交易中处于枢纽地位，其义务之规定与履行，关系着电子商务事业的成败。具体而言，认证机构应当使用可靠系统，真实、及时披露自身及与证书有关的信息，依法按约颁发、更新、中止、撤销证书。除了操作性义务之外，认证机构还承担着"危险活动禁止"这一概括性义务。

各国现行立法，都将过错责任原则作为认证机构对信赖人责任的归责原则，从而排除了无过错责任的适用。然而，一般的过错责任方式，又不足以保护证书信赖人的利益，因此，过错推定原则就有了适用的空间。而在责任的具体分配上，一般采取的是限制责任，其目的是为了促进认证机构这一新型服务实体的发展。但是，此种做法也招致了许多反对意见。

在认证关系中，证书拥有人（亦称签名人）是接受证书服务的用户。他除了应履行一般的支付服务费用义务外，还应履行一些与认证服务关系的特性相应的义务，即真实陈述义务和私密钥控制义务。前者指在申请证书时应如实提供其身份、地址、营业范围等资料，它是证书可靠性的前提。后者是指控制其私密钥，使之处于独占之安全状态。它是与认证机构公正发布信息相并列的义务。离开用户对其私密钥的独占性控制，认证机构就是再认真审核、公正发布信息，都无法保证电子签名证书的安全性。

证书信赖人虽然不一定事先与认证机构存在合同关系，但他是认证关系的受益方之一。要求其承担相应的义务，是保障其利益的前提条件。证书信赖人的主要义务是，采取合理的步骤确认证书与签名的真实性。这是与签名人、认证机构相对应的义务，并且是三者之间划分责任的依据之一。

6.6 思 考 题

1. 简述认证的作用与分类。
2. 简述认证机构的特点。
3. 浅析认证机构的基本条件及其法理依据。
4. 简述认证业务规范的效力。
5. 简述认证服务者的义务。
6. 用民商法原理分析认证机构与在线当事人之间的关系。
7. 试述认证机构的性质与责任。

第7章 电子合同：一般原理

电子合同与传统合同的根本区别是不仅在于通过互联网通信手段达成合同，而且在于记载合同内容的形式发生了变化。因此，合同法必须适应这一变化确立通过互联网缔结合同的一些特殊规则，解决意思表示手段的改变产生的特殊问题。前三章实际上是对合同形式效力规则的全面论述，而本章则主要论述电子合同订立到履行过程及其违约救济中特殊问题。

7.1 电子合同的概念与特征

7.1.1 合同

《合同法》第2条规定，"合同是平等主体的公民、法人、其他组织之间设立、变更、终止民事权利义务关系的协议。"简单地说，合同是双方或多方当事人之间的达成的对他们具有约束力的协议。被称为合同的协议之所以区别于其他协议，是因为该协议本身具有法律效力，即在订立协议的当事人之间产生法律约束力，如果一方当事人翻悔，那么另一方当事人可以请求法院强制对方履行或要求承担违约责任。

订立合同也就是在缔约当事人之间建立了一种权利义务关系。这种权利义务关系表现为一方以请求对方履行某种行为的权利和（或）一方有履行其承诺行为的义务。当事人之所以必须履行某种合同义务，是其同意或承诺的结果，而不是或主要不是法律要求的结果。这也就是说合同中的权利和义务发生依据是当事人的意思、是当事人的同意，而不是法律强制规定。这一点使合同区别于其他法定权利义务关系。正是在这一意义上，合同被认为是最为重要的民事法律行为，即因当事人意思表示而产生、变更和消灭民事权利义务关系的民事法律事实。

7.1.2 合同的形式：电子合同的产生

电子合同是合同的一种表现形式。其特殊性主要在于其记载当事人意思表示内容的方式或形式发生了变化。简单地说，也就是记载合同内容的方式或手段被电子化了。

一个有效的合同本身并不需要将其表达为某种形式，因此，仅口头承诺或协商一致便可以成立有效的合同，毋须任何记载或表达形式。但是，为了防止对方抵赖或毁约便有了书面记载合同内容，作成合同书或具备某种特殊形式的文书。但这种书面的作用（正如本书第四章所讲的）主要是证据作用。

自从造纸和印刷技术发明，书面合同便成为合同的主宰形式，也成为当今有关合同法规则建立的基础。但是，人类记载、表达、交流、通信等技术是不断进步的。在人类进入电话、电报、传真时代，合同已经被电子化了，只是人们仍然把电话达成的合同归类为口头合同，电报和传真归类为书面合同，并没有将之称为电子合同。

电子合同概念的提出是计算机发明所引起的人类信息处理和传递革命的结果。计算机的发明使人类所有的信息数字化；而随后网络技术的发明使所有数字化的信息网络化，使人类通过网络可以表达意思、缔结协议。由此，数字通信技术，完全使人类摆脱了对纸面的依赖，使人们不得不将计算机处理和储存的法律文书称之为电子文书。由此也就有了电子合同概念。实际上，这里电子的真正含义是数字形式的合同。

根据现行我国合同法理论及《合同法》规定（第10条和第11条），一般将数据电文合同也视为书面合同，将合同分为三种：口头形式、书面形式和其他形式。而本书作者认为，电子合同应视为具有书面合同功能的另一类合同形式。由此将合同分为四类，即口头形式、书面形式、电子形式和其他形式。

7.1.3 电子合同的定义

尽管电子合同已成为一个普遍的概念，但是并没有一个为人们普遍接受的定义。这或许是因为根本就毋须给电子合同下定义。因为电子合同本质上还是合同，所改变的只是合同形式。因此，几乎所有有关电子商务或电子交易的立法更注重对人类进入数字时代后信息最重要的表达方式——"数据电文"（本书亦称为数据电讯）——的界定，而不是电子合同。在这一点上，《电子商务示范法》也不例外。

正如本书第1章在解释电子商务概念有广狭两义一样，电子合同也广义和狭义之分。从广义上说，电子合同包括通过EDI、电子邮件、电报、电传或传真等电子方式订立的合同；从狭义上说，电子合同是指通过EDI、电子邮件等方式借助互联网络订立的合同。

本书采狭义电子合同概念。因此，本书的电子合同仅指数字形式缔结、存储和表现合同形式，它排除了不包括联合国示范法包含的电报、传真等传统视为纸面形式的电子形式的合同。或者说，电子合同即是通过计算机网络缔结和表现的合同。

按照《合同法》第11条，电子合同属于书面形式的合同。但是，这种电子合同又不能够简单地等同于纸面形式的合同。正是如此，作者将电子合同视为区别于纸面意义上书面合同的另一种合同形式，专门论述通过互联网订立的合同。

7.2 电子合同的订立：一般规则

电子合同不仅采取了数据电文或数据电讯（见第4章）表达方式，而且其订立过程也是电子方式，即通过互联网通信缔结合同。电子合同这一订立过程仍然遵循合同订立的基本原理，即要约承诺原理。这里重点论述电子合同的特殊规则。

7.2.1 要约和承诺：一般原理

1. 要约

合同的订立一般经过一个磋商过程，这一磋商过程被抽象为要约和承诺。除非当事人约定签订书面合同，一方发出要约，另一方接受要约（即承诺）合同即告成立。通过网络达成的电子合同也遵循这样的基本规则。

要约是希望和他人订立合同的意思表示，该意思表示应当符合两个条件，一是要内容具体明确，二是要表明经受要约人承诺，要约人即受该意思表示约束[①]。所谓内容具体明确，是要求要约的内容应当具备合同成立所必须的条款。《合同法》第12条列明了合同一般应当具备的条款，但是，通常认为，只要具备标的物、数量、要约人的姓名或名称三项即满足要求内容具体要求；而确切是说对标的物、数量等项描述应当确定，写明规格、型号、具体数量，以使承诺人承诺后可以付诸实施。以买卖合同为例，只要写明某人或某公司欲购特定型号的电脑（或任何物品）100台（或特定数量单位）即可。

所谓经受要约人承诺，要约人即受该意思表示约束，是指要约人订立合同的意思是确定的。要约人可以在要约中写明自己受要约约束，但这不是必要条件。一般一份内容具体明确的要约就足以推定其存在缔约意图。

要约对于要约人和受要约人均具有约束力，要约产生约束力的时间为要约生效时间。在我国要约生效采到达主义。到达一般理解为送到受要约人控制范围，并不以受要约人实际知晓为必要。

要约一经到达即产生如下效力：对要约人，要约一经生效（到达），要约即不得随意撤回、撤销或者变更；对于受要约人，要约一经生效，取得通过承诺成立合同的法律地位。但是，承诺只是受要约人的权利而不是义务，受要约人没有必须承诺的义务。

由于要约在到达前才发生效力，故要约在发生法律效力（到达）前，可以撤回要约。撤回即是取消已发出但未生效（未到达）的要约。不过法律要求撤回通知应当在要约到达受要约人之前或者与要约同时到达受要约人。

要约生效后（到达后），要约人还可以撤销要约。因为这时尽管要约已经生效，但受要约人未承诺，合同未成立，要约人仍可取消要约，使其丧失法律效力。要约撤销的条件为：在受要约人发出承诺之前发出撤销通知。另外，法律规定了不得撤销的情形：（1）要约人确定承诺期限或明示不可撤销；（2）受要约人有理由认为不可撤销，并已经为履行合同作了准备工作的。

根据《合同法》第20条规定，在下列情形下，要约丧失法律约束力：（1）拒绝通知到达；（2）要约人依法撤销；（3）承诺期限届满；（4）受要约人对要约的内容作出实质性变更。

2. 承诺

承诺是受要约人同意要约的意思表示。一经受要约人承诺并送达要约人，合同便宣告成立。一般认为，一个有效的承诺须具备以下要件：

（1）承诺主体适格：必须由受要约人作出，必须是要约指向的特定人或者在未确定下由具备接受要约条件的作出；同时，承诺必须向发出要约的人作出。

（2）在确定或合理的期限内到达要约人，超过承诺期限发出承诺，除要约人及时通知受要约人该承诺有效的外，为新要约。

（3）承诺内容与要约的内容一致。承诺必须是绝对的和无条件的，承诺的内容应当与

---

① 参见《合同法》第14条。

要约的内容一致。受要约人对要约的内容作出实质性变更的，为新要约。

根据《合同法》第 25 条和第 26 条规定"承诺生效时合同成立"，"承诺通知到达要约人时生效"。故承诺一到达要约人合同即成立。同时合同法允许承诺人在承诺生效之前取消承诺，撤回的通知应当在承诺通知到达要约人之前或者与承诺通知同时到达。注意，承诺不能撤销。因为承诺到达要约人时，合同已经成立。

7.2.2 要约与要约邀请

要约和要约邀请区分在合同订立规则中占有非常重要的地位。因为，要约邀请不同于要约，它只是希望他人向自己发出要约的意思表示，即只是引诱他人发出要约。要约邀请与要约的最大不同在于，它不因相对人的承诺而成立合同（要约邀请不含有当事人表示愿意承担约束的意旨）。

在传统法律框架下，已经形成了一些区分规则。例如《合同法》第 15 条明确规定，寄送的价目表、拍卖公告、招标公告、招标说明书、商品广告等为要约邀请，但商业广告的内容符合要约规定（即含有合同得以成立的具体确定的内容和希望订立合同的愿望），视为要约。

要约和要约邀请虽然在理论上可以较容易区分，但在法律未明确其他情形，一项意思表示是要约还是要约邀请需要根据具体情形认定，甚至对某些情况还会有争议，尤其是对通过网络订立合同，至今并没有统一的认识。这里分为两种类型进行一些分析。

1. 通过访问页面进行交易时要约和要约邀请的判断

此类多为 B to C 交易，消费者进入商家页面，浏览商品，将选中的商品放入购物车，然后进入结账页面，消费者可以看到购买物品的清单，在点击确定后，商家提供若干种付款方式供消费者选择，一种是在线支付，在线下载；第二种是在线支付，离线交货；第三种是离线交货，货到付款。

前面两种支付方式分别适用于数字信息产品和传统实物产品，后一种是在支付安全系数低，信用制度不完善的状况下而采用的折衷方式。在第一种情形下，页面的商品信息是不是要约？我们认为，如果该商品信息有明确的价格、规格等内容并且可以在线下载的话，应认定为要约。这是因为消费者购买的是信息产品的使用权，商品本身不会发生售罄的问题。对于卖方而言，是许可大众使用，只要消费者将之放入购物篮，点击"确定"就构成承诺。

第二种情形中，页面上陈列的商品是不是要约？在现实社会，当我们步入商店，标明价格正在出售的商品构成要约。但在页面上，只能视为要约邀请，这是因为它们在虚拟社会的表现形式是图形，从可能性上来说，当同时有多数人同时点击同一商品时，该图形所表示的商品可能会立刻售罄。如果认定为要约，就意味着商家必须保证该商品有无限多或者即刻删去该图形，这对于商家是过于苛刻的，也是不可能的。据此，我们认为页面上的商品如果属于有体物，则其信息均应是要约邀请。消费者点击购买商品的"确认"按钮是要约。随后出现的支付页面应是卖方的承诺，表明卖方接收了消费者的要约，请求消费者线上支付。

第三种情况是目前我国 B2C 交易中较多的一种方式，而具体做法各网站商家又有差异。例如：有的网站在收到消费者的要约后，会打电话向消费者确认，经核实无误后，再送货上门，有的网站在收到要约后，便直接送货上门；有的网站在收到消费者的汇款后再发货；有的网站则通知消费者到指定的地点付款提货。不论卖方采用何种方式，它们在法律上都具有相同性。与第二种情况相比，只是支付方式和履行方式不同。消费者点击购买的"确认"按钮是要约，承诺则要看卖方的具体情况而定。如果卖方向消费者发出通知，表明收到要约并接受，则是承诺；如果卖方未在页面上作出承诺的表示或发出承诺，而作出送货或发货的行为，则该行为是承诺。

2. 网络广告性质判断

在电子商务中，所有的商务信息均以电子化形式发布在网络上。因此分析网络上各种广告或类似于广告的商品信息属于要约还是要约邀请就是非常有意义的。作者认为，分析网络广告性质仍然得遵循合同法规定的基本原则：商业广告一般视为要约邀请，但其内容符合要约规定时，视为要约。从合同原理上看，不应一律将网络上登载的广告作为要约或要约邀请对待。

网络广告发布者可以在网络广告中特别申明为要约或要约邀请。例，如果申明："不得就其提议作出承诺"，或"此广告和信息的发布不承担合同责任"，或"广告和信息仅供参考"等，则只能视为要约邀请；如果公开表明，发布人愿意受广告约束，与承诺者缔结合同，那么可视为要约。

在没有上述声明的情形下，广告是否为要约主要看其是否具备要约的基本条件：即内容具体确定和具有缔约意图。对此，应当区分具体的情况分别讨论。

第一，如果网上登载的广告不仅介绍了商品的名称、性能等，而且明确规定了价格、数量，尤其是客户可以将之放入广告发布者指示的"购物菜单"中，点击"购买"即可成交，说明发布人已经具有明确的订约意图。则广告在性质上就不再是要约邀请，而转化为一种要约。如果在网页上已经登载了商品的价格、图片，但并没有规定价格的有效时限，也不影响其构成要约。

第二，如果广告发布者在主页上刊载的信息，仅供客户浏览，以提供商业信息，一般可认为该广告是要约邀请。如果只是在网站上宣传某种产品，既没有指出其价格、数量等，也没有表达希望他人购买的意图，只是为某个企业作形象宣传，或者提供某个产品的信息。在这种情况不仅不属于要约，甚至不构成要约邀请。如果只是发布新产品上市的信息，甚至即使提供了有关新产品的资料，并没有明确规定价格、数量，也不表明发布人已具有明确的订约意图，因而不属于要约。

第三，网上广告发布者直接向其社区会员提供某项产品的信息，且规定了价格、数量，从其内容中能够确定发布人具有明确的订约意图，愿意受到拟订立合同的拘束。在此情况下，发布人不仅是向特定人发出了希求其购买某种商品的意思表示，而且具有拟订立合同的主要条款和订约意图，可认为该广告具有要约的性质。

第四，广告发布者在网上刊登广告时，明确规定在客户点击购买后，必须有网页拥有人的确认，此广告不能认为是要约，而只是一种要约邀请。因为客户点击购买只是发出要约，而网络拥有者的确认才是承诺。

第五，网上广告发布者在广告中嵌入了电子邮件，允许客户通过点击该邮件附件，按照广告发布者的要求他填写相关内容，并作为拟订立合同的主要条款，客户将该信息通过电子邮件反馈给广告发布者，不需要经过发布者的进一步确认就可以使合同成立，则广告发布者的这种嵌入附带邮件形式的广告，就有可能构成要约。

如果广告内容确已构成要约，则广告人不得拒绝客户的承诺，否则应承担违约责任。

7.2.3 在线交易中要约和承诺的特殊规则

1. 要约的撤回、撤销与承诺的撤销问题

在一般情形下，要约可在到达受要约人之前撤回其要约。但是，要约人采用快速通讯的方法发送信息，就很难撤回了。例如，要约人向受要约人发传真，在发出的同时，受要约人也就收到了，此时，不存在撤回的余地。可见，要约一旦到达受要约人后，就发生效力，要约人便不能撤回要约。在线交易中，由于信息传输的高速性，要约一旦发出，受要约人即刻就可收到，几乎不存在撤回的可能。虽然在某些情况下，由于传输障碍或带宽的限制导致信息不能立刻到达，但这不影响要约不能撤回的规则。这是因为，在通常的情形下，信息是能够即刻到达的，即使发生延误的情况，但是要约人无法知道，从立法的角度而言，若允许要约人撤回，而在多数情形下，撤回的通知晚于要约到达，撤回非但不能达到要约人的目的，反易误导要约人。因此，应以要约不能撤回为妥。

同样，在线交易中，要约能否撤销取决于交易的具体方式。从《合同法》的规定来分析，受要约人在收到要约后有一个考虑期，此期限的长短由要约人决定或由交易习惯确定，在考虑期满前即受要约人承诺前，要约人可以撤销要约。因此，考虑期的时间长度和受要约人的回应速度是要约人能否撤销的关键。如果当事人采用电子自动交易系统从事电子商务，承诺的作出是即刻的，要约人没有机会撤销要约。

但是，如果是通过电子邮件方式订立合同，在一般情形下，要约是可以撤销的。因为要约人通过以电子邮件方式发出要约后，受要约人并不一定立即承诺，订约当事人之间并不是采用一种自动回应和瞬间撮合的程序，一方发出要约之后，另一方并不一定立即自动作出回应。因而在发出要约与最终作出承诺之间可能会有一段间隔，在此期间内，要约人可以撤销要约。另外，如果当事人在网上协商，这与口头方式无异，要约人在受要约人作出承诺前是可以撤销的。

在理论上，上述关于要约撤销规则当然应当适用于承诺的撤销。但是，对此我们应当持更为慎重的态度。因为，即使是使用电子邮件或通过中介系统磋商订立合同，承诺信息的发出即意味着到达要约人，如果再发出撤销承诺信息，只能是后于先期承诺到达。因此，严格地讲，通过网络通信订立合同不存在撤销问题。这一点尤其适用于点击合同，一旦点击确认图标，承诺在瞬间即到达接受人（要约人），根本无机会撤销。但是，如果要约一律不能撤销这会使点击或被动接受合同一方处于不利地位。因为，电子商务在线交易中，当事人与网页上单击确认图标而成交，其过程十分短暂，甚至是在瞬间完成的，交易者在单击时，可能会因各种原因而发生错误，也可能因为单击时间短暂而未对合同条款进行仔细的思考，因此，单击成交时，承诺人的意思表示可能并不完全真实。因此，有学者建议在单击成交以后，应给客户一段考虑是否最终决定成交的期限。如果在该期限内，客户不愿意成交，也可以撤销承诺。如果愿意成交，则不必再作出任何表示。这一观点有其合理性，但是它有悖合同订立一般规则。因此作者不同意这样的校正。至于消费者保护可以通过消费者保护法加以解决（如所谓的冷却期，参见第 13 章），而不是改变承诺生效规则。

2. 到达主义规则

关于要约和承诺生效规则存在两种规则，一种到达主义，为大多数大陆法国家所采纳；一种是发送主义，为英美法国家所采纳。两种规则各有其优点，发送主义更注重交易效率，而到达主义更注重保护交易安全。如前所述，我国对于要约生效和承诺生效均采到达主义。这种规则不仅与当今合同立法趋势相吻合，而且更符合电子通信技术特别是网络通信技术带来信息传输的迅捷性特点。例如，美国《统一计算机信息交易法》对于电子信息的生效时间也采用了到达主义，而放弃了普通法的"邮箱规则"[1]。美国统一州法委员会对此的正式评论是："之所以放弃'邮箱规则'是避免收到与否的不确定性，采用到达主义是考虑到电子信息传输的迅捷性，而把没有收到的风险置于发送人。"应当说，电子交易本身具有以往任何时代无法比拟的快捷性，因而，安全成了每个国家立法者考虑的第一要素，而到达主义正好符合了这一要求。

《合同法》明确规定了采取数据电文形式的要约或承诺到达（或生效）的时间："采用数据电文形式订立合同，收件人指定特定接收数据电文的，该数据电文进入该特定系统的时间，视为到达时间；未指定特定系统的，该数据电文进入收件人的任何系统的首次时间，视为到达时间。"

采用到达主义的一个缺陷是当事人发出后，由于受到通讯手段的限制，有许多不确定的因素；当事人发出要约或承诺后，是否到达、何时到达对于发信人来讲不能立即判定。对于这种不确定当事人可以通过"确认收讫"加以避免。而在网络环境中，迅捷的通信方式为当事人提供了立即判定的能力。也就是说当事人可以很好地利用确认收讫制度解决发信后的不确定问题。确认收讫是通过发回的信息来证实信息是否到达以及传递中有无错误和缺漏发生问题。因此，就发送人而言，确认收讫有利于减少发送人的风险，这在商业上和法律上都具有重大的价值。

3. 确认收讫规则及其运用

确认收讫是指在接收人收到发送的信息时，由其本人或指定的代理人或通过自动交易系统向发送人发出表明其已收到的通知。联合国《示范法》颁布指南指出：确认收讫有时用来包括各种各样的程序，从简单的确认收到一项电文到具体表明同意某一特定数据电文的内容。《示范法》对确认收讫的应用规定了以下五项主要原则：

（1）确认收讫可以用任何方式或行为进行；

（2）发送人要求以确认收讫为条件的，在收到确认之前，视信息未发送；

（3）发送人未要求以确认收讫为条件，并在合理期限内未收到确认的，可通知接收人并指定期限，在上述期限内仍未收到的，视信息未发送；

（4）发送人收到确认的，表明信息已由收件人收到，但不表明收到的内容与发出的内容一致。

（5）确认收讫的法律后果由当事人或各国自己决定[2]。

---

[1] 参见 UNIFORM COMPUTER INFORMATION TRANSACTIONS ACT, Section 215(a)
[2] 参见联合国国际贸易法委员会《电子商务示范法》第 14 条。

示范法仅对各国立法具有指导作用，并不能直接作为法律渊源而适用。目前已经有一些国家采纳了示范法有关确认收讫的规定。新加坡《1998电子商务法》对于确认收讫的规定与示范法完全一致。韩国《电子商务基本法》规定稍有不同，该法把第12条第3款规定："如果发件人要求收件人确认收讫但未声明以确认收讫为条件，那么，发件人可以撤销发出的电子信息，除非在合理时间内，或在发件人规定的时间内，或在发件人和收件人协商一致的时间内发件人收到了确认通知。"

我国尚未有关于确认收讫的法律规定，在如果交易双方欲采用这种制度，只能通过当事人的约定来实现。也就是说在法律没有规定的情况下，在具有交易关系的当事人之间可以事先约定采纳这种规则以消除电子合同订立过程中的不确定性。

在约定或依法律规定采用确认收讫规则的情况下，还必须弄清楚一个问题是确认收讫的效力，即确认收讫是否表明接收人同意原发信息的具体内容？或者说对收到要约发出"确认收讫"回信是否意味着承诺？一般来说，除非当事人有特别约定或法律明确规定，确认收讫仅仅表明接收人收到电子信息，而非承诺。判断确认收讫是不是承诺可以从两个方面来考察。一是在内容上确认收讫有没有表明同意要约。确认收讫实际上是一个功能性回执，是由接收方的接收电脑在收到发盘方的信息时自动发出的。这一点它与挂号信的回执有同等作用，其目的是减少商业风险，像挂号信的回执不代表收信人同意信件内容一样，确认收讫也不用来确认相关电子信息的实质内容。二是交易习惯应是立法的基础。法律规则应从一般惯例中抽象出来，对于少数特例应允许当事人自行约定。

确认收讫不是合同订立的必经程序。在合同订立过程中是否需要设立确认收讫这一环节应由当事人自己决定，确认收讫一方面能减少风险，但同时也增加了商业成本，法律应赋予市场主体自由选择的权利。在未明确确认收讫的法律效力之前更应如此。

7.3 电子合同订立的特殊法律问题

前面主要论述了电子合同订立的一般原理，这里我们再探讨电子合同订立中的一些特殊问题。主要涉及自动交易或电子代理人问题、点击合同问题等。

7.3.1 电子自动交易及相关问题

1. 电子自动交易的概况

电子自动交易是指当事人通过事先设置的程序，该程序能根据需求状况自动地发出和接收信息并作出判断以订立合同。自动交易的使用基本上有两种情况，一种是由当事人双方各自拥有自己的交易系统，通过该系统进行交易。例如，A公司是生产商，B公司是原料供应商，二公司有长期合作关系，并在合同中约定，A公司需要原料时可以通过EDI向B公司订货，B公司收到订货信息后会直接发货。上述程序均由二公司电脑自动进行，无需人力干预。另一种是自动竞价系统。例如在网络证券买卖中，当事人向证券自动交易系统发出要约，由系统寻找相同报价的买方和卖方，达成交易。此自动交易系统即是当事人双方共同的电子代理人。电子自动交易早期应用在EDI贸易中，但这种电子信息交换需要用专用的网络和统一的标准格式,成本很高,所以局限在大型企业之间。随着 Internet 的应用推广,传统 EDI 以 Internet 为信息传输的平台,费用大大降低,电子自动交易得到普及。但由此也产生了一系列法律问题。

2. 电子代理人的法律性质

所谓电子代理人是指在电子自动交易中能全部或部分独立地发起某种行为或应对电子记录或履行的计算机程序、电子手段或其他自动化手段。从表面上看,电子代理人的行为是独立的行为,自主地发出要约和作出承诺。这有点类似于自动售卖机,当购买方投入规定数量的货币后,它会自动交付所购物品。而对于自动售卖机,理论上认为,处在正常工作状态下的售卖机本身即是要约,购买方的投币行为是承诺。售卖机与设立人的关系不是代理关系,在代理关系中,代理人和本人是两个不同的主体,具有各自独立的意志。而售卖机的自动售卖行为是设立人事先设计好的行为,售卖机本身无独立的意志,它仅仅是设立人意志的延伸,它们之间不存在代理关系。电子自动交易是比自动售卖机更高级的自动交易程序,在这里,购买方的投币行为也是由计算机程序自动发出,但这一切行为均是按设立人的意志而为之,并没有改变电子代理人是交易工具的性质。

在另一种电子自动交易中,即自动竞价交易系统中,该交易系统虽然是无数多个当事人的电子代理人,但在技术上能够保证它独立地执行每个当事人的意志,竞价系统本身同样不具有自己的意志,因此不存在"双方代理"的情形。

可见,电子代理人最大特点是具有智能,能完全或部分独立进行判断,自动完成交易,不需要当事人的干预。但在实质上它不具有自己独立的意思能力,仅仅是当事人设立的一种智能化工具,它的行为即是当事人的行为。

3. 电子自动交易信息的效力归属

由于电子代理人只是交易当事人的交易工具,所以电子自动交易中所发出的数据电文应归属于该自动交易程序的设立人[①],信息的发出人不得以所发送的信息未经自己审查为由而否认。

当事人可以在基础合同中约定信息发送的格式,鉴别方法和归属等问题。如果当事人未按合同约定的方式对其自动交易系统进行设置,所发送的信息不符合合同要求,其归属应如何判断?信息未按约定的要求发送,原则上不能归属于发送人,但接收人有选择接受或拒绝的权利。当接收人选择接受时应承担发送人否认信息归属的风险。

接收人的自动交易系统即使收到该信息,接收人也可以不接受该信息。

如果接收人明确知道该信息由何人发送,自接收人收到后,可以在合理时间内告知发送人,由发送人确认,否则该信息不能归属于发送人。

接收人也可以接受该信息并按该信息从事,但当发送人否认信息归属于自己,接收人应举证证明该信息的归属。

当事人未在基础合同中约定归属等情况的,接收人的选择权应有较大的限制。接收人选择拒绝接受的,必须是在收到信息后给予对方以合理的时间来确认,而对方未予确认或

---

① 这里的设立人是指对该程序的使用有最终决定权和享有相应权利和义务的人,并非指该程序技术上的设立安装人。

答复。如果接收人的自动交易系统已接受并按此行事的，信息归属于发送人，发送人否认的，证明责任在于发送人；如果接收人的自动交易系统不能识别的，该信息应视为未发送。

4. 电子代理人的要约和承诺

在当事人各自使用不同的自动交易系统的情形下，系统所发出的要约和承诺行为即是系统设立人的行为应无疑义。在自动竞价交易系统中，要约和承诺又是如何进行的？从表面上看，似乎只有当事人的要约而没有承诺，承诺是由系统完成的。实际上这种要约在理论上称为交叉要约，只要双方当事人互为意思表示，且意思表示内容一致即可，并不限于一方是要约，另一方是承诺的形式。所以，在自动竞价系统中，要约和承诺仍然由人来进行，电子代理人不过是交易的媒介而已。

7.3.2 点击合同订立中的法律问题

1. 点击合同：网络环境下的格式合同

当我们网上购物或申请会员登记电子邮件时，网站要求我们填写有关信息，并点击"我同意"（I agree）后才可以进行相关活动，这种必须点击"同意"或"确认"的合同，被称为点击合同。点击合同经历了由传统格式合同到拆封合同再到点击合同的形式演变过程。

所谓格式合同，也叫标准合同，是指由一方当事人事先制定的，并适用于不特定第三人，第三人不得加以改变的合同。格式合同较多体现了提供方的意志，合同使用人的意志被提供人的意志吸收，在这个意义上，格式合同也被称为附和合同。格式合同的条款也叫做一般交易条款、格式条款或定型化条款。从性质上来说，虽然格式合同具有强烈的附和性，但仍然是合同。在订约过程中，要约和承诺被简化了，当事人的真实意思很难得到真实反映，但是从民商法尤其是合同法发展的历史来看，意思自治是大势所趋，效率的价值逐步得以凸现。

拆封合同（shrink-wrap contract）是指合同提供人将其与不特定第三人之间权利义务关系的相关条款，印在标的物的包装上面，并在合同中声明只要消费者在购买后拆开包装，即视为接受的格式合同。拆封合同最初用于计算机软件的销售，最常见的情形是当我们拿到一份计算机软件时，在包装盒上面往往会印刷着："当您打开包装时，表示您已经愿意接受下列授权条件。"

在交易电子化之后，信息类产品可以直接从网上购买，不再具有传统的包装形式，但也更加易于复制和非法使用。这样，拆封合同也就随之电子化了。从而产生接受软件交付前的点击合同。在从网上购买并下载安装软件时，我们仍然可以看到类似于拆封合同的痕迹。

点击合同与电子版的拆封合同有两点不同。第一，应用范围大大拓展。拆封合同局限于软件等电子产品买卖法律关系中，而点击合同从信息产品的使用许可到免费邮箱的申请，从买卖关系扩展到非买卖关系。第二，点击合同具有部分可选择性。某些点击合同的条款可供使用人选择，使用人不同的选择，权利义务关系会有所不同。而拆封合同的任何条款都是使用人无法选择或改动的。但是这些变化并未对点击合同与拆封合同本质上的一致性产生影响。

总之，点击合同（click-wrap contract）系指由商品或服务的提供人通过计算机程序预先设定合同条款的一部或全部,以规定其与相对人之间法律关系,相对人必须点击同意键后才能订立的合同。点击合同具有附和性,是网络环境下的格式合同。

2. 点击合同有效的原则

由于点击合同属格式合同范畴,因此,点击合同除了符合一般合同订立规则外,还应当符合合同法关系格式合同有效要件的规定。

点击合同的最主要特征是,点击表示当事人"同意"合同全部条款,点击完成合同即告成立。但是,点击是否反映了当事人的真实意思,则难以从表面上考察;即使要探求每一份合同中当事人的真实意思,也是难以作到的。因此,点击合同应当受格式合同规定调整。根据《合同法》规定,设置点击合同电子文本方应当履行如下义务:

(1) 根据公平原则拟定条款

这意味着违反一般合同严重违反公平原则的条款无效。其一,点击合同有免除人身伤害和财产损失责任的条款无效(《合同法》第53条);其二免除其责任、加重对方责任、排除对方权利的条款无效(《合同法》第40条)。

(2) 合理提醒消费者注意免责或限制责任的条款

提醒的要件有二:其一是须在订约时提醒;其二须以合理方式提醒。

须在订约时提醒这一要求在电子合同中表现为保证消费者有审查机会。合同的提供人应保证相对人有充分的时间了解合同的内容,这里是强调相对人有审查的机会,至于消费者是否去了解,则在所不问。例如,商家在消费者订购消费品时,应将合同内容设置为消费者购物的必经环节,以保证消费者在点击确认之前有机会和时间审查。如果某一条款只有在当事人负有付款义务或履约之后才能审查,那么商家则不能履行订约时提醒义务。在商家未尽到提供审查机会义务时,由此订立的合同并不一律无效,而是赋予消费者(或被动接受点选条款一方)以选择权,由他根据自己实际情况,作出适当的选择:他可以选择承认合同效力,继续履行合同;也可以选择解除合同,要求恢复原状。

合理的方式提醒目的在于足以引起订约的注意,促使其阅读或浏览内容。在电子合同中提醒注意的方法可以是多样的,但必须能引起具有合理注意能力的消费者的注意。提醒的方式应以个别提醒和明示的提醒为主。在消费者购买过程中,合同条款的全部内容应当出现在页面上,提醒注意的语言文字要清晰明白,标志醒目。

(3) 按照对方要求对格式条款进行说明解释

根据《合同法》第41条,格式合同的解释有两个规则。其一,当格式条款与非格式条款不一致时,采非格式条款;其二,有利相对人原则:不是从条款拟定人的角度来寻求条款的含义,而应当更加注意客观性,在对格式条款有两种以上解释时,应当作出不利于提供格式条款的一方的解释。

3. 点选条款或格式条款的无效

点选条款或格式条款的有效与否可以从是否违反法律的强制性规定和违反公平原则,结合案件的具体情形来判断。违反法律强制性规定的主要是指违法合同第52条规定的点击合同条款无效;对于这些情形一般无可争议,很好判断。而对于是否违反公平原则条款,即使有合同法第53条和第40条的规定,在具体情形下仍然需要法官根据具体情形认定是否构成免除人身伤害和财产损失责任或者免除其责任、加重对方责任、排除对方权利的条款。在没有法律规定的情形下，某些条款可由法庭或仲裁庭根据法律一般原则和交易的具体情况和环境决定其有效性：

（1）条款使用人为自己对要约的承诺或拒绝以及债务履行期间保留了过长的时间或时间不确定；

（2）条款使用人就已届履行期的义务，为自己保留了过长或不确定的履行期间；

（3）条款使用人不必有正当的理由，也不必有合同规定的理由，即可任意解除合同；

（4）其他不符合商业习惯的条款。

7.3.3 电子错误对合同效力的影响

1. 什么是电子错误

所谓错误是指表意人所表示出来的意思与其真实意思不一致[1]。合同的订立以双方意思一致为基础，如果当事人对订立合同的标的、当事人的身份、标的的数量或性质等发生误差，显然与当事人的真实意思有误差，因此，合同中的错误会对合同的效力有一定的影响。如果错误导致当事人双方的合意发生根本性改变，合同即无效。所谓"电子错误"是指在线交易过程中，交易双方因使用信息处理系统时产生的错误[2]。从广义上所，电子错误包括传统合同错误的电子化表现形式，如当事人对网上商家发生误解而向其发出要约；狭义的电子错误仅指计算机信息处理系统产生的错误，如消费者在网上定购 1 台电脑，但自动交易系统却将其识别为 10 台电脑，并作出承诺。再如商家规定的买卖的有效时间已过，但消费者发出购买要约，自动交易系统仍然与之订约等情形也属狭义电子错误。本文研究的是狭义的电子错误。

2. 电子错误的法律归类和构成

错误实质上是法律行为的错误，也可称为意思表示的错误，它主要有两种法律形态，一是表示内容上的错误。如对法律行为种类或性质的错误；标的物的错误；对当事人本身的错误；有关标的价格、数量、履行期、履行地的错误等等。二是表示行为的错误。如由于传达机关传达不实。基于狭义上的电子错误是因自动信息处理系统而产生的错误，非表示内容发生错误，所以它可归入表示行为错误一类。为此，电子错误应符合以下构成要件：

（1）电子信息须经当事人使用或指定的计算机信息处理系统进行信息传递或信息处理。

（2）该计算机信息处理系统的程序设置正当。即当事人不得故意设置某一程序以改变原始信息的内容。

3. 电子错误的法律调整

对于错误，由于其非当事人真实的意思表示，所以原则上应允许当事人撤销，在合同成立之前，当事人可得撤销错误的表示行为，在合同成立或生效后，可得撤销法律行为。我们根据交易的不同类型来确立相关的规则。

（1）在当事人双方有约定的情形下

若当事人各方约定使用某种安全程序检测变动或错误，一方当事人遵此执行，而另一

---

[1] 参见《中国民法学·民法债权》，王家福主编，法律出版社，1991 年 9 月第 1 版，第 352 页。

[2] 参见 UCITA 第 214 条。

方当事人未遵守约定，在未遵守方如遵守约定就可以检测到该变动或错误的情形下，遵守方可以撤消变动或错误的电子信息所产生的效力，不论合同是否已订立或履行。

（2）在当事人双方没有约定的情形下

① 若一方采用某种程序检测到自己所发出信息有变动或错误，应即时通知另一方，相对方应在合理的时间内予以确认，经相对方确认后，发出方可以撤销变动或错误产生的效力；相对方未在合理时间内确认的，也可以撤销变动或错误所产生的效力；相对方在合理时间内予以否定的，应由发出信息方证明变动或错误的存在，能证明的可以撤销变动或错误的效力，不能证明的，不能撤销所发出信息的效力。

② 若一方采用某种程序检测到对方所发出信息有变动或错误，应即时通知相对方，相对方在合理时间内予以确认的，任一方均可撤销该变动或错误的效力；相对方未在合理时间内予以确认的，接受方可以撤销该变动或错误的效力。

（3）在 B2C 交易中，消费者可以撤销在与卖方的电子代理人交易过程中源自其本人的错误的电子信息的效力，其前提条件是，电子代理人未能提供机会避免或纠正错误，或者该个人在知道电子信息出现错误时采取如下行为：

① 及时通知另一方当事人电子信息出现错误，并且告知本人无意受错误电子信息的约束；

② 采取合理措施，如遵照另一方的合理指示将所有的信息拷贝返还给另一方，或根据另一方指示取消收到的信息拷贝以及根据错误情形采取其他措施；

③ 未使用或从该信息中获利或使该信息由他人获得。

（4）电子错误或变动未被当事人双方发现或检测到，直至合同履行或履行完毕。原则上合同应有效，除非该错误构成有影响力的错误，动摇了合同成立的基础。[①]

（5）基于电子错误或变动致合同或某一条款无效或撤销的，当事人应当返还因错误或变动所带来的利益，不能返还的应给予补偿，因电子错误或变动致当事人一方受到损失的，若错误或变动可归责于一方的，由该方赔偿损失；不可归责于任一方的，该损失自己承担。

7.4 电子合同的履行及违约救济

电子合同的特殊性在于其订立过程和形式不同，在其履行、终止、违约救济等方面基本上可以直接适用普通合同法的规则。但为了对电子合同法律规则有一个全面的了解，这里从电子合同的角度，简单地介绍以下合同履行和违约救济方面的知识。

7.4.1 电子合同的履行概述

合同的履行是指债务人全面、适当的完成合同义务，使债权人的合同债权得到完全实现。合同履行是合同效力的重要表现，是当事人订立合同追求的目的。《合同法》第 60 条第 1 款规定："当事人应当按照约定全面履行自己的义务"。这是法律对于合同履行的基本

---

① 杨桢著，参见《英美契约法论》，北京大学出版社，1997年，第 1 版。

要求。电子合同的标的可以是信息产品也可以是非信息产品,对于非信息产品,由于具有一定的物理载体,其履行方式与传统履行并无大的差异,而信息产品,由于其特殊性,在履行上也体现出较多的不同之处。这里只泛泛地谈电子合同履行问题,至于信息产品合同的履行则放入信息合同一章(第9章)中论述。

1. 电子合同履行的原则

我国合同法虽然没有明确规定合同履行的原则,但是,通常认为,合同的履行原则主要有:适当履行原则和协作履行原则[①]。这些基本原则仍然适用于电子合同的履行。

适当履行就是指当事人按照合同的约定或者法律的规定履行合同的义务。它是对当事人履行合同的最基本的要求。例如,履行的主体是合同确定的主体,履行的时间地点恰当,履行的方式合理等等。对于电子合同而言,如果是离线交付,债务人必须依约发货或者由债权人自提;在线交付的一方应给予对方合理检验的机会,应保证交付标的的质量。

协作履行原则是指当事人不仅适当履行自己的合同债务。而且应基于诚实信用原则要求对方协助其完成履行。协作履行原则是诚实信用原则在合同履行方面的具体体现,《合同法》规定了协作履行有通知、协助和保密的义务。具体包括:债务人履行合同债务,债权人应适当受领给付;债务人履行合同债务,债权人应给予适当的便利条件;因故不能履行或不能完全履行时,应积极采取措施避免或减少损失等。

电子合同履行中为便于债务人发货,要求债权人告知其地址和身份信息,债权人不得拒绝;在线收集的当事人的有关资料不得非法利用等。

2. 电子合同履行的基本模式

从我国当前电子商务开展的情况看,基本上有三种合同履行方式:第一种是在线付款,在线交货。此类合同的标的是信息产品,例如音乐的下载。第二种是在线付款,离线交货。第三种是离线付款,离线交货。后两种合同的标的可以是信息产品也可以是非信息产品。对于信息产品而言,既可以选择在线下载的方式也可以选择离线交货的方式。

采用在线付款和在线交货方式完成电子合同履行的,与离线交货相比,其履行中的环节比较简单,风险较小,不易产生履行方面的争议。由于信息产品可以采用两种交货方式,具有代表性,而且存在有形货物买卖所没有的特殊情形。这些情形将放入第8章论述。

7.4.2 电子合同的违约救济

1. 违约的归责原则

所谓归责原则是指违约方的民事责任的法律原则。合同违约的归责原则有两类。一种是过错责任原则,另一种是严格责任原则。过错责任原则是指一方违反合同的义务,不履行和不适当履行合同时,应以过错作为确定责任的要件和确定责任范围的依据[②]。严格责任是指在违约发生以后,确定违约当事人的责任,应主要考虑违约的结果是否因被告的行为造成,而不是被告的故意和过失[③]。

[①] 彭万林主编,《民法学》,北京:中国政法大学出版社,1999年8月,第1版。
[②] 王利民、崔建远著,《合同法新论·总则》,北京:中国政法大学出版社,1996年12月,第1版。
[③] 王利民、崔建远著,《合同法新论·总则》,北京:中国政法大学出版社,1996年12月,第1版。

在我国合同法的理论上,对于违约责任是采过错责任还是严格责任一直存在争议。从《合同法》的制定来看,逐步确立了违约责任以严格责任为原则。即违约责任不宜过错为归责原则或构成要件,除非由法定的或约定的免责事由,只要当事人一方有违约行为,不管是否具有过错,都应当承担责任。之所以采严格责任为合同责任的原则,主要是因为违约责任源于当事人自愿成立的合同,除了约定或法定的情况,必须受其约定的束缚,如果动辄以无过错免责,对于相对人就不公平,有损于合同的本性[①]。从国际立法文件和合同法归责的发展的过程看,以严格责任为合同的归责原则是符合发展趋势的。

基于以上的考虑,我们认为电子合同的违约责任仍然是严格责任。严格责任意味着只要有违约行为发生就得承担违约责任,而不再以违约人是否存在过错、守约人是否因此受到损害为要件。当然如果电子合同中没有事先约定违约金,在当事人没有实际损失,违约人也毋须承担损失赔偿责任。在严格责任原则下,惟有存在免责事由时,违约人才可以免于承担违约责任。

2. 免责事由

免责事由分约定的免责事由和法定免责事由。约定的免责事由即免责条款,指当事人在合同中约定的免除将来可能发生的违约责任条款。只是免责条款约定不得违反法律的强制性规定和社会公共利益。另外根据民商法基本原理排除合同当事的基本义务或排除故意或重大过失责任的免责条款为无效。

法定免责事由主要是不可抗力。不可抗力是指不能预见、不能避免并且不能克服的客观情况。理论对不可抗力有以下解释:

(1) 该事件发生在合同订立之后。

(2) 事件是在订立合同时双方所不能预见的;不能预见要求当事人在尽善良的注意义务的基础上,按通常的标准去衡量。

(3) 该事件的发生是不可避免、不能克服的。

(4) 该事件不是由任何一方的过失引起的。

(5) 不可抗力是一种阻碍合同履行的客观情况。

但是并不是一发生不可抗力均可免除履行合同责任[②]。根据不可抗力对合同履行造成影响的程度确定,造成部分义务不能履行的,免除部分责任(如未履行部分);造成全部不能履行的,免除全部责任。但是,对于不可抗力发生在迟延履行期间造成的合同不能履行,则不能免除责任。

这里须特别指出的是,与不可抗力相类似的另一个概念——意外事故。意外事故指一方当事人虽无过失但无法防止的外因。在意外事故导致不能履行合同时,不能作为免于承担违约责任的事由。也就是说,因意外事故不能履行或迟延履行构成违约行为,必须承担违约责任。

在理论上,不可抗力与意外事故比较容易区分,但是在现实中有时可能也不那么容易。尤其在电子商务中,下述情形是不可抗力还是意外事件可能还需要根据具体情况分析。

---

① 参见孔祥俊,《合同法教程》,北京:中国人民公安大学出版社,1999年4月,第1版,第411页。
② 注意:免责是免去继续履行合同的义务,而不是违约责任。构成阻碍合同履行的不可抗力事件,根本不存在违约责任。

（1）文件感染病毒。文件染毒的原因可能遭到恶意攻击所致也可能是被以外感染。但不论是何种原因，如果许可方采取了合理与必要的措施防止文件遭受攻击，例如给自己的网站安装了符合标准或业界认可的保护设备，有专人定期检查防火墙等安全设备，但是仍不能避免被攻击，由此导致该文件不能使用或无法下载，应当分析是属于不抗力还是意外事件。

（2）非因自己原因的网络中断。网络传输中断，则无法访问或下载许可方的信息。网络传输中断可因传输线路的物理损害引起，也可由病毒或攻击造成。

（3）非因自己原因引起的电子错误。例如，消费者购物通过支付网关付款，由于支付网关的错误未能将价款打到商家的账户上。

为了解决上述不确定因素，在法律没有明确规定情形下，当事人不妨可以以免责条款合理分配风险，以弥补法律规定不足。当然其约定是否合法要由法院根据具体情况进行评判。

3. 违约救济

《合同法》第107条规定，当事人一方不履行合同义务或者履行合同义务不符合约定的，应当承担继续履行、采取补救措施或者赔偿损失等违约责任。电子合同仍然遵循这些基本责任形式，只是在信息产品交易中，在违约导致合同终止时，还应采取停止使用、中止访问等措施。

（1）继续履行

在我国传统合同理论非常强调实际履行原则。但是，在契约自由和交易自由的市场经济体制下，当事人意志得到尊重，实际履行不再被强调，而由守约方在权衡利弊的基础上，选择继续履行或者采取其他违约救济方式。在守约方明确反对或已经丧失履行必要的情形下，法院和仲裁机构不得判决继续履行。

但是，对于信息产品而言，守约方的选择权不宜滥用。因为，除非因为信息内容上的原因而违约或者产品质量瑕疵，继续履行合同不仅对许可方或提供方可能，而且对被许可方或接受方仍不丧失其履行利益。

（2）采取补救措施

在货物买卖合同，采取补救措施指义务人交付标的物不合格，提供的工作成果不合格，在权利人仍需要的场合，可以要求违反合同义务一方采取修理、重作、更换等补救措施。同样在信息产品情形下，原则上也存在这样的补救措施，即要求许可方或信息提供方更换信息产品或消除缺陷。

（3）返还财产或中止使用

合同因无效或被撤销或因违约而解除合同时，即存在一个返还财产、恢复原状问题。一旦合同被认定为无效/被撤销，合同自始即丧失效力，当事人因合同所获得利益（如收到货物或货款）即丧失法律基础，应当返还原所有权人（或给付人），在一方有过错时，还应当赔偿无过错一方损失。

在因违约而解除或终止履行合同情形下，尚未履行的终止履行，其效果相当于合同无效；已经履行的，根据履行情形和合同性质，当事人可以要求恢复原状、采取补救措施，并可以要求赔偿损失（这种赔偿一般理解为过错责任）。

上述合同法所确定的规则主要针对货物交易情形的，在信息产品交易情形下，返还几乎丧失意义，因为返还的只是信息产品的载体，其信息内容仍然可能留存在持有人计算机中。这时，停止使用、中止访问就具有了特殊意义。甚至可以说，只有停止使用才能保护许可方的利益。停止使用的内容包括被许可方所占有和使用的被许可的信息及所有的复制件、相关资料退还给许可方，同时被许可方不得继续使用。许可方也可以采用电子自助措施停止信息的继续被利用（参见第8章）。

（4）赔偿损失

损害赔偿是违反以支付金钱的方式弥补受害方因违约行为所减少的财产或者所丧失的利益。损害赔偿是最基本和最重要的违约救济方式。它与上述几种违约救济方式是互补的，一方违约后，除了要求其采取特定补救方式外，对于已造成的损害还应予以赔偿。当事人可以在合同中事先约定根据不同的违约情况向对方支付违约金，以代替事后的损失计算。不过，约定的违约金低于造成的损失的，当事人可以请求人民法院或者仲裁机构予以增加；约定的违约金过分高于造成的损失的，当事人可以请求人民法院或者仲裁机构予以适当减少。当事人还可以因违约产生的损失赔偿额的计算方法，以避免违约后的赔偿计算的麻烦或困难。

在当事人既没有约定违约金，也没有约定损失赔偿额的计算方法时，按照《合同法》第113条规定确定损失赔偿额："损失赔偿额应当相当于因违约所造成的损失，包括合同履行后可以获得的利益，但不得超过违反合同一方订立合同是预见到或者应当预见到的因违反合同可能造成的损失"。这里关键是如何认定超出"合理预见"的除外。一般而言，合理预见要根据订立合同的事实和环境来判定。在通常情况下，根据一般日常生活常识、交易习惯和职业要求，当事人必然知道的事实，都属于合理预见的范畴。对于特殊的事实，必须有明确告知，否则不属于合理预见。

如何界定"合理预见"在网络中的程度也是值得考虑的。英美法以有很大的可能性作为可预见的程度要求，在订立合同时能够对违约后果的范围或数额有着比较清楚的预见或估计，实际违约所造成的损失与预计大致相当，即可认为是合理预见[①]。我们认为，在线交易中合理预见的界定应考虑以下几个要素：

（1）合同主体的不同。B2B交易的主体的预见程度较消费者交易高。

（2）合同方式的不同。电子自动交易订立合同较在线洽谈方式订立合同预见程度要低。

（3）合同内容的不同。信息许可使用合同比信息访问合同应有较高的预见要求。

7.5 本章小结

合同是平等主体的公民、法人、其他组织之间设立、变更、终止民事权利义务关系的协议。电子合同的特殊性主要在于其记载当事人意思表示内容的方式或形式发生了变化，即使用了数据电讯表现形式，因此，电子合同是数字化形式表现的合同。

合同的订立一般经过一个磋商过程，这一磋商过程被抽象为要约和承诺。除非当事人约定签订书面合同，一方发出要约，另一方接受要约（即承诺）合同即告成立。通过网络

[①] 参见孔祥俊，《合同法教程》，北京：中国人民公安大学出版社，1999年4月，第1版，第474页。

达成的电子合同也遵循这样的基本规则。网络环境中,给人们判断页面上的商品信息是要约还是要约邀请带来一定困难。这要结合具体的情形、页面的内容等来判断。只有构成要约的情形下,相对人点选或确认行为才构成承诺。

在使用数据电文情形下,要约人很难撤回要约,同样,在线交易中,要约能否撤销取决于交易的具体方式。在一方发出要约之后,另一方并不一定立即自动作出回应情形下,网上要约一般也可以撤销。这一规则同样适用于承诺的撤销。

网上要约和承诺采达到主义规则,这不仅为《合同法》所确认,而且也与国际电子交易立法趋势相一致。到达规则缺陷是发信人不能立即判定发送信息是否到达、何时到达。对于这种不确定当事人可以通过"确认收讫"加以避免。一般来说,除非当事人有特别约定或法律明确规定,确认收讫仅仅表明接收人收到电子信息,而非承诺。确认收讫不是合同订立的必经程序。

电子合同订立存在一些特殊问题,如自动交易或电子代理人问题、点击合同问题等。电子代理人是指在电子自动交易中能全部或部分独立地发起某种行为或应对电子记录或履行的计算机程序、电子手段或其他自动化手段。电子代理人仅是交易工具,其法律结果仍视为其设立人。点击合同经历了由传统格式合同到拆封合同再到点击合同的形式演变过程。点击合同属格式合同范畴,因此,点击合同除了符合一般合同订立规则外,还应当符合合同法关系格式合同有效要件的规定。

"电子错误"是指在线交易过程中,交易双方因使用信息处理系统时产生的错误,属于错误中表示行为错误。对于错误,由于其非当事人真实的意思表示,所以原则上应允许当事人撤销,在合同成立之前,当事人可得撤销错误的表示行为,在合同成立或生效后,可得撤销法律行为。

电子合同的特殊性在于其订立过程和形式不同,在其履行、终止、违约救济等方面基本上可以直接适用普通合同的规则。在违约救济方面,电子合同的违约责任形式主要有实际履行、停止使用、中止访问和损害赔偿等。

7.6 思 考 题

1. 简述电子合同的概念、性质与分类。
2. 试论述电子合同的订立。
3. 试论述电子合同(信息产品合同)当事人的主要权利和义务。
4. 试论述信息产品合同履行的一般规则。
5. 简述电子合同的违约救济。

第8章 在线信息产品交易法

在信息网络时代，信息产品既可以以有形载体存在，也可以以无形的载体存在，而网络又使得没有任何载体的信息交易成为可能。而传统有关交易的法律基本上是针对有形货物的，而不针对无形信息产品。因此，信息产品的交易就成为电子商务领域新兴的、特殊的交易。本章首先介绍信息产品及其交易，然后论述信息产品的保护及其交易中的特殊问题。

8.1 信息产品及其交易概述

8.1.1 信息产品及其特点

1. 什么是信息产品

在人类社会中，一切有价值的东西以两种形态存在着，一种是物质的形式，一种是信息的方式。前者如土地、汽车、衣服等，在法律上为有形物（或有体物）；称后者如书籍、音像磁带所载的内容，在法律上称为无形物（或无体物）。尽管信息作为有价值东西与有形物一样的久远，但信息作为一种可交易的产品（或无形物）则是现代信息社会的产物。

因为人类进入到信息社会后，计算机技术的发明为人们收集、加工、处理各种信息提供方便，而且使人类社会所有的信息均数字化。例如，传统需要将信息书写于或印刷于纸上，才能记载和表达出来（如书籍），而现在则只可以记录为计算机代码（即数字化），并通过计算机识别或再现出来。网络通信技术的发明，使人类不再需要书籍、音像磁带、光盘等物理介质，就可以实现数字化的信息传输或转移。这似乎告诉人们，信息可以脱离了物质载体成为独立的形态存在（实际上，数字化的信息仍然需要载体，只是它不需要固定于某一物件上的载体）。于是，人们把这种数字化的信息，称为信息产品、信息制品、数字产品或电子信息（本书称之为信息产品）。但是，这并不能说，书籍、磁盘等所载信息不是信息产品。

因此，信息产品从载体上可以分为两类：一类是以物理载体形式存在的信息产品；一类是以数字化形式存在的信息产品。二者具有共同的内容——信息，只是在信息产品的交付上，前者通过载体（物）的交付移转信息；后者可以通过数字传输方式（网上下载）移转信息。因任何信息均可以数字化，因此，任何一种信息产品均可以以两种方式存在，也可以以两种移转方式而移转。

信息产品本质上指以各种载体存在的信息，这里之所以称为产品，其一因为这些信息具有了一般物质产品独立存在的属性，即可以独立存在或表现自己（可以是一本书，也可以是计算机磁盘中的一个文件）；其二是因为这种信息电子信息是能直接满足当事人需求，具有商业价值，可以交易。因此，信息产品可以定义为能够独立存在或表现自己并可以交易的信息。

2. 信息产品的特点

信息产品具有如下特点：

（1）不可破坏性。因为信息不可能磨损，一经产生，就可以永久存在，无论使用得多久或频繁，其质量不会下降。对信息产品而言，不存在新的或旧的之区分，对购买人而言，他无需重复购买，对厂商而言，他们不得不与自己的产品竞争，除非他不停地将之升级。因此，这一特性决定了信息产品许可使用的情形要远多于所有权的销售。

（2）易篡改性。信息产品的内容很容易被修改，即使产品的卖方要求使用人未经同意不得修改信息产品的内容，但是用户仍然可以采用特定技术来改变。为了维护产品所有者的利益，应允许他们有维护产品完整的权利。

（3）易复制性。所有信息产品都可以无限次地复制、存储和传输。则意味着生产厂商只要开发出一信息产品就可以无限次地许可使用，同时也不得不防止产品的盗版行为。

信息产品上述特征决定了信息产品区别于有形物品，这进一步决定了信息产品交易区别于传统商品的履行方式，使传统有名合同的权利义务发生了新的变化。对此我们将在8.3节专门予以论述。

8.1.2 信息产品上的权利及其交易

1. 涉及著作权的信息交易

人类社会的信息大致可以分为两类，一类是受著作权保护的信息，一类是不受著作权法保护的信息。受著作权法保护的信息称为作品，如文字作品、音乐或音像作品等。为鼓励人们创作，保护人们的精神权利，著作权法对于人们独立完成并以一定形式表达的信息加以保护，赋予创作人以两种权利，一种是精神性权利，如署名权、发表权、保持作品完整权等；另一种是财产性权利，赋予其商业化利用其作品的专有权。著作权法的目的是通过给予其后一种权利，而促进创作和作品的发表。一部作品不发表是不能给权利人带来任何利益，而只能保护人们在发表后的财产利益，权利人才愿意发表。

一部作品商业化往往涉及到两种交易，一种是版权交易；一种是信息制品交易。版权交易是将一部作品的专有出版权许可给他人使用，允许其使用或制作副本销售。例如作者将书籍的专有出版权让与出版公司，出版公司出版书籍销售。信息制品交易指将出版的书籍、音像制品等信息载体销售或许可使用的行为。在物理载体情形下，是通过移转信息载体所有权来移转信息，这使得信息制品的交易类似于有形货物的交易；而在数字形式下，它可以单纯移转信息本身，而不移转任何载体，就使得这种信息制品的交易不再具有有形货物交易的特征，呈现出一些独特性。但是，这里的独特性只是因为信息丧失物理载体而单独存在所引起的，主要表现在履行方式不同，而并不会引起交易性质的不同。具体来说，信息制品的交易——不管是依赖物理载体，还是数字化的信息——均具有区别于版权交易的以下特点：

（1）信息制品的交易是移转信息所有权或使用权的交易，具有与有形货物交易相同的特征，受让人的目的是享用信息本身或内容；而版权交易则是允许受让人复制发行信息的权利的交易，受让的目的是取得一种受版权法保护的权利，而不是信息本身。一个信息本身的移转（所移权利属于物权），一个是有关信息商业化利用的专有权的移转（所移转的权利属于知识产权）。例如，一本书的著作者对书籍信息表达方式拥有著作权（版权），而书籍的所有权者，具有的权利是物权。

（2）信息制品的购买人不享有对所购买的信息进行营利为目的复制发行的权利，而仅仅享有享用信息本身的权利。因为民法存在一个基本原理：信息产品的物权享有人对物权的行使不得侵犯知识产权。因此，书籍的所有权人可以转让书籍（例如旧书销售），但不得也不能转移版权；书籍所有权人，不得复制其内容（信息）用于营利目的，否则构成侵权。而在版权交易中，取得出版权的受让人的权利则是对作品的商业化利用。

如果说以数字形式存在的信息和以固定载体形式存在信息交易有什么不同的话，在数字形式信息制品交易中，人们已经看不到物的移转，而仅仅是单纯的信息转移。另外，由于信息不再固定于特定的介质上，更加方便了人们的复制、修改、编辑等（就如同购买音乐磁带，也可以复制一样），以致于人们将其错误地混同于版权交易，但实质上，只是普通的作品复制品的交易（买卖）。

2. 不涉及著作权的信息制品及其交易

在现实中，并不是所有的信息均涉及两类权利。有些信息根本就不受著作权法保护，如国家立法文件、地址簿、电话号码等信息；已过著作权法的保护期限的作品，即进入公共信息领域，可以不经原著作权人许可而加以利用。比如，将不受著作权保护的信息加工整理成独立数字文件，那么其上仅存在物权或一般财产权，而不存在知识产权。因此，如果一个信息不受著作权法保护，那么会产生两个法律后果：一个是信息制品的制作人可以不经许可而制作信息产品，作为"商品"来销售；另一个信息制品的购买人或使用人也不用担心使用信息制品侵犯著作权问题。

这实际上是说，不涉及信息制品就是一种纯粹的财产，它同物一样，不存在任何其他权利限制。因此，不涉及著作权的信息制品交易则更是接近于一般货物交易的交易形式。

但是，信息制品的制作人或生产人对于信息制品享有所有权或财产权是无疑的。实际上，获得版权许可而制作的信息制品，制作人或出版人对于其制作的信息制品也享有财产所有权。正是基于著作权人许可和财产所有权它才发行或销售。

因此，不管信息来源是否享有著作权，将信息制作成产品本身就会对所制作的信息产品享有财产所有权。由于在网络环境下，信息产品的交易是通过网络进行，而所有权的信息一般被经营者整理或制作成数据库。一个数据库中一般包括涉及著作权和不涉及著作权的两类信息，但不不管怎样，数据库所有权人对数据库享有财产权。对此我们将在 8.2 节中加以论述。

8.1.3 在线信息产品交易模式

由于信息产品存在两种表现形式，因此，在线信息产品交易也有两种，一种是销售书籍、音像等有形载体信息产品，另一类是转移信息本身而不借助于任何固定的载体。前一种买卖可以纳入到货物买卖中，适用与一般买卖合同相同的规则，而后一类产品因缺乏固定信息的载体，呈现不同的特征，需要适用特殊规范。本书只论述后一类信息产品交易，或称其为狭义的在线信息产品交易。这里我们先讨论其交易模式，第三节我们再论述其特殊规范。

1. 在线信息产品交易：转让信息还是许可使用？

无形信息产品指软件、多媒体作品、数字化文字作品等数字产品，这些均可以通过网络传输、下载实现买卖标的物的"交付"。在这里，信息产品丧失了固定载体，而是以计算机文件形式独立存在着，并可以通过数字传输方式实现信息的移转。由于信息产品本身就是以数字形式表现的信息，因此，惟有它才能完成信息流、物流和资金流的信息一体化，完全通过网络即可以完成整个交易过程。正因为如此，信息产品便成为电子商务领域最活跃的领域。

交易可以是让与所有权，如买卖，也可以是让与使用权，如许可使用。在书籍、音像制品交易，我们清楚地区分出这两类交易。我们每个人均可以到美亚音像买一张碟片，这张碟片就属于你的了；你也可以租赁一张碟片，过一个星期或一个月再还回去。但是，在碟片信息内容放在网上供人们下载时，就不容易区分这两种交易了。在这种情形下，许可他人使用信息（让与使用权）与转让信息所有权几乎不存在差别，因为一旦允许人们下载信息，这些信息就会永久地保留在用户的电脑中，你很难再要求用户将信息归还于原信息产品所有权人。当然，我们也不完全排除有些用户能够按照许可期限将信息删除，终止使用的可能。不过在技术上，也可以做到一定软件或信息产品只能安装几次或使用一段时间，过期就不能再使用了。在这种意义上，在线信息产品的交易可以区分为转移永久使用权（相当于转让所有权）交易和转移一定期限使用权的交易，而将这两种方式称其为信息转让或许可没有实质意义。不过本书更加倾向于以许可使用来称谓在线信息产品的交易。

不过，尽管这里信息产品交易为许可使用，由于其基础或实质内容是信息权的移转，因此，其双方当事人的权利义务又基本上可以准用买卖的一些规则。这里可以提两点：其一，许可人所应履行主要义务类似于出卖人的义务，如对许可信息的瑕疵担保义务基本上类似于出卖人的瑕疵担保义务，许可人既要承担信息产品质量瑕疵担保义务，保证信息产品具有约定和法定的品质，并适宜于通常的效用和合同约定的用途，又要承担权利瑕疵担保义务，保证没有人对该信息提出权利请求。其二，信息产品风险责任转移规则也基本上适用于有形货物买卖风险移转规则。《合同法》确立了风险转移的原则，即标的物的风险自交付时转移。信息产品同样应遵循该原则，除非当事人另有约定。只是信息产品交易时间的确定不同于有形物的交付（可参见下文）。

2. 在线信息产品交易的模式

在线信息产品交易的模式即信息产品许可使用的模式主要有两种：网上订阅；付费浏览。

（1）网上订阅

网上订阅模式指企业通过网页向消费者提供网上直接订阅，消费者直接浏览信息的电子商务模式。它是许多传统传媒企业、新型以互联网为基础的信息网络服务公司，向社会销售它们数字产品、多媒体产品的一种方式。所提供或销售的信息产品包括：

① 按照消费者个性或要求收集的信息，如某类新闻或知识；

② 电子出版物，包括书籍、报刊的电子版；

③ 音乐、娱乐等节目；
④ 在线游戏。

2. 付费浏览

企业通过网页向消费者提供计次收费性网上信息浏览和信息下载的电子商务模式。付费浏览模式让消费者根据自己的需要，在网址上有选择地购买一篇文章、一本书、一种软件或者其他消费者所需要的信息。

3. 在线信息服务

互联网改变了人类生存方式和生活空间，使得许多行业能够通过互联网开展业务；同时为整个互联网运行和电子商务运行提供网络技术服务也成为基础性服务产业。于是产生了许多服务型的电子商务。服务型电子商务区别于交易型电子商务的一个重要特点是它不移转任何财产，而只提供某种设施、因特网平台、信息传输、发布、供应等服务。广义上服务型的电子商务可以分为两类，一类是为电子商务运行提供的服务；一类是借助互联网开展的信息服务业务。我们这里简单地提一下在线信息服务。

在线信息服务既有随互联网产生的新型服务业，也有传统服务业通过互联网进行服务或开设网络服务窗口。目前常见的在线服务业务主要有：

- 在线信息发布和广告服务；
- 网上调查服务：接受委托专门收集某一方面的信息并进行分析，并将结果呈报给委托人服务，如市场调查、民意测验等；
- 网上理财服务：将面向家庭或个人的金融服务项目搬上网，如投资、抵押、保险、支付、税费扣缴等；
- 在线证券交易服务；
- 在线网上人才招聘和就业服务；
- 网上律师服务；
- 网上咨询业；
- 网上保健、医疗服务；
- 网上房地产中介服务；
- 网上估价服务。

尽管上述服务离不开在线信息传递，但是本质上它不是许可用户使用信息，而是为用户提供某方面的知识和讯信，或者信息传输只是实现其服务的手段。本质上在这里信息不是作为产品，而是作为服务的内容来提供的。当然我们不能排除，从事信息服务的网站经营者也许可他人使用信息或进行信息产品的交易。

8.2 数据库的法律保护

8.2.1 数据库

计算机技术使各种信息得以数字化，并使每一台电脑均成为一定量的信息储存单位，而所有的网站（包括内部网）更是靠数据库来撑的。所有的信息制品均存贮于网站的信息库中，每个单位的信息既可以作为单独的产品交易，同时，所有信息也可以作为一个整体交易。也就是说，可交易的计算机信息既可以单纯地独立地存在，也可以作为数据库的一个子信息存在，数据库即是许多信息产品的集合。为了更好地理解在线信息产品的交易，了解数据库制作人对数据库所享有的权利以及对数据库信息权如何进行保护是非常有意义的。

数据库可以说是制作者通过对作品、数据或其他材料进行选择、编排而形成的一个集合[1]，也可以认为是"经选择及编辑而成的作品文集或汇编构成智力的创作"[2]。欧洲议会和欧洲委员会的1996年3月11日的《数据库保护指令》第1条第2款对数据库作了权威定义：数据库是指通过一定系统或方法上的编排，使任何人都能以电子或其他方式加以利用的各种作品、资料或材料的集合体。为了避免这一概念的无限扩张，立法者在立法理由中指出，数据库所收集的内容可以是文学、艺术、音乐或其他类型的作品类型；至于其他类型则可以包含任何文字、图片、声音、数字等。因此，电子出版物或多媒体产品也可以包括在其保护范围之内。但是，并不是所有的多媒体作品均包括在指令保护范围之内，视听作品、电影作品、文学作品和音乐作品的复制行为都被排除在指令适用范围之外[3]。

数据库大致相当于汇编作品。汇编作品属于独创性低的作品，其内容可能包括一些本来就受著作权保护的作品、数据和资料，但有许多内容是可自由使用的作品、数据甚至根本就不属于作品范畴的东西。数据制作应当遵循汇编作品的一般准则，即如果他人对所收集的信息、作品享有著作权或其他知识产权，那么应当事先征得权利人的同意[4]；而对于不受著作权等保护的作品或进入公共领域的作品可以自行收集汇编。数据库的制作不仅需要一定的智力或创造性，而且需要投入大量的和长期的人力和物力，对于合法完成的数据库，一般按照汇编作品加以保护。

我国著作权法所规定的编辑作品仅指由若干作品或者作品的片断汇集的作品，而没有将由不构成作品的材料汇集成有独创性的汇编作品（如数据库等）作为保护对象。2001年修改后的《著作权法》第14条确定了汇编作品："汇编若干作品、作品的片段或者不构成作品的数据或者其他材料，对其内容的选择或者编排体现独创性的作品，为汇编作品，其著作权由汇编人享有，但行使著作权时，不得侵犯原作品的著作权。"

但是，数据库并不一定都构成作品，不一定都享受著作权或版权保护。为此《数据库保护指令》还创设了另外一种保护，即特殊保护。

---

[1] 冯刚、张昱：《网络服务公司知识产权保护现状调查报告》，《科技与法律》，2000年第1期。
[2] 《法国知识产权法典》第L.112-3条。
[3] 朱家贤、苏号朋：《e法治网——网上纠纷·立法·司法》，中国经济出版社，2000年第1版，第74~75页。
[4] 在著作权法保护期间的任何作品的著作权人均享有网络传播权，未将他人同意，收集他人作品，进行付费浏览业务，均侵犯著作权人网络传播权。2002年，北大教授陈兴良诉中国数字图书馆有限责任公司著作权侵权纠纷案即说明了数据库制作人不得摘自收录和传播他人著作权。参见《最高人民法院公报》2003年第2期。

8.2.2 数据库的著作权保护

作为一种受著作权法保护的作品,数据库也必须符合作品的基本条件:具有独立创作性或原创性。这里的独立创作性是就数据库整体而言的,而不是对构成数据库的内容或资料的要求,即在资料选择或编排上表现出智力创作性,符合作品实质要件,而不是要求构成材料均具有作品特性。对于此,伯尔尼公约(第2条第5款)、TRIPS(第10条第2款)、WPPT(第5条),以及上述欧盟数据库指令均采取这样的规则。《著作权法》第14条对汇编作品的定义显然也包含了"独创性"要求。

关于独创性的认定,不仅是仁者见仁的事情,而且标准也在变化。例如在德国,传统法律对编辑作品保护采用高标准,要求具备"创作高度",而现代法律则趋向"小钱币"原则,认为目录、价目表、电话号码簿、食谱等只要在资料的收集和编排上具备低标准或个性表现则可获得保护。欧共体的《数据库法律保护指令》第3.1条规定了一项重要原则,即只要对数据材料的"选择及汇编"构成数据库作者独特的智力创作,数据库本身便可成为著作权法保护的对象。该原则可以作为我国数据库保护的基本规则。

数据库区别于数据库的内容或材料。数据库的内容可以是不受著作权法保护的资料,如事实资料(股市行情、电话号码、地址等)、保护期届满的资料、法律规定不予保护的资料(如法规),也可以是受著作权保护的作品(如已发表的作品)。被收集的资料与数据库本身在著作权上分属于不同的保护客体,是否可以受到保护,应分别予以独立判断。欧盟指令强调,数据库的保护并不包括数据库的内容,且不能对他人对数据库内容所享有的权利造成损害[①]。对于他人享有著作权的作品而言,在未获得权利人的同意前,不得将其纳入数据库中,亦不得在数据库中进行复制;同时并不因作者同意选编入数据库取得新的独立权利后,丧失其原来的权利与保护。

另外,数据库与数据库运行的软件也是可以相互独立存在的作品,在著作权法上分属于不同的保护客体,是否可以受到保护,也应分别予以独立判断。但是,数据库与软件程序是否可以截然分清楚或是否在所有的情形下可以分清不是容易回答的问题。

8.2.3 数据库著作权内容

根据欧共体指令和著作权的一般原理,数据库的权利人享有以下4种权利:
(1)复制权,暂时或永远复制全部或部分,且不论方式如何;
(2)演绎权,即翻译、改编、整修或其他加工的权利;
(3)发行权,以任何方式向公众销售的权利;
(4)向公众的传播、展览或表演的权利。
上述这些权利基本上属于传统著作权范畴。

建立一个广义数据库保护规则对于防止网上不正当竞争具有重要意义。例如,在网络上存在着大量的无著作权的内容频道和栏目,这些频道和栏目又是用户十分需要的。比如

---

① [法]埃马纽埃尔·米修主编,《法国与欧洲信息技术法律实务指南》,中国法制出版社,2000年第1版,第241页。

在某网络服务公司的网站上,有一个栏目是关于酒吧、餐饮、门诊信息的,该公司与30多家公司签订协议,定期在网上发布关于他们的信息,用户上网便可以查阅这些信息。这些信息单独是没有著作权的,把它们综合在一起则也很难说有什么独创性的选择、编排,但它们却构成了一个数据库。如果别的网站把这个数据库的内容拿到它们的网站上,网络服务公司是否认为这是侵权呢?当冯刚和张昱两位学者向所调查的13家公司询问这一问题时,只有4家认为这种行为构成侵权,因为公司在收集、整理这些信息时付出了人力、物力,未经允许抄袭就是一种侵权。其余9家公司没有明确说这种行为不是侵权,只是表示这种行为无所谓,因为网站上的内容都是免费浏览的,发生这种行为对自己不会造成什么经济损失。还有人认为如何认定对方网站上的数据库是抄袭,也许相同类型的网站都做了相同的事情,要认定并实施保护也是困难的。[①]

8.2.4 数据库的特殊保护:信息可以作为一种财产

著作权对数据保护严格性及其著作权本身的性质,决定了这种保护的不充分性。于是世界各国努力寻求对数据库进行强化保护。在这方面,欧盟率先创立了数据库的特殊财产权保护。这里予以介绍。

1. 欧盟特殊保护规则的创设

在著作权框架下,法律保护不包含数据库的内容(资料本身),而对这些资料的析取或再使用也会造成对数据库所有权人的真正损害;加上对独立创造性或原创性的过高要求使许多数据库不能纳入著作权法保护,而且传统法对著作权客体期限的限制也不完全适合于数据库。因此,欧盟指令7-1条创立了一种独特的权利:数据库制造人有权禁止析取或再使用数据库的部分内容或关键性内容。这种权利分两种:

(1)摘录权,即永久或暂时地将数据库的部分或重要内容转移到另一媒介上的权利;

(2)再利用权,即以任何形式向公众提供数据库全部或实质部分内容的权利,包括复制件的发行、出租、网上传播或其他方式的传播。这两种权利属于数据库的建立人,即对数据库的建立在质或量上体现出实质性投入的人。因此,保护的对象或客体是对数据库建立的投资——人力、技术、财力或其他资源的投资。数据库特别的保护期间一般在15年~25年,从数据库完成的次年1月1日起算。

一般来说,未经授权对数据库所含资料的关键性部分或实质性部分析取或再使用即构成侵权。数据库的合法使用者可以摘录和再利用数据库的非实质部分,但是重复地和系统地摘录及再利用数据库内容的非实质部分,如与数据库的正常利用相冲突或会损害数据库制作者合法利益的行为也在禁止之列。这种保护可以有效地扼制网站之间的搭便车行为。

当然,欧盟指令也保护公众的合理利用,对权利人的权利加以限制。凡是提供公众使用的数据库,其合法使用者对于数据库非重要部分的内容,不论以何目的(包括在线传播),可以不经权利人的同意而予以摘录或再利用,当然其行为不得违反数据库通常利用的方式或对权利人的合法利益造成不可预测的损失,也不得对数据库内容中享有著作权的或邻接权的保护的客体有所侵犯。此外,基于私人使用目的,对非电子数据库的复制;单纯为教

---

① 冯刚、张昱:《网络服务公司知识产权保护现状调查报告》,《科技与法律》,2000年第1期。

学上的说明或学术研究的目的而使用数据库是允许的,但必须是非基于商业目的使用且注明出处;基于公共安全或行政、司法程序的目的而使用数据库的,均不会构成侵犯数据库权利人的摘录权与再利用权。

  2. 数据库是否可以作为一种财产来保护吗

  在电子环境下,数据库表现为按照一定分类和检索系统而编排的数字化信息。任何一个数据库信息的收集、数字化及编排等均需要时间、资金的投入,因此,国际社会努力保护人们的投资,赋予数据库的拥有人以新的权利,维护其对数据库排他利用权。那么,我们为什么不直接赋予数据库作为一种财产呢?在信息有形表达世界中,出版社购买他人作品的版权或者自己编辑出版某已过保护期的作品或事实信息出版,属于生产出有形的作品——书籍、音像出版物等;而在无形的信息世界中,由于人们付出一定努力使一定量的信息(不管其是否受著作权法保护)电子化成为可以在网络上"公开发行"东西,只是它们丧失物理外壳或载体而已。因此,我们也可以认为数据库本身及其可分割利用的信息也成为数据所有权人自己的财产。当然,这种观点是否妥当,尚需要进一步研究。

  我国尚未确立对数据库的特殊保护规则,但1998年7月北京市高级人民法院就上海"霸才"诉北京"阳光"一案作出的二审判决,则首次用竞争法上的特别保护理论对不具有原创性的电子数据库进行保护。下面对此案予以介绍。

8.2.5 阳光数据库案

  北京阳光数据库公司(下称阳光公司)与国内15家商品交易所、两家证券交易所分别签订了实施信息数据库使用、编辑、转播许可合同,由阳光公司将这些实时信息数据库重新整理编辑加密形成一个名为《SIC 实时金融》系统的标准化的数据流,通过国家卫星数据库广播系统发送,供全国各地的客户有偿使用,每位客户都须承诺他们是最终客户,无权向任何人再转发该系统数据。此后,阳光公司发现霸才公司未向阳光公司购买《SIC 实时金融》系统使用权,但从其他客户处获取该系统并予以转播。于是,阳光公司遂起诉霸才公司,要求停止侵权行为,公开登报、消除影响并赔礼道歉,赔偿损失500万元。

  一审法院认为,阳光公司的《SIC 实时金融》系统不具备作品的构成要件,不能称为作品,因此不受著作权法保护。但是,该系统数据分析格式是不为公众所知悉、能为阳光公司带来经济利益、具有实用性并经阳光公司采取了保密措施的信息,具备商业秘密的构成要件,应受到反不正当竞争法的保护。霸才公司明知阳光公司的信息源与各交易所的信息源之间区别的情况下,为商业目的违反合同约定,利用阳光公司的信息源,达到省时、省力、少投资、抢占市场的目的,其行为侵犯了原告阳光公司的商业秘密,应当承担侵权法律责任。霸才公司不服,向北京市高级人民法院提起上诉。

  北京市高级人民法院同样认为,《SIC 实时金融》是一种新型的电子信息产品——电子数据库,在本质上是特定金融数据的汇编,这种汇编在数据编排和选择上并无著作权法所要求的独创性,不构成传统著作权法意义上的作品,不能受到著作权法的保护。但阳光公司作为特定的金融数据汇编者,对数据的收集、编排,即《SIC 实时金融》信息电子数据库的开发制作付出了投资、承担了风险。阳光公司对于该电子数据库的投资及其由此产生的正当利益应受到法律保护。被告的行为违反了市场经营交易中应当遵守的诚实信用原则和公认的商业道德，损害了阳光公司的合法利益，已构成同行间的不正当竞争。所以，霸才公司要对因此而给阳光公司造成的损失承担赔偿责任[①]。

二审法院在审理时没有将《SIC 实时金融》视为一种商业秘密，而直接认为阳光公司对这种电子数据投入了人力和资金，因而法律应当保护投入所形成的合法权益，通过禁止他人搭便车行为而最终保护投资人对电子产品专用权利。二审法院的判决创造性地借鉴了欧盟的《数据库指令》中的特别保护，为我国今后数据库的法律保护提供了可供借鉴的经验。

8.3 电子信息合同的履行问题

电子信息作为一种新型的交易标的物，具有其独特性，其合同之履行与传统有形货物买卖有许多不同，了解该类合同履行上的特点，对于确定电子商务（特别是在线交易）当事人之间的利益，具有重要的意义。需要说明的是，本节以在线合同之履行为主，同时也包括了离线的电子信息合同的履行问题，以便在二者的比较中体现各自的特点。

8.3.1 电子信息合同履行的方式与地点

1. 交付电子信息的履行

（1）有形媒介的交付方式与地点

就标的之性质而言，信息可作为动产来对待。当信息因此有形媒介为载体时，它与传统的动产买卖在交付地点与方式方面，没有多大区别。美国《统一计算机信息交易法》（以下简称"信息交易法"）规定，"复本必须在协议指定的地点交付。在没有指定时，适用以下规则：有形媒介上的复本的交付地点，在履行方的营业地，如果没有此地的，在其住所地。然而，如果当事人在订立合同时，知道复本在其他某一地点，该地为交付地"。与传统动产交付所不同的是，该法在义务履行方所在地之外，又增加了标的物所在地，作为补充履行地。电子信息即便因此有形载体存在，其重量都较轻，在标的物所在地交付，一般不会增加接收人的负担。如此规定，体现了电子信息的特点，具有灵活性。

（2）在线交付的方式与地点

以在线电子传输交付电子信息，是电子交易独具特点的方式。如果仍适用义务履行方所在地原则，就违背了电子信息的规律，同时也会给当事人带来极大的不便。所以，美国《信息交易法》规定，"复本的电子交付地，是许可人指定或使用的信息处理系统。"在这一点上，它是与数据电讯的发送、接收时间的确定方式是一致的，即以信息系统作为其参照标准。从交付完成的标准看，则是"提交并保持有效的复本给对方支配"。其最终落脚点，是让信息使用人能有效地支配合同项下的电子信息。

---

① 转摘自朱家贤、苏号朋著，《e法治网——网上纠纷·立法·司法》，中国经济出版社，2000年，第87~89页。

(3) 电子信息交付的随附义务

为了使所交付的信息复本达到"商业适用性",即实现其有效的交付,在交付之中往往还随附着一定的义务。如同有形货物买卖中必须提供"使用说明"一样,电子信息的交付应将如何控制、访问信息的资料交给客户,使之能有效支配所接收的信息。这些义务对于电子信息的交付而言,是必不可少的,而绝非可有可无的。譬如,在网上提供某一格式的文件,一般应同时提供打开该文件的方式,或直接提供应用软件,或指示取得软件的方式。否则,客户就无法对文件内容有效利用。这就好似卖锁应配备钥匙一样。

美国《信息交易法》规定,"复本交付的履行,要求履行方提交并保持该有效的复本给对方支配,并且以合理的方式给对方必要的通知,使之能够访问、控制,或处理该复本。如果适当的话,要求必须在合理的时间内提交协议规定的访问材料或其他文件。接受履行的一方应合理地提供适合于接收履行的设施。此外,还应适用以下规则:

① 如果合同要求交付由第三人持有的复本而不需转移,履行方应提交协议规定的访问材料或其他文件。

② 如果合同没有要求履行方将复本交付到特定的目的地,而是要求或授权履行方将复本发送给另一方,适用以下规则:

- 在履行有形媒介上的复本的交付时,履行方应将复本放置于传送人占有,并根据信息的性质与其他的环境,与之签订运送合同,运送费用将由接收人负担。
- 在以电子方式交付复本的情况下,履行方应并根据信息的性质与其他的环境,合理的启动传输或致使传输的启动,传输费用将由接收人负担。
- 如果要求履行方将复本交付到特定的目的地,履行方应使复本在目的地能够使用,并承担运输或传送的费用。"

此外,如果信息附有权利证书的,可通过普遍接受的业务方式予以交付。

或许电子信息交付人,在信息交付后仍对信息掌握着一定的控制权,如对使用范围、期限、次数等方面的限制,但这些控制必须是依照合同条款而保留的。否则,将构成侵权责任。关于电子控制问题详见后文论述。

2. 与信息交付相对应的履行

与信息交付相对应的履行,主要是指信息使用费的支付,它是信息使用人应履行的义务,也是信息许可的对价给付,体现了合同权利义务的对应性。两项相互对应的义务,即信息的交付与使用费的支付,所应遵循的原则是尽量同时履行,除非当事人另有特约。这是由信息的共享性所决定的,如果先使用信息,后支付费用,信息权利人的利益难以得到保障。

美国《信息交易法》就复本的履行作了如下四种规定:

(1) 如果需要以复本的交付来履行合同,应适用如下规则:① 应当交付的一方在接收方履行应给付的义务之前,不必完全履行交付。② 交付之履行是另一方当事人接收复本的义务的条件,并且使接受履行的当事人有权接收复本。

(2) 如果支付在交付复本时才到期,应适用如下规则:① 交付之履行是另一方当事人支付的条件,并且使接受履行的当事人根据合同支付。② 合同规定的所有复本必须一次性交付,并且支付在该履行时到期。

(3) 如果条件给予任何一方行使或要求分批交付的权利,合同费用如果可以分割的话,可分为每批请求。

（4）如果支付的到期，以要求交付复本或交付权利证书为条件，接收履行一方的保留或处理复本或文件的权利，与履行一方相对应，以其有效的支付为条件。

上述引文的立法意图十分清楚，即在电子信息复本的交付中，要求同时履行，以保护信息权利人的利益。

8.3.2 电子信息合同履行中的验收

验收是合同履行中的重要环节，包括查验与接收两个方面，它直接涉及到双方法律关系的进展方向。验收方式、标准、费用等问题看似细微，却在信息交易中事关重大。

1. 电子信息的检验

电子信息涉及的范围极广，其检验方式需根据不同的要求而具体确定。以下分为三种类型来讨论。

（1）立即履行的电子信息的检验

这类电子信息的交付，包括在线交易的电子信息和有形复本的交付两种，都属于大众市场许可交易，即向市面大批量出售标准信息版本的情况。此类交易的成交过程短暂，加之信息使用人自身一般不具备专门检验的手段，并且也不需对信息的复本进行特别的检验。其检验方式，通常表现为从包装、标识等方面检验是正版即可。因为这类大众市场电子信息是类型化的，每个复本数量、质量都是一致的。一般应根据通常的业务、交易或行业标准，来确定当事人的权利。一般来说，通过用户委员会干涉劣质电子信息，倒是有效途径之一。如果就每笔交易规定特定的检验步骤，其交易成本往往会超过合同标的本身的价值，以至于得不偿失。

（2）特定电子信息的检验

需要专门检验的电子信息复本，主要是指非大众市场的信息复本，一般为度身订制的软件。如果根据协议或法律，接收人有权检验，那么，只有在当事人有合理的机会检验复本后，接收才能发生。

关于这类电子信息的检验，美国《信息交易法》规定，如果需要以复本的交付来履行义务，应适用以下规则：① 除非法律另有规定，复本的接收方有权在支付或接收前合理的时间与地点、以合理的方式，对复本进行检验，以确定是否与合同相符。② 检验一方应负担检验的费用。③ 当事人定订的检验的地点，或方法，或接受标准，是具有排他性的。然而，地点或方法或接受标准的确定，并不改变合同的一致性，或更改交付的地点、权利或损失风险的转移。如果地点或方法的遵守已成为不可能，检验必须按照本条进行。除非当事人定订的地点或方法是必不可少的条件，条件不成就将使合同无效。④ 当事人的检验权应服从于现存的保密义务。

如果所享有的检验权，与支付前检验机会的协议不相符，该当事人在支付前，不享有检验的权利。如果合同在检验复本前支付，不相符的履行并不成为接受方免于支付的理由，除非：① 根据 704 条，未经检验已显示出不相符并有理由拒绝；或② 即使履行了要求的文件，环境使人根据统一商法典第 5 条有理由禁止信用证的支付。根据前款描述的情形的支付，并不是对复本的接受，不影响当事人的检验权或阻止其行使救济的权利。

2. 电子信息的接收

电子信息的接收，是合同履行的重要阶段，它标志着权利人认可了合同标的，同时也解除了对方当事人交付电子信息的义务。从接收的方式看，有整体接收与分部接收。此外，根据协议还有经查验的接收，标准版本的接收。接收实际上是当事人对合同标的质量、数量的一种同意的表示，它既可由当事人以明示方式作出，也可以从其行为给予推定。

（1）电子信息接收的一般条件

美国《信息交易法》在关于"复本于何时形成接收"中，对接收的一般条件作了如下规定："复本的接收发生于向接收方提交复本之时：① 对履行，或对复本以行为方式表示，是符合合同的，或该当事人愿意接受保留复本，尽管不相符；② 没有作出有效的拒绝；③ 将复本或信息混合的方式，而使拒绝后再遵守义务成为不可能；④ 从该复本得到了实质的利益并无法返回该利益；⑤ 以不符合许可人所有权的方式行事，而该行为只有在许可人将其选择为接收来对待，并认可该行为在合同使用条款范围内，才能作为接收。"

（2）电子信息的分部接收

前述之接收，是指在整体接收的情况进行的。如果合同标的——电子信息分为几次，或几个部分提交，其情况将不同。部分接收是与整体相对而言的，一般发生于对由多个复本构成的一套电子信息制品接收的情况。鉴于整套电子信息复本，必须协同使用，虽然从形式上分为多个，但实质上应将多个复本视为一个整体。这些信息复本在法律性质上，应属于不可分物一类。

美国《信息交易法》规定，"如果协议要求分部交付，而各部分结合起来才构成信息的整体，每一部分的接收，都以整体接受为条件。"换言之，只有接收人对整体的接收，才能使各部分的接收有效，而部分的接收，并不构成有效的接收。

8.3.3 电子信息合同履行中的电子控制问题

1. 电子控制的意义

（1）含义

电子控制，本来是电子信息界的一种技术词汇，它主要指电子信息开发商、供应商对信息利用所进行的限制。由于这种限制直接涉及到电子信息合同当事人的权益，一些国家已开始对之进行法律调整。美国《信息交易法》的定义是："电子控制，是指其主观目的是控制信息使用的程序、密码、设施，或类似的电子的或物理的限制。"

（2）电子控制目的

为了保证自身权利的实现，电子信息开发或服务提供方（一般为许可人），往往对其提供的信息采取一些技术控制措施，如用户认证程序、软件版本使用的次数限制、信息访问范围与时间限制等。尽管采用的具体的技术手段可能不同，但其功能与目的都是一致的，即根据协议或法律的规定，来保护电子信息或服务提供方的自身利益。就使用的范围来看，电子控制一般发生在电子信息合同的履行中，也有发生于合同终止时的，如对电子信息使用次数或时限的控制，就是如此。如果电子信息或服务提供方，在事先没有法律依据的情况下（包括合同约定或法律的规定），而对他人的电子信息使用实施干预，则与一般的电子控制目的不相符的，显然是一种脱法的行为。其效力如何，当以另外的法律规范来衡量，这将是后文所要论述的电子自我救助问题。

2. 电子控制权的性质与界线

任何权利都是有一定来源和一定边界的。这在电子信息控制权反映得最清晰。从性质上看，电子控制权当属一种合同约定权。它来源于合同条款的规定，其具体内容就是对电子信息使用范围的一种维护权。它同时又是相对权，只能对合同关系中的特定的信息使用人而行使。换言之，信息使用人要容忍许可人维护其权利边界的行为。

以下是美国《信息交易法》所规定的实施电子控制的具体条件："当事人有权对信息的使用实施的限制，可以包括信息或复本中的自动限制，并在以下情况使用：① 协议的条款授权限制的使用；② 该限制阻止与协议条款不相一致的使用；③ 该限制阻止合同规定的有效期或次数届满后的使用；④ 该限制阻止合同终止后的使用，而非规定的有效期或次数届满后的使用，并且许可人对被许可人在进一步使用前发出了合理的通知。"

3. 电子控制的延伸——电子自我救助问题

（1）关于电子自我救助的不同意见

电子自我救助，是与电子控制紧密联系的问题。前者是在合同关系中，根据协议条款所采取的预防性的技术控制，而后者是因为对方侵权或违约，技术提供方为了维护自己的权益，所采取的防卫性的技术控制。可以说电子自我救助是电子控制的延伸，或者说是其不同的表现侧面。

我国也曾出现过北京某电子计算机技术公司在其开发的软件中设置电子控制，而引起行政主管部门出面干预的案例。该公司曾宣称在其杀毒软件中设置了电子"炸弹"（称逻辑锁），如果有人不经该公司许可，私自拷贝或使用盗版软件，那么其中的"炸弹"就会自动爆炸，不仅毁坏杀毒软件自身，而且还将干扰侵权者的计算机操作系统的正常运行。后来处理的结果是，北京市公安局对这种电子自我救助的行为，给予了行政处罚，其依据是《计算机信息系统安全条例》，理由是故意输入有害数据，危害计算系统安全。

对于技术供应商能否采取电子自我救助方式维护其权益，也曾出现过两种不同的意见。支持者认为这是对侵权者的制裁，从道义上是占得住脚的，具有正当防卫的性质。因为公力机关由于精力、技术、经费有限，不可能有效制止侵权活动，私力救济不仅合理，而且必要。反对者认为如此行事，电子自我救助的界线很难把握，可能被滥用，殃及许多无辜的用户或者是破坏系统中其他者合法的文件。电子自我救助，并不是仅仅产生于某时某地的特殊案例，而是电子商务中的一个普遍性问题，它是技术供应方与使用方矛盾的必然规律反映。对之必须作出明确的法律规定，以利于妥善调节双方的利益。

（2）美国关于电子自我救助的法律规定

美国是较早以法律形式规范这一问题的国家，其计算机信息交易法对此作了专门规定。其内容大致分为两点：一是电子自我救助的方式，二是电子自我救助的条件。

1）电子自我救助的方式

电子信息交易法中的"电子自我救助"，是指许可人根据法定条件，运用电子技术行使其权利的特殊方式。它具体表现在占有权与阻止权两个方面。

在撤消合同时，许可人有权：① 占有所有被许可人控制或占有的许可信息的复本，和任何其他与该信息有关的根据合同应由被许可人退还或交付给许可人的材料。此占有权与留置权相类似。② 阻止继续根据许可行使合同上或信息上的权利。这是停止侵害的方式，具有私力救济的性质。

除非法律另有规定，许可人可以在不经司法程序的情况下，行使其①项中的权利，如果这样可做到：A，不违反和平；B，没有可预见的人身伤害或对许可信息之外的信息或财产的重要的客观损害；并遵守了本法关于电子自我救助限制的规定。

在司法程序中，法院可禁止违反合同的被许可人继续使用信息和信息权利，并且可指令授权许可人或司法官采取电子控制措施。当事人可根据法律对要求审理前的执行或保护其权利的救济进行快速司法审理。

根据本条的占有权不能在该信息范围内使用，即在许可被违反之前并在根据通常的许可的履行过程中，信息已经被改变或混合得再不能识别或分开。

2）电子自我救助的条件

该法在"电子自我救助的限制"中写道：在许可合同撤销时，除了本条的规定外，不允许电子自我救助。被许可人对于电子自我救助条款的许可使用，必须单独明确地表示同意。该条款必须：规定权利行使的通知；写明被许可人指定的人的姓名，以便向他递交行使通知，并且写明向该人递交通知的形式和地点；并且对被许可人规定一个变更指定人或地点的简明程序。

所谓行使权利的通知，是指在求助于许可条款授权的电子自我救助之前，许可人应向被许可人指定的人以记录发出通知：① 许可人有意在被许可人收到通知的 15 日或之后，诉诸电子自我救助作为救济；② 主张的违约的性质使许可人有权诉诸电子自我救助；并③ 有关主张违约的人的姓名、头衔和地址，包括电话号码、传真号码、或电子邮件地址，使被许可人可与之联系。

被许可人可要求赔偿由于使用电子自我救助造成的直接和间接损害。被许可人还可对电子自我救助的过错使用要求其后续损害，无论该损害是否被排除在许可条款之外，如果：① 在明确的期限内，被许可人对许可人通知指定的人善意地讲述了损害的轻微程度和一般性质；② 许可人有理由知道由于电子自我救助的使用可能引起的损害类型；或③ 许可人没有提供所要求的通知。

即使许可人遵守了法律规定，如果他有理由知道其电子自我救助的使用将对公众健康或安全引起伤害或损害，或严重损害公众利益，影响不涉及纠纷的第三人，就不能使用电子自我救助。

如果许可人对某复本占有的获得没有违反和平，并且电子自我救助的使用仅仅是对该复本的，不适用本条。总的来说，美国《信息交易法》是严格限制电子自我救助的运用的，它体现了对信息技术熟练方的制约，是对信息使用人的保护。因为在电子信息条件下，技术的掌握程度，本身已形成了对资源的支配力量。严格限制技术强势一方对其支配力的滥用，是平衡当事人间权利义务的一个重要方面。知识与技术是一把双刃剑，在强调力量，促使其为人类社会造福的同时，也应防止它的破坏性一面被人随意利用。

8.3.4 电子合同终止后当事人的权利义务

合同终止可以由各种情况引起，履行是其中最经常和最正常的原因。合同履行完毕，合同的权利义务即终止，但是当事人仍要承担合同法上的义务。我国《合同法》第92条规定，"合同的权利义务终止后，当事人应当遵循诚实信用的原则，根据交易习惯履行通知、协助、保密等义务"。电子合同终止后的权利义务存在一些特殊之处。

1. 被许可方的继续使用及限制

被许可方在合同终止时，就无权继续行使合同上的权利，例如访问许可方的信息。但是，在信息许可使用的情形下，尚存在被许可方继续使用的可能。

一种情况是该信息经被许可方使用后已与其他信息混合，使退还不可能；或者被许可人因为其他情况使得退还没有必要时，应当允许被许可方继续使用。

此时的继续使用应有所限制。首先，不能超出合同有效时的使用目的和范围。如合同规定该信息是为个人使用而许可，继续使用不能扩大到商业使用。其次，继续使用不享有原合同生效时的其他权利，例如享有信息产品升级、维护等权利。最后，被许可方继续使用应支付必要的使用费。

另一种情况是在许可方违约，被许可方合法解除合同时为减少损失而采取的必要措施。例如，被许可方获得计算机软件的使用权，在安装后发现与合同的规定不符，于是依约解除合同，被许可方失去该软件的使用权，但是，一旦停用会使其系统功能丧失，为避免更大的损失，在使用人安装新的软件之前，可以继续使用该软件。

这种使用同样应有一定的限制：

（1）被许可方的继续使用不违反原合同的使用的目的和范围；

（2）使用时为了避免或减少损失而采取的合理措施；

（3）不违反许可方在解除合同后的处理办法或不违反与被许可方达成的协议，如果许可方禁止被许可方使用，则他应对禁止使用所扩大的损失负责；

（4）该使用应基于善意并不能超出必要的时间[①]；

（5）继续使用应支付合理的使用费。

2. 被许可方的协助义务

合同终止时，被许可方应按约定采取合理措施协助完成有关事项。被许可人应遵循许可方的指示，退还标的及相关的材料、文件、记录、复制件或其他有关资料；或者销毁有关的复制件等。被许可方不得在合同终止后，继续持有信息或复制件，或采取技术手段非法改变、移除许可方的电子标识信息或自助控制信息，以继续非法使用。

此外，在合同终止后，许可方有采用电子控制的权利，以防止非法利用。根据我国法律规定，当事人还应履行通知义务和保密义务。

8.4 本章小结

人类社会进入信息时代的一个重要表现，信息不仅是通信工具，而且成为一种可交易的产品（或无形物）。信息产品描述脱离其物理载体而以数字化形式存在的具有交换价值的

---

① 所谓必要的时间是指被许可方获得阻止损失扩大能力所需要的时间。

信息。信息产品具有不可破坏性、易篡改性、易复制性特点。

人类社会的信息大致可以分为两类，一类是受著作权保护信息，一类是不受著作权法保护信息。受著作权保护的作品商业化利用往往涉及到两种交易，一种是版权交易；一种是信息制品交易。信息制品的交易在非数字化形式下，是通过移转信息载体所有权来移转信息，这使得信息制品的交易类似于有形货物的交易；而在数字形式下，可以单纯移转信息而毋需任何载体，因而具有区别于有形货物交易的独特性。在信息不涉及著作权时，制作信息制品不再受著作权人的限制，其完成的信息制品就成为制作人的财产，进行交易。

在线信息产品交易也有两种，一种是销售书籍、音像等有形载体信息产品，另一类转移信息本身而不借助于任何固定的载体。后面一类在交易实质上是信息产品的许可使用交易，但在某些方面又具有买卖交易的特点。在线信息产品交易的模式主要有两种：网上订阅；付费浏览。

服务型的电子商务可以分为两类，一类是为电子商务运行提供的服务；一类是借助互联网开展的信息服务业务。狭义上在线服务指后者。在线信息服务离不开在线信息传递，但它区别于信息许可使用，向用户提供某方面的知识和讯信只是实现其服务的手段。

数据库是在线信息制品主要表现形式或存在形式。数据库本身可以作为一个信息制品，也可以作为无数个信息制品的集合。较为正式的数据库定义是：制作者通过对作品、数据或其他材料进行选择、编排而形成的一个集合。数据库的制作不仅需要一定的智力或创造性，而且需要投入大量的和长期的人力和物力，对于合法完成的数据库，一般按照汇编作品加以保护。但数据库并不一定都构成汇编作品，不一定都享受著作权或版权保护。为此《数据库保护指令》及其他国家创设了特殊保护。特殊保护实质上是财产法上的保护。

电子信息的履行，可分为有形媒介交付与在线交付两类。前者与传统动产买卖交付区别不大。后者则是电子信息交易中特有的。其发送、接收时间的确定方式与数据电讯是一致的，均以信息系统作为参照标准。其目的是让信息使用人能有效地支配合同项下的电子信息。也就是说，在线信息产品的电子交付不再是履行方所在地，而是许可方指定或使用的信息处理系统，提供使接受方能够访问、控制或占有该拷贝的手段即视为完成交付。在电子交付或履行过程中，电子信息的检验是非常重要的环节，特别是对于非大众市场的信息，只有在当事人有合理的机会检验复本后，接收才能发生。电子信息的接收意味着权利人认可了合同标的，同时也解除了对方当事人交付电子信息的义务。在电子交付中接收方式也较复杂，需要根据具体情形加以确定。

电子信息许可人，往往对其提供的信息采取一些技术控制措施，如用户认证程序、软件版本使用的次数限制、信息访问范围与时间限制等，来保护电子信息或服务提供方的自身利益。电子控制在性质上属于自我救助行为，行使电子控制权必须有法律依据——合同约定或法律规定。

合同终止时，被许可人应遵循许可方的指示，退还标的及相关的材料、文件、记录、复制件或其他有关资料，或者销毁有关的复制件等，并不得在合同终止后，继续持有信息或复制件或变相使用复制件。如何控制被许可人继续使用许可方的信息是信息许可使用需要解决的问题。

8.5 思 考 题

1. 什么是信息产品，它与传统的具有物理载体的信息产品有何不同？
2. 试分析信息产品上的权利及其交易类型。
3. 简述在线信息产品交易模式。
4. 什么是数据库，数据库制作人享有什么权利？
5. 什么是数据库的特殊保护？
6. 信息产品在线履行有哪些特殊性？
7. 在线信息产品合同终止后，如何协调许可方和被许可方之间的权利义务？

第 9 章 网上竞买和网上拍卖的法律调整

网上拍卖活动是在线交易的一种特殊形式,也是网上交易较为盛行的一种形式。自 1999 年下半年开始,网上拍卖形式也走入新浪、网易、搜狐等门户网站,专业的网上拍卖网站雅宝(www.yabuy.com)、淘宝网(www.taobao.com)等也纷纷登陆中国网拍市场;2003 年世界头号个人交易平台 eBay.com,投巨资购并中国的易趣(www.eachnet.com),使在线拍卖领域中国市场的竞争推向高潮。

网上拍卖与传统的拍卖有什么区别,网上拍卖是否应当适用拍卖法,如何运用法律手段对网上拍卖活动进行规范调整,成为亟待解决的法律问题。

9.1 网上拍卖与网上竞价买卖

在现实中,网站经营者对网上拍卖有各自不同的称谓,有的明确表述为网上拍卖,有的表述为网上竞价、网上议价、网上竞标、网上争购等。其共同点都是利用网络,对某一具体物品、权益等展开竞价购买,在规定时间里最高竞价者胜出。是不是所有的这些带竞价因素的都属于拍卖呢?如果是拍卖,那么它与传统的拍卖有何差异?

9.1.1 什么是拍卖

根据我国《拍卖法》的规定,拍卖是指以公开竞价的形式,将特定物品或者财产权利转让给最高应价者的买卖方式。拍卖成交只是竞卖时一瞬间的事情,但作为拍卖活动却很复杂,从拍卖委托人发出要约、签订委托拍卖合同、拍卖的组织和策划、拍卖公告、现场拍卖以及标的交付和权利移转,有一系列的活动和法律行为。

一般的拍卖具有以下特点和要求:

(1) 拍卖企业有特殊资质要求。根据现行法,并不是任何人或企业都具有拍卖资格,要从事拍卖必须按照《拍卖法》第 12 条的规定条件设立拍卖企业,其中最为重要的是有公安机关颁发的特种行业许可证。

(2) 拍卖必须由具有拍卖资料的拍卖师主持。在我国拍卖师需具有相应资质条件并经拍卖行业协会统一资格考试合格后方能取得拍卖师资格。

(3) 委托拍卖必须签订委托合同。拍卖企业属于行纪性质的,所拍行为皆因他人委托而建立;在签订委托拍卖合同时,委托人应提供身份证明、所有权证明或依法可以处分的证明等材料。

(4) 拍卖前必须公告。拍卖相当于要约邀请,该邀请必须提前 7 日在媒体上发布。

(5) 拍卖必须以公开竞价的方式进行。拍卖必须有数名竞买人一起参加,并公开叫价,其基本规则是:竞买人一经出价,即不得撤回;当其他竞买人有更高应价时,其应价即丧失约束力；如果只有一个竞买人，则不得进行拍卖；当一个人叫价没有人回应时，他的叫价即为最高价。

9.1.2　现行互联网上的竞卖（买）活动：网上拍卖与网上竞价买卖区分

现在能行的网上拍卖，是一方当事人利用互联网技术、借助于互联网平台通过计算机显示屏上不断变换的标价向购买者销售产品的行为。从概念上，网上拍卖与传统拍卖似乎只是拍卖手段的改变，即利用了互联网技术的一种拍卖活动，但是，在现实中的网上拍卖并不仅仅是传统拍卖环境或手段的变化，而出现了一些在网络环境下特有的"拍卖"形式。

目前网络拍卖方法较多，典型的有三种情况。第一种是个人竞价。例如某人在网站的拍卖区或BBS上卖二手手机，供网友自由出价，卖方可以选择最佳的买主成交。第二种是集体议价。集体议价又可分为普通竞价方式和逢低买进方式。当运用普通竞价方式时，页面标明某一商品的现在价格，允许消费者加入集体议价，当加入的人数达到规定的数目时，消费者就可以商家事先设定的低价买进，当加入的人数未达到规定数目时，消费者只能以现在的价格买进。例如现在页面标明一台电脑售价8000元，当购买的人数达到10人时价格为7500元，如果竞买者有10人时，就以7500元成交，人数未达到时就以8000元成交。当运用逢低买进方式时，页面标明某一商品的现在价格，允许消费者加入集体议价，当加入的人数达到规定的数目时，网站以低价通知买家付款取货，如果未达到规定的数目则不成交。第三种是网站接受当事人的委托并主持拍卖。例如网站接受当事人的委托拍卖一幅字画，在规定时间内出价最高者可以成交，买受人可以选择支付方式并付款，同时应给付网站一定比例的佣金。

在上述三种网上竞卖（买）活动中，只有第三种拍卖符合拍卖法，而前两种网上拍卖实质上是借网上拍卖之名，行网上商品竞买定价之实。在这个意义上，网上拍卖可以区分为两种，一种符合拍卖法的网上拍卖，一种是不符合拍卖法的网上拍卖，不妨称之为网上竞价买卖。

1. 符合拍卖法的网上拍卖

符合拍卖法的网上拍卖，是指按照拍卖法设置网上拍卖行并按照拍卖法规定进行运作的拍卖；也就是具有上述一般拍卖的上述特点网上拍卖。具体而言，网上拍卖必须具备以下条件或特点：

网站经营者必须是按照《拍卖法》设立的有拍卖企业营业执照的企业。当然也并不是取得此类拍卖企业执照的网站经营者所从事的网上交易活动都属于网上拍卖；网上拍卖最为关键的是网站的经营者在交易中符合拍卖人地位，同时严格按照拍卖规则进行网上拍卖活动。

网站经营者是拍卖人，也就是说，网站经营者成为行纪人的角色，即拍卖是接受他人委托的结果，拍卖物品不属于网站经营者；同时网站经营者又是出卖人，以自己的名义与购买人订立合同并履行该合同。拍卖成交后，拍卖人有义务接受购买人的价款并将之转交给委托人；同时也有义务将委托人已经交付给他保管的拍卖标的物移交给买受人。

按照拍卖规则实施拍卖活动。最主要的是要进行公告和展示，并由符合法律规定拍卖师主持网上竞买活动，并按照最高价原则确定购买人。

网上拍卖与传统拍卖最主要的区别是拍卖环境和手段的改变，网上拍卖"拍卖场所"就在互联网的某一个站点，通过竞买者终端电脑显示出来。这种改变可能产生一些特殊问题，需要进一步地解决。

2. 不符合拍卖法的网上"拍卖"：网上竞价买卖

网上竞价买卖，与网上拍卖一样同样具有公开竞价机制，而且也是通过这一机制选择购买一种商品的买卖方式。但是，网上拍卖具有拍卖的实质特点，而网上竞价买卖只具有形式特点。具体而言，网上竞价买卖有以下特点：

（1）"拍卖者"没有相应的拍卖资质。"拍卖者"只要取得经营性网站许可的企业营业执照即可以从事网上"拍卖"，甚至自然人亦可以设立主页"拍卖"自己的私用品。

（2）没有专业拍卖师。在传统的拍卖活动中，所有拍卖活动都必须通过取得相应资质的拍卖师来主持，其他任何人都不得主持拍卖活动。而在网上竞价买卖活动中，没有也不需要拍卖师甚至主持人，竞拍过程大多是通过电脑程序自动完成的。

（3）"拍卖"不是购买者之间的竞价，而是电脑显示屏上价格由低向高的不断变化。网上拍卖难以要求竞买者在同一时间上网参加竞买，而且在没有其他竞买者同时参与的情形下也可进行，而只是根据事先设计好的程序由低到高不断变化，到达一个特定的价格后又重新开始。由于网络具有开放性，拍卖组织者、竞买人不知道有多少人参与，都是一些什么人参与，更无从知道"拍卖"之后是否有更高的竞买人进入。

（4）"拍卖"的大多数物品大多数是"拍卖人"自己的物品或经销的商品，因此，"拍卖品"不具有惟一性，即使其他竞买者买走了某商品，也没有关系，因为他同样能够得到他所需要的商品。这主要是因为网上拍卖在大多数情形下是普通消费品单独或集体定价的方式，是一种促销方式。

上述特征说明网上竞价买卖跟传统意义拍卖存在相当大的距离，甚至根本就不是一回事，或者说，网上竞价买卖只是借助拍卖的形式，而行网上特殊交易之实。

9.1.3 网上拍卖与网上竞价买卖之区别

网上拍卖和网上竞价买卖之间均通过网络进行，具有一定的共同特征，往往使人产生混淆二者错觉。但是，网上拍卖和网上竞价买卖之间存在重要差别，这种差别主要源自于拍卖和一般买卖的差异，表现为网站在其中的法律地位和作用。

在网上拍卖活动下，网站经营者处于拍卖人地位，而拍卖人在法律上属于行纪人，他接受拍卖委托、组织拍卖活动，将拍卖标的物交付于因竞买而购得拍卖标的的买受人。在这里，买卖关系并没有在货物所有权人（即拍卖委托人）之间建立起来，拍卖人并没有取得该拍卖物品的所有权，但却以自己名义将物品拍卖给竞买人；拍卖人出卖标的物的权力是委托人授权的结果。基于这种授权，拍卖人在其所有拍卖场所举行拍卖活动，在成交后将拍卖物品交付于购买人，将收取的价款交付给委托人，而拍卖人则从委托人或（和）购买人处获取佣金。网上拍卖无非是拍卖活动移植到网络上进行，是网站经营者接受他人委托通过网络组织拍卖活动。凡是符合拍卖规则的网上拍卖网站的经营者处于拍卖人的地位。

在网上竞价买卖中，网站经营者要么是为他人提供某种网络平台服务，要么通过公开竞价的方式销售自己的产品。

在网站为他人开设物品竞价销售提供平台服务时，网站的地位也非常类似于拍卖，但网站经营者在这里并没有实际控制拍卖物品、也没有主持拍卖或按照拍卖规则实施拍卖活动，而仅仅为一些个人、法人和其他组织提供网络空间、技术服务。也就是说，网站仅仅是一个平台服务提供商的地位，它没有介入到买卖关系中。即使网站经营者向买卖双方或单方收取一定的费用，也不足以构成使其成为拍卖人地位。拍卖网站是技术服务提供者而不是拍卖法律关系中的主体。在这里，公开竞价系统或平台是由网站提供的，但货物是开设销售窗口的主体直接销售给竞购人的；在这里，交易的达成，没有通过"拍卖人"。实际上，在线拍卖可以说是卖方自己销售商品所采用的一种方法。

在网站经营者自己开设网上商品交易中心，采取公开竞价的方式进行营销活动时，网站经营者本身即成为竞卖商品的卖方，所进行拍卖也是违反《拍卖法》中规定的"拍卖人不得在自己组织的拍卖活动中拍卖自己的物品或者财产权利"。从法律上说，在在线竞价买卖情形上，竞价买卖条件是卖方设定的，构成出卖人向竞买人的要约，其内容包括商品描述，竞价期限[①]、价格限制[②]，以及其他特殊情况下具有的各种利益考虑。而符合拍卖法的在线拍卖的情形下，买卖条件载于拍卖公告之中，而拍卖公告是由拍卖人发出的，性质上是属于要约邀请。

上述两种看似拍卖的网上竞价买卖活动与网上拍卖的共同点是物品买卖的价格是通过网上竞价决定的，具有公开竞价的特征，但是，在拍卖情形下，由中立的拍卖人（网站经营者）决定是否成交，保证这种选择公平和交易安全的机制是选择出价最高者；在网上竞价买卖情形下，则是由卖方自行确定竞买者，可以不选择出价最高者，而与综合条件最佳的竞买者成交；而且也可以随时调整竞价的起点或幅度，以适应不断变化的市场需要。

9.2 网上拍卖法律规制问题

9.2.1 网上拍卖的法律规制问题

真正的网上拍卖只是将现实中的拍卖移植到网络环境下进行，它所有的活动必须遵循《拍卖法》之规定。这也就意味着要开展网上拍卖，经营网站的公司必须按照《拍卖法》第12条的规定条件设立，取得公安机关颁发的特种行业许可证，经过负责管理拍卖业的部门审核许可并领取拍卖营业执照；同时，还意味着网上拍卖还必须按照《拍卖法》规定流程或规则进行网上拍卖活动。网络环境下，拍卖是否严格按照《拍卖法》的规则实施，是

---

① 竞价期限就是进行出价的时间限制，当此期限届满时，已经出价中的最高出价者即赢得所拍商品。以多数商品拍卖为例，当竞价期限届满时，最高的出价者就有义务购买所有拍卖的商品，如果所有出价都没有达到底价或保留价，则没有最终的买受人。当某一出价人竞价成功后，买卖双方就通过电子邮件联系协商商品的交付及价款支付等履行事项。
② 最常见的价格约束则是底价，它是指在线的商品销售者所能接受的所拍商品的最低价格底限。如果所有出价都没有达到底价，则竞价期限届满时不产生最终的买受人，而拍卖终止。有些网站允许拍卖中透露所拍商品的底价。

一个值得探讨的问题。因为网络手段的利用必然形成区别于现实中拍卖的规则或者需要一些特殊规则。我们认为，网上拍卖企业应当注意以下问题：

（1）拍卖标的物的监控问题。根据《拍卖法》第6~9条，拍卖标的应当是依法可以转让的且委托人享有所有权或者处分权的物品或者财产权利；依照法律或者按照国务院规定需经审批才能转让的物品或者财产权利，在拍卖前，应当依法办理审批手续；委托拍卖的文物，在拍卖前，应当经拍卖人住所地的文物行政管理部门依法鉴定、许可；国家行政司法罚没的物品等按照国务院规定应当委托拍卖的，由财产所在地政府或法院指定的拍卖人进行拍卖。这些监管措施无疑也要适用于网上拍卖，因此，从事网上拍卖企业必须严格遵守拍卖法的规范，切不可因网络环境改变而忽略拍卖物品的合法性条件，对于需要审批的仍然要进行审批。

（2）拍卖人说明义务的履行。《拍卖法》第18条规定，拍卖人有权要求委托人说明拍卖标的的来源和瑕疵。拍卖人应当向竞买人说明拍卖标的的瑕疵。同时，第27条又规定委托人应当向拍卖人说明拍卖标的的来源和瑕疵。据此规定，向拍卖人陈述来源和瑕疵成为委托人的重要义务。但是，由于在网络交易中委托人向竞买人说明义务难以履行，因此，在网络交易中拍卖人应当主动地要求委托人说明，并将此事实告知于竞买人。也就是说，拍卖人要求说明的权利在这里也成为一种义务，拍卖人必须行使这种权利，以弥补竞买人难以行使权利的缺陷。另外，《拍卖法》第35条还赋予竞买人了解拍卖标的的瑕疵、查验拍卖标的和查阅有关拍卖资料的权利。在网络环境下，拍卖人应当为竞买人实现这一权利提供途径，比如披露拍卖标的的详细资料。

（3）竞买人的控制问题。根据《拍卖法》，竞买人身份有两类限制，一是第22条规定禁止拍卖人内部竞买："拍卖人及其工作人员不得以竞买人的身份参与自己组织的拍卖活动，并不得委托他人代为竞买"；二是第30条禁止委托人参与竞买或委托他人代为竞买；三是第33条规定特定物品购买人条件："法律、行政法规对拍卖标的的买卖条件有规定的，竞买人应当具备规定的条件"。另外，第37条还禁止"竞买人之间、竞买人与拍卖人之间不得恶意串通，损害他人利益"。由于网络环境虚拟性和开放性，如何控制拍卖人内部人员或委托人竞买，如何控制只有具备法律规定条件（针对特定物品）的竞买人，如何监督、发现和控制恶意串通行为，就成为网络环境下的难题了。

（4）拍卖程序及其实施问题。任何一种拍卖首先起步于拍卖委托，然后进行拍卖公告与展示，最后实施拍卖。网上拍卖无疑应当严格按照这样的程序进行。但在网络环境下，所有这些都可能通过网络实现。由于拍卖委托关系的建立，拍卖人必须按照法律查验委托拍卖物品并要求委托人提供身份证明、所有权证明及其他资料，并对之进行核实。因此，委托合同采用电子方式的必要性不是太大。而对于拍卖公告与展示则完全可以通过网络实现，只是要遵循拍卖法的有关规定。最后，网上拍卖是通过网络实施的，原先由拍卖师所做的一些工作可以通过计算机程序实现，拍卖师落槌也不再存在，拍卖师主要起到控制网上拍卖进展和监督的作用。在这方面，网站应当按照《拍卖法》要求作好一些规则、有无保留价等的公示或说明，并有明确竞买或拍卖成交确认程序。另外，主持拍卖者或拍卖师应当贮存整个拍卖过程，并加以备份或安全保管，以备今后查阅或作为证据。

（5）佣金问题。根据拍卖法第56条在没有事先约定的情况下，拍卖人可以向委托人、买受人各收取不超过拍卖成交价百分之五的佣金。这一规定，意味着因竞买而成为购买人的，也要支付佣金。由于网上拍卖很难要求竞买人事先就佣金做出约定。因此，对于是否向将来购买人收取佣金，收取多少最好是在公告时事先告知，否则事后再向购买人收取佣金将是件很麻烦的事情。

（6）成交及其确认问题。在传统的拍卖活动中，竞买人的最高应价经拍卖师落槌或者以其他公开表示买定的方式确认后，拍卖成交。拍卖成交后，买受人和拍卖人应当签署成交确认书。拍卖人进行拍卖时，应当制作拍卖笔录。拍卖笔录应当由拍卖师、记录人签名；拍卖成交的，还应当由买受人签名。并且，拍卖人应当妥善保管有关业务经营活动的完整附薄、拍卖笔录和其他有关资料。前款规定的账簿、拍卖笔录和其他有关资料的保管期限，自委托拍卖合同终止之日起计算，不得少于五年。而在网上拍卖中，所有拍卖记录均以电子的方式自动或人工生成，拍卖的成交也只能以远距离方式显示出来且在时间上有一定间隔性。因此，网上拍卖的成交方式、成交时间、成交证明等均需要相应的规范，特别是因技术原因导致拍卖程序在规定时间开始前启动或在规定时间截止后拍卖程序依然运转等情况时，拍卖成立效力如何要有明确规范（下面的两个案例即反映了这种规范的必要性）。

另外，在拍卖成交后，买受人价款的支付、拍卖人标的物的交付等履行问题，在网络环境下也会发生一些特殊情况。需要网上拍卖经营者根据具体情况进行安排和解决。

9.2.2 实例分析

现实生活中，有多少网上拍卖是符合现行拍卖法的拍卖？在这些网络拍卖发生纠纷时，如何解决这些纠纷是非常棘手的事情。现以两个案例为例，作简要分析。

案例一：系统故障，是否导致拍卖无效？

网民张某于 1999 年 10 月 5 日在某拍卖网以每台 1000 元的价格竞拍了 3 台电脑。并在网站公布的拍卖结果中确认拍卖成交。但是 10 月 8 日，张某再次上该网时却发现，自己竞拍的电脑又重新开始在网上拍卖，张某遂向网站追问原因，网站声明是系统故障，意外提前启动造成拍卖时间提前，此场拍卖无效。同时，该网站的负责人宣称，根据有关法律规定，"竞买人的最高应价未达到保留价，该应价不发生效力"，而张某的应价就没有达到委托方的保留价，另外公司也未与张某签订成交确定书，因此对他的应价不予认可。张某认为这是网站违约，必须承担责任，一怒之下将该网站告上法庭。引发了我国网上拍卖第一案。

北京海淀区人民法院经审理认为，张某在拍卖过程中的最终应价低于最终成交保留价，因此他的拍卖不成功，未被确认，法院依法驳回其要求给付 3 台电脑和赔偿的诉讼请求；同时，某网拍公司的拍卖系统出现故障，导致张某产生误解，依法应承担相应责任，某公司作为拍卖活动的主办单位，也应承担连带责任，故判决两公司退还张岩的汇款，赔偿利息，并承担本案的全部诉讼费。我国首例网上拍卖纠纷案宣布了结。

案例二：竞标超时 17 妙，竞标是否有效？

2000 年 3721 网站（国风因特软件公司）在雅宝竞价交易网上拍卖中文网址。竞拍的是"免费邮件"、"软件下载"、"招聘"三个中文网址一年的使用权，时间自 2000 年 1 月 15 日起至 2001 年 1 月 14 日止。竞标截止时间是竞标当天的下午 2 时。1 月 6 日下午 4 时，雅宝"黄金网址竞拍场"准时停槌，"免费邮件"使用权被 ChinaRen 以 24000 元的价格捧走。1月7日,离拍卖结束还有2分19秒的时候,北京实达所有网络公司喊出同样的24000元的价格将"软件下载"收归门下。1月10日,拍卖最后的"招聘"时,赛诺爱公司以最高竞价41000元在最后时间投标(13:59),随后,他们先收到了拍卖委托人3721的确认信,以为一切"搞定"。谁知道,他们又收到了雅宝的通知,说他们投标时间超时17秒,应价无效。赛诺爱当即与雅宝发生争执。

上述纠纷的发生,是与没有相应的法律规范的调整联系在一起的,是和网上拍卖的特殊性联系在一起的。虽然从本质上讲网上拍卖是拍卖的一种形式,但载体的变化使得对传统拍卖的一般调整不能完全适应网上拍卖的需要,因此,确定"拍卖活动应当遵守有关法律、行政法规,遵循公开、公平、公正、诚实信用的原则"等基本法律原则的同时,也应当根据网上拍卖的特殊性,制定适合网上拍卖特点的法律,以弥补传统法律的空白。

9.3 网上竞价买卖的法律调整

9.3.1 网上竞价买卖合同:集体议价要约与承诺之分析

个人竞价并非是拍卖合同,同时它与一般的买卖合同也没有什么实质区别。在这里,个人对商品的报价仅仅是对价格的协商,是否成交、成交的价格由卖方确定,网站只是提供开放性的交易平台。因此,个人竞价买卖合同与前文所述的一般电子合同无异,其要约与承诺无需赘述。

集体议价方式在实践中有两种模式,一种是普通议价模式;一种是逢低买进式。下面分述之①。

1. 普通议价式

它的特点主要是:

(1)买方加入集体议价行列就表明买方获得购得商品的资格,只要该商品未戳标;
(2)买方在竞买者达到规定的人数时能以低价购进,未达此人数则需以现价购进;
(3)买方有是否购买的最终决定权,在其获得购买资格后有权放弃。

在这个模式中,卖方承诺只要买方加入就必须购买,由此可以判断页面信息已构成要约。买方加入的行为是承诺,虽然此时价格尚未最后确定,但价格条款是一个开放式条款,只要定价的方式已确定即可,这不影响合同的成立。等到人数达到规定的要求时网站对有权购买的消费者通知确认,买方未在规定的时间内确认的,视为放弃。该通知同样不会影响合同的成立,在没有约定的情况下,买卖合同自承诺生效时成立,通知只是观念通知。买方放弃购买的行为应是单方解除合同的行为。

2. 逢低买进式

逢低买进式的特点是:

(1)买方加入竞买时应设定比现价低的一个价位;
(2)当标的的价格由现价降为买方设定的低价时,系统予以确认并向买方发出订单确

---

① 这里对竞拍的分析是以雅宝拍卖网为例。因特网网址:www.yabuy.com

认通知;

（3）买方有是否购买的最终决定权，在其获得购买资格后有权放弃。

逢低买进式与普通议价式的显著不同在于，消费者加入竞买时尚未取得购买资格，能否取得购买资格也是不确定的。

只要拍卖标的是有形商品或不能下载的产品，页面上的商品信息构成要约邀请[①]。消费者加入的行为是要约，是附条件的要约。所附的条件是：如果卖方的价格达到买方规定的数额，要约有效。自动交易系统对买方出价的接受构成承诺，这种系统的设置允许买方提出附条件的要约，并作出开放性的承诺，即对任何提出要约的买方，系统均默认设置为承诺。根据自动交易的理论，该系统的行为就是商家的行为，换言之，是商家的承诺行为。

上述二种议价的不同在于：普通议价方式所陈列的商品是要约，消费者加入即是承诺；逢低买进方式所陈列的商品是要约邀请。但是它们都属于普通的买卖合同，只是在定价方式采用了新方法，体现了买卖合同在网络环境下的新变化。

9.3.2 网上竞价买卖的法律调整

既然网上竞价买卖实质上是借拍卖之名，行网上销售之实，同时它也有一些不同于一般买卖的特点，那么，网上竞价买卖如何调整呢？

有许多讨论网上拍卖的论著将网上所有的竞买（卖）活动笼统地称为网上拍卖，在肯定适用于《拍卖法》的前提下，述及网上"拍卖"的特殊性，因而主张适用特殊的规则。但是，作者认为，网上许多"拍卖"并不属于拍卖，而属于一种特殊的商品销售或转让方式，因而也就没有必要适用拍卖法，不必要求进行竞买销售的网站均具有拍卖企业的主体资质，并要求竞买过程完全符合《拍卖法》规定的程序。

那种不分青红皂白，均适用《拍卖法》的作法会使《拍卖法》适用范围无限扩大，因而失去规范拍卖活动的本意，而且不利于网上销售中利用网络技术采用公开竞价机制进行网上销售活动。因此，我们主张对于非严格按照拍卖规则运作的网上"拍卖"仅仅作为在线交易的特殊形式来对待，对于其中需要强制规范的地方，不妨制定相应的单行法调整之。

相对于其他在线交易，网上公开竞价销售的特殊性主要在于它采取的是公开竞价机制确定其产品销售的价格，而且进行规范的必要性主要集中于公开竞价。公开竞价是一套自动处理系统，由销售人设置竞价成交的参数，依赖不特定参与竞价，在达到系统目标或设置价位时即"成交"。在网上竞卖物品非惟一、成交人也非惟一的情形下，这种"成交"的效力如何，是否当然地或必须缔结并履行这一合同需要法律加以规范。例如，在现实操作过程中，凡是进入成交范围的竞购人，是否有义务订立合同，如果竞标人反悔怎么办？是否可以适用犹豫期（假如我国已经有此规定的话）内退货的规定？另外，网上公开竞价毕竟不同于现实交易场所的公开竞价，如何增加网上竞价交易的透明度，避免设置竞价交易系统的经营者诱骗、欺诈也是一个需要法律规范的领域。

作为一种特殊形态的在线交易形式，对其规范的目的主要是保护交易安全，保护第三人合法权益，以增加人们对这种竞价交易的信任，并使受损害当事人得到实际的法律救济。

[①] 判断为要约邀请的原理同上。

如何规范网上拍卖这一新鲜事物，是摆在我们面前的一个比较迫切的任务。而解决这一问题的关键是区分网上拍卖和网上竞价买卖，然后再针对各自的基本特点，在能够适用现行规范的前提下，制定相应特殊规范，以使网上拍卖和网上竞价买卖各得其所，保障其健康、稳步、有序发展。

9.4 本章小结

网上拍卖活动是一种较为流行的在线交易形式。但以拍卖形式出现的网上拍卖并不都是拍卖法上的拍卖。《拍卖法》上的拍卖是指以公开竞价的形式，将特定物品或者财产权利转让给最高应价者的买卖方式。目前，网络拍卖方法大致分三种情况：个人竞价、集体议价和网站接受当事人的委托并主持拍卖。显然只有第三种属于拍卖法上的拍卖；前两种网上拍卖实质上是借网上拍卖之名，行网上商品竞买定价之实。故称之为网上竞价买卖。而网上拍卖和网上竞价买卖之间的区别也主要源自于网站在其中的法律地位和作用。在网上拍卖活动下，网站经营者处于拍卖人或行纪人地位；在网上竞价买卖中，网站经营者或者是提供网络平台服务，或者处于直销商的地位。

因此，对网上拍卖活动的法律规范和管制就需要区分这两种不同情形进行。就网上拍卖而言，经营拍卖的网站必须经过负责管理拍卖业的部门审核许可并领取从事拍卖营业执照，并按照《拍卖法》规定流程或规则进行网上拍卖活动。当然，网络环境下，拍卖是否严格按照《拍卖法》的规则实施，是一个值得探讨的问题。因为网络手段的利用必然形成区别于现实中拍卖的规则或者需要一些特殊规则，比如拍卖标的物的监控问题，拍卖人说明义务的履行，竞买人的控制问题，拍卖程序及其实施问题，佣金问题，成交及其确认问题等即需要新规则。

集体议价是网上竞价买卖合同中较为特殊的一种交易，集体议价方式在实践中有两种模式，一种是普通议价模式；一种是逢低买进式。上述两种议价的不同在于：普通议价方式所陈列的商品是要约，消费者加入即是承诺；逢低买进方式所陈列的商品是要约邀请。作者认为网上竞价买卖不属于拍卖，因而也就没有必要适用拍卖法，要求进行竞买销售的网站均具有拍卖企业的主体资质，并要求竞买过程完全符合《拍卖法》规定的程序。至于如何调控，需要各界进一步探索。

9.5 思考题

1. 试述网上拍卖与网上竞价买卖的区分及其意义。
2. 网上拍卖与普通拍卖有哪些不同，所引起的法律有哪些。
3. 试比较网上集体议价买卖的两种形式。

第10章 在线证券交易法律调整

在线证券交易，包括证券的发行和证券买卖，是一种适合于在网络环境下进行的商事交易。因此，在线证券交易成为电子商务发展最快的领域。但网络在人们从事证券交易提供方便的同时，也给人们投资和交易增加了风险，同时也给证券监管提出了挑战。本章概要介绍在线证券交易的基本情况、模式及其法律调整问题，并着重论述证券交易中的几个特殊法律问题和证券监管问题。

10.1 在线证券交易及其法律基础

10.1.1 在线证券交易：作为一种典型在线商务活动

在线证券交易或称网上证券交易，是指证券交易当事人通过互联网开展的证券交易活动及其相关活动。通常是指投资者利用 Internet 网络资源，获取国内外各交易所的及时报价，查找国际国内各类与投资者相关的经济金融信息，分析市场行情，并通过互联网进行网上的开户、委托、支付、交割和清算等证券交易全过程，实现实时交易。

从世界各国看，证券在线交易最发达的国家首推美国，美国的在线交易始于 20 世纪 90 年代初，截止 2001 年全美已有超过 100 家网上券商，其中美国嘉信证券最具影响，约有 25%的散户交易量是通过在线交易完成的，而且预计到 2002 年，美国网上账户将增加到 1400 万个，网上账户资产将达到 5000 亿美元。

目前工业化国家至少已有 500 家证券机构推出在线交易服务，客户数量达 2000 万户，账面资金达 5000 亿美元。2000 年全世界在线交易的机构可高达 3000 家，拥有投资者 8000 万户，网上账户资金将高达 2 万亿美元。证券业的革命性变化——在线交易已成为世界潮流。

与美国等发达国家相比，我国在线交易还刚起步，据中国证监会公布的最新统计数据显示，2003 年我国网上交易量达 9947 亿元，占深沪两市同期总交易量（双边计算）的 14.90%；而在 2002 年，这一占比例仅为 8.99%。截至 2003 年底，网上委托交易的客户开户数已达到 527.84 万户，占深沪交易所开户总数一半（3512.71 万户）的 15.03%。

在线交易将会愈来愈普及并将带动证券市场进入一个网络化时代。这是因为，证券交易本身可以实现无纸化，交易标的物——股票、债券、基金等——的流通基本都不存在实物交收、储运和保管的问题，所以也基本不受到流通瓶颈的制约；证券交易最宜实现远距离异地交易或委托，而且资金清算也易实现电子化。因此，证券交易具有适应在网上开展的天然属性，在线证券交易将成为网上电子商务的一个重要组成部分。

与传统交易方式相比，在线交易具有如下一些显著的特点：第一，在线交易打破时空限制，降低了券商的经营成本。从理论上来说，券商只要拥有一个网址就可以无限扩大自己的客户群体,更可吸引大量银行活期存款客户进行交易;第二,减少了交易环节,因此可以降低交易风险,提高交易效率;第三,加快证券市场信息流动速度,提高资源配置效率。

10.1.2 证券交易模式

依据是否依托实物证券交易所和有形证券营业部,在线证券交易可以划分为三种模式:完全化的互联网电子交易系统模式;非完全的在线证券交易;券商理财模式。

1. 完全化的互联网电子交易系统模式

在完全化的互联网电子交易系统模式中,证券交易双方均通过网络交易平台实现证券买卖和资金交割;投资者可以在该公开的网络环境中发出交易的指令,该系统可以将在线投资者双方的报价指令以最合理的价格进行自动撮合成交,而不必通过中介(如证券交易所及券商)的参与便可以完成交易。当然,该系统通常也提供一条可选择进入有形证券交易所的交易通道,以提高在线交易系统公司股票的流通性。也就是说,投资者具有选择权,可以将自己的交易指令直接在该 Internet 系统成交,也可以通过该系统进入实物交易所进行报价交易。同时,还引入 Internet 银行,实现交易保证金的网上划转。因此,该模式并无有形的交易所和证券营业部,投资者的开户、交易、清算、过户登记都是通过网上来完成。此外,证券发行人还可以通过该系统直接发行股票,早在 1996 年 4 月,美国春街酿酒公司就直接利用自己的网络系统完成了股票的发行。美国的互联网电子公告牌交易系统(Internet-based bulletin boards)、互联网电子交易系统(Internet-based crossing systems)以及电子交易系统(Proprietary trading system)都是该模式的代表。

2. 非完全的在线证券交易

非完全的在线证券交易是投资者利用互联网通过券商在线交易系统进入实物交易所完成交易的模式。实质上,这种模式只是证券交易利用了网络通信手段。故此,该模式与以前的电话委托、可视电话委托相比,并没有质上的飞跃,仅仅是一种新的手段的改进型委托模式而已。该模式主要内容是,投资者在一个证券公司开户后,通过互联网了解证券行情,获得咨询信息,然后在证券公司的在线交易系统下单,该委托单再由券商的交易席位通过与交易所相连的互联网将该委托输送到交易所主机,以进行自动撮合成交,投资者可通过在线交易系统实时查询交易结果。依据办法第 2 条 "网上委托是指证券公司通过互联网,向在本机构开户的投资者提供用于下达证券交易指令、获得成交结果的一种服务方式" 的规定看,我国目前的在线交易就是该模式。

3. 券商理财模式

券商理财模式,即券商既提供有形的营业网点供投资者委托买卖证券,又提供在线交易让投资者在互联网直接下单,该委托单无须通过券商交易席位而直接进入证券交易所主机实现撮合成交。此外,券商还充分利用公司专业化的经纪人队伍与庞大的研究力量为投资者提供理财服务。该类在线交易在美国首推 Charles Schwab、美林证券、摩根斯坦利等传统综合券商目前也属于该模式。

在上述三种模式中,第二种实质上并未对传统有形交易所、实物营业部予以突破,仅仅是采取了一种新的技术手段而已。完全化的 Internet 电子交易系统模式是脱离实物交易所在网络环境下完成交易的，是在虚拟的在线证券交易所进行证券的买卖。根据我国《证券法》第 32 条，依法核准的证券应当在证券交易所交易，不得在其他场所买卖，所以该模式在我国的推行仍存在着法律上的障碍。从目前的法律规定来看，我国的证券交易只能是第二种模式，但加入 WTO 后，必须与国际接轨，其他两种模式的采用也是需要考虑的。为此，在证券法修改或制订证券法实施细则时应该考虑对通过无形交易所与营业部进行证券交易、通过在线交易直接下单成交、网上资金直接划拨等作出突破性的规定，以为我国在线交易创造良好的法律环境保障。

10.1.3　在线证券交易的法律调整

证券交易属于特殊行业，为保护证券投资人的利益，各国对证券交易均实行严格的法律规制。我国也于 1999 年颁布了《证券法》（1999 年 7 月 1 日开始实施）。但该法没有对在线证券交易做前瞻性规定。甚至中国证监会 1999 年 4 月 19 日发布的《关于进一步加强证券公司监管的若干意见》明确规定："未经中国证监会批准，证券公司不得利用互联网进行证券交易"。但是，一年之后（2000 年 4 月），中国证监会颁布了《网上证券委托暂行管理办法》（以下简称《办法》），将在线交易合法化，已成为在线交易活动的行动指南。另外，《合同法》第二章有关合同形式的规定，明确数据电文等作为书面合同的效力，也为证券在线交易提供一定的法律依据。

目前，涉及在线证券交易的法规和规章主要有：2000 年 9 月国务院公布了《互联网信息服务管理办法》，对通过互联网向网上用户提供信息服务活动进行规范；2000 年 10 月信息产业部发布了《互联网电子公告服务管理的规定》，对网上证券电子公告服务具有指导意义；2001 年 1 月中国证监会发布《关于新股发行公司通过互联网进行公司推介的通知》，强化新股发行的网上信息披露；2000 年 12 月 28 日全国人大通过的《关于维护互联网安全的决定》，为互联网的安全运作提供了法律保障。

上述这些法规和规章只是与在线证券交易有关的零星规范，根本谈不上专门系统的立法，网上发行和交易的整套网络证券业务还没有正式开展起来。再加上我国电子商务基本立法尚属空白，法律上的不确定性严重制约着在线证券交易开展及其规范的制定。

10.2　在线证券交易几个特殊法律问题

在线交易也是新兴证券业务，它对技术、制度环境的依赖程度很深。但是，我国不可能等到所有条件都完备了，再来开展此项业务，而必须在创新中完善。于是，有必要先从理论上对网上证券的几个特殊法律问题作出探讨。

10.2.1　投资者身份的确认

与传统经纪业务中"面对面"交易方式不同，在线交易的真实性更加不容易考察和验证，信用问题便随之出现，主要表现在投资者身份难以确认。我国证券交易实名制尚未建立，投资者只要有身份证便可以开户。若投资者不是以本人身份证进行开户、交易，那么，当该投资者采取"机会主义"行为，即有意识地进行超出其资金能力进行投资并失败时，由此引起的责任承担就成为棘手法律难题。特别是股票信用交易出现后，投资者的"机会主义"行为便会产生严重的后果。如投资者以所有资金作为保证金进行股指期货的投资，当投资行为正确时，能够获得高杠杆收益。但当投资方向出现错误时，若损失很大，那么投资者有可能不再缴纳"追加保证金"，其损失就要由经纪公司赔偿。因此如何对投资者身份进行确认，以防止其抵赖和否认就十分关键。

依据《办法》第 6 条，在证券公司合法营业场所依法开户的投资者，经本人申请办理相关手续后，方能进行网上委托。证券公司在为投资者办理网上委托相关手续时，应要求投资者提供身份证原件，并向投资者提供证明证券公司身份、资格的证明材料。禁止代理办理网上委托相关手续。从该办法规定看，投资者在办理网上委托时，必须出具身份证原件，但该原件是否就是该投资者本人？从禁止代理办理网上委托手续来看，应该是投资者本人的身份证。但这种规定是否合理值得商榷，因为证券公司不是公安部门，对该身份证与出示人是否是同一难以确认，而且我国证券交易尚未实行实名制，借用他人身份证来进行证券交易现象十分普遍，将审核身份证与出示人同一的义务赋予券商是否过于苛刻？一旦该身份证与出示人不同一，则应属于违反禁止性规定而无效，证券公司与该出示人投资者将承担混合过错责任。在前述信用交易时，出示人投资亏损则券商一般将难以寻找出示人索赔，此时身份证出借人是否应承担连带民事责任？作者认为，如果出借人明知借用人是进行在线交易，则须承担连带责任，如果是借用人超出出借人的授权范围，则应由借用人自己承担责任，但出借人负有补充民事责任，因为身份证不能借用，不管该借用是否有偿。这样规定，可以为以后推行证券交易实名制奠定基础。这些问题都亟待法律作出明确规定。

在以后允许信用交易、期货期权交易的背景下，我们认为对投资者身份的确认应从以下角度进行把关：一是推行证券交易实名制，防止借用他人身份证进行在线交易，当然这需要国家公安部门将身份证与出示人同一的鉴别技术授予券商为前提，否则将难以实行；二是券商应采用可靠的技术与管理措施，正确识别网上投资者的身份，防止仿冒客户身份或证券公司身份，同时必须采取防止事后否认的技术措施。目前这方面的技术已经能够解决，比如通过口令密码、非对称密钥加密、生物笔迹鉴别、指纹鉴别、眼虹膜鉴别、声纹鉴别等电子签字手段可以实现。此外，电子商务认证在防止否认方面非常有效，它是针对交易当事人之间可能产生的误解或抵赖而设置的，以便在电子商务交易当事人之间预防纠纷，减少交易风险。

在实行电子交易系统模式及券商理财在线交易模式时，如何让在线的投资者在事后承认自己已经发出的交易指令，防止投资者对已发出的信息，包括数据电文的发送、接收以及内容予以否认进行法律规范意义重大，否则投资者以自己没有下达买或卖的投资指令而要求券商赔偿，或者投资亏损后人去楼空时券商为其垫付亏损额的事情并非不可能发生，这样就容易导致整个法律关系紊乱，危害在线交易的正常发展。

10.2.2 风险揭示书的法律性质

目前我国开展在线交易的券商，都在终端的窗口显示证券网上买卖风险揭示书，向投资者警示相关风险，其内容一般包括：
- 由于线路繁忙，投资者存在遇到行情不能及时进入在线证券交易系统，使投资人不能及时增大收益或止损的风险；
- 由于网络故障，投资人通过在线证券交易系统进行证券交易时，投资人电脑界面已显示委托成功，而券商服务器未接到其委托指令，从而存在投资人的利益不能增大或损失不能停止的风险；
- 投资人电脑界面对其委托未显示成功，于是投资人再次发出委托指令，而券商服务器已收到投资人两次委托指令，并按其指令进行了交易，使投资人由此而产生重复买卖的风险；
- 由于网上黑客的侵入，网络发生故障，投资人存在不能及时进入在线证券交易系统，无法进行正常交易的风险；
- 证券投资人在其交易过程中，随时存在以一定价位买入证券，而不能及时以较高的价位卖出该证券，或不能以较低价位买入，从而使投资人遭受损失的风险；
- 由于投资人不慎将股东账号及交易密码遗失，使其托管证券被他人盗卖的风险；
- 投资者开立的证券交易账户仅限本人使用，由于委托他人使用，从而存在未按投资者本人意图买卖证券和提取资金的风险；
- 由于相关政策变化，使投资人不能及时增大收益或止损的风险；
- 由于不可抗力因素，使投资人不能及时进行交易的风险。

上述风险条款是《办法》第 7 条规定必须提醒投资者的，该条款要求证券公司应与客户本人签订专门的书面协议，以明确双方的法律责任，并以风险揭示书的形式向投资者解释相关风险。那么，是否是券商按照《办法》的要求履行了风险揭示义务就可以免除责任？是否可以将风险揭示书中列示的风险损失全部归咎投资者承担？

依据实务"在线交易协议书"规定，对于设备故障、通讯故障、自然灾害或其他不可抗力因素造成的客户损失，券商不承担任何责任；在网络中断、高峰拥挤或网上委托交易方式出现异常等情况下应使用电话等替代交易方式进行证券交易，否则由此导致的客户未能成交所发生的一切损失，券商也不承担责任。 从《办法》第 7 条的含义看，只要开展在线交易的券商向投资者及时以风险揭示书的形式解释了风险，而且在"在线交易协议书"中确定了券商与客户的责任，该责任划分就是合法的。现实中券商的"在线交易协议书"也再次肯定了这一意思。

实际上，我国券商提供的"在线交易协议书"是券商预先拟定以供重复使用的，并且与客户订立时不允许客户协商，因而是一种格式合同。依据《合同法》第 39 条，采用格式合同条款订立合同的，提供格式条款的一方应遵循公平原则确定当事人之间的权利和义务，并采取合理方式提请对方注意免除或限制其责任的条款，按照对方的要求对该条款予以说明。由于格式合同是否遵循公平原则制定只能有拟定方说了算，因此对处于被动的接受方而言是不公平的。此时需要由国家出面干预，对格式合同予以审核。依据《办法》第 28 条，券商提供的"在线交易协议书"应向证券主管部门提交与客户签订的网上委托协议书范本、风险揭示书以及向客户提供的其他有关网上委托的所有资料，由国家证券主管部门审核以后，决定是否允许该券商从事在线交易。可见，我国券商提交的"在线交易协议书"应该是合法的。此外，《办法》第7条规定，券商须向投资者解释，只要券商履行了该义务，协议书中规定的责任分担条款应该是有效的。这种规定是否合理确实需要进一步讨论。

10.2.3 网上电子交易系统的法律性质

虽然我国目前仍未出现美国互联网电子交易系统，但并不因此就不需要对该在线交易系统的法律性质进行探讨。在美国，互联网电子交易系统取代了传统经纪人、券商、实物交易所的功能，那么该系统是否有必要登记注册为经纪人、券商或交易所对证券监管来说是非常重要的，因为法律是通过对传统交易所这一交易市场及其参与者（券商、经纪人等）的权利义务来进行监管，以达到保护投资者权益的目的。

在美国，美国联邦证券委员会以互联网电子交易系统的发起人是否参与到证券交易活动中以及在该交易中是否收取佣金作为标准加以判定，如果该系统发起人参与在线交易活动并向交易当事人收取佣金，则必须依据《证券交易法》第15节规定登记注册为经纪人或券商。相反如果该交易系统仅仅提供信息及交易空间而不收取佣金，则无需登记为经纪人或券商。目前美国联邦证券委员会已核准成立的4个互联网电子交易系统就不是作为经纪人或券商予以登记注册的。

依据美国1975年证券法修正案，证券交易所必须向美国联邦证券委员会登记注册，而且必须符合确保投资人和公众利益，不允许对竞争进行限制、不得实行不公平竞争和歧视、公平分摊各项费用、对违规会员进行处分等7个条件。从互联网电子交易系统提供了一个投资者买卖证券的交易市场或设施这一角度观察，该系统也应登记为证券交易所。不过目前美国联邦证券委员会豁免了该系统登记注册为交易所的义务，因为其数量少（仅4家）、知名度不高、股票流通性弱、成交数量少。当然，美国联邦证券委员会要求该系统的发起人提交投资人交易记录以便进行监督，而且通过投诉信件对该系统运转情况进行监督。其实，美国联邦证券委员会的态度与作法实质上是支持互联网电子交易系统这一新生事物发展的，以免过高的要求与责任使这一新经济代表夭折，其用心良苦可见一斑。相信随着在该系统交易量的剧增、社会影响的不断扩大，美国联邦证券委员会也许会在将来以交易所的标准对其进行监管，要求其以交易所名义进行登记注册，履行交易所的相关职责。

10.3 在线证券交易的管制问题

证券业一直是受国家管制的行业，而网上证券更比传统证券业务更具有风险性。为了鼓励市场创新，控制技术风险，维护市场秩序，保护投资者利益，促进市场的健康发展，中国证监会出台了《网上证券委托暂行管理办法》（下称《办法》）。该《办法》是证监会对国际国内网上证券市场，调研和研究，反复征询各方意见，进行充分讨论的基础上制定的，基本上反映了对网上委托业务及其监管规则的共识。现结合该办法对网上证券业务监管作

10.3.1 证券公司网上委托业务的资格条件和核准

在线证券交易改变的只是交易或委托交易的手段，在线证券交易仍然要适用证券法。这也就意味着开展网上委托业务必须要有证券经纪资格。非证券经营机构不能从事证券业务，也就不能开展网上委托业务，或以交易手续费分成的形式与证券公司合作开展这项业务。实际上，只有获得中国证监会颁发的《经营证券业务许可证》的证券公司，才可向中国证监会申请开展网上委托业务。未经中国证监会批准，任何机构不得开展网上委托业务。《办法》第 26 条明确规定：证券公司以外的其他机构，不得开展或变相开展网上委托业务。证券公司不得以支付或变相支付交易手续费的方式与提供技术服务或信息服务的非证券公司合作开展网上委托业务。

根据《办法》第 27 条，证券公司申请开展网上委托业务，需具备以下条件：
- 建立了规范的内部业务与信息系统管理制度；
- 具有一定的公司级的技术风险控制能力；
- 建立了一支稳定的、高素质的技术管理队伍；
- 在过去两年内未发生重大技术事故。

但获得网上证券委托业务资格，必须经证监会核准。

《办法》第 28 条规定了必须向证监会提交的 16 种文件。

根据中国证监会制订的《证券公司网上委托业务核准程序》，证券公司网上委托业务核准程序主要是：

1. 申请受理

申请网上委托业务的证券公司（下称"申请公司"），应根据《办法》的要求，准备申请文件一式三份，分别报送中国证监会机构监管部和信息中心，并送当地派出机构备案。

中国证监会收到申请文件后，在 5 个工作日内作出是否受理申请的决定。未按规定要求制作申请文件的，不予受理。

2. 初审

中国证监会受理申请文件后，对申请文件的合规性进行初审，并在 30 日内将初审意见函告申请公司。中国证监会对按照初审意见修改完善的申请文件进一步审核，形成初审报告。

3. 专家审核

证监会聘请专家组成审核委员会，对申请文件中的有关事宜和技术应用方案进行审核。申请公司应派技术及相关业务负责人到场答辩。必要时，证监会可要求申请公司主要技术合作方参加。审核委员会进行充分讨论后，采用投票方式表决，提出审核意见。

4. 核准决定

对申请作出是否核准的决定最终由中国证监会作出；决定的期限为 3 个月。给予核准的依据主要是公司基本情况和专家审核意见。予以核准的，出具同意开展网上委托业务的文件；不予核准的，出具书面意见说明理由。一般因重大违规事件、重大技术事故等因素导致整体质量差、风险隐患大的公司，不予核准开展网上委托业务。

申请未被核准的公司，可在接到中国证监会书面决定之日起 60 日内提出复议申请。中国证监会在收到复议申请 60 日内，对复议申请作出决定。经复议仍未被核准的公司，自收到中国证监会书面决定起，一年内不得再次提出申请。

10.3.2 关于在线证券交易佣金的控制问题

通过互联网开展证券交易会大大地降低交易成本，因而使证券公司或经纪人可以以更优惠的佣金吸引客户。实际上，相继开通在线交易的公司首要举措便是降低佣金收取标准。有的公司公然打出交易佣金 6 折或 5 折优惠。面对在线交易佣金"自由降价"局面，法律该不该控制或该如何控制呢？

《证券法》明确规定，证券的发行、交易活动，必须实行公开、公平、公正的原则，证券交易的收费必须合理，并公开收费项目、收费标准和收费办法，证券交易的收费项目、收费标准和管理办法由国务院有关管理部门统一规定。显然，目前我国证券交易佣金的多少，不是券商自行决定的事情。1997 年 11 月国务院批准发布的《证券交易所管理办法》第 30 条规定，交易所应当制定具体的交易规则，其中包括交易手续费及其他有关费用的收取方式和标准，也就是说，国务院实质上将证券交易佣金的收取标准及方式的决定权授予给了证券交易所。1999 年中国证监会印发的《关于进一步加强证券公司监管的若干意见》也一再重申证券公司不得违反规定的收费标准，不得以交易佣金分成等不正当竞争方式吸引投资者，否则，将受到相应处罚。依据证券交易所业务规则，上海买卖股票佣金按成交金额的 0.4%交纳，佣金起点是 10 元；深圳股票交易佣金按成交金额的 0.35%收取，且明确规定券商不得任意提高或降低收取佣金的标准。

上述规范是否继续适用网络环境下的证券交易呢？如果严格适用，那么，券商自行决定在线交易佣金的收取标准，在一定程度上是越权行为，侵害了证券交易所对证券交易佣金的决定权，破坏证券交易佣金按统一标准收取的既有规则和我国证券监管体制，并导致证券行业恶性竞争，扰乱证券市场秩序。如果考虑在线交易的成本比传统交易低得多的实际情况，从保护投资者利益出发，允许适当降低佣金率，那么，有必要对证券交易佣金的法律法规做一些适当的修改。对此，可以有以下两种选择：

其一，在维持目前固定佣金制的前提下，由国家或国家授权部门（证券交易所）根据形势发展的需要修订佣金率，对网上股票交易佣金比率适当降低。显然，在这种制度下，券商和投资者不得私自协商决定佣金率的高低。

其二，推行佣金自由制，由开展在线证券交易的券商与投资者协商决定佣金的多少。美国早在 1975 年便采取自由佣金制，英国 1986 年金融大地震、日本 1998 年金融大爆炸（Japanese Version of Financial Big Bang）都将此前的固定佣金制改为自由佣金制，实现证券服务价格自由化。近年来，新加坡等新兴证券市场国家也纷纷抛弃过去的固定佣金制，转向由投资者与券商双方协商决定的自由佣金制，以适应国际金融不断创新、日益自由化的时代潮流。无疑，自由佣金制已成为绝大多数国家通行的佣金制度。从增强证券市场活力、提高券商加入 WTO 后的国际竞争力、使投资者受益的角度看，由券商与投资者协商决定佣金将成为我国证券市场改革的目标之一。

在以上两种方式中，第一种具有较好的继承性与稳定性，在我国证券市场不成熟的情况下更值得采纳，考虑到市场化进程的不断深入，最好采取政府指导价而非目前的政府定价，以增加法律规定的弹性空间与适应性。第二种无疑将成为我国证券市场的发展方向，是否应对在线证券交易立即实行自由佣金制值得进一步探讨。最近的中国证券业协会的调查研究报告表明，立即实行自由化的呼声还是很高的。

10.3.3 在线证券交易风险和安全管理

网上证券的风险和安全来自于两个方面，一个是证券交易本身所具有的风险，一个是网络手段的利用给证券交易带来额外风险，这可以说是网络安全问题。综合起来看，在线证券交易安全和风险主要表现在：

- 网上委托的技术系统被攻击、入侵、破坏，导致网上委托无法正常进行；
- 委托指令、客户资料以及资金数据等被盗取或篡改，甚至造成资金损失；
- 发布虚假信息，误导投资者、操纵市场。

为保障在线交易安全，降低投资的风险，《办法》主要采纳了以下措施：

（1）开户审查。《办法》对于在线证券交易的委托手续作了明确规范，依据第6条的规定，只有在证券公司合法营业场所依法开户的投资者才有权申请进行网上委托，申请获批准者方能进行网上委托；这种申请必须由本人亲自申请，不得代理申请；投资者申请时应向证券公司提供身份证明原件，证券公司应向投资者提供证实证券公司身份、资格的证明材料。

（2）加密和身份认证。网络的开放性、信息的易获取或篡改性，要求在线证券交易必须采取相应的技术安全措施。这也就是通常采用的加密和身份认证制定。《办法》第17条和第18条分别规定了这两个安全措施，要求证券公司在互联网上传输的过程中，必须对网上委托的客户信息、交易指令及其他敏感信息进行可靠的加密；采用可靠的技术或管理措施，正确识别网上投资者的身份，防止仿冒客户身份或证券公司身份；必须有防止事后否认的技术或措施。

（3）技术标准控制。技术系统必须达到一定的标准，《办法》第21条要求网上委托系统中有关数据安全、身份识别等关键技术产品，必须通过国家权威机构的安全性测评；网上委托系统及维护管理制度应通过国家权威机构的安全性认证；涉及系统安全及核心业务的软件应由第三方公证机构（或双方认可的机构）托管程序源代码及必要的编译环境。密码产品的主管机关是国家密码委员会；与互联网有关的安全产品、系统及管理体系的测评认证，由国家技术监督局所属的中国国家信息安全测评认证中心负责。

（4）风险揭示。《办法》第7条规定，证券公司应制定专门的业务工作程序，规范网上委托，并与客户本人签订专门的书面协议，协议应明确双方的法律责任，并以《风险揭示书》的形式，向投资者解释相关风险。第22条对揭示的方式和内容作了规范：证券公司应在入口网站和客户终端软件上进行风险揭示。揭示的风险至少应包括：因在互联网上传输原因，交易指令可能会出现中断、停顿、延迟、数据错误等情况；机构或投资者的身份可能会被仿冒；行情信息及其他证券信息，有可能出现错误或误导；证券监管机关认为需要披露的其他风险。

（5）业务监督管理。《办法》对网上证券业务管理有严格的要求，如：第 15 条要求证券公司应安排本单位专业人员负责管理、监督网上委托系统的运行，并建立完善的技术管理制度和内部制约制度。第 16 条规定，网上委托系统应包含实时监控和防范非法访问的功能或设施；应妥善存储网上委托系统的关键软件（如网络操作系统、数据库管理系统、网络监控系统）的日志文件、审计记录。另外，第 19 条还要求证券公司根据本公司的具体情况采取技术和管理措施，限制每位投资者通过网上委托的单笔委托最大金额、单个交易日最大成交总金额。

（6）禁止托管。《办法》要求证券公司应提供一个固定的互联网站点，作为网上委托的入口网站（第 21 条），同时要求证券公司必须自主决策网上委托系统的建设、管理和维护。有关投资者资金账户、股票账户、身份识别等数据的程序或系统不得托管在证券公司的合法营业场所之外（第 11 条）。禁止开展网上证券转托管业务。

（7）分业经营。《办法》第 10 条规定，开展网上委托业务的证券公司禁止直接向客户提供计算机网络及电话形式的资金转账服务。这里的银证转账指投资者以电子方式，在其证券资金账户和其他账户之间直接划转资金。目前通过电话或网上银行手段，技术上可实现这种银证转账。例如，投资者持有某些种类的银行信用卡，通过拨打银行或证券公司提供的电话号码，按指令操作，有可能在证券账户与信用卡账户之间划转资金。根据分业经营的原则，需隔离证券交易和商业银行业务的风险；为了防止网上委托的数据受到非法窃取或改动，以致通过网络将非法收益转入银行账户，《办法》规定开展网上证券委托业务的证券公司不能直接向客户提供网络或电话形式的转账业务，采用网上委托方式的投资者，可以使用商业银行提供的银证转账业务。

（8）信息保密。为防止投资者或第三人利用网络获取证券公司业务信息，《办法》第 12 条规定网上委托系统和其他业务系统在技术上的隔离，以禁止通过网上委托系统直接访问任何证券公司的内部业务系统。为了保护客户资料的被盗用，《办法》第 13 条要求未申请网上委托的投资者的所有资料与网上委托系统进行技术隔离。另外，第 14 条规定网上证券公司对于在线交易所有信息备份并有安全贮存的义务：网上委托系统应有完善的系统安全、数据备份和故障恢复手段。在技术和管理上要确保客户交易数据的安全、完整与准确。客户交易指令数据至少应保存 15 年（允许使用能长期保存的、一次性写入的电子介质）。

（9）信息披露。《办法》除了要求证券公司向投资者事先揭示在线交易的风险外，还要求证券公司披露的各种信息要真实有效。第 23 条明确到：证券公司开展网上委托业务的同时，如向客户提供证券交易的行情信息，应标识行情的发布时间或滞后时间；如向客户提供证券信息，应说明信息来源，并应提示投资者对行情信息及证券信息等进行核实。另外第 9 条要求证券公司应定期向进行网上委托的投资者提供书面对账单。

（10）预防措施。《办法》第 8 条要求开展网上委托的证券公司，必须为网上委托客户提供必要的替代交易方式，以防止在网络发生事故后，不能正常进行交易。

上述是《办法》施加给证券公司的一些义务，主要通过制度措施来保障交易安全。但是，网络作为一种新型的技术手段，其风险防范还需要投资者具有自我保护知识和意识。首先，应从安全性、稳定性、信息质量、传输速度、技术服务等方面，综合比较，选择进行网上委托的网站及其相应的证券公司。第二，要及时检查委托成交情况以及清算结果，检查证券公司提交的书面对账单，发现问题要及时通知证券公司，积极协助进行妥善处理。

第三，要通过学习或咨询，选择并使用适当的安全防范技术，如密码设备、数据备份等；不能为了方便而省去必要的安全操作，各类数据和资料要安全存放。第四，要注意核实证券公司开展网上委托业务的资格，认真阅读与证券公司签订的有关协议文本，明确双方的法律责任。第五，要注意分析、核实从网上获取的各类信息，做一个成熟的投资者。

10.4 本章小结

在线证券交易是指证券交易当事人通过互联网开展的证券交易活动及其相关活动。依据是否依托实物证券交易所和有形证券营业部，在线证券交易可以划分为三种模式：完全化的互联网电子交易系统模式；非完全的在线证券交易；券商理财模式。在线证券交易发端于美国，在世界各国得到普及。我国在线证券交易虽然起步晚，但发展速度很快。

证券交易属于特殊行业，受到严格管制，在线证券交易的推行，需要相应的法律确认和规范。2000年4月，中国证监会颁布的《网上证券委托暂行管理办法》将在线交易合法化，但远没有制定系统操作规则和监管规范，网上发行和交易的整套网络证券业务还没有正式开展起来，再加上我国电子商务基本立法尚属空白，法律上的滞后性严重制约着在线证券交易开展。

在线交易也是新兴证券业务，它对技术、制度环境的依赖程度很深。在线证券交易特殊法律问题主要是：投资者身份确认问题；网上证券买卖风险揭示书的法律性质问题；网上证券电子交易系统的法律性质问题等。

《网上证券委托暂行管理办法》基本上确立了网上证券监管的基本框架。就网上委托业务的资格条件而言，根据该办法只有获得中国证监会颁发的《经营证券业务许可证》的证券公司，并具备一定条件的情形下，才可向中国证监会申请开展网上委托业务，经核准后才可以开展网上证券委托交易业务。

网上证券的风险和安全来自于两个方面，一个是证券交易本身所具有的风险，一个是网络手段的利用给证券交易带来额外风险。后者主要是网络安全问题，《办法》施加给证券公司的一些义务，通过制度措施来保障在线证券交易的安全。

10.5 思考题

1. 简述网上证券交易及其模式。
2. 简述网上证券交易风险揭示书的性质。
3. 简述开展网上证券委托业务的条件和程序。
4. 《办法》采取哪些制度措施确保网上证券交易的安全。

第 11 章　网络广告的法律规范问题

广告作为一种交易活动，其基础是广告主、广告制作和发布人之间委托承揽或技术服务合同，但广告活动不完全是民商事行为，而是一个受到国家强制性法规调整的交易活动，广告行业也是一个受到严格监管的行业。本章除了介绍网络广告的基本知识外，主要根据现行广告法及其他法规，分析网络环境下特有的法律问题，包括广告主体的责任问题、不正当竞争问题及其网络广告的行政监管问题。

11.1　网络广告及其所涉及的法律问题

11.1.1　网络广告及其类型

网络被誉为第四媒体，具有区别传统媒体的独特性。网络作为信息的传播媒体，它不仅覆盖面广，不受时间和地域限制，而且反应快、使用便利、成本低廉，再加上其互动性，使广告发布商与消费者有了相互沟通和更亲密的接触。因此，网络广告不仅成为广告产业的一次重要变革，而且成为现代企业营销的主要手段，也成为网站经营者重要营利手段。

从法律上看，广告"是指商品经营者或者服务提供者承担费用，通过一定媒介和形式直接或者间接地介绍自己所推销的商品或者所提供的服务的商业广告[①]。"网络广告，是指利用互联网发布的广告。

网络广告可以从不同的角度进行分类。从发布途径来看，可以有以下几种：
- 通过自设的网站发布广告，普通的企业及其网络公司均可以通过自己的网站发布有关其自身产品或服务的广告；
- 通过电子邮件发布广告，即通过电子邮件将广告发送到一定数量的网络使用者的电子信箱中；
- 通过个人主页发布广告；
- 通过委托互联网服务提供者（ISP、ICP 等）和其他网站发布广告。

就网络广告的形式而言，网络广告大致可以分为以下四种：

（1）横幅与视框广告。这种广告大多位于网页上端或下端，一般内容为：公司名称、一段简短的讯息和鼓励用户浏览该网页的字眼。这些横幅可以是静态或是动态的，客户选择点击横幅，就会被带到另外一网页。

（2）多媒体广告横幅。这类横幅配合多媒体技术，如 Flash，Shockwave 和 Java，提供影像、音效、动画和照片。用户可以进入这些网页，而无需离开原本的网页。广告商从其他网页直接将内容传送给用户，让用户随意购物或登记资料，用户毋需离开原来正在浏览

---

① 参见《广告法》。

的网页。

（3）关键字或按钮广告。关键字广告按钮所占面积小，可以放在相关产品内容旁边。如同广告横幅一样，这些按钮并不是互动的，当用户选择点击这些按钮时，用户就会被带到另外一个网页。

（4）电子邮件广告。电子邮件（E-mail）是互联网上最便宜和最有效率的宣传方法，是互联网上较为有效的广告方式，通过 E-mail 系统，商家可以将服务和产品信息传递到特定的消费者手中或某个网站的所有消费者手中。

从网络广告的发布主体来看，网络广告可以区分为：

（1）网站经营者为宣传自己网站或其经营的网上营业而做的广告；

（2）网站经营者接受他人委托为他人的产品或服务所做的广告。

网站经营者在两种广告中所起的法律地位和作用是不一样的。在前一种情形下，网站经营者集广告主、广告经营者、广告发布者为一身，而在后一种情形下，网站经营者则为广告发布者和（或）广告经营者。所有这些角色的重合，无疑给适用传统广告法提出了难题。

11.1.2 网络广告的特点及其法律问题

网络广告既不同于纸面媒体广告，也不同于电子媒体广告。网络广告的主要特点是：

（1）再现性。网络广告利用数字技术和多媒体技术制作，通过网络可以多次浏览。

（2）传播的快捷和广泛性。互联网是一个无地域国界的虚拟世界，一个站点的广告通过互联网可以传遍世界的每个角落；借助一台电脑可以搜索到世界各地厂商的广告信息。互联网传播的速率和广泛性是任何一种传统媒体无法比拟的。

（3）双向互动。网络广告增加了消费者和客户了解广告内容的机会。当某用户点击某商品时，响应的网页不仅显示搜索结果，还显示出厂商的广告信息。客户对于广告的响应，使得厂商能够非常方便地掌握大量的消费者和客户信息。网络广告商和消费者的交互影响带来了网络广告的一个高度敏感的问题——如何利用消费者信息。这便是第 14 章要讨论的消费者个人资料防止商家不正当利用问题。

（4）开放性。传统广告媒体，如广播、电视、报刊等，尽管其覆盖面和迅捷程度也可以与网络媲美，但是，在这些媒体上发布信息源头是可控的。而网络的开放性，使之真正成为人人都可以操纵的"大众媒体"，任何人都有可能在网上发布广告或类似的商业信息。

网络广告的上述特点给传统广告法提出了挑战，特别是对于网络广告的行政管制提出了挑战。网络广告仍然属于商业广告的范畴，仍然应当适用现行广告法进行规制，但是，网络的开放性和无地域性，使网络广告难以管理，以致目前的网络广告处于一种失控的状态。在这种情形下，广告活动中的违法或不正当行为就在所难免了。因此，探讨网络广告管理方式和途径，加强对网络广告的管理，最大限度地减少广告欺诈等违法广告活动，保护消费者的利益和市场秩序，是当前重要的任务。

网络广告涉及的法律问题主要有三个方面的问题，一是网络虚假广告问题，主要是传统广告法对网络广告的适用问题；二是网络广告引起的不正当竞争问题，这涉及反不正当竞争法的一些内容；三是对网络广告的管制问题，主要探讨在网络环境下如何对广告活动进行管制问题。

11.2 网络广告内容规制及其虚假广告问题

11.2.1 现行法仍适用于网络广告行为

网络广告与传统媒体上的广告相比，只是载体的改变，因此，网络广告仍然要遵守传统法律框架下对广告内容的管理。

就此而言，网上发布广告应当遵守《中华人民共和国广告法》、《中华人民共和国产品质量法》、《中华人民共和国反不正当竞争法》等法律。另外，我国对于药品、医疗器械、烟酒、食品、化妆品等产品广告实行特殊管制，国家工商管理局和其他相关部门为此发布了相应的规章，规定了这些广告发布的标准和规范，在涉及相应类别的广告时，也必须遵守这些规章。如国家工商局1993年发布的《化妆品广告管理办法》，1995年发布的《药品广告审查标准》和《酒类广告管理办法》、1996年发布的《食品广告发布暂行规定》。

在网络广告发布过程中，网络公司或网站是广告经营者和发布者，不管是发布自己的广告，还是受托发布他人的广告，对于违反上述法律和规章中强制性规定，特别是禁止性规定的，如不得含有淫秽、迷信、恐怖、暴力、丑恶的内容，网站将承担直接行政责任和刑事责任。对于禁止性规范，上述法律都作了明确的规范。

11.2.2 网络虚假广告

1. 什么是网络虚假广告

《广告法》第3条和第4条规定，广告应当真实、合法，符合社会主义精神文明建设的要求；广告不得含有虚假的内容，不得欺骗和误导消费者。据此，违反这些规定，利用广告对商品或者服务作虚假宣传，欺骗和误导消费者的就构成虚假广告。

虚假事实包含与事实不符和夸大事实两个方面。虚假事实可能是所宣传的商品或服务本身的性能、质量、技术标准等，也可能是政府批文、权威机构的检验证明、荣誉证书、统计资料等，还可能是不能兑现的允诺。那么，这些虚假宣传同样可以利用网络加以实现和表现出来。就广告内容而言，网络广告增加了对网站本身的宣传。严格地讲，网站本身只是商业活动或服务的媒体或手段，而不是产品服务内容本身，但对于网站本身的不实宣传也构成网络环境下的虚假广告。有些网络公司急于扩大自身影响，引起公众注意，因而在广告中出现一些不当或违法宣传，如"中国第一"、"全国最大规模的中文网站"、"中国访问率最高和固定用户数量最多的网站"等。下面所介绍的案例就是这种新型虚假广告。如果网络广告宣传构成了虚假宣传自己的产品或服务，或含有贬低他人商品或服务的内容，那么，这种行为即可能构成网络广告引起的不正当竞争行为。

2. 虚假广告案

鹤鸣日新公司（原告）和北京迅合科技有限责任公司（被告）均在互联网上设立了自己的网站，都提供在线法律服务，在其网站上介绍中国律师和中国律师事务所。原、被告均在各自网页上使用了"国际互联网上第一家全面、集中向全球介绍中国律师事务所及其律师"的广告用语,被告亦同时强调其网站"是目前国内最权威的综合性法律信息站点"。

后原告将被告诉至法院,称被告宣传广告是虚假和带有欺骗性的,也违反了《反不正当竞争法》第9条的规定。迅合公司则称其宣传广告是对事实的客观表述,不是虚假和带有欺骗性的广告,请求法院驳回原告的诉讼请求。该案成为国内首例因虚假广告引起的不正当竞争案。

北京市海淀区法院1999年11月17日公开审理了该案。经审理,法庭判定被告在应知国内有其他ICP提供相同在线法律服务的情况下,没有任何事实依据,在其网页上使用"最权威"、"第一家"等修饰性广告宣传用语,影射了包括原告在内的其他提供在线法律服务的ICP的服务质量问题,从而误导社会公众,侵犯了包括原告在内的他人的合法竞争权利,主观过错明显,已构成不正当竞争,原告要求被告立即停止侵权行为,公开致歉、消除影响,理由正当,应依法予以支持。

由于在线交易还没有完全开展和普及,因此目前网站大多数是靠广告支撑,因而采用各种方式吸引用户、扩大影响。某些网站用虚假广告欺骗和误导消费者的情况时有发生。上述案例为我们法律界和工商管理界提出了一个严峻的问题,网络广告应当如何管制和规范。

11.2.3 广告发布者的责任

根据《广告法》第38条,发布虚假广告,欺骗和误导消费者,使购买商品或者接受服务的消费者的合法权益受到损害的,由广告主(即委托人或厂商)依法承担民事责任;广告经营者、广告发布者明知或者应知广告虚假仍设计、制作、发布的,应当承担连带责任。广告经营者、发布者不能提供广告主的真实名称、地址的,应当承担全部民事责任。因此,作为广告经营者和发布者,网站必须严格地依照法律和规则制作和发布广告,并尽职尽责地审查广告发布内容的真实性,否则一旦被认定明知或应知虚假而发布虚假广告,网站即得承担连带责任。而且网络公司还必须注意公示广告主的真实身份、地址等信息,免得在广告主销声匿迹后,自己承担全部的责任。当然,这里网络公司这种审查义务应当理解为形式审查,即广告发布者应当要求广告主提供合法、有效的证明文件和证书,并尽一定的合理注意义务,以确保所发布的广告信息的合法、真实、有效。

另外,根据《广告法》第47条,广告主、广告经营者、广告发布者违反广告法,有下列侵权行为的,也应当承担民事责任:

- 在广告中损害未成年人或者残疾人的身心健康的;
- 假冒他人专利的;
- 贬低其他生产经营者的商品或者服务的;
- 广告中未经同意使用他人名义、形象的;
- 其他侵犯他人合法民事权益的。

按照一般法律理念,如果网络公司(作为广告经营者或广告发布者)与广告主在这些侵权行为中存在共同的故意或存在过失,那么一旦发生侵权行为,网络公司则很难逃脱干系。但是,由于网站经营者的复杂性,网站经营者是否都处于广告的发布者地位或都承担责任，需要根据具体情况认定。

11.2.4　网站经营者在广告发布中的责任

现行广告法将广告法律关系的当事人分为三种：广告主、广告经营者和广告发布者。在网络环境下，广告法律关系中的这三种角色变得不宜区分。正如前面提到，在网站经营者为自己的产品或服务在自己的网上进行广告宣传情形下，网站经营者集广告主、广告经营者、广告发布者为一身，而在为他人发布广告的情形下，网站经营者既可能为广告发布者，也可能同时兼广告经营者。应当说，在前一种情形下，虚假广告和广告引起的侵权责任的承担变得简单了，均由网站经营者自己来承担。现在较有争议的是，网络服务商在网络广告中扮演什么角色。

关于网络服务商在网络广告中的法律地位，主要看网络服务者是否参与了广告的设计、制作和发布。在这里，仍然可以援用 ICP 和 ISP 区分的原则，即在主要看网络服务商是否直接介入到广告制作与发布。如果受托从事设计、制作、发布，那么，网络服务提供商或网站经营者则即成为网络广告的经营者和发布者；如果不包括设计、制作，那么，仅为广告的发布者。在这两种情形下，经营者均承担类似于 ICP 在信息传播中的责任，即对所制作和发布的广告内容的真实性、合法性负责。

但是，对于 ISP 是否为广告的发布者，目前仍存在争议。有些国家和地区倾向于将 ISP 纳入广告媒体经营者范畴。但是，由于 ISP 仅仅是一个信息传播者角色，对于其经营的网站上发布的广告内容没有筛选、过滤，或者没有直接或间接参与网络广告的发布，因此，ISP 对于网络广告虚假和由此引起的侵权结果不应承担责任，其道理仍然同 ISP 在信息传输中的责任一样（参见第 2 章）。有些专家指出，一旦苛求 ISP 来承担网络广告管理的责任，势必迫使 ISP 投入巨大的人力、物力对网络进行监管。不论能够达到什么样的效果，单就投入的成本就不是任何一个独立的 ISP 所能够承担的。如果 ISP 将这些成本转嫁到消费者身上，网络发展也必然要受到阻碍。因此，建议要在适当程度上免除 ISP 对网络虚假广告的连带责任。但是，网络服务提供商一经发现或权威机构通知广告虚假或违法，则应当立即停止传播并删除相关内容，并在必要时配合司法机构的调查。但是，这里有两个问题，一是 ISP 有没有主动审核监督的义务，可否规定在"应知"广告内容虚假或违法时 ISP 承担责任；二是当受害人有证据证明侵权行为的客观存在，而 ISP 接到通知后仍不采取措施，在这种情况下，能否肯定 ISP 应当承担由此产生的不作为的连带责任。

"明知"是一种故意，而"应知"即是应当知道而没有知道，是一种重大过失的主观状态。因此，规定应知即扩大了 ISP 在广告发布中的责任。有观点认为，在广告行为中，不仅是在 ISP 明知或参与了网络虚假广告制作及发布活动时才承担责任，而且，在应当知道却因重大过失而不知的情况下，也应承担责任。这无疑给 ISP 施加过多的注意义务和监督审查义务。因为，应知仅仅是从一般情形或理想的情形的一种推定，如果 ISP 不能证明其已经尽到注意义务，那么这种推定即成立。ISP 承担这样的义务和责任，将对于保障网络广告真实合法起到积极的作用。这也许是网络广告是一种商业行为，它不同于一般的信息传输，因而应当承担更多的义务和责任。

工商行政机关、司法机关通告网站经营者某网络广告虚假或违法，ISP 应当立即采取删除或停止措施,但是,对于一般受害人的举报,ISP 是否应当立即终止网络广告呢? 有时受害人举报亦有可能不符合事实或事实本身还构不成违法。这时就要有一个依据法律对所举报事实进行一个判断的问题。在作出表面上的判断后,可先采取中止措施;如因此而发生争议,可通过诉讼或其他方式加以解决。当然举报者应当提供充分的证据证明广告内容虚假或违法。

总之,对于 ISP 而言,原则上对于网络广告虚假、侵权、违法不承担责任,但是,如果存在明知、因重大过失而没有发现或被告知虚假、侵权和违法而不采取删除措施的,则要承担相应的责任。

11.3 网络广告与不正当竞争

11.3.1 网络广告引起的不正当竞争行为

在现代商品经济社会中,产品生产者和服务提供者多不胜数,尽管商品的质量、价格、服务等是决定购买者或消费者进行选择的根本因素,但商品宣传对于引起消费者的注意、选择、购买具有不可低估的意义。而且由于消费者与生产者之间的信息不对称,更不可能寄希望于消费者对于所有的商品或服务具有足够的知识和识别能力。于是商品上的标注、厂商或服务提供者的广告和宣传成为影响消费者选择商品或服务的重要依据。如果经营者对商品或服务进行虚假的或引人误解的宣传,必然因误导消费者或者购买者而获得较多的商业机会,此时显然背离了市场竞争的正当轨道,损害了正当的竞争,构成不正当的竞争行为。

《反不正当竞争法》第 9 条第 1 款规定:"经营者不得利用广告或者其他方法,对商品的质量、制作成份、性能、用途、生产者、有效期限、产地等作引人误解的虚假宣传。"这意味着对自己产品或服务的虚假宣传,也是一种不正当竞争行为。虚假宣传包括两个方面,一方面是对自身产品的虚假宣传,另一方面是对他人产品的贬低或诋毁宣传。

对自身产品或服务的误导宣传可能涉及以下 7 个方面:
- 产品制造过程或技术服务流程或技术安全性;
- 产品或服务具有特殊的功能、目的、标准、等级或适用性;
- 产品或服务的质量、数量或其他特性;
- 商品或服务的来源或产地;
- 对商品或服务所承诺的品质保证、提供的条件、售后服务等;
- 产品或服务的价格或其价格的计算方式;
- 产品的生产主体或经营主体。

通过贬低他人,抬高或宣传自己的产品或服务的行为,也是一种虚假宣传或广告,为《广告法》所禁止。《广告法》第 12 条规定:"广告不得贬低其他生产经营者的商品或者服务。"这种含有贬低内容的广告是指寻求市场竞争中的一个或一组产品或者服务做比较,采取令人误解、诋毁、在含义或事实上是错误的方法,给予不公正的评价的广告。此类广告行为直接侵害竞争对手商业信誉以及产品或服务的声誉,是一种旨在损害竞争对手合法权益的不正当竞争行为。

如果网络广告宣传包含了虚假宣传自己的产品或服务，或含有贬低他人商品或服务的内容，那么，这种行为即可能构成网络广告引起的不正当竞争行为。下面是一个发生在我国的案例。

11.3.2　创联诉信诺立广告和网页抄袭案

原告创联公司成立于1996年，主要从事域名注册和虚拟主机托管等业务并连续被中国互联网络信息中心（CNNIC）授予域名注册全国授权代理的优秀代理第一名。而被告北京汇盟国际商务咨询有限公司（即"信诺立"网络）成立于1995年，经营业务和创联基本相同。信诺立在域名代理方面一直落后于创联，但1999年5月前后也跻身CNNIC优秀代理的前五名。

原告创联公司认为，自1999年5月以来信诺立开始在多家报刊、杂志上打出与创联公司的广告创意和风格类似的广告。创联称1999年5月前，它和信诺立的广告几无雷同之处。创联广告的业务范围是：域名注册、网站寄存、内容策划、网站推广、电子商务，同时将自己的虚拟主机产品分为百姓级、宝石级和钻石级，用相当版面介绍自己的技术可靠性、战略伙伴联盟、优秀代理等。而处于同一页面的信诺立公司广告内容有：域名价格、CNNIC和InterNIC代理权、技术服务内容、联系方法。但是在5月3日刊登的广告上，信诺立开始将自己的业务范围划分为：域名注册、空间租用、网站设计、网站宣传和电子商务，并将自己的虚拟主机划分为：宝信级、宝诺级和宝立级。同时，在域名注册部分，信诺立也模仿创联将顶级域名的结尾全文列出。因此，认为信诺立的广告存在"抄袭"之处。

同期，创联公司发现信诺立开始抄袭其网页结构、设计风格和部分内容。7月底，经用户举报，创联公司发现信诺立直接移植、抄袭了创联的网页；移植过程中，信诺立未更改相关的信息，以至于创联公司的名称、代理代码和服务器网址等都保留在这些网页上。创联向法院提交了经公证的有关页面。基于此，创联认为信诺立非法抄袭创联网页和对外广告等手段损害了创联公司的正当权益，对创联的正常运行造成干扰，在客户中造成混淆，从而达到挤占市场的目的。因此，构成不正当竞争行为，要求赔偿50万元。

信诺立认为创联所指控的抄袭罪名缺乏实质性的证据和明确的法律依据，信诺立的行为没有对原告的经营和商誉造成损失和不利影响。并且提起反诉，认为创联在开庭前通过媒体大肆指责信诺立，编造事实并公开将本案定性为不正当竞争，从而对信诺立造成了不利影响。

本案不仅存在网页抄袭，而且存在广告抄袭问题。广告抄袭问题不是网络环境下特有的，在传统商业环境下亦存在，只是对这一问题，法律并没有任何成文规定。因此，究竟是否属于侵权行为需要法院根据具体情形认定。

11.4 网络广告行政监督和管理

11.4.1 网站广告经营主体资格的管制

从事广告制作和发布属于一种特殊营业行为，因此，只有在工商局注册登记取得许可后方能从事广告发布活动。这是根据商事法和工商管理规则得出的一般性结论，但目前国家立法尚未对此作出明确规定。这就可能带来两个方面的问题，一方面网站经营广告的主体资格合法与否会影响到所承揽或受托发布的广告合同的有效性，一旦出现合同等纠纷，现有的法律、法规及各类规范性文件对网络公司合法权益都无法予以有效的保护。另一方面，网络公司没有相应的广告经营许可证，也就无法从税务机关得到广告业的专用发票；国内企业无法得到广告业的专用发票，也就无法将广告支出在企业成本中列支。这种情况大大限制了企业在网络上的广告投入，影响了网络广告的发展。

北京市工商行政管理局2000年5月18日发布了一个地方规章《关于对网络广告经营资格进行规范的通告》，率先对网络广告的主体资格认定作了规范。依照该通告，网络广告商是指在北京市辖区内依法领取营业执照的从事网络信息服务的经营主体，利用互联网从事的以盈利为目的的广告活动。已经办理《广告经营许可证》的广告专营企业可从事网络广告的设计、制作、代理业务，也可在自办网站上开展广告发布业务。各类合法网络经济组织可以作为一种媒体在互联网上发布由广告专营企业代理的广告，但在发布广告前应向工商行政管理机关申请办理媒体发布广告的有关手续。网络经济组织在具备相应资质条件的情况下，也可直接承办各类广告。网络经济组织承接广告业务的，应向工商行政管理机关申请办理企业登记事项的变更，增加广告经营范围，并办理《广告经营许可证》，取得网络广告经营资格。这也就是说，网站从事网络广告制作和发布的必须获得广告经营许可证；即使单纯发布广告专营企业制作的广告，也需要到工商管理机关办理广告发布的手续。

北京市的作法是否应当推广至全国，并以法律的形式确立下来，还需要进一步的研究。

11.4.2 特殊广告发布前审查管制

我国对一些种类的广告实行审查制度。根据《广告法》第34条，利用广播、电影、电视、报纸、期刊以及其他媒介发布药品、医疗器械、农药、兽药等商品的广告和法律、行政法规规定应当进行审查的其他广告，必须在发布前依照有关法律、行政法规由有关行政主管部门对广告内容进行审查；未经审查，不得发布。由于网络已成为新型的大众化的媒体，在网络上发布需要审查的广告当然亦应当进行审查，这是广告管理必然的要求。虽然国家法律还没有明确这一点，但今后很有可能采取这样规则。问题在于如何审查。

目前对于上述几类广告的审查分为中央和省两级。如药品广告的审查机关为国务院和省级卫生行政部门。在网络环境下，地理区域、地域国界变得模糊或无意义，因而网络广告审查按传统行政区域确定的办法是否仍然可行，是值得重新考虑的问题。这一问题的答案取决于是否仍然以特殊商品网络广告主而不是网络广告经营者作为确定审查机关的依据。在这一点上我们持肯定态度。

特殊商品网络广告发布主体有两类，一类是特殊商品的生产者；二是特殊商品的销售者。对于生产者而言，不可能出现在线生产，因此它总是在现实中有特定的营业场所或住所。对于销售者而言，可能存在两种情况，一种是现实商品销售商在委托他人发布网上广告；另一种是现实中不存在实体企业，仅有在网上设立专卖店或设立专门销售特殊产品的销售平台。对于前一种情形下，与生产商情形没有什么两样，可以以他们的住所地和经营地作为确定审查机关依据。而对于后者，则可以以设立网上商店的企业的住所地或网站经营者住所地判断广告主的位置，并以此确定审查管辖机关。

因此，特殊商品网络广告发布前确定审查机关的原则为：商品的生产者作为审查申请人时以特殊商品的生产者的住所地或经营地确定；当审查申请人不是特殊商品的生产者时，以申请人的住所地或经营地确定；住所地或经营地无法确定时，为其提供网络联线服务的服务商的服务器所在地视为住所地或经营地。

11.4.3 网络广告管理的难点和相应措施

网络作为一种传媒具有开放性、自由性、迅捷性、无国界性、互动性等特征，这些特征决定了对其上发布的信息控制更加困难，这也就决定了对网络广告发布监管的难度。

首先，清晰地区分单纯的信息传播与广告具有一定难度。尽管《广告法》对广告有清楚的定义，但是，在现实生活中，区分广告与信息、宣传、事实、表扬文章等本身就存在着难度，加上网上传播方式的多样性、在网上交易信息往往又与广告信息混合或并行进行，在一条信息中可以混杂有或隐含有广告的成份。这种非以广告形式或手段但包含广告内容的宣传也称隐性广告。《广告法》第 13 条明确规定，广告应当具有广告标记，使广告具有可识别性，与其他非广告信息相区别，不得使消费者产生误解。大众传播媒介不得以新闻报道形式发布广告。在传统媒体上也存在隐性广告，但相对于网络媒体而言，易识别和管理，而在网络环境下，隐性广告则很难识别。网络新闻、BBS 上发布的信息明显起到广告效果，但很难说它具备广告形式。在这种情形下，如果要进行审查登记的话，是否发布这些讯息也算是发布广告，也要进行审查或者资质许可呢？

其次，广告主、广告经营者和发布者定位问题模糊不清。在传统媒体广告环境下，广告主、广告经营者和发布者区分是清晰的，但是在网络环境下，三者的区分日益模糊。经营网络运营的 ISP 和提供信息服务的 ICP 既拥有传统媒体的传播平台，同时也集广告代理、制作和发布于一身，在这种情形下，使我们无法用现行法律的概念和规则去理解和规范网络环境下的三种角色。另外，企业自由设立主页或站点进行自我宣传，任何人登陆某一个站点，发布广告或类似宣传信息。对此如何管理也是面临的新课题。最典型地是第三人利用电子邮件直接向他人散发广告或散发含有广告内容的信件。在这种情形下，是否管制或如何管制呢？

再次，网络广告发布主体和渠道多样，广告发布地域无边界等特点使广告管理更加困难。传统广告由于制作和发布广告的主体有限，发布的空间或地域有限，无论是对广告内容的管制，还是对主体的许可或登记均可以实现。而对于网络广告而言，不仅存在难以计数的发布主体和渠道，而且不分地域国界限制，这使得网络广告的管理在某种程度上难以完全实现。基于网络的超地域性，它还导致法律适用和行政管理权的冲突。传统广告由于受国界的限制，一般由国内法管辖，即使发布跨国广告，也是或由本国或由他国法律管辖，一般不会发生法律适用冲突问题。而网络广告则不同。从客观上看，由于网络广告可能涉及多个国家，无法将其分割为几个部分，无法确定哪部分所在地与网络更为密切。鉴于各国立法的差异，故当碰到这类问题时，各国广告法几乎都是束手无策。有的广告主、广告发布者故意利用各国的差异，利用网络的超地域性，规避一国法律，想办法发布某些网络广告。对于这种行为，各国颇为头痛，但又无能为力。还需要国际社会采取合作，共同制定规范加以解决。

11.5 本章小结

广告是指商品经营者或者服务提供者承担费用，通过一定媒介和形式直接或者间接地介绍自己所推销的商品或者所提供的服务的商业广告。网络被誉为第四媒体，因此也成为广告发布的媒介。但网络区别于其他传媒，网络广告也具有其他媒体所没有的特点：多次浏览、传播速度快、范围广，且具有双向互动性、开放性的特点。

网络广告主要涉及三方面的法律问题：一是网络虚假广告问题，主要是传统广告法对网络广告的适用问题；二是网络广告引起的不正当竞争问题，这涉及反不正当竞争法的一些内容；三是对网络广告的管制问题，主要探讨在网络环境下如何对广告活动进行管制的问题。

就虚假广告规范而言，《广告法》、《产品质量法》、《反不正当竞争法》等法律及其他规章仍然适用于广告发布行为。不管网络公司或网站经营者自己发布，还是受托发布他人的广告，对于违反上述法律和规章强制性规范的，广告主、广告经营者和发布者均应承担相应的法律责任。只是在网络环境下，广告法律关系的这三种角色变得不易区分。在网站经营者为自己的产品或服务在自己的网上进行广告宣传情形下，网站经营者集广告主、广告经营者、广告发布者为一身，而在为他人发布广告的情形下，网站经营者既可能为广告发布者，也可能同时兼广告经营者。在前一种情形下，虚假广告的责任由网站经营者自己来承担，但在后一种情形下，其法律地位判断主要看网络服务者是否设计、制作广告并发布广告。如果网站经营者仅处于传输者地位，原则上对于网络广告虚假、侵权、违法不承担责任，但是，如果存在明知、因重大过失而没有发现或被告知虚假、侵权和违法而不采取删除措施的，则要承担相应的责任。

如果网络广告宣传包含了虚假宣传自己的产品或服务，或含有贬低他人商品或服务的内容，那么，这种网络广告可引起不正当竞争行为，受《反不正当竞争法》的调整。

广告制作和发布是一种特殊营业，因此需要获得政府许可。但是，目前关于网络广告经营是否要获得许可的问题，国家法律还未明确。药品、医疗器械等特殊广告发布的事前理应延伸到网络广告，但如何审查需要探索。

网络传媒的特殊性决定了对网络广告发布监管的难度，比如如何清晰地区分单纯的信息传播与广告，如何界定广告主、广告经营者和发布者，如何鉴别广泛发布来源等存在着识别困难。因此，对网络广告的监管还是一个尚待探索的问题。

11.6 思 考 题

1. 简述网络广告的种类和特点。
2. 简述网站经营者在虚假广告中的责任。
3. 试述现行法律对网络广告的内容规制。
4. 试述网络广告的行政监督和管理中存在的问题。

第12章 电子支付中的法律问题

电子支付是在电子商务出现以前就已经存在，电子商务的开展为支付电子化、网络化提出了更高的要求。于是电子支付也成为电子商务的基础条件。为了保证电子支付的迅速健康发展，必须制定相应的法律和法规，对电子支付当事人的权利、义务和责任、电子货币的法律地位、争议解决办法、风险分担制度作出明确的规定。本章在介绍网上支付手段和流程的基础上，重点探讨这些支付手段引起的法律问题和安全性保障问题。

12.1 电子支付基础知识

12.1.1 在线电子支付的手段

1. 在线电子支付

就目前而言，在网上 B2C 交易中，网上沟通、网下结算仍然占有较大比例；或者采用货到付款（支付现金）；或者采用邮局汇款或其他汇付方式支付货款，经营者收到货款后发货。人们对这类方式比较熟悉，也有安全感，但这类方式效率低下，使电子商务失去了快捷的特点。

完全的电子商务则通过互联网进行电子支付。电子支付早已在现实生活中存在，比如人们广泛使用的信用卡，即是一种典型的电子支付方式。电子商务中的电子支付更强调的是与商务交易一体化的网上支付。为了论述上的方便，这里将电子商务环境下的电子支付称为在线电子支付。

在线电子支付，是指以计算机及网络为手段，将负载有特定信息的电子数据取代传统的支付工具用于资金流转，并具有实时支付效力的一种支付方式。在线电子支付和电子商务密不可分，是电子商务得以进行的基础条件。在线电子支付具有如下特征：

（1）在线电子支付采用先进的技术通过电子数据流转来完成信息传输，其各种支付方式都采用数字化的方式进行款项支付；

（2）在线电子支付的工作环境是一个开放的系统平台；

（3）在线电子支付具有低成本性和高效性，传统纸币和硬币的发行成本和流通成本都要高得多；

（4）在线电子支付涉及许多参与人，包括消费者、商家、金融机构、认证机构等，这使得在线电子支付法律关系变得异常复杂。

2. 电子支付的形式

在传统商务活动中，支付的方式或工具有两种，一是现金；二是票据。随着金融电子化的推进，信用卡等电子支付手段也被应用于传统的经济往来中。在电子商务环境下，人们进一步推进支付电子化、自动化，出现了一系列的电子支付工具，这些支付手段大致有：智能卡、电子现金、电子钱包和电子支票。因此，电子支付方式大致可以分为三类：以信用卡为基础的支付；电子支票和电子货币。

（1）信用卡为基础的电子支付

信用卡是银行或金融公司发行的，授权持卡人在指定的商店或场所进行记账消费的信用凭证。信用卡具有转账结算功能、消费借贷功能、储蓄功能和汇兑功能。通过全国联网的信用卡支付系统或互联网，银行为信用卡用户提供不限地域存取现金、支付、结算服务，是现代社会应用最为广泛的支付工具。

信用卡支付关系一般涉及持卡人（买方）、商家（卖方）、发卡人（信用卡公司或银行）和银行。在线信用卡支付流程是：持卡人就其所传送的讯息，先进行电子签字加密，然后将讯息本身、电子签字经 CA 认证机构的认证后，连同电子证书等一并传送至商家。

（2）电子支票（E-Check）

电子支票是一种借鉴纸张支票转移支付的优点，利用数字传递将钱款从一个账户转移到另一个账户的电子付款形式。这种电子支票的支付是在与商家及银行相连的网络上以密码方式传递的，多数使用公用关键字加密签字或个人身份证号码（PIN）代替手写签字。用电子支票支付，事务处理费用较低，而且银行也能为参与电子商务的商家提供标准化的资金信息，故而可能是最有效率的支付手段。

在电子支票方式支付中，买方通过计算机从金融机构那里获得一个电子方式的付款证明，这个以电子流为表现形式的付款证明表明买方账户中欠金融机构的钱，买方把这个付款证明交给卖方，卖方再转交给金融机构，整个处理过程如同传统的支票。

电子支票支付今后发展的方向是，逐步过渡到国际互联网络上进行传输，即采用电子资金转账（Electronic Fund Transfer，EFT）或网上银行（Electronic banking）方式。所谓 EFT 是指客户在网上交易后，通过其银行内账户之存款，将货款以资金划拨方式付给商店受托银行，这种方式实际上是将传统的银行转账应用到公共网络上进行的资金转账。为了确保资金划拨和个人信息的安全，整个过程也需要加密、认证等安全措施。

（3）电子现金或数字货币（E-Cash or Digital Money）

电子现金是一种以数据形式流通的货币。它把现金数值转换成为一系列的加密序列数，通过这些序列数来表示现实中各种金额的币值，用户在开展电子现金业务的银行开设账户并在账户内存钱后，就可以在接受电子现金的商店购物了。电子现金的优势在于完全脱离实物载体，使得用户在支付过程中更加方便。

从目前支持电子现金的要件不同来区分，电子现金可分为两类：智能卡和电子钱包。

智能卡是 70 年代中期在法国问世的，是一种内部嵌入了集成电路、类似信用卡大小的电子卡。智能卡提供了一种简便的方法，可用来存储和解释私人密钥和证书，并且非常容易携带。智能卡是目前最常用的电子货币，可在商场、饭店、车站、互联网等许多场所使用，可采用刷卡记账、POS 结账、ATM 提取现金、网上结算等方式进行支付。

电子钱包是一种只需要软件支持的电子现金支付方式。实质上它是发行者、商家和消费者之间按照一定协议运行的电子支付系统，它由后端服务器软件——电子现金支付系统和客户端的钱包软件执行系统组成。故所谓的电子钱包是一个可以由持卡人用来进行安全电子交易和储存交易记录的软件，就像生活中随身携带的钱包一样。它是电子商务活动中购物或小额消费常用的一种支付工具。

电子货币方式与信用卡等转账卡的最大区别是后者本身并不代表资金,需要在卡片使用后经过对其指定账户的信息处理才能完成交易,而智能卡、电子现金等电子货币本身就代表资金,它在支付时是被当作现金货币使用的,不需再指向其他资金源,如银行账户。

12.1.2 在线电子支付的安全交易标准和认证

在电子商务活动中,商家、消费者及银行等各方是通过开放的互联网联系到一起的,相互之间的信息传递也要通过网络来进行,这一变化加大了交易的风险性和不确定性,从而对网络传输过程中数据的安全性和保密性也提出了更高的要求,尤其对于电子支付中涉及到的敏感数据,则更需要确保万无一失。具体看来,电子支付的安全性要求主要包括以下几个方面:

(1) 数据的保密性;
(2) 数据的完整性;
(3) 数据的发送人和接受人身份的可鉴别性。

电子支付安全标准就是为满足电子支付的安全性要求而开发出的集加密技术、电子签字和信息摘要技术、安全认证技术于一体的各种安全技术措施或者安全技术协议。目前国际上常用的两种电子支付的安全交易标准是 SSL 和 SET 安全协议。

1. SSL 协议

SSL(Secure Sockets Layer)协议,又叫安全套接层协议,由 Netscape Communication 公司设计开发,是国际上最早应用于电子商务的一种网络安全协议。它在客户端和主机端之间,利用 RSA 技术[①]形成传输机密信息资料的通讯加密协议。实际上,SSL 能够在当事人之间建立一个秘密信道,凡是不希望被他人知道的机密数据都可以通过这个信道传送给对方,避免其数据被他人偷窥。

SSL 协议运行的基点是商家对客户信息保密的承诺,客户的信息首先传到商家,商家阅读后再传到银行。这样,客户资料的安全性便受到威胁。另外,整个过程只有商家对客户的认证,缺少了客户对商家的认证。在电子商务的初始阶段,由于参加电子商务的公司大都是信誉较好的公司,这个问题没有引起人们的重视。随着越来越多的公司参与电子商务,对商家认证的问题也就越来越突出,SSL 的缺点完全暴露出来,SSL 协议也逐渐被新的 SET 协议所取代。

2. SET 协议

SET(Secure Electronic Transaction)协议,也称之为安全电子交易协议,是两大信用卡组织,Visa 和 MasterCard,联合开发并于 1997 年 6 月 1 日正式发布的。SET 是一个能保证通过开放网络(包括 Internet)进行安全资金支付的安全交易标准。SET 在保留对客户信用卡认证的前提下,又增加了对商家身份的认证。由于 SET 提供商家和收单银行的认证,确保了交易数据的安全、完整、可靠和交易的不可抵赖性,特别是具有保护消费者信用卡

---

① RSA 是一种质因数分解加密算法,它将整数质数化为两组密码,一组用于加密,予以公开,称为公开密钥;一组用于解密,只有信息解密者知道,称为私人密钥。

号不暴露给商家等优点,因此它成为目前公认的信用卡/借记卡的网上交易的国际标准。SET协议采用了对称密钥和非对称密钥体制,把对称密钥的快速、低成本和非对称密钥的有效性结合在一起,以保护在开放网络上传输的个人信息,保证交易信息的隐蔽性。

SET 的核心技术包括电子签字和信息摘要、数字证书的签发、电子信函、公开密钥的加密、公共密钥的加密等。在 SET 体系中有一个关键的认证机构(CA),CA 根据 X.509 标准发布和管理证书。所以,也可以简单地认为,SET 规格充分发挥了认证中心的作用,以维护在任何开放网络上的电子商务参与者所提供信息的真实性和保密性。因此它实际上已成为目前电子商务信息传输控制协议的一个业界标准。

因此,安全的电子支付与认证机构(Certification Authority,即 CA)密切相联。认证中心就是一个负责发放和管理数字证书的权威机构,是电子商务中介乎买卖双方之外的公正的、权威的第三方,是电子商务中的核心角色,它担负着保证电子商务公正、安全进行的任务。认证中心的建设是电子商务发展的关键。

12.1.3 电子支付流程与当事人的法律关系

1. 电子支付的一般运作流程:以 SET 协议为例

现在我们以较为普遍的 SET 协议为例,说明网上支付的流程和法律关系。

SET 协议的运作流程图 12-1 所示。

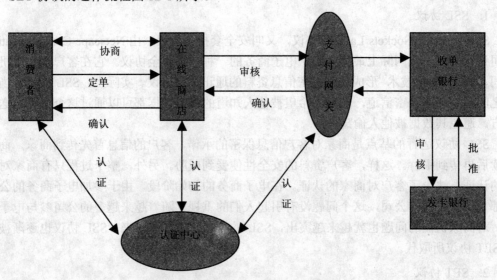

图 12-1 SET 协议的工作流程图

根据 SET 协议的工作流程图,可将整个工作程序分为下面七个步骤:

(1)消费者利用自己的 PC 机通过互联网选定所要购买的物品,并在计算机上输入定货单,定货单上需包括在线商店、购买物品名称及数量、交货时间及地点等相关信息。

(2)通过电子商务服务器与有关在线商店联系,在线商店作出应答,告诉消费者所填定货单的货物单价、应付款数、交货方式等信息是否准确,是否有变化。

(3)消费者选择付款方式,确认定单,签发付款指令。此时 SET 开始介入。

（4）在 SET 中，消费者必须对定单和付款指令进行电子签字。同时利用双重签字技术保证商家看不到消费者的账号信息。

（5）在线商店接受定单后，向消费者所在银行请求支付认可。信息通过支付网关到收单银行，再到电子货币发行公司确认。批准交易后，返回确认信息给在线商店。

（6）在线商店发送定单确认信息给消费者。消费者端软件可记录交易日志，以备将来查询。

（7）在线商店发送货物或提供服务，并通知收单银行将钱从消费者的账号转移到商店账号，或通知发卡银行请求支付。在认证操作和支付操作中间一般会有一个时间间隔，例如，在每天的下班前请求银行结一天的账。

前两步与 SET 无关，从第 3 步开始 SET 起作用，一直到第 7 步，在处理过程中，通信协议、请求信息的格式、数据类型的定义等，SET 都有明确的规定。在操作的每一步，消费者、在线商店、支付网关都通过 CA 来验证通信主体的身份，以确保通信的对方不是冒名顶替。所以，也可以简单地认为，SET 协议充分发挥了认证中心的作用，以维护在任何开放网络上的电子商务参与者提供信息的真实性和保密性。

12.1.4 我国电子支付规范性文件

我国金融电子化程度落后于其他国家，与此相关的立法也较落后。在电子商务迅速发展的浪潮中，对支付电子化、网络化、无纸化提供了严峻的挑战。在这种背景下，中国人民银行于 1997 年 12 月公布了《中国金融 IC 卡卡片规范》和《中国金融 IC 卡应用规范》，1998 年 9 月又公布了与 IC 卡规范相配合的《POS 设备规范》。这三个标准的制定为国内金融卡跨行、跨地区通用、设备共享与国际接轨提供了强有力的支持；为智能卡在金融业的大规模使用提供了安全性、兼容性的保障。1998 年初，国家金卡工程协调领导小组根据国务院指示发出了《关于加强 IC 卡生产和应用管理有关问题的通知》，要求制订 IC 卡生产、应用的技术标准和规范。随后《全国 IC 卡应用发展规划》、《IC 卡管理条例》、《集成电路卡注册管理办法》、《IC 卡通用技术规范》等相继出台，为各种电子支付系统的规范化和兼容性提供了契机，使得中国标准金融 IC 卡作为电子商务中的支付前端成为最安全和最直接的解决方案。1999 年 1 月 26 日，中国人民银行颁布了《银行卡业务管理办法》，对银行信用卡、借记卡等作出规范。2002 年 8 月，中国人民银行先后发布了《关于加强银行数据集中安全工作的指导意见》和《关于当前银行卡联网通用工作有关问题的通知》，对银行数据集中的安全工作和银行卡联网通用提出指导意见。

12.2 电子支付各方当事人的权利和义务

12.2.1 电子支付的有关当事人

电子支付法律关系的当事人一般有付款人、受款人和金融机构，如果是在线电子支付，当事人通常还包括认证机构。因此，广义上，电子支付涉及到的当事人有以下 4 方：

(1) 付款人

电子支付中的付款人，通常为消费者或买方，其与商家、金融机构（银行）间存在两个相互独立的合同关系：一是消费者与商家订立的买卖合同关系；二是消费者与银行间的金融服务合同关系。

(2) 受款人

即接受付款的人，通常为商家或卖方。在电子支付中，受款人同样也存在两个相互独立的合同关系：一是与消费者的买卖合同关系；二是与金融机构（银行）的金融服务合同关系。

(3) 金融机构（银行）

金融机构（银行）是电子支付中的信用中介、支付中介和结算中介，其支付的依据是基于银行与电子交易客户所订立的金融服务协议或者是基于委托代理关系。在电子支付系统中，银行同时扮演发送银行和接受银行的角色。

(4) 认证机构（CA）

在在线电子支付中，认证机构为参与电子商务各方的各种认证要求提供证书服务，建立彼此的信任机制，使交易及支付各方能够确认其他各方的身份。一方面，认证机构不仅要对进行电子商务的各方负责，而且还要对整个电子商务的交易秩序负责，另外，买卖双方又有义务接受认证机构的监督管理。

12.2.2 商家在电子支付中的权利和义务

商家在电子支付中一般扮演受款人的角色，在电子支付中具有特别的法律地位。在电子支付法律关系中，受款人虽然是一方当事人，但由于他与指令人、接受银行并不存在支付合同上的权利义务关系，因此受款人不能基于电子支付行为向指令人或接受银行主张权利，收款人只是基于和付款人之间基础法律关系与付款人存在电子支付权利义务关系。在这一点上反映出电子支付与票据支付法律关系类似。

商家在电子支付中享有两项基本的权利：

(1) 得到支付的权利，即商家根据其与消费者订立的买卖合同享有通过电子方式得到支付的权利；

(2) 得到通知的权利，即商家根据消费者与银行间的金融服务合同享有从金融机构处得到通知的权利。

12.2.3 金融机构在电子支付中的权利和义务

1. 金融机构（银行）在电子支付中的权利

(1) 接受或拒绝支付指令

在电子支付中，金融机构（银行）可以接受指令人的支付指令，也可以拒绝支付指令，或者要求指令人修正其发出的无法执行的、不符合规定程序和要求的指令。例如在银行不了解付款人，同时也未持有来自付款人的存款时，便可以拒绝付款人发出的支付指令。银行决定接受还是拒绝支付命令在一定程度上是一种判断信用的过程。

根据美国的《统一商法典》，银行可以什么都不做，从而使资金划拨指令届期。但是如果银行持有付款人的存款，则银行必须就此款项支付利息直至付款人知悉其支付指令届期。除此之外，银行不再为其消极行为承担任何处罚。而且此种情况下由付款人负责证明其支付指令已经被银行接受。

（2）要求付款人或指令人按时支付所指令的资金并承担因支付而发生的费用

（3）只要能证明由于指令人的过错而致使其他人假冒指令人通过了安全程序和认证程序，就有权要求指令人承担指令引起的后果

2. 银行在电子支付中的义务

（1）审查客户的指示是否为一项合法、有效的支付指令，支付方式是否正确

银行有义务审查客户的指示是否为一项合法、有效的支付指令，支付方式是否正确，从而决定是否接收该项指令。银行行使审查义务的目的是：①对该指令予以认证，鉴别发出支付指令客户的身份的真实性，即证实支付命令或修改或取消支付命令的信息是客户发出的；②检测支付命令或信息在传送过程中或在内容上是否存在错误。

（2）按照指令人的指令完成资金支付

金融机构在得到消费者的适当指令进行电子支付并对该指令的合法性和有效性进行审查后，如果金融机构决定接受该指令，则应根据消费者的账户条件以正确的金额和适时的方式完成资金支付。除系统故障和其他不可抗力之外，金融机构应当就未按照消费者的指令完成资金支付给消费者造成的全部直接损失向消费者承担责任。

如果金融机构能够证明未按照消费者的指令完成资金支付是由于系统故障或者金融机构所不能控制的其他情况所引起，则金融机构可以免除其责任。

（3）信息公开和详尽告知的义务

在电子支付中，银行有义务以易于理解的词句和形式向消费者公开信息，揭示电子支付的程序、后果，操作要领以及系统风险。这些披露的信息必须是能够确保消费者在判定是否通过电子方式传输其金钱时所需要的基本信息，而且可以使消费者更好地理解其权利和义务，选择适当的支付方式，以及在发生问题时如何更好地保护自己的利益。

我国的《银行卡业务管理办法》规定得非常具体周到，达到了"充分公开"以保护消费者利益的要求。根据《银行卡业务管理办法》：

① 发卡银行负有义务向银行卡申请人、持有人提供有关银行卡的使用说明资料，包括章程、使用说明及收费标准；

② 发卡银行应当设立针对银行卡的投诉制度；

③ 发卡银行应当向持卡人提供对账服务、银行卡挂失服务，并在章程或有关协议中明确发卡银行与持卡人之间的挂失责任；

④ 发卡银行应当在有关卡的章程或使用说明中向持卡人说明密码的重要性及丢失的责任。

这些规定充分体现了消费者进行"金融消费"的知情权。

（4）建立并遵守电子支付的安全程序

为了防止未经授权的人向银行传送电子信息，通常的做法是银行和客户约定建立安全程序。所谓安全程序是指在客户与银行约定使用的密码或其他有效的身份认证手段，如现阶段普遍使用的 SSL 和 SET 程序。

在一般情况下，客户只对经过其授权的支付指令负责。如果银行能够证明其建立的安全程序具备商业上的合理性和其已经严格遵守了该安全程序，则客户承担未经授权的支付指令造成的损失，即使客户事实上没有发出支付指令也要对指令后果承担责任。

（5）保留电子支付过程中相关的交易记录

国内外有关电子支付和电子货币的立法均将保留电子支付中相关的交易记录规定为金融机构的一项基本义务。电子支付中相关的交易记录予以保存可以方便金融机构修正交易错误。如果电子支付的当事人发生争议，这些记录在法律程序中能够作为证据使用。

（6）回赎其发行的电子货币

作为电子货币的发行人，金融机构有义务按照与持有者之间合约所载明的回赎条件，在有效期内以法定的或者某种可以自由兑换的铸币和纸币赎回电子货币，并且除操作中必须之外免费将资金划入电子货币持有人账户中。

12.2.4 消费者（付款人）在电子支付中的权利和义务

1. 消费者在电子支付中的权利

消费者有权要求接受银行按照指令的时间及时将指定的金额支付给指定的收款人，如果接受银行没有按指令完成义务，消费者有权要求其承担违约责任，赔偿因此造成的损失。

2. 消费者在电子支付中的义务

消费者在电子支付中的义务可以归纳为以下几项：

（1）签发正确的支付指令，并按照接受金融机构的程序，检查指令有无错误和歧义，并有义务发出修正指令，修改错误或有歧义的指令；

（2）支付的义务，即一旦向接受银行发出指令后，自身也受其指令的约束，承担从其指定账户付款的义务；

（3）在符合商业惯例的情况下，接受认证机构的认证的义务；

（4）不得以易于识别的方式记录其个人识别码或其他密码的义务；

（5）挂失和通知的义务，消费者在知晓下列情况时应当立即通知发行者或发行者授权的人：

① 电子支付工具或电子支付工具使用方式丢失或被窃；

② 其账户上出现未经授权的交易记录或者其他异常情况。

12.3 电子货币和网上银行的法律规范问题

12.3.1 网上银行与电子货币

1. 网上银行

"网上银行"（Internet Banking），又被称为"虚拟银行"（Virtual Bank），是指使用电子工具通过互联网向客户提供银行的产品和服务的银行。网上银行的产品和服务包括提存款服务、信贷服务、账户管理、理财服务、电子单据支付以及提供电子货币等电子支付工具服务。它没有银行大厅，没有营业网点，通过与国际互联网连线的电脑，进入网上银行的网站，在任何时间、任何地方办理网络银行提供的各项银行业务。

完整的电子商务包括三大环节：商情沟通、资金支付和商品配送。网上银行是电子商务的最重要环节。网上银行实质上是通过互联网向从事或参与电子商务的当事人提供电子结算服务的机构。如果资金支付仍然在网下进行，那么，将阻碍电子商务的发展。

网上银行随网络的出现而出现，随网上商务活动的发展而发展。网上银行把银行的业务移植到网络环境下，几乎所有的银行金融业务都可由网上银行取代。因此，网上银行代表了整个银行金融业未来的发展方向。网上银行创造出的电子货币将改变传统的货币流通形式，成为未来支付和资金流转的主要渠道。

我国的许多商业银行也在尝试这种新型的银行业务。1996年，招商银行率先推出网上金融服务业务："一网通——网上支付"，初步构造了中国网上银行的经营模式。1997年10月，工商银行在因特网上建立银行主页，向外界宣传工商银行的金融服务业务，为网络用户提供业务指南。从1998年，招商银行率先在国内推出"一网通"领跑网上金融业以来，四大商业银行迅速跟进。尤其是2002年3月26日成立的中国银联为实现银行卡全国范围内的联网通用铺平了道路。目前中国已有20多家银行的200多个分支机构拥有网址和主页，其中开展实质性网上银行业务的分支机构达50余家，企业与个人客户超过1000万户，其中网上银行用户已达到250万户。2003年，网上银行交易额为达到21800亿元。

2. 电子货币

在线电子支付的主要形式是电子货币，而电子货币的发行和划拨等均是通过网络银行实现的。

电子货币简单地说就是以数据或电子形式存在的货币。电子货币是银行业务电子化、网络化的产物，它代表了现代信用货币形式的发展方向，体现了现代支付手段的不断进化。各国推行和研制的电子货币千差万别，其基本形态大致一致，使用者以一定的现金或存款从发行者处兑换并获得代表相同金额的数据，并以可读写的电子信息方式储存起来，当使用者需要清偿债务时，可以通过某些电子化媒介或方法将该电子数据直接转移给支付对象。这种电子数据便可称为电子货币。可以说，电子货币的运作仍然以货币或纸币为基础，只是其表现形态和支付手段发生了变化。

电子货币有以下特征：

（1）无形性。电子货币脱离了货币的传统形态，不再以实物、贵金属、纸币等可视可触的形式出现，而是以现代电信技术手段，以电子数据形式来表现、通过电脑网络来传递。

（2）普遍性和多用途性。传统的电子支付工具，如信用卡和借记卡，都需要在线授权，并在交易之后对客户银行账户进行借记或者贷记处理，而电子货币具有普遍性和多用途性。

（3）预先储值性。电子货币在实现技术上与其他支付工具不同，它预先储值。基于智能卡的系统包括一些特殊的硬件设备或便于携带的硬件设备，一般是置于一块塑料卡片上的芯片，其软件系统是利用安装在计算机上的特定软件系统。

（4）隐密性。电子货币以高科技为依托，其具有方便、高效的一面，但同时它也有其隐密性的一面。它给金融监管带来一系列的问题，使目前传统的银行业务、货币发行的权威性、货币兑换以及金融监管受到冲击。

12.3.2 网上银行的法律问题

1. 网上银行的许可和监管问题

网上银行可以是全新设立的网上银行，也可以是原有的商业银行利用互联网开展网上金融业务。在前一种情形下，应当具备《商业银行法》规定设立商业银行的条件，并经人民银行审查批准，颁发经营许可证，向工商行政管理部门办理登记，领取营业执照。目前，我国尚未有新设从事网络银行业务的银行。在后一种情形下，如何操作尚未有法律给予明确规定。

根据《商业银行法》第24条，在发生调整业务范围等变更事项时，应当经中国人民银行批准。从理论上讲，现有的商业银行将传统银行业务移到互联网上开展，属于银行业务的自然延伸或者是银行运行环境或手段的改变，而不需要"业务范围"的调整。但是，网络环境是一个技术支撑的特殊环境，将资金流转搬上网络，需要一定技术保障和安全措施，因此，为了监控网上银行风险，为了统一网上支付系统的技术标准和安全标准，建议对于现有银行开展网上业务实行许可制，并由人民银行颁发许可证并实施必要的协调和监管，促进网上支付网关技术兼容，确保银行业务安全，减少网上银行风险。

2. 电子支付系统的安全问题

在建设电子支付系统中，首先必须解决安全问题。网上支付信息在开放的互联网上运行，和网上账务查询等业务相比，网上支付可直接导致资金的被盗用，没有一套可靠、稳定的安全机制是不行的。消费者最担心的问题往往是：机密的交易资料被盗用或改变，账户资金被挪用，甚至被非法侵入系统的"黑客"篡改账户。[①]

电子支付系统在整个运作过程中包含的风险主要来自两个方面：第一，系统风险，包括系统故障、系统遭受外来攻击、伪币和欺诈等。不适当的操作和内部控制程序、信息系统失败和人工操作失误等都会引起电子支付系统出现故障，甚至导致系统瘫痪。系统容易遭受内部员工及外部黑客的恶意或者非恶意攻击，一旦遭受攻击不仅会造成难以估量的损失，而且会严重影响商家和普通消费者对电子支付的接受。目前，电子货币只能通过加密、签字等方式而无法通过物理手段加以防伪，只要关键技术被窃取或者以其他手段所掌握，伪造起来非常容易，电子伪币的大量出现将会带来电子支付系统和发行机构的重大损失从而威胁到电子支付系统的稳定性，并有可能导致金融危机。第二，非系统性风险。通常情况下，电子货币发行机构不需要也不可能保持用于赎回电子货币的100%的传统货币的准备，一旦由于某种原因电子货币发行机构陷入财务危机或破产时，其发行的电子货币会发生信用危机，发行机构可能就无法满足对货币的赎回要求而形成支付危机。此外，在现代科技迅速发展的今天，伪币和欺诈的出现难以避免，消费者的信用卡号和密码等身份数据也可能会被盗用，从而引发财产损失和透支等纠纷。

---

① 据报道，1998年春季，美国曾经有人利用在新闻组中查到的技术，窃取了8万个信用卡的账号和密码，并且标价26万美元出售，这在全球引起了非常大的轰动。而遭遇黑客袭击的消息更是不绝于耳，《今日美国》报道，据对560多家企业、大学、政府机构的调查表明，85%都遭到过黑客的袭击，总损失达1亿美元。出于安全性的考虑，许多系统设置了消费最高限额。

如何建立一套安全的电子支付系统，切实保障电子支付的安全，是发展电子支付需解决的难题。为确保电子支付的健康发展，维护电子支付系统的稳定与安全，必须在国家层面、行业层面、企业层面这三个层面上对电子支付系统可能面临的各种风险进行管理和控制。在国家层面上，应根据电子支付的发展，研究、制定和明确电子支付规范化运作的一系列相关法律法规，明确界定电子支付系统涉及到的各方当事人的权利和义务的范围，规定争端解决机制，建立损失补偿和分担机制，降低电子支付系统被不法分子用以洗钱和逃税等风险。在行业层面上，主要是中央银行对电子支付系统的各种风险进行监管和控制；从宏观的中央银行的角度，控制这些风险的方法是以法律的形式限定电子货币发行主体，如只限于现有商业银行，而对其他机构的准入实行严格控制。中央银行对电子货币的发行人实施与现有商业银行同样的监管，对电子货币实行与传统银行存款同样的保护。在企业层面上，主要是指电子货币的发行人、银行、认证机构对各种风险防范和控制，需要建立内部风险控制和管理程序，能够识别、衡量、监管和控制各种潜在的风险，防范违反安全规定的各种形式的侵入，确保信息的完整性和对消费者隐私权的保护。

3. 网上支付服务及其风险防范

网上银行与客户之间属于服务法律关系，只是其服务内容存在差异。在网络银行业务中，通常涉及的商家与网络银行之间的结算关系、用户与银行之间存取现金或电子货币的服务关系，如果有信用卡公司介入的话，那么法律关系更为复杂。在这些服务关系中，银行与客户的权利、义务基本上可以遵循现行法律规范，与现实银行在存款、结算等业务中的法律关系基本相同。所不同的是，网上客户与银行开户或服务关系建立的方式。在网络环境下，客户不需要到银行的营业地点而只需要到网上银行的网页上签署文件就可以建立。另外，在电子商务中，商家或网络商业中心与银行支付网关存在支付协议或类似的协作关系，使支付与交易融为一体。

将银行业务移至网上的开展，将使银行面临更大的风险，对于银行自身而言，必须有一套风险防范措施，以减少网上银行业务的风险。这些防范机制可以概括如下：

（1）开户审查和签约

对网上银行客户开设条件和程序应有一定限制和规范。首先，对客户的经济收入、信用度应有一个最低准入标准；其次，开户时要核验开户人的身份证件和必要的法律文件；最后，要向客户提供客户须知之类的资料，使客户了解网上支付流程、规则和安全措施。

（2）建立身份认证制度

网上支付最大的风险是非真实所有人伪造相关证件，盗用真实所有人的密码或身份资料划拨资金。为防止此类事件发生，网上银行必须建立身份认证制度，设计安全周密的身份核验、资金划拨流程，并经常对网上支付状况进行监督。

（3）建立内部安全运作的管理规章

网上银行应当管理和运用好自己的资金，防止客户透支或其他违法活动，为此必须制定相应的规章，规范网上银行资金划转的条件和程序，严格要求网上支付的工作按规章和流程操作。

（4）服务合同

网上银行在提供服务前应当与客户签订《网上银行服务协议》，对网上银行业务中可能产生的一系列权利、义务和责任事先予以明确约定，在不违反现行法律法规强制规定的前

12.3.3 电子货币的相关法律问题

1. 电子货币的发行问题

电子货币的发行主体在法律上如何定位？按较流行的观点，电子货币只是一种"储值"或者"预付"产品，即将客户所能支配的资金或者货币币值存储于其持有的某种电子设备上，如智能卡、电子钱包、电子现金等，因此，其他金融机构和非金融公司也拥有发行电子货币的权利。而且从技术上讲，具备一定技术条件的商家都可以发行电子货币。

目前国际上对电子货币的发行主体的认识，尚存在较大分歧。欧洲大陆国家接受这样的观点：电子货币的发行应该包含在现行金融机构的业务中，其发行主体应属于金融监管的对象。而在美国和英国，对电子货币的发行主体是否应加以严格监管和限制，存在两种不同的观点，占上风的观点是对电子货币的发行主体加以严格监管和限制，会损伤民间机构的技术开发和创新精神，现在就得出结论将电子货币的发行主体限定于金融机构，尚为时过早。

我国对货币发行实行严格管理制度。根据《中国人民银行法》，人民币是我国的法定货币，人民币由中国人民银行统一印制、发行，其年度供应量由国务批准；第 19 条特别规定："任何单位和个人不得印制、发售代币票券，以代替人民币在市场上流通。"根据这些规定，显然，只有中国人民银行或经人民银行分行批准的金融机构，才有权发行电子货币。其他金融机构在获得批准发行电子货币后，人民银行还有权对电子货币的运行实行严格的监督管理。

根据《中国人民银行法》第 30 条、第 32 条，中国人民银行依法对金融机构及其业务实施监督管理，维护金融业的合法、稳健运行；中国人民银行有权对金融机构的存款、贷款、结算、呆账等情况随时进行稽核、检查监督；中国人民银行有权对金融机构违反规定提高或者降低存在利率、贷款利率的行为进行检查监督。

2. 电子货币的金融监管

在电子货币的发展和应用过程中，为维护金融体系的稳定和安全，防止损害消费者利益的行为的发生，避免出现恶性竞争、无秩序的行为，政府适度监管是必要的。

电子货币对现行的金融监管框架会产生直接或者间接的影响。如果将电子货币作为一种科技产品来管理，一般会沿用统一、规范和标准化的原则，这与电子货币兴起进程中出现的产品多样化和技术、协议等的快速进化相矛盾，同时又形成一些业务领域的规则和管理的真空。统一规范的标准体系虽然可以避免竞争产生的重复投资和浪费，但也会限制竞争的发展。

基于以上考虑，欧美一些国家目前一般采取两种方式解决电子货币系统的监管问题。一是在中央政府有关部门如中央银行或者财政部货币总署建立一个有关电子货币的专门工作小组，负责研究电子货币对金融监管、法律、消费者保护、管理、安全等问题的影响，跟踪电子货币系统发展的最新动态，提出有关电子货币发展的宏观政策建议和报告。二是现有的监管机构根据电子货币的发展状况，修改不适用于数字和网络经济时代的原有规则，同时制定一些新的监管规则和标准。

总的看来，对电子货币的监管是以原有监管机构的监管为主，一般不建立新的监管机构，但由此增加了监管机构之间、监管机构和其他政府部门之间的协调难度。目前，监管当局普遍关注的问题还只限于为电子货币系统提供一个安全的环境，监管的出发点以保护消费者的利益为主。

12.4 本章小结

电子支付是一个早于电子商务的概念，但电子商务进一步推动支付手段电子化、网络化，出现新的支付手段。在线电子支付，是指以计算机及网络为手段，将负载有特定信息的电子数据取代传统的支付工具用于资金流转，并具有实时支付效力的一种支付方式。电子支付方式大致可以分为三类：以信用卡为基础的支付；电子支票和电子货币。

电子支付的安全性要求做到支付数据保密性、完整性和数据的发送人和接受人身份的可鉴别性。于是就有了电子支付安全标准，即为满足电子支付的安全性要求而开发出的集加密技术、电子签字和信息摘要技术、安全认证技术于一体的各种安全技术措施或者安全技术协议。目前国际上常用的两种电子支付的安全交易标准是 SSL 和 SET 安全协议。

在线电子支付法律关系的当事人为付款人和受款人；而安全的电子支付还须有银行、认证机构等中介机构提供服务才能实现。因此，广义上，电子支付至少涉及到付款人、受款人、银行和认证机构四类当事人。实际上，有些支付流程涉及多家银行及发卡公司，使支付关系更显得复杂化。在支付过程中，电子资金划拨多为贷方划拨，即付款人作为指令人，向其代理行（接受银行）发出支付指令，并通过中介银行，使款项最终到达受益人。在这一支付链中，付款人、接受银行、受款人均享有相应的权利，负有相应的义务。

网上银行是通过互联网向从事或参与电子商务的当事人提供电子结算服务的机构。网上银行主要的支付工具是电子货币，它将改变传统的货币流通形式，成为未来支付和资金流转的主要渠道。电子货币简单地说就是以数据或电子形式存在的货币，其基础仍然是倾向于纸币。

网络银行的出现，电子货币的发行给传统银行监管带来了挑战。这里不仅有一个业务许可问题，而且还有技术标准和安全的监督管理问题、经营风险的防范问题。同样，对于电子货币也存在电子货币的发行管理制度，风险控制机制，金融秩序监管制度建设问题。

12.5 思 考 题

1. 简述电子支付方式。
2. 简述电子的安全性要求及其目前较为常用的两种技术标准协议。
3. 试论述电子支付当事人及其权利义务关系。
4. 简述电子资金划拨基本流程和相应的法律关系。
5. 简述网上银行和电子货币及其给传统银行监管带来的挑战。

第三篇 电子商务相关法律问题

第13章 电子商务中消费者权益保护的法律问题

电子商务市场是建立在消费者信赖和认可的基础上的，因而消费者权益保护在电子商务发展中具有重要地位。在网络环境下消费者保护涉及到两个问题，一个是消费者在接受在线商业服务、在线购物过程中权益的保护；另一个是消费者个人数据或信息的保护问题。前一个问题与现实中的消费者权益保护的范围是一致的；后一个问题实质上是消费者隐私保护问题，它在传统商业交易中也存在，但在网络环境下使这一问题更加突出，因此也成为消费者保护的重要内容。但是，鉴于二者法律差异，我们还是分开论述，本章只论述狭义上的消费者保护问题。

13.1 消费者权益保护概述

13.1.1 网络环境下的消费者保护概述

1. 消费者保护概述

消费者就是除厂商或经营者以外的购买商品或接受服务的人。在企业经营中，往往视消费者为上帝，这意味着消费者是企业生存所依赖的，赢得消费者就赢得市场，也就有好的经营业绩。商家要生存、发展，必须开发消费者喜好的产品，满足消费者的正当要求，维护消费者的利益。因此，消费者利益的保护在企业发展中占有重要的地位。

一般而言，竞争性的市场有利于维护消费者的利益。但是，在市场交易中，存在着信息不对称性等因素，消费者往往处于劣势，相对于经营者属于弱者，因此，法律对于消费者往往进行特殊保护。这种特殊保护规范便是消费者权益保护法；另外，产品质量法等法律也充分体现了对消费者的保护。消费者保护法构成市场经济法律体系中不可缺少的部分。

在网络环境下，消费者保护尤其显得重要。因为，虚拟环境使消费者交易面临更大的受欺诈风险，因而需要建立一套取得消费者信任的制度保障。国际社会对于消费者保护、赢得消费者的信赖在发展电子商务中的作用有着清楚的认识。例如，在1998年经合组织的渥太华会议①通过了 4 份文件,其中 2 份与消费者保护有直接关系②。1999 年经合组织通过了《经合组织关于电子商务中消费者保护指南的建议》(下称《指南》),③从多个方面构筑一个庞大的消费者保护体系。该建议第二部分一般条款从 7 个方面对消费者保护提出了指导性建议:信息透明的、有效的保护;公平的商业、广告及销售行为;在线信息披露;确认过程;支付;争议解决和救济;隐私。

因此,网络环境下消费者保护或消费者信任包含两个方面的内容,一个是传统消费者权益保护法意义上的消费者保护内容,另一个是网上交易安全的内容,即使消费者相信网络交易的真实性、可靠性。这两个方面共同的目的是使消费者信赖这种交易方式、使消费者在网络环境下发生的交易同样受到与普通交易一样的保护。因此,消费者信任是一个大于消费者保护的一个新概念,是网络环境下消费者保护的特殊问题。

2. 网络环境下消费者保护特殊问题

在线交易消费者权益保护首先适用于现行的消费者保护法,也就是说,在线交易的消费者仍然是普通的消费者,他们应当与普通消费者得到同样的保护,因此,传统的消费者保护法仍然适用在线消费者。但是在线交易的特殊性决定了必须存在一些特殊规则,使在线交易消费者得到同样的保护。这些规则需要结合在线交易的特点来进行设计。

在线交易是非面对面交易,消费者不能看货订购,而只是通过描述、图片等广告或宣传订立合同,既没有直接感官认识,更没有机会验货,在经营者没有充分公开相关信息时,往往导致消费者误解,甚至受欺诈。在线交易也是一种非即时清结的交易,通常先由消费者通过信用卡或其他支付手段付款,经营者收到款后才发货,因而区别于普通一手交钱一手交货的普通消费交易。鉴于这样的特点,实际中,有的经营者利用通讯交易的这一特点,以虚假不实的广告,诱使消费者购买质次价劣商品,或者收到货款后拖延发货,甚至进行诈骗。在线交易属于或也称为访问交易、通信交易、远距离交易。由于在线交易消费者处于劣势,特别是先行付款的消费者将冒更大的风险。所以,法律上就必须有特殊的规定,以保护消费者的利益,同时也维护交易的公平秩序。

就在线交易消费者保护而言,主要涉及三个方面的问题,一是缔约前要求经营者尽一定的提示义务,防止欺诈消费者;二是给予消费者退货权利,以减少消费者因未真实地看货验货产生的风险;三是履行合同过程中的其他保护。

13.1.2 网络购物环境下特殊法律规则:欧盟经验

世界各国均从不同的角度,现行法和新的立法措施,应对上述三个方面的问题。其中,

---

① 国际经济合作与发展组织(简称 OECD,共有美国、英国、日本等 29 个会员国)于 1998 年 10 月,在加拿大渥太华召开了第一次以电子商务为主题的部长级会议,会议名称为"一个无国界的世界,发挥全球电子商务的潜力"。
② 这四份文件是:《在全球网络上保护个人隐私宣言》、《关于在电子商务条件下保护消费者的宣言》、《关于电子商务身份认证的宣言》和《电子商务:税务政策框架条件》。其中前两份均以保护消费者为主题。
③ RECOMMENDATION OF THE OECD COUNCIL CONCERNING GUIDELINES FOR CONSUMER PROTECTION IN THE CONTEXT OF ELECTRONIC COMMERCE 1999 。

欧盟《消费者保护（远距离销售）规则》（下称《远距离规则》，2000年10月31日起实施）[①]，确立了一些规则值得我国借鉴。该规则的主要内容大致分三个方面：

1. 供应商缔约前的义务

《远距离规则》明确规定了远距离销售中经营者或供应商缔约前的义务：供应商（含货物出卖人和服务提供者）在缔约前应当向消费者提供清晰的、可理解的、确定化的信息。该信息应当包括供应商的姓名、地址；货物或服务的规格或描述；货物或服务的价格（包括各种税）；支付、交付和履行的各种安排；要约的有效期和消费者解除合同的权利（如果适合的话）。在销售者主动打电话到消费者家里推销，必须言明其代表的公司名称和打电话的商业目的。这一义务与欧盟电子商务指令中强加给互联网服务提供商的义务是一致的。除此之外，还应给消费者额外的提示信息，包括解除合同的权利行使的条件和程序；售后服务和保证以及投诉地点；在解除的情形下归还原物于供应商的要求和谁负责返还原物的费用的信息。

上述信息必须是以书面或者其他可为销售者获得和阅读的媒体提供给消费者，而且必须在缔约前至少是在货物交付前或服务提供前提供给消费者。

2. 消费者解除合同的权利

在网上交易中，因消费者没有机会检验商品，加之交易的内容没有充分公开会造成消费者意思表示不完全或不真实。为保护消费者的权益，许多国家的法律赋予消费者在一定期间内试用商品并无条件解除合同的权利。这无条件退货或解除合同的期间，被称为"冷却期"或"犹豫期"。在这方面欧盟远距离规则规定得最为详细。

根据欧盟《远距离规则》，除非有例外情形，在货物交付或涉及服务条款的合同缔结日起7日以内（被称为cooling off period，即冷却期），消费者享有无条件解除合同的权利。在供应商没有以适当方式提供必要信息的情况下，冷却期将延长3个月；如果信息是在7天之后提供的，那么，从信息提供之日起算。一旦合同被解除，供应者必须在收到通知30天内退还消费者支付的任何款项；任何相关的信贷协议自动解除。

但是，在归于消费者自身的原因或商品本身的特性不能解除合同的情况，消费者一般不能主张退货或解除合同。这即是犹豫期的除外情形[②]。

[①] 文本可在http://www.hmso.gor.uk/si/si2000/20002334.htm主页上查到。《规则》并非适用于所有的远距离交易，从交易手段上《规则》涉及邮购、通过因特网、电话、传真和其他非面对面的通信方式提供商品或服务的经营活动，但是它将许多特殊类型的交易排除在外。《规则》不适用于：a. B2B交易和提供金融服务（金融服务由COD/1998/0245号指令调整）；b. 土地权益处分、建筑合同、通过销售机器缔结的合同、拍卖和使用公用电话缔结的合同；c. 特别是不适用于食品、饮料、或其他食物，运输、住宿、招待或休闲服务合同以及一次服务即终止的合同。

[②] 欧盟《远距离规则》规定的例外情形有：a. 服务的契约本于消费者同意，服务已经开始，而在七天期间届满者；b. 货物或服务的价格随金融市场波动而变化非供应者所能控制者；c. 所销售的商品系应消费者所定的规格（consumer's specifications）或个人化需求（personalized）或商品依其本质无法退货（by reason of their nature, cannot be returned）或易于恶化或过期；d. 视听记录或电脑软件一旦被消费者启封（因此，从因特网上下载了电脑软件后，消费者即无权解除合同）；e. 报纸、期刊与杂志订阅合同；f. 游戏（gaming）或射幸合同（lottery）。

在消费者解除合同的情况下，供应商必须返还消费者支付的款项（这是因合同解除而产生的一项义务），但供应商有权扣除因返还原物的直接费用。也就是说，消费者只承担因返还该商品而产生的直接费用，其他一切费用由经营者承担。

3. 合同履行中的特殊保护

欧盟《远距离规则》为经营者履行合同规定了法定的最长履行期限，规定供应商必须在至多 30 天内履行合同，30 天自消费者向供应商发出订单起算。不管什么原因，只要供应商未能在规定的日期履行合同，必须尽可能快地通知和返还所涉款项，无论如何要在履行期满后的 30 天内履行这一义务。不过，规则允许当事人排除这一规则，在当事人另有约定时可以不适用该期限。

另根据该规则，在履行期限内没有履行的合同被视为自始没有订立，但消费者并不因此丧失因未履行而享有的权利或救济。在供应商不能供应消费者订购的货物或提供服务的情况下，供应商可能以相同质量和价格的替代货物或服务履行之，其前提是合同有类似条款并且供应商在缔结合同之前以必要的方式通知消费者这种可能性。这些规则显然是偏向消费者的一种规范，经营者在法定期限内不履行，即视为合同自始没有订立，使消费者可以以未成立合同而要求恢复原状救济；同时对于替代履行作了严格的规定，即合同中应有此条款且经营者在缔结合同时尽到提示义务。

在未经请求货物发至消费者时，欧盟的《远距离规则》也作出了非常有利于消费者的规定：消费者可视该货物为无任何条件的赠品。发送货物的供应商对所发货物丧失任何权利。而且，在供应商要求消费者支付未经请求的货物或服务的价款或威胁要针对消费者提起诉讼的情况下，供应商将可能构成刑事违法行为，被处于罚金处罚。

13.1.3 我国网上购物消费者保护：《消费者保护法》的适用问题

1. 现行法对网上消费者的保护

我国法律也特别重视消费者保护，并制定了《中华人民共和国消费者权益保护法》（下称《消保法》）等法律法规对消费者权益保护作出特别规定。但是，这些法规均对于一般消费者权益保护作出的规定，而没有专门对于邮购买卖或远距离交易中消费者权益保护问题作出规定。作为例外，广州市 1998 年颁布了《广州市邮购市场管理暂行规定》，设立邮购市场管理办公室，对各邮购企业的经营行为和市场进行监督。该办法主要侧重于邮购经营主体资格审查、许可证发放、消费者投诉处理等管制方面；在消费者保护方面，最主要的措施是确立"先发货后凭发货单领取汇款制度"。在全国性的邮购法或网上交易消费者保护法出台之前，我们仍然要在现有的《消保法》框架下讨论网上消费者权益的保护问题。

（1）消费者知情权

由于不是专门规范远距离交易，故我国《消费者权益保护法》只规定了消费者知情权，而没有规定在缔约前经营者应当尽告知和提示义务。《消保法》第 8 条规定："消费者享有知悉其购买、使用的商品或者接受的服务的真实情况的权利。消费者有权根据商品或服务的不同情况，要求经营者提供商品的价格、产地、生产者、用途、性能、规格等级、主要成份、生产日期、有效期限、检验合格证明、使用方法说明书、售后服务，或者服务的内容、规格、费用等有关情况。"

而消费者的这些知情权的实施,是与传统购物方式中的看货、验货或一手交钱一手交货的即时买卖相配套的;应当说,消费者这种权利同样适用于在线交易消费者。但是,由于是通过网络远距离定货,没有真实地查检货物或没有询问卖主的机会,因此,这种知情权,在在线经营者不提供信息或不提供完整真实信息的情况下,消费者的知情权就很难实现。因此,只有通过正面地规定经营者应该提供的信息,才能真实地满足消费者知情权。这有待于今后修改消保法或制定单行法时加以补正。

在类似的规定尚未出台情形下,法院可以消费者的知情权的内容解释为在线经营者的一项义务,这项义务可以概括为:网上经营者应当提供充分、真实的信息以使消费者在充分了解信息的情况下作出真实的意思表示。即经营者在网上商品介绍或宣传商品时应当包含知情权的内容。当然,法院可视商品或服务内容确定经营者应当提供的信息内容。

(2) 消费者退货权

《消保法》第 23 条规定:"经营者提供商品或者服务,按照国家规定或者与消费者的约定,承担包修、包换、包退或者其他责任的,应当按照国家规定或约定履行,不得故意拖延或者无理拒绝。"这一规定也与其他国家或地区的远距离或邮寄买卖情形下消费者保护中的退货权或解除合同权利,相去甚远。其他国家的退货权或解除合同的权利是指在法定期限(7 天)内消费者可以无条件地解除合同或退货,而我国法律所规定的退货只是合同有约定或法律有规定的情况下,在符合合同或法律规定的条件下要求经营者履行退货义务。也就是说,消保法只是规定在这些情形下,经营者必须履行退货义务。

总之,依据现有的消费者保护法,很难使网上购物消费者的权益得到真正的保护,为此,我们建议制定相关法律,以解决在线消费者保护问题。这里无论是制定远距离销售法,还是在线交易消费者保护法或者通信交易消费者保护法,其核心的问题是要解决,网上经营者告知义务、犹豫期及其消费者解除或退货权等制度。

2. 消费者行使权利应当合法:从恒升诉王洪案谈起

消费者维护自己的合法权益的手段必须正当、合法,不能侵害其他人的权益。尤其是消费者不能利用网络的开放性,随意地发表有损于经营者商誉的言论或失实言论。恒升诉王洪一案的判决结果,可以充分地体现这一法律规则。

王洪系河北省保定市科华公司职员,1997 年 8 月 1 日,他花费 14000 多元在北京安特明科技有限公司购买了一台"恒升"SLIM-I 型笔记本电脑。回到家后发现显示屏有坏点,第二天便返回北京,安特明公司当时也比较爽快地给王调换了一台电脑,回家后王发现换回的屏幕还是有坏点。一直到 1998 年 4 月份,笔记本电脑显示图像文字时开始出现晃动,继而严重到影响正常使用。王遂携机到京找安特明公司维修,安特明却告知需要 7300 元方能维修,而且态度极为不好。据王洪陈述,他先后 7 次上北京,花费大量的精力投入此事,前后用去车费、电话费等共计 4000 多元,得到的却是大为光火的结果。1998 年 6 月 9 日,他撰写了《请看我买恒升上大当的过程》一文,传上了因特网,并建立了以"声讨恒升,保护消费者权益"为主题的主页。与此同时,他也向北京海淀区消协投诉了此事。

1998 年 7 月 2 日,恒升表示同意免费为王洪修电脑,而王洪主动与恒升联系后得知,修理的先决条件是王洪要为他在网上的言论向恒升道歉,这一要求遭到王的拒绝。7 月 3 日王洪再次在网上发布《誓不抵头》一文,诋毁、谩骂恒升公司产品为垃圾品,像豆腐,并在主页上开设留言板,给不知身份的人提供侮辱、诽谤恒升公司的场地。7 月 10 日《生活时报》发表了题为《消费者网上诉纠纷，E-mail 律师函》；8 月 10 日，《微电脑世界周刊》题为《谁之过？一段恒升笔记本的公案》，引起社会关注。8 月 12 恒升让王洪将电脑送来修理，次日王洪将电脑送回恒升修理。8 月 26 日王洪将修好的电脑取回。但在这一期间，由于王洪网上言论及相关报道，吸引众多网民在 BBS 上留言，其中含有大量的对恒升集团带有侮辱性的内容。

1999 年 4 月，北京恒升集团向北京市海淀区法院起诉王洪、中国计算机世界出版服务公司（《微电脑世界周刊》主办者）、生活时报社，要求赔礼道歉、赔偿损失。1999 年 12 月 15 日，海淀区法院一审判决：王洪赔偿 50 万元，承担案件受理费 1.5 万元；中国计算机世界出版服务公司赔偿 24 万余元；生活时报社赔偿 24 万余元。2000 年 12 月 19 日，北京市第一中级人民法院作出终审判决：王洪赔偿恒升 9 万元，承担一审案件受理费 50 万元；中国计算机世界出版服务公司、生活时报社无须赔偿，但仍须登报向恒升道歉。

本案起因是销售商和生产商售后服务存在缺陷或问题，作为消费者可以如实地反映所购产品的质量或服务存在的问题。《消费者权益保护法》规定："消费者享有对商品和服务以及保护消费者权益工作进行监督的权利。消费者有权检举控告侵害消费者权益的行为……"；同时作为公民也享有言论自由的权利。因此，王洪有权在网上公开其购物质量和服务问题。但是，如果其公开发表的言论失实，那么就有可能导致侵害厂商的名誉权。本案二审判决的重要依据《请看我买恒升电脑上大当过程》一文"在基本内容上部分失实"。尤其是王洪利用网络通信的便利性和开放性，开设"IT3.15"主页，引来许多网民发帖子，侮辱恒升，造成了恶劣影响。因此，王洪在行使自己的权利的过程中，侵犯了他人的权益，自应当承担其法律后果。

另外，网民在 BBS 上发帖子，含有侮辱性言语，依法理也应当属于侵权，只是对于匿名发帖子，如何确认其身份，操作上比较困难，目前也没有相应的法律规范。所以，恒升电脑诉王洪案带来社会反响是巨大的，带给人们的思考也是深刻的。

13.1.4　数字化商品交易之消费者保护的特殊问题

上述对于消费者的保护主要适用于有形货物的买卖，不适用于服务、无形财产或信息产品的在线交易。数字化商品以数字形式存在且易复制与传递，这使得数字交易具有两个重要特点：一个是经营者可以让消费者试用或试听或试玩产品，进而改变了所谓网上交易不能检验商品的规则；另一个是消费者一旦购买数字化商品后，往往在电脑里形成了一份数字化商品的复制件，所有这些行为的完成成本十分低廉，而且品质不会耗损。

许多数字化商品因其无体性的差异而转换成为"服务"。例如将实体的书籍、报告、杂志之内容，转换成电子档案，经由网络成为提供信息服务业务；如"每次付费阅读的频道公司"（Pay per view channel company），由消费者在家中阅读各项书报，以阅读的次数或数量收费，而非购买单本成册的书报。从法律角度分析，数字化商品交易的方式是透过线上交易以许可（licenses）的方式进行，类似于专利权或著作权许可使用，只是这里是使用内容本身的许可而不是复制内容的许可，因此遵循买卖的一些规则。

一般认为，数字化商品交易与实物买卖不同，规范实物买卖的消费者权益保护法在许多情形下难以适用数字化商品的交易。因此，有必要针对数字化商品在线交易制定特殊的规则。美国统一州法委员会于1999年制定的《统一计算机信息交易法》[①]，对信息交易合同缔结、履行、救济等作了详尽的规范。其中也不乏保护交易安全和维护消费者利益的思想。例如，交易确立了以下规则：

（1）要求经营者（许可方）对于许可证的标准条款在交易前披露。该法第211条规定，在许可方发送信息或被许可方负有付款义务之前（以先发生者为准），显示并使被许可方能够审查许可证的标准条款。这种规定实际上是强加给许可方一种标准条款的提示义务，以避免利用许可方的优越地位，损害消费者的利益。

（2）对信息产品的品质保证作出了详尽的规定。该法专设一部分规定了保证的方式（包括明示保证和默示保证）和保证条款的否认或修改等，许可方应当保证信息免于任何第三方以侵权或侵占为由提出的正当请求；保证计算机程序的适销性，保证不存在由于该商家未能以合理注意行事而导致的信息内容的不准确；保证适用于信息适用事先知道特定目的。

（3）规定消费者拥有付款前的检验权。该法第608条有这样的规定，接受拷贝的一方于付款或接受交付之前有权在合理的时间和地点以合理的方式对拷贝进行检验以确定其是否符合合同规定。

我国目前可能仍然要在传统法律框架下考虑信息产品消费者的保护问题，当然，司法实践中不妨可以考虑信息产品的特殊性，给消费者以特殊的保护。

13.2 网上格式条款的法律规制问题

就涉及消费者的在线交易而言，几乎所有的交易条款都是网上经营者事先拟定好的，消费者一般只能是要么拒绝，要么接受，最多有时有一些可供消费者选择的条款。而另一方面，几乎所有的格式合同都存在着一些不公平、不利于消费者的条款。因此，如果网上的格式条款得不到合理的控制的话，那么，消费者权益受到侵害的可能性增加，而最终导致消费者拒绝这种交易方式。因此，网上格式合同的规制也是保护消费者权益，促进电子商务健康发展的重要问题。

13.2.1 无效格式条款和不合理格式条款

并不是所有的格式条款都不合理，也并不是所有的不合理的条款都无效，甚至也并不是所有的免责条款都无效。根据《合同法》第40条，违反第52条（主要是侵害国家或社会公共利益或违反法律强制规定的五种情形）和53条（免除己方人身伤害责任的或免除故意或重大过失造成对方财产损失的条款）规定的情形，或者提供格式条款一方免除其责任、加重对方责任、排除对方主要权利的格式条款无效。对于这类明显违反法律而无效的格式条款，从理论上讲消费者可以通过诉讼方式获得救济，请求宣布合同无效或格式条款无效，以保护自己的利益。尽管诉讼需要举证并存在一定的成本，但是毕竟还是可以通过既有的法律途径解决自己的权益保护问题。

[①] 如美国原打算修订《统一商法典》(Uniform Commercial Code)，拟在第二篇后增加许可(Licenses)专篇(Article 2B)，但是，因其特殊性没有把它放入传统商法典中，而是颁布了单行《统一计算机信息交易法》。

对于所有的格式合同而言，最为麻烦的不是格式条款违反法律的强制规定，而是不合理、不公平。这些不合理的情形可以列举如下：

（1）限制或剥夺相对人的权利，如规定买受人在标的物有瑕疵时，只能要求更换标的物，不得解除合同或减少价金，也不得请求损害赔偿；

（2）不合理地分配合同风险，如限定不可抗力的因素减免格式合同提供方的责任情形；

（3）转移法定的举证责任；

（4）缩短法定瑕疵担保期间；

（5）约定有利于己方的管辖法院或约定仲裁条款。

如此等等不能明显认定为违法的格式条款，使消费者利益受到损害或为消费者获得正当法律救济设置了重重障碍，侵害了被动接受格式合同的广大消费者的合法权益。而且，在格式条款的使用方面，格式条款提供人通常也采取一些不十分恰当的手段，以欺瞒消费者。这些手段有：故意将不合理条款以细微文字书写；或在文字表述上模糊、晦涩、令人不解其义；或者将本来可以在主页规定的合同条款故意置于其他网页而不加以说明或设置必要步骤或链接，以使消费者了解；合同条款制作得非常繁杂庞大，将不合理的内容隐藏于其间，不易引起人们的注意或者难以准确理解其法律含义。这些不合理条款的不合理利用是规制网上格式合同的重点。

13.2.2　网上不合理格式条款的规制

不合理的格式条款并不是违反法律的无效条款，因此，立法不可能完全禁止，只能进行必要的规制。规制的方式通常有三种：第一种是要求格式条款的提供方事先以合理的方式提示，以让消费者在订立合同之前知晓格式条款的全部条款和含义；第二种是限制不合理条款的效力或列入格式合同；第三是，在司法救济上，更加倾向于保护消费者利益。

1. 合理方式提示

含有格式条款的合同订立与普通合同订立最重要的不同点在于，它不存在谈判或商议过程，消费者只是接受或拒绝；网上购物合同更是如此，一旦点击确认，合同即告成立。因此，让消费者在接受或确认之前充分地了解网上格式合同的内容就显得尤其重要。而这一点正是靠法律强加给网上格式合同提供方合理的提示义务实现的。这种提示义务也可以说是网上经营者缔约前的义务范畴的东西。

就网上格式合同的内容而言，经营者的提示义务指立法强制经营者（或格式条款的提供方）向消费者提供相关信息，以使消费者在知情的情况下作出真实意思表示（选择）；至于提示的内容，应当因合同的类型或内容而定，法律也可以作出一般的规定。就提示的合理方式而言，立法一方面应当规定提示的方式，另一方面，应当规定提示的程序。比如，在提示的方式，可以要求网上经营者应当以醒目的标识或字框提示网站交易的标准条款，在提示程序上，可以要求设置"关口"，只有消费者阅读了全部或关键性的格式条款，才能继续下一步或完成合同的缔结。

2. 免责条款限制

正如前面讲到，《合同法》已经明确规定几类格式条款或免责条款无效，但是，仅仅这些还不足以保护消费者权益，还应当运用诚实信用原则、公平原则等私法的基本原则，限制一些格式条款的效力。这实际上就是要扩大合同法所规定的无效的免责条款的范围或适用范围。实现这一目的的途径有两种：一种是制定网上消费者的保护法，对于某些格式合同进行限制；另一种是在司法实践中，法官行使自由裁量权，裁决某些条款无效。前者在于确定规则或标准，而后者在于执行规则。除了合同法已有规定的无效条款外，一般可以认定以下违反诚信原则和公平原则的情形无效：

（1）违反平等互利原则的格式合同条款无效。主要表现在给付与对待给付间违反平等原则、欠缺等值性和不合理分配合同风险等显失公平情形。例如，网上银行以格式合同条款规定，存款人对存款单上的电子签字真伪负责，即使该电子签字经任何第三人伪造、变造或涂改，都不能使存款人免责。该条约定因违反银行应尽的注意义务，将该风险全部转移给存款人。

（2）违背合同目的的格式条款无效。如果格式条款使合同目的落空，那么，此类条款应当认定为无效。目的落空可以表现为合同法已经规定的对合同当事人所享有的主要权利或应承担的主要义务作出了实质性的限制，也可能表现为格式条款导致合同目的难以达成。

3. 在解释上更加有利于消费者

我国《合同法》，在格式合同的解释确立了以下两个原则，这两个原则体现了对消费者保护的原则，可以直接适用于电子合同。

（1）格式条款与非格式条款不一致，采非格式条款。格式条款一般仅反应一方意志，而非格式条款则反映双方的意志，因此在二者不一致时采非格式条款，是有利于保护消费者的。但是，就电子合同而言，真正给当事人提供达成非格式条款的机会很少，因此该原则适用也就受到限制。

（2）客观公平，有利相对人原则。格式合同的解释不是从条款拟定人的角度来寻求条款的含义，而应当注意客观性，从有利于被动接受合同的一方来解释。对此合同法第41条明确规定："对格式条款的理解发生争议的，应当按照通常理解予以解释。对格式条款有两种以上解释的，应当作出不利于提供格式条款的一方的解释。"

13.2.3　网上格式合同的行政控制

就一般格式条款的行政规制而言，网上格式合同的行政控制大致有以下几种方式：

（1）条款使用人在使用格式合同条款之前，先提交相关行政机关进行审核，经核准之后才能允许作为与相对人之间缔约的基础，否则不得根据该约款出售商品或者提供服务。

（2）由行政机关主动草拟合同范本，或指导公正中立之第三人拟订合同范本，供企业在制订格式合同条款时参考，并通过市场竞争法则，以及消费者压力，使该范本为企业所采用。

（3）由主管机关直接制订格式合同条款的主要内容，强制企业使用。

（4）由行政机关公告各种格式合同中应记载的事项或者不得记载的事项，作为企业制订格式合同条款时应当遵守的准则。

（5）行政机关行使监督检查权，在发现有不符合诚信原则的事情时，要求改正或要求消费者保护机构提起诉讼，禁止该条款的使用。

（6）要求企业将其格式条款在行政机关进行登记备案[①]。这些行政规制方式，有的我国现行法中已经有所体现，如保险法中规定保险条款和保险费率，应当报金融部门备案，但对于整个格式合同进行行政规制的法规尚未出台。在这方面上海市制订并颁布了《格式合同管理办法》，要求九类格式合同必须在工商行政管理机关进行备案，确定了工商机关对格式合同的监督职责，在格式合同的行政监督方面提出了方案。

对于网上格式合同的行政规制问题，我们认为行政机关的作用可能主要在于监督，而不是事先拟定条款或者进行备案登记。因为，几乎所有在线交易都有可能采取格式合同形式或者存在格式条款，采取主管机关制订合同或备案的方式是不现实的。较为适当的是在立法上对于网上格式条款进行限制，并赋予工商机关的行政监督职责，更重要的是通过消费者的自律组织或消费者自身行使法律赋予的权利，通过自律组织、行政手段或司法手段维护自己的权益。

13.2.4 行业自律和消费者自律组织

相对现实交易而言，网上交易更具有难以用行政手段控制的特点。因此，除了立法和司法手段外，更需社会力量的参与。在这方面主要有行业自律和消费者权益保护组织两种组织力量。

所谓行业自律，是指格式合同条款的提供方或网上经营者组成团体，制定业内的一些交易规则，自觉平衡商家与消费者的利益，同时建立惩处业内坑害消费者利益行为的机制。这就需要提供网上交易服务的商家和从事网上交易的经营者，特别是同行业的经营者，采取切实的行为，从消费者利益出发，设计交易规则。

消费者自律组织，在我国即是消费者保护协会，承担消费者保护组织的功能，它既可以接受消费者的投诉，也可以代表消费者与商家谈判或交涉，参与拟订某些格式条款，维护合同内容的公平合理。在网络环境下，消协当然可以继续发挥其应有的作用。

综上所述，就整个消费者保护而言，存在立法、司法、行政和自律组织四种保护途径，但是，立法规范无疑是最为根本的规范方式，它确定了评判网上格式合同的基本规则和原则；这些规则和规范既是网站经营者制订格式条款的合理性界限和消费者维护自身权益的依据，也是进行行政规范和司法控制的法源基础。网上交易的特殊性决定了需要制订相应的特殊规范，同时引导网上经营者自律和消费者积极行使权利，起到应有的监督作用。

13.4 本章小结

电子商务市场是建立在消费者信赖和认可的基础上的，因而消费者权益保护在电子商务发展中具有重要地位。国际社会对于消费者保护、赢得消费者的信赖在发展电子商务中的作用有着清楚的认识。许多国际组织提出消费者保护纲领，如经合组织关于电子商务中消费者保护指南的建议，即全面地论述了消费者保护基本原则。

[①] 参见朱家贤、苏号朋：《e法治网》，经济科学出版社，2000年，第257~258页。

传统的消费者保护法仍然适用在线消费者。但是在线交易的特殊性决定了必须存在一些特殊规则，使在线交易消费者得到同样的保护。在线交易是非面对面交易、非即时清结的交易，同时也属于访问交易、通信交易、远距离交易；这些特点使在线交易消费者处于劣势。这样法律上就必须有特殊的规定，以保护消费者的利益，同时也维护交易的公平秩序。

就网上交易消费者保护而言，人们努力解决三方面的问题，建立相应的规则：一是缔约前要求经营者尽一定的提示义务，防止欺诈消费者；二是给予消费者解除合同或退货权利，比如冷却期规定，以减少消费者因未真实地看货验货产生的风险；三是履行合同过程中的保护，比如规定法定的最长履行期限。

我国特别重视消费者保护，但《消费者权益保护法》只适宜于一般消费者权益保护，而没有专门对远距离交易或在线交易消费者权益保护问题作出规定。例如只规定了消费者知情权，而没有规定在缔约前经营者应当尽告知和提示义务；经营者的包修、包换、包退责任与消费者（冷却期）的解除权也相去甚远。建议今后修补法律确立网上经营者告知义务、犹豫期及其消费者解除或退货权等制度。

上述对于消费者的保护主要适用于有形货物的买卖，不适用于服务、无形财产或信息产品的在线交易。数字化商品交易与实物买卖不同，规范实物买卖的消费者权益保护法在许多情形下难以适用数字化商品的交易。在这方面，美国制定了《计算机信息交易法》，率先提出了信息产品交易中消费者保护的基本规则，可以作为参考借鉴。

网上格式合同的规制也是保护消费者权益，促进电子商务健康发展的重要问题。网上格式合同受《合同法》调整，如果是法律绝对禁止的条款则为无效，如果是不合理的条款通常有三种法律措施：第一种是要求格式条款的提供方事先以合理的方式提示，以让消费者在订立合同之前知晓格式条款的全部条款和含义；第二种是限制不合理条款的效力或列入格式合同；第三是，在司法救济上，更加倾向于保护消费者利益。除此而外，还存在行政监管和消费者自律，可以起到校正格式合同缺陷的作用。

13.5 思 考 题

1. 简述网络环境下消费者保护面临的问题。
2. 试述欧盟《远距离保护规则》的主要内容和借鉴意义。
3. 信息产品交易中消费者保护有哪些特殊性，美国计算机信息交易法确立了哪些规则？
4. 试论述网络环境下格式合同的规制。

第 14 章 网络环境下身份性信息的保护问题

隐私是公民个人享有的受法律保护的民事权利。隐私权保护在网络环境下变得更加突出，除了因互联网为人们提供较为自由地公开他人隐私的途径外，更重要的是因为互联网大大地扩展商家收集、利用甚至出售个人信息的途径。实际上，在线交易中隐私权的保护问题主要讨论身份性信息的保护，研究如何规范商家收集、利用和转让身份性信息的行为，保护消费者对网络的信赖、对电子商务的信任，进而繁荣在线交易。

14.1 网络环境下隐私保护的基本框架

14.1.1 什么是隐私权

1. 隐私权内容的理论界定

隐私是无关公共利益的个人"私事"。这种私事大多数情形下表现为未公开的个人身份、生活、健康等的信息；而在有些情形下，仅仅表现为个人生活不受外来力量干涉、干扰、侵犯形成的自由空间（又称个人领域）。但是，不管怎样，隐私是可以有权控制不让他人知道"东西"。

隐私是自然人所特有的[①]，法律上界定隐私的本质在于赋予自然人以隐私权。隐私也可以理解为隐私权的客体或保护对象；隐私权是对隐私的支配权。事实上，人们往往直接谈隐私权，而忽略其客体的讨论。因为有的时候，隐私权客体似乎没有独立的表现，如私事自决权、防干扰权。因此，隐私权的客体不妨理解为抽象的人格利益。

隐私权存在广义和狭义两种理解。狭义上理解隐私权即是指"公民享有的私人生活安宁与私人信息依法受到保护，不被他人非法侵扰、知悉、搜集、利用和公开等的一种人格权"[②]。而在广义上，隐私权（right to privacy）包括三方面的内容：第一，对于个人身份性信息支配、利用权和维护权；第二，个人私事或私生活的隐蔽或隐瞒权；第三，保持个人生活和领域不受干扰和侵犯的权利（leave me alone）。这三种权利，第一和第二种意义上的隐私权均保护的是个人信息，而第一种保护的是身份性信息，而第二种隐私权保护是私生活信息（表现为个人性生活、健康、收入等）。第三种权利不涉及信息，所保护的只是个人生活自由。

[①] 隐私权只涉及自然人，不包括法人。另外，身份性信息指尚生存自然人的足资识别该个人之资料，不包括已经死亡的身份性信息。
[②] 张新宝著，《隐私权的法律保护》，群众出版社，1997年，第21页。

2. 隐私权的法律渊源

在我国，从法律渊源上，我国的隐私权保护来源于《宪法》、《民法通则》等法律法规[①]。《宪法》第38条规定公民的人格尊严不受侵犯，第39条规定公民的住宅不受侵犯，第40条规定公民的通信自由和通信秘密受法律的保护，这三条规定是我国隐私权的宪法渊源。《民法通则》第101条规定了公民的人格尊严受法律保护，被认为是公民隐私权保护的间接规范。因为这一条对名誉权的规范后来被解释为包括对隐私权的保护[②]。1996年公安部发布的《计算机信息网络国际联网安全保护管理办法》也只是从通信自由和秘密的角度涉及身份性信息的保护："用户的通信自由和通信秘密受法律保护。任何单位和个人不得违反法律规定，利用国际互联网侵犯用户的通信自由和通信秘密。"1998年国务院信息化工作领导小组发布的《计算机信息网络国际联网管理暂行规定实施办法》第18条也提及了隐私保护："用户应当服从接入单位的管理，遵守用户守则；不得擅自进入未经许可的计算机系统，篡改他人信息；不得在网络上散发恶意信息，冒用他人名义发出信息，侵犯他人隐私；……。"

因此，虽然我国一贯对隐私权予以保护，但是，关于隐私权的内容、类型、体系、保护等还主要停留在理论上，在立法上还没有形成一个完整的体系。

14.1.2 网络环境下隐私权保护问题

现代信息技术和网络技术大大增加侵犯隐私权的机率和范围，并带来了许多新问题。在这种背景下谈隐私问题，主要涉及个人信息收集、加工、处理、传输、传播等引起的侵犯隐私权问题。甚至美国《个人隐私权与国家信息基础设施》白皮书（1995年10月）提出了个人信息隐私权概念。该白皮书认为，信息基础设施的建立和有效运行越来越无孔不入，使个人隐私权保护方面的问题也随之增加起来。越来越多的人将用它处理各种事务，处理范围不断扩大，如商务、娱乐、储蓄、教育、消闲，甚至保健事务。人们在国家信息基础设施上进行某种特定的操作，这些事务就会形成电子记录，这些记录易于存储和处理；而且由于个人信息记录存储、处理、传输所需的费用不断降低，通过各种迥然不同的来源积累个人信息就成为一门成本-效益比较合适的生意，可为对各种事务（从法律的执行到直接销售活动）感兴趣的信息用户提供服务。

网络环境下隐私权主要涉及三个方面权利的侵犯问题：

第一，不当收集和利用了身份性信息，侵害了个人的隐私权、身份性信息的享用权（以下有详细的论述）。

第二，利用现代信息技术不当地搜集、窥视、公开他人私事（私生活）即构成对他人隐私的侵犯。例如，黑客对身份性信息的攻击、破坏，既可能是构成对他人财产权（信息或数据权利）的破坏，也是对个人生活领域的侵犯。

---

① 在国际上，隐私权被放入人权中加以讨论，作为一种基本人权，已经得到《世界人权宣言》、《公民权利和政治权利国际公约》等主要国际人权文件的确认与保护。
② 最高人民法院关于贯彻执行《中华人民共和国民法通则》若干问题的意见第140条非常明确地表明了这种态度：以书面、口头等形式宣扬他人的隐私，或者捏造事实公然丑化他人人格，以及用侮辱、诽谤等方式损害他人名誉，造成一定影响的，应当认定为侵害公民名誉权的行为。

第三，个人自主、独立生活的权利或独处的权利，它主要保护个人可以独立自主地、不受干扰地生活的权利。例如，企业或好事之人在他人的电子信箱中不断地投入垃圾邮件，使用户不得不花费大量的时间去一一收取、查阅、删除或处理这些邮件，这不仅增加用户的成本（上网费）、浪费时间和精力，而且极大地干扰、破坏了个人生活安宁、不受侵扰的权利。

上述三方面基本上覆盖了传统隐私权的三个方面。但是，我们更主要地研究第一类隐私权及其侵害行为，即不当收集、擅自开发利用或转让个人身份信息，侵害隐私权。这是因为它是在网络技术环境下发生的特殊问题，同时它与消费者的保护息息相关。世界各国在谈论网络环境隐私权保护的时候，也主要是指前一种隐私权。总之，网络环境下个人隐私的保护的重点或核心是身份性信息。

14.1.3 身份性信息及所有者的权利

1. 什么是身份性信息

在几乎什么都可以信息化的时代，有关个人的信息似乎是一个非常广义的概念，比如一个鲜为人知的私生活（事实）也可以说是一种信息，将之公诸于众，也是对个人隐私权的侵犯。但是，这种生活信息披露或公开属于对传统意义上侵权的侵犯。而在网络环境下所讨论的身份性信息或资料主要是指标识某人个人身份、特征、个性等信息。由于信息概念的广泛性，我们这里不妨可以将这些标识个人特性或身份的信息，称为身份性信息，以区别于广义上的个人信息。

这也就是说身份性信息并不包括那些"见不得人"的事情或信息，或者说身份性信息与传统的隐私权还是有一定的差别。身份性信息强调的是这些信息的私人性质，因而不得随意公开，而不是一个人不愿公开的私生活信息或生活秘密。从理论上讲，具有识别性的个人身份和特性的信息即属于身份性信息。所谓可识别性是指通过资料中所反映的各种信息加上人们的判断就可以确定这些数据是有关某个人的，或者说通过数据中信息可以识别数据主体。这里的识别包括直接识别和间接识别。所谓直接识别就是直接通过数据中所反映出的数据主体的直观特征加以识别，如数据主体的名字、照片、身份证号等往往无需加以检查或复杂的判别，就可以确定为某个人信息；所谓间接识别，就是必须通过分析、检查、比较有关数据主体的身体的、生理的、智力的、经济的、文化的或社会身份的多项信息后才能判断出数据主体。

身份性信息范围非常广泛，包括一切有关个人身份、生理的、思想的、生活习惯、社会关系等方面的信息。一般包括姓名、职业、履历、病历、婚姻、健康状况、住址、电话号码、银行账户、保险情况、特殊爱好、宗教信仰等。这些身份性信息也属于隐私的范畴。当然，关于哪些信息属于身份性信息没有一个统一的标准，而且其范围还会随各国政治、经济和文化背景不同而呈现出差异。

身份性信息本质特征是足以识别某个主体身份的个人信息。可以说凡是"足资识别该个人之资料"就构成身份性信息。例如，电子邮件地址，因在@之前半段为个人所使用的名称，后半段为邮递主机的名称，构成"足资识别"个人身份的资料，因此属于个人之资料。另外，客户的用户名（Username）与密码（password）也属于身份性信息。但是，IP

地址的目的在辨识计算机在网络上的位置，并非"足资识别该个人之资料"，故不属身份性信息。

2. 身份性信息所有者的权利

身份性信息属于个人所有，这是个人隐私权自然推导出来的一个结论。这也就意味着个人对于身份性信息拥有民法上的权利。这些权利大致包括：

（1）控制权。信息主体对有关本人的数据享有最终的决定权，他人收集、使用这类数据必须经本人的同意，否则就构成侵权。

（2）收回权。对于他人合法或非法取得的有关个人数据、资料，有权收回或取回。

（3）知悉权。数据主体有被告知或要求资料使用人告知其个人信息被收集、处理、使用的情况。

（4）修改权。数据主体有要求数据用户或者有关政府机构对其档案中不准确、不恰当、不适当或者不完整的部分进行更正的权利。

（5）请求司法救济权。身份性信息权利得不到实现或受到侵害时，权利人都有权要求排除妨害、赔偿损失等法律救济。

上述五种权利既是法律对身份性信息保护而赋予的个人权利，也是身份性信息隐私权的主要内容。

3. 身份性信息的不当利用

现代社会愈来愈强调对人格权的保护，但同时，社会各项活动——公务活动或营利性活动——的开展都离不开身份性信息。于是身份性信息的公开和利用是一种非常普遍的事情。问题在于这种利用应当在一个合理范围之内。大致说来，对身份性信息的不正当利用主要有以下一些情形：

（1）未经当事人知晓或同意收集身份性信息为了网上购物或接受其他信息服务，消费者必须提供个人信息，如姓名、电话、地址、邮编、身份证号、信用卡号等，甚至与消费无直接关系的购物偏好、健康记录等。更严重的是，可能在你上网时，你的个人信息被网站毫无声息地收集。

（2）个人数据二次开发利用是指在提供服务或交易中提供必要信息只允许用于其本身目的，而不能用于其他目的，更不能散发或传播甚至出卖身份性信息。未经当事人同意，身份性信息被用于与收集的身份性信息事由无关的目的即为不正当的利用。不当利用表现之一即为个人数据的二次开发利用，即商家利用自己所收集掌握的身份性信息建立起种种类型的资料库，从中分析出一些个人并未透露的信息，进而指导其营销战略。

（3）个人数据交易。个人数据被不当利用还表现为个人数据被擅自用于交易。个人数据交易有两种形式，一种是商家之间相互交换各自收集的信息，或者说是与合作伙伴共享信息。这种共享使个人数据用于交易以外的目的，使个人数据有可能被更多的商家知晓和利用，无异于变相侵害个人隐私。另一种是将个人数据作为"信息产品"销售于第三人或转让给他人使用，第三人可能用于其他目的。由于它将身份性信息商品化，是对个人隐私侵犯最为严重的一种侵权行为。

（4）对身份性信息的失控。在网络环境下，个人对于自己信息的控制能力和抗干扰能力下降，在许多情形下，无法确保逃避从他那里获得信息的用户的干扰，无法拒绝未经请求的垃圾信息；当事人无从发现谁为了什么目的而拥有他们的什么资料，更无能力从不愿意让其使用的人那里撤回这些信息。所有这些均意味着网络环境下个人隐私保护的新问题。

14.2 网络环境下的身份性信息的保护

14.2.1 身份性信息保护基础

1. 网络环境下身份性信息保护的重要性

保护公民的隐私权一直是法律，特别是现代文明社会的法律一项重要的任务和内容。但是，在网络环境下，这一问题变得更为突出。这主要是因为计算机、网络技术等现代通信技术的发展为商家合法或非法收集、复制身份性信息以及将收集来的身份性信息加以商业化利用提供了非常方便的条件。例如，有许多电子商务网站在消费者购物前，会在屏幕上出现一张个人身份登记表，要求消费者填写性别、姓名、国籍、地址、ID 号、职业、电话、传真、电子邮件地址、婚姻状况、收入来源和额度等个人信息；有的网站采取会员制，同样要求消费者填写包括上述信息在内的更详细的信息。有的网站采用隐蔽的 Cookies 技术来收集身份性信息[①]，甚至采取非法的搭线窃听（wiretapping）、窃听（bugging）等手段获取身份性信息。你给某人的 E-mail，接受人可以轻而易举地转发到成千上万个人。一旦有人将你的地址收集或将你的 E-mail 转发等，你如何保护你的权利？总之，因特网像一把利剑，具有两面性，它在作为有用的工具同时，对宪法和民法保护的公民基本权——隐私权的保护提出了挑战。

随着社会结构不断分化，大众化的或潮流式的消费现象不复存在，人们追求个性化的表现，而这必须对消费群体进行分类，必须仔细研究他们的经济能力、知识水平、消费习惯、休闲爱好、家庭状况等，分析每一类消费群体的特征、倾向。随着计算机和网络技术的发展，电脑可以大量、快速处理信息并迅速进行对比分析，预测消费趋势。因此，收集身份性信息和消费习惯，就成为当今社会行销需求，使用身份性信息成为现代商业活动的核心。计算机和通信技术不仅为商家在提供服务或进行交易的同时收集身份性信息提供了方便，而且，客户资料成为"信息产品"，人们可以在市场购买得到，或转让谋利。但从社会利益的角度讲，我们不可能因为信息技术可用于这一目的，而禁止人们使用信息技术，实现营销和管理的目标。因此，出路在于制定法律，规范收集体和使用行为，以使其控制在合理的范围内，以利于个人隐私的保护和社会或经济发展的需要。而且由于电子商务没有国籍，对于个人隐私的保护不仅是保护个人利益，而且是保持本国企业良好的经营行为以参与国际市场竞争的重要因素。

另外，隐私权或身份性信息不仅受其他民事主体的侵害，而且也受政府或公共机构的侵害。因为公共机构在执行公务活动中，在实施监督和管理社会活动中也必须要收集、储存和利用大量的身份性信息。如果政府不当收集或公开不宜公开的信息并用于其他目的，

[①] 当使用者访问设有 cookies 装置的网站时，网站的服务器会自动发送 cookies 至用户的浏览器内，并储存到电脑硬盘内，该 cookies 便负责记录日后用户到访网站的种种活动、身份性信息、浏览习惯、消费习惯甚至信用记录，商家对此进行有针对性的销售活动。

那么也构成对隐私权或身份性信息的侵犯。例如，政府有没有权力检查、跟踪、储存公民发往网上的 E-mail 或在网上进行信息上传、下载活动？公安机关发现你在传输非法的信息，是否有权查封你的电脑？

2. 身份性信息保护的法理基础

身份性信息保护的法理基础既有民法上的人格权保护，同时也有宪法上公民基本权利（或人权）的保护基础。在我国，由于尚未有明确的体系化的立法，而大多数学者仅仅是从私法或民法的层面上定位隐私，单纯从民事责任的角度讨论对侵害隐私权的保护，认为对隐私权的保护纯粹是一种民事法律规范。这种思路显然不能适应网络环境下的身份性信息的界定和保护。

在网络环境下，身份性信息不仅仅指不适宜或不愿意公开的信息（如有关个人私生活的信息），而且包括了不属于民法隐私范畴的信息，如个人身份证号、国籍等信息。可以说它是以是否能够识别某个主体为标准的，而不再是以不宜公开为标准。而且在网络环境下，身份性信息不仅可以自己用于商业目的，而且有时被作为"信息产品"进行买卖。因此，在某种意义上，在网络环境下讨论的身份性信息，不再局限于传统民法的隐私范畴。因此，我们应当在更加广义上理解或定位隐私或隐私权，才能在身份性信息的界定和保护方面与国际接轨。

14.2.2 身份性信息的保护：身份性信息的收集和使用基本原则

消费者与市场调查一直是广告策略最本质的部分，而电子交易留下了信息记录，可以用来对潜在顾客进行剖析。例如，世界著名的网站不是在卖搜索服务，而是在卖消费者信息，这些信息是由监督并记录访问者的各种信息的服务器搜集到的。大量的消费者数据可由各种渠道获得，如电话记录、信用卡和浏览网页。计算机可以轻松地把这些数据编成数据库，供种种广告使用，这些关联信息通常被称为后信息——就是由信息产生的信息，成为最有价值的信息。这些信息收集和使用必须合法或适当，否则即构成对他人隐私的侵犯。法律上所要解决的问题有三：一是哪些可以为厂商收集，或哪些是个人隐私范畴的信息；二是信息界定哪些收集信息方式是适当的、合法的，哪些是不正当的，为法律所禁止的；三是界定这些信息的利用方式，圈定其合法利用的界线。

身份性信息收集和使用规范问题是一个相当复杂的问题，而且在网络环境下，它变成一个世界性的课题，在一定意义上需要世界性统一的规则。一些国际组织已经在这方面提出了建设性的基本原则。例如，经合组织 1980 年颁布了《隐私保护和身份性信息跨界流通的指南》（Guidelines on the Protection of Privacy and Trans-border Flows of Personal Data）（以下简称《指南》）。我国虽然不是经合组织的成员，但是，该指南的一些基本原则，值得我们借鉴和参照。

《指南》的目的是防止因成员国因身份性信息保护而导致的信息自由流转障碍，同时保障成员遵循适当的身份性信息保护原则。《指南》确立了各成员国国内法应当遵循的 8 项基本原则，这些原则适用于公共机构和私人主体，建议各国立法时考虑和采纳这些原则。指南同时也确立了适用于成员国之间的基本原则，要求成员国采取合理和适当的措施确保跨国界个人数据交流通畅性和安全性。同时规定，除非互惠成员国没有实质性地遵守指南或交流与国内法抵触，否则不得限制身份性信息的跨国界流转。

《指南》确立的要求成员国在保护身份性信息方面遵循的 8 项原则是：

（1）收集限制原则（Collection Limitation Principle）。身份性信息收集应存在限制，获得资料的手段必须合法和公平，且须经资料享有人知晓或同意。

（2）资料定性原则（Data Quality Principle）。身份性信息应当与使用的目的有关，且适用于该目的的资料应当正确、完全、有效。

（3）目的特定化原则（Purpose Specification Principle）。资料收集的目的应当在收集时确定，随后的使用限制在该目的的实现，或者用于其他与该目的不相冲突（相匹配）的目的和每次目的改变时确定的目的的实现。

（4）使用限制原则（Use Limitation Principle）。身份性信息为不得被公开、被利用于或被使用于超出根据前项原则确定的目的，除非资料主体同意或法律有如此的授权。

（5）安全原则（Security Safeguards Principle）。身份性信息应当得到安全保护，防止丢失或未经授权的接触、毁坏、使用、修改或公开。

（6）开放原则（Openness Principle）。应当存在有关身份性信息的开发、实践和操作规则的公开政策。应当提供现实可行的手段证实身份性信息的存在和性质、被使用的目的以及资料持有人身份和住址。

（7）个人参与原则（Individual Participation Principle）。个人有以下权利：要求资料持有人或其他什么人确认资料持有人是否持有有关他件资料；在合理的时间内、以不过分的费用（如果有的话）、以合理的方式、以可辨识的形式向个人通告与他有关的信息；如果上述两项要求被拒绝，那么可要求说明理由且对拒绝可以提出反对意见；对有关他的资料正当性提出质疑；如果正确，可删除、校正、完善或修改该资料。

（8）可解释原则（Accountability Principle）。资料持有人应当对是否遵守了上述原则做出说明。

目前 24 个成员国中大多数已经制定了立法，以实施《指南》，适用于国内的基本原则将会在这些国家的立法中重现出来，只是实施这些原则的方法和范围在各国存在不同。就我们了解的资料来看，上述原则也基本上成为其他国家在身份性信息保护方面的基本原则。

14.2.3　在线经营者对用户身份性信息收集、利用规则

关于网站或在线企业（以下统称在线经营者）对用户身份性信息的收集和利用，主要涉及以下两个问题：第一，在线经营者需要不需要许可；第二，在线经营者收集和利用身份性信息的规则。

1. 在线经营者要不要事先取得许可

电子商务领域通行的规则是，在线经营者可以为了其本身开展的特定服务或交易的需要而自行收集客户或消费者的身份性信息。这是经合组织资料定性等原则所揭示的基本规则。但是，对于一些特殊的行业，特别是与身份性信息密切联系的行业，是否可以自由收集却是一个值得讨论的问题。在这一点上，本书的基本观点是：网站或在线经营者在自身业务范围内或过程中，收集本网站用户的个人资料不需要事先许可；但是，对于专门从事个人信息收集工作的经营者须取得许可，例如征信机构。因此，建议对于专门收集个人资

信信息的专业公司实行许可登记制度，而对于一般身份性信息收集只要在收集和利用方面作出规定即可，不必实行登记管制。

2. 收集和使用身份性信息的规则

对于一般从事在线交易或网上经营活动的企业而言，收集和使用身份性信息应当遵循下列规则：

（1）目的特定化原则

在线经营者采集个人信息或资料时必须明确并限定其用途或目的。一般而言，如果没有明确其他用途或领域，在消费者接受服务或缔结某项交易时所填报的身份性信息只能用于这一服务或商品买卖。当然，各国均允许在线企业收集信息事先特别明确收集信息特定的用途，且这种用途可以超出在线企业业务范围或所从事的交易或服务。但是必须符合一定的条件。一般而言，在线企业为收集特定目的以外的利用，必须符合下列条件：① 为增进公共利益者；② 为免除当事人之生命、身体、自主或财产上之急迫危险者；③ 为防止他人权益之重大危害而有必要者；④ 当事人书面同意者。除此之外，任意将客户的资料或名单泄漏或出售则即可能构成违法行为。

（2）公告或告知原则

身份性信息虽然受法律保护，但绝对地不能使用将使许多商业和其他社会活动无法开展。一般来讲，收集他人信息者应当向被征集人为什么要收集该信息，该信息将用于何处，将采取哪些步骤来保护信息的秘密性、完整性和质量等。现在，这种公告可能包含在一个网站的隐私权政策中，也可能是网站或其他公司收集个人信息时就专项身份性信息收集所出的声明。

网站身份性信息收集声明或隐私权政策声明大概包括以下内容：① 身份性信息的收集范围，同时对网页浏览而导致的非身份性信息的收集也可作出相应的声明；② 收集目的及其非经当事人同意而使用用户身份性信息的声明；③ 资料保密声明；④ 用户权利；⑤ 免责事由等。

通告必须引人注意，使用明确清晰的语言，以使消费者顺利获得必要的信息，做出正确的判断，明白他们所期待的隐私权保护的水平是什么，他们能得到的又是什么。

通告必须明确告诉消费者要他们作出选择，即在个人阅读这些信息后，以决定是否接受所提供的服务或同意使用。

（3）当事人事先同意

世界各国对于身份性信息的收集大多要求事先征得当事人的同意或者让当事人知道其身份性信息被收集用于特定目的。这便是事先同意规则。为防止当事人反言或以后难以举证其同意，这里的同意应当理解为事先书面同意。

在现实操作中困难的是如何取得当事人的书面同意。因为客户的人数众多，要一一征询同意并取得书面资料，在操作上有相当的困难。一般来讲只要在线企业在客户所填写的身份性信息表设置选项，询问当事人是否同意作特定目的之使用，可以不必单独签订同意书。或者可以建立这样的规则：只要当事人自愿填写其身份性信息用于某项服务或交易，就可以推定其事先"书面同意"所登记的资料用于该项交易。但要用于其他用途的，另行设置选项，让其表示意见。

是不是所有的信息收集都要经当事人同意？实际上，法律设置同意条件主要是防止个人信息用于经营或营利目的，而对于公益性或无损于个人人格利益的身份性信息收集毋须征得个人同意。一般而言，凡符合下列情形之一的即可以收集：① 经当事人书面同意者；② 与当事人有契约或类似契约之关系而对当事人权益无侵害之虞者；③ 已公开之资料且无害于当事人之重大利益者；④ 为学术研究而有必要，且无害于当事人之重大利益者。这也就是说并不是所有的身份性信息收集均得经当事人同意。

（4）合理、合法使用个人数据

对于收集的身份性信息，资料收集者应当按照明确的目的和范围使用，并履行法律规定的义务。而且，除非经事先授权或同意，不得将资料转让他人为商业利用。

14.2.4 资料收集者和资料提供者权利义务关系

资料收集者与资料提供者之间并不完全是一种合同或契约关系。身份性信息作为隐私权的组织部分，个人享有排他支配权利，任何他人都不能侵犯或使用，否则将承担侵权责任。但是如果资料收集者基于法定的理由或当事人的事先同意而收集、使用，那么在资料收集利用者与资料提供者之间会产生一些因使用身份性信息而生产的权利义务。由于身份性信息关系人格尊严、关系隐私权，因此为保护资料提供者（消费者）的利益，往往是由法律直接规定资料收集者与资料提供者之间的权利义务。由于我国尚不存在这方面的有关规定，这里主要参照欧盟 1995 年 10 月颁布的《欧盟个人数据保护指令》[①]中的一些规定，作一些论述。

1. 资料收集者对资料本身的权利义务

资料收集者对于所收集的资料只有管理权，因此，欧盟指令称之为"资料控制者"。至于这种管理者对资料本身是否享有排他的支配权，目前尚未见明确的看法。一般来讲，即使这里不能作为作品纳入著作权保护，在法律上应当承认资料收集者对于资料的排他支配权。这种权利的设置主要目的在于保护信息资源的利用秩序。这是因为如果对他人所收集的信息是为他人随意利用的共同资源的话，那么这种资源就会过度利用，最终导致资源的枯竭；而且这样更不利于对资料提供人隐私权等人格权的保护。但是赋予收集者以这样的排他支配权，是以他对于身份性信息的支配和利用不侵犯资料所有人或提供人的权利为前提的。实际上这种排他支配权并不享有自主处分这些信息的权利。在这里主要是因为这些信息关系到他人的隐私或人格利益。

因此，身份性信息的管制者对于资料的利用行为必须得到规范。在这方面，我们结合欧盟指令规定，指出以下两点：

第一，资料合法处理义务。欧盟指令第 6 条规定了身份性信息处理一般原则：一个资料控制者，必须确保身份性信息是在公平合法的情况下处理。第 7 条详细规定合法处理基

---

① 该指令全称为 EU Data Protection Directive On The Protection of Individuals With Regard to the Processing of Personal Data and On The Free Movement of Such Data，可译为《欧盟关于在个人数据处理和自由交流中保护个人的数据保护指令》。该法确立了欧盟内部个人数据收集和处理的基本统一规则，同时在第 25 条规定，有关跨国资料传输时，身份性信息不可以被传递到欧盟以外的国家，除非这个国家能确保资料传递有适当程序的保护。美国因为非成文法国家，尚未制定法律对这方面作出明确的规定，故引起美国对个人数据保护立法的重视。

本要求：资料的处理必须经当事人明示同意；当事人为合同一方的，为履行合同或依当事人申请可以对资料进行处理；资料管理者为履行法定义务而对资料的处理；为保护当事人的重大权益而作的处理；为增进公共利益，资料管理人或接收为执行法定事务而必须进行的处理；不得危害当事人自由与基本人权。另外，第8条规定，有关种族血缘、政治意向、宗教或哲学信仰、商会会员、健康或性生活等都属于敏感资料（sensitive data），原则上禁止处理。

这也就是说，并不是所有的资料都可以处理，关系个人隐私、政治倾向等敏感资料一般不得处理。即使可以处理的资料，也分为必须经当事人明示同意才可以处理的和不经当事人事先同意即可自行处理的身份性信息。尽管欧盟对这些区分作出了原则性规定，但在现实中如何清晰地区分二者恐怕不是件容易的事情。我国在未来立法中似应借鉴之并对二者的区分加以明确化。

第二，安全保管或保存义务。身份性信息收集后，收集人成为身份性信息的实际控制者。这里控制者不仅享有限制的处分权，而且必须负担安全保存被收集人身份性信息的义务。实际上，控制者在这里成为身份性信息的"托管人"。控制者的保管义务并不完全是基于它对这些信息享有有限的权利，而且是基于这些信息关系着资料所有人的人格或隐私，在控制者合法利用该信息的同时，负有保证这些信息不被他人不法利用的义务。因此，安全地保存这些信息，防止他人盗取、删改、销毁等是资料控制人的法定义务。由于计算机处理的个人数据文件是以电磁记录的方式存在，数字化的资料具有容易大量复制、篡改容易、无实体保存的特性，因此，这种安全义务具有重要的意义。

凡收集身份性信息营业者，必须健全其身份性信息安全维护计划。计划一般应包括下列事项：

（1）资料安全方面：个人数据文件应厘定使用范围及权限，并设置使用者代码与识别密码。个人数据文件应将资料储存在软式磁盘片上，并定期拷贝；若建置在硬盘上，计算机应专用并上锁。非经允许不得刺探或使用个人数据文件，使用完毕后应立即退出，不得留在计算机终端机上。

（2）资料稽核方面：承办人员利用计算机处理身份性信息时，应核对是否与原件相符；身份性信息提供利用时，应核对与档案资料是否相符，如有疑义时应调原档案查核。

（3）计算机设备管理：相关计算机设备应定期保养，除非必要时，不得作为公众查询之用。更新设备时，应注意资料安全。

（4）其他安全维护事项：除遵守一般计算机安全维护之有关规定外，负责人员职务异动时，应将保管磁盘及有关资料列册移交；接办人员应另外申请密码[①]。

2. 资料收集者在资料利用期间对资料提供者的告知义务

欧盟个人数据保护指令，除了给资料控制者在收集和处理、利用中设置一些法定义务外，在第10、11条规定了告知当事人的义务。据此，资料管理人在使用个人数据期间向当事人告知以下事项：资料管理人或其代表人；资料处理的目的；资料传递的接收者或接收者的类别；当事人是志愿或有义务的回复提供资料的，如不提供资料的后果；当事人查询及更正资料的权利。

---

① 参见台资策会科技法律中心研究员戴豪君：《电子商店处理客户身份性信息的法律须知》。

3. 资料提供者的权利

为保护资料提供当事人的权利，防止资料控制人滥用身份性信息，侵害个人利益，欧盟指令赋予资料当事人以下权利：

（1）查询的权利。当事人可以查询其已经提供的资料，包括：确认与其资料有关的处理，至少包括处理的目的、有关资料的类别、资料的接收者及其类别；应以当事人明了的方式取得身份性信息；获知有关资料自动化处理的逻辑符合法律规定的有关自动核准的条件。

（2）更正、删除或封存身份性信息。如果对当事人的资料的处理不合法律规定，特别是资料不完整或不正确的，应予适当更正、删除或封存。

（3）拒绝的权利。为增进公共利益，资料管理人或接收人为执行法律事务或因国家立法保存有关身份性信息的，当事人有正当理由也可以拒绝该特定资料的处理；资料管理人为直接销售的目的处理的资料或为直接销售目的初次传递给第三人的，应告知当事人，当事人可以拒绝该使用及传递。资料管理人应明确告知当事人其权利，并提供免费表达拒绝的方式。

4. 转让给他人使用

消费者同意收集一般仅仅是限于收集者自身特定目的的使用，不包括转让给他人使用。除非在收集声明中已经作出类似声明并征得消费者同意，不得将已收集的身份性信息用于其他目的或转让给他人用于经营目的。当然，在线企业将收集的个人数据交付他人进行单纯的数据分析，并不构成这里所指的交由他人商业性利用。

在国际网络社会，在将已经收集的身份性信息转让给他人用于商业目的，一般需遵守以下要求或规则：

（1）事先征得资料所有人的同意或作必要的提示，告知身份性信息被租借、销售或交换的可能性。在出现被确定的人利用时，应当告诉利用人的名称、地址、用途等。

（2）身份性信息所有人应当有能力限制公开那些因某一目的而获得，却要因别的非相关目的而公开的信息。或者说，使身份性信息被转用的情况下，使资料所有者有机会退出市场。

14.2.5 邮政局泄露身份性信息案

由于文化上差异等原因，我国对于隐私权保护滞后于其他国家。我国至今尚未出台任何关于身份性信息或隐私保护方面的专门立法。面对信息技术发展，电子商务推行，隐私权保护问题无疑应当提到议事日程。下面，我们结合一个案件谈谈这方面的问题。

1. 案情

2000年夏，家住上海市大统路统北村的王某王收到了上海市邮政局寄来的"用户征询表"，要求填写姓名、住址、电话、收入情况等项目。本着对国家邮政的信任，他填写了表中部分内容。同时为了防止身份性信息被泄露，他特地在"用户征询表"上阐明自己的观点：所填写的身份性信息不得泄露给商业企业从事营利活动。2000年12月15日王却收到了一封由上海市邮政商函局寄来的易购365广告函。信封上同时有市邮政商函局和易购365

两家单位落款。王先生认为，此举违反了《民法通则》关于"公民享有姓名权……禁止他人干涉、盗用、假冒"的规定。于是 12 月 19 日向闸北区人民法院递交了起诉状，状告上海市邮政局未经允许泄露身份性信息，上海市邮政商函局、上海富尔网络销售有限公司（易购 365 创办者）盗用公民姓名、地址等身份性信息从事营利活动[①]。

2. 分析

该案是因征集个人信息而引发的一起案件，具有典型意义。在本案中个人信息征集人为市邮政局；邮政局是一种提供邮政公共服务企业，其征询表，显然是用于征询用户对邮政服务的意见或建议，其中可能涉及到用户的姓名、住址、邮编、电话等身份性信息。也就是说最初用户信息的征集服务于邮政服务调查这项目的的。但是，该资料却被邮政商函局利用，用于为商业企业进行广告服务。尽管邮政商函局与邮政局存在关联关系，但是毕竟是相同的两家企业，因此邮政局将该信息提供给邮政商函局（假如事实是如此的话），是不正当的，它违背该信息征集的目的；同时王某也明确表明该信息不得向商业企业披露，邮政局更不能违背身份性信息所有权人的意志而转让信息。因此，邮政局滥用了征集来的身份性信息控制权，侵犯身份性信息专用权或隐私权。尽管该案是因当事人庭外和解结案，但它留给人们的思考是深刻的，同时对我国身份性信息征集和征集个人信息的使用立法也提出挑战。

14.3 本章小结

隐私权是重要的民事权利，但对于隐私权的范围存在不同的认识。广义上隐私权包括三个方面的内容：第一，对于身份性信息支配、利用权和维护权；第二，个人私事或私生活的隐蔽或隐瞒权；第三，保持个人生活和领域不受干扰和侵犯权利（leave me alone）。

现代信息技术和网络技术大大增加侵犯侵私权的机率和范围，并带来了许多新问题。在这种背景下谈隐私问题，主要涉及个人信息收集、加工、处理、传输、传播等引起的侵犯隐私权问题。网络环境下个人隐私的保护的重点或核心是身份性信息。

身份性信息是指标识某人个人身份、特征、个性等信息。身份性信息一般不是隐密性的私事而是个人不愿意公开的具有识别性的个人身份和特性的信息。可识别性是指通过资料中所反映的各种信息加上人们的判断就可以确定这些数据是有关某个人的，或者说通过数据中信息可以识别数据主体。

身份性信息归其本人所有，他享有对个人资料的控制权、收回权、知悉权、修改权和请求司法救济权。

在网络环境下，身份性信息的不当利用问题较过去更为严重，如未经同意而收集、二次开发利用、擅自交易等。

身份性信息保护在电子商务中具有重要意义。其保护的法理基础既有民法上的人格权保护，同时也有宪法上的公民基本权利（或人权）保护基础。单纯从私法或民法的层面上

[①] 案例转自《新民晚报》2001 年 1 月 13 日第 16 版。案件后来通过庭外和解，被告给付一定补偿、原告撤诉而结案。

定位身份性信息，保护身份性信息，显然不能适应网络环境下的身份性信息的界定和保护。

在身份性信息保护方面，许多国际组织已经提出基本框架。其中经合组织的《隐私保护和身份性信息跨界流通的指南》提出了8项原则，具有重要意义。

在线经营者可以为了其本身开展的特定服务或交易的需要而自行收集客户或消费者的身份性信息。但是，对与身份性信息密切联系的行业，是否可以自由收集也不无争议。

从事在线交易或网上经营活动的企业收集和使用身份性信息应当遵循下列规则：目的特定化原则；公告或告知原则；当事人事先同意；合理、合法使用个人数据。

基于合法理由或征得当事人的事先同意而收集、使用时，在资料收集利用者与资料提供者之间存在权利义务关系。资料收集者对于所收集的资料只有管理权，收集者应当合法地处理所收集的身份性信息，安全地保管身份性信息，并告知资料提供人资料使用情况。资料提供者享有查询的权利，请求更正、删除或封存身份性信息的权利，拒绝该特定资料的处理的权利。

在具备一定条件的情形下，收集的身份性信息可以转让给他人使用。对此法律应当给予严格的限制。

14.4 思 考 题

1. 什么是隐私权，简述网络环境下个人隐私保护的主要内容。
2. 什么是身份性信息，其范围如何？
3. 个人对身份性信息拥有何种权利？
4. 身份性信息不当利用情形有哪些？
5. 身份性信息保护的法律体系如何？
6. 身份性信息收集和使用的基本原则有哪些？
7. 企业收集和使用身份性信息应当遵循哪些规则？
8. 个人信息收集人和提供人之间的权利义务关系如何？

第 15 章 网络环境下的不正当竞争和法律调控

在虚拟环境中存在两种不正当竞争，一种是网络服务公司之间的不正当竞争；另一种是在线虚拟企业利用网络手段进行的不正当竞争。这两种不正当竞争具有一定的关联性和重迭性，如果是现实企业直接设立网站，从事 B2C 业务，那么二者更是难以区分。为了便于分析，我们撇开两者差异而从网络环境下不正当竞争手段入手，分析经营性网站的不正当竞争行为。

可以说现实中的许多不正当竞争行为都可以延伸到网络环境下，但我们不能一一论述，本章除论述网络环境下不正当竞争行为表现形式和特点外，主要涉及因域名引起的不正当竞争，网页抄袭和链接引起的不正当竞争行为。因数据库不当利用引起的不正当竞争、因广告引起的不正当竞争我们在相关章节已经作了论述。

15.1 网络环境下的不正当竞争行为

15.1.1 什么是不正当竞争行为

1. 不正当竞争的内涵

竞争是经营者在市场上以较有利的价格、数量、品质、服务或其他条件争取更多交易机会，因而取得更多经济效益或其他方面的优势。经营者泛指获得营业执照，以公司、合伙、独资等企业形态和经营主体从事营利性事业的主体。

竞争使每个经营者想方设法降低成本、提高产品和服务质量、并提供更加优惠产品或服务。它最终使消费者乃至整个社会受益，因而竞争成为经营者、某一个行业乃至整个社会进步的有效工具。但竞争也是残酷的，其最终结果是优胜劣汰，使那些劣质、低效的企业和生产者淘汰出市场。因此，为了求得生存，经营者不仅运用正当的手段开展竞争，而且有时也运用不正当的手段开展竞争。法律上鼓励运用正当的竞争手段，禁止或限制使用不正当的竞争手段，于是就有了"反不正当竞争法"。

从字面理解，不正当竞争是采取不合法的手段进行竞争。从法律角度理解，"'不正当竞争'，是指经营者违反本法规定，损害其他经营者的合法权益，扰乱社会经济秩序的行为。"①

一般认为，"不合法手段"的核心意思有两点，一是这种手段"损害了其他经营者的合法权益"；二是这种手段"扰乱了社会经济秩序"。前一点是不正当竞争行为的本质，后一

---

① 参见《反不正当竞争法》第 2 条第 2 款。

点是不正当竞争行为的结果或表象。因为不正当竞争法具有公法色彩，其目的是通过禁止不正当的竞争行为维护公平的市场（交易）秩序。而所有的侵害他人权益、谋取市场优势的行为均可以理解为是扰乱了正当的社会经济秩序。因此，理解不正当竞争关键是把握什么手段是"损人利己"的行为，即侵害他人合法权益的行为。

所谓合法权益，是指受法律保护的利益。一旦某种利益受到法律保护即可以上升为法律上的权利。为此法律创设了许多权利，如所有权、使用权、经营权等有形财产权和商标专用权、著作权、专利权、商号权等无形财产权。除了这些法定的类型化权利外，还存在许多受法律保护的利益却没有归入某种权利或归纳形成一新形态的权利，但是这些利益的享有者仍然享有排他的支配权或享用权。这种受法律保护的利益在法律上被称为法益。因此，合法权益包括明示的类型化的权利，也包括没有抽象为定型化的权利的合法利益（法益）。

在这种意义上侵害其他经营者的合法权益可以有许多，它不仅包括构成通常意义上的侵权行为，而且包括不正当地获取了他人应当取得的利益的行为，如搭便车的行为、寄生虫行为均是侵害他人合法权益的行为。

2. 不正当竞争行为的样态

为了使不正当的侵害其他经营者合法权益行为明确化特定化，《反不正当竞争法》第2章明确了11种不正当竞争行为，即：

（1）采用假冒或仿冒等混淆手段从事市场交易，损害竞争对手的行为；

（2）商业贿赂行为；市场混淆行为；

（3）引人误解的虚假宣传；

（4）侵犯商业秘密的行为；

（5）以排挤竞争对手为目的，以低于成本的价格销售商品；

（6）违背购买者的意愿搭售商品或者附加其他不合理的条件而销售商品的行为；

（7）违反规定的有奖销售行为；；

（8）捏造、散步虚伪实施、损害竞争对手的商业信誉、商品声誉的行为；

（9）投标招标中的不正当竞争行为；

（10）公用企业或其他一些具有独占地位的经营者强制交易的行为；

（11）政府及其所属部门滥用行政权力限制机关内政的行为。

上述行为是否穷尽了所有的不正当的行为？学术界长期存在两种对立的观点。一种观点认为《反不正当竞争法》第2章所列明的不正当竞争行为就是本法所承认的不正当竞争行为，需依法制裁的不正当竞争行为只限于第2章列明的各项行为，除非另有法律规定，不允许执法机关认定其他的不正当竞争行为[①]。另一种观点认为，不正当竞争行为应当不限于《反不正当竞争法》第2章所列举的11种行为，而且还包括按照其总则尤其是第2条第2款的规定所认定的行为[②]。

---

① 其主要理由是：a. "违反本法规定"几个字有着特殊的立法意图，专指违反本法第2章的规定；b. 不正当竞争行为的特点要求其类型具有法定性。

② 其主要理由是：a. 第2条第2款具有兜底条款和包容性一般性条款的作用；b. 其他国家反不正当竞争立法一般采取列举加概括的立法方式，既可以使人们对法律所禁止的不正当竞争行为一目了然，又可以根据一般条款的规定涵盖法律未曾列举的不正当竞争行为。

本书同意后一种观点，而且认为在网络环境下，不正当竞争行为的法律管制，只能采用后一种观点。这是因为在网络环境下出现了一些新的财产权形态，出现许多以前法律不能保护而又应当保护的权益。在知识产权法不能明确是否侵权的情形下，只有援引《反不正当竞争法》加以保护。这样，如果再拘泥于不正当竞争类型法定化，许多新型的不正当竞争行为不能受到法律规制，经营者的正当权益就得不到维护，因而难以形成公平、有序、规范的在线经营秩序，最终将阻碍网络经济的发展。

因此，作者认为，凡是在网络上侵犯他人正当合法权益，破坏公正经营秩序的行为都可以视为一种网络环境下的不正当竞争行为。

15.1.2 网络环境下的不正当竞争行为

计算机和网络通信技术在将人类知识、经营信息、商品标识等电子化、网络化的同时，为人类提供了贮存、传播、复制这些信息的方便手段。这种手段既可以用于合法目的，也可以用于不正当的非法目的。当利用现代通信手段损害他人正当合法权益，增加自己在网络环境经营中的某种优势时，就可以认定其构成了不正当竞争行为。可以说，网络技术既为人们从事正当的经营行为开辟了一个"广阔天地"，同时也为不正当经营行为提供了便利。

网络环境下的不正当竞争，包括两类，一类是传统企业（网下企业）利用因特网进行不正当竞争行为；另一类是网站之间在开展信息服务、技术服务、在线交易过程中发生的不正当竞争行为。这两类竞争行为在有些情形下存在区别，但是在大多数情形下，很难将二者截然区分开。这里所谈的网络环境下的不正当竞争泛指利用网络通信手段进行的不正当竞争行为。

网络环境下的不正当竞争既有其与传统不正当竞争相重合的一面，又有其独特性。网络环境下的不正当竞争认定仍然脱离不了《不正当竞争法》所奠定的基本框架，网络无非是提供了更为方便或新型的手段而已。也就是说，网络技术只是一种手段，而没有改变不正当竞争行为的本质。当然，在网络环境下适用不正当竞争法时，我们又必须突破不正当竞争具体形态法定观念，将一些新型侵害他人合法权益的行为视为不正当竞争行为，从不正当竞争的角度保护权利人的合法权益，维护公平的竞争秩序。下面，我们列举几种典型的不正当竞争行为，并列举这些不正当竞争行为在网络环境下的表现。

1. 市场混淆行为

（1）基本概念和要件

市场混淆行为是指经营者采用假冒或模仿之类的不正当手段，使其商品或服务与他人的商品或服务混淆，而导致或者足以导致消费者误认的行为。《反不正当竞争法》第5条对此作了规范。第5条规定：经营者不得采用下列不正当手段从事市场交易，损害竞争对手：

① 假冒他人的注册商标；

② 擅自使用知名商品特有的名称、包装、装潢，或者使用与知名商品近似的名称、包装、装潢，造成和他人的知名商品相混淆，使购买者误认为是该知名商品；

③ 擅自使用他人的企业名称或者姓名，引人误认为是他人的商品；

④ 在商品上伪造或者冒用认证标志、名优标志等质量标志，伪造产地，对商品质量作引人误解的虚假表示。

混淆的结果是导致对商品或服务来源混淆,将甲的商品误认为是乙的商品,将丙的服务误认为是丁的服务。导致消费者误认的手段主要是商品或服务上的名称、标识、商标、产品包装或外观等与他人的名称、商标等相同或近似。而且一般来讲,只有同一行业或同一性质的营业之间存在上述的混同行为或事实时,才构成混淆行为。我国亦有学者认为混淆并不必须以仿冒人与被仿冒人之间存在竞争关系(同业关系)为前提条件。应当说,这种观点符合反不正当竞争立法的世界趋势。

(2) 网络环境下的表现

在网络世界里,增加了制造这种混淆的机会和手段。所谓增加机会,是说现实中许多物体、字符、标识等均可以通过电子的方式表现于网络世界,现实中企业拥有的各种权利自然地延伸至网络世界,并且创造了更加丰富多样的表达方式。这就使得人们在网络世界制造各种混淆行为。而且网络表达方式的易复制、模仿等特性,又为人们提供各种机会。从目前网络经营状况而言,在网络环境下发生的市场混淆行为大致有以下:

- 恶意注册他人域名,侵犯他人商标专用权、商号权,致使许多企业无法将自己的商誉延伸到网络环境,损害他人利益;
- 域名与域名之间相同或类似时,产生的引人混淆行为;
- 从其他媒介或网站抄袭使用他人的作品或者网页,导致消费混淆或误认;
- 将他人注册商标、商号登记为网站名称,搭其他经营者的便车;
- 网站的 LOGO 标识与他人商标、商号、标识等相同或相似,导致消费者误认的行为;
- 通过其他方式暗示与其他著名企业或网站有某种联系的行为。

2. 虚假宣传、商业诋毁行为

《不正当竞争法》第 9 条规定,经营者不得利用广告或者其他方法,对商品的质量、制作成份、性能、用途、生产者、有效期限、产地等作引人误解的虚假宣传。虚假宣传当然地可以延伸到服务领域,特别是可以延伸到网站的技术和平台服务领域。依照法条,产品或服务宣传的方式主要是广告,除此之外还包括其他方式。虚假广告主要是指在户外各种介质和媒体上进行的歪曲或虚假的宣传。而其他方式主要指在商品上伪造或冒用认证标志、名优标志,制造产地,对产品质量或服务标识作引人误解的虚假表示以及采取其他非广告形式的宣传。

有时广告和其他宣传不宜区分。有学者认为广告应具备以下四个特征,这四个特征可以作为区别于一般宣传的标准。

- 广告的主体是商品经营者或服务提供者;
- 广告是有偿的,发布广告必须支付费用;
- 广告发布须通过一定的媒体和形式,产品本身上的宣传不是广告;
- 其内容是直接或者间接地介绍自己生产的商品或提供的服务。

在网络环境下,广告和宣传更不宜区分,因为在有些情形下,通过网络或网页使产品或服务提供的信息、产品性能描述、产品规格信息、甚至客户意见等融为一体,很难区分出哪个是广告,哪个是宣传;如果非要区分的话,只能从内容上区分。这与非网络环境下从形式上区分广告与宣传是不同的。

实际上,广告和宣传的作用或功能是一致的,它们之间的区别是形式上的,而不是实质上或内容上的。不适当的宣传同广告一样可以导致包含虚假和引人误解的宣传,构成不正当竞争。在虚假宣传的类型上，可以是对自身产品或服务质量、产地自我吹嘘或夸大宣传；也可以是将自己的产品或服务与其他知名产品进行不正当的比较，含有贬低其他经营者的商品或服务，攀附著名商品的声誉，或者搭乘著名商品的便车的不良企图。这两种行为都构成引人误解的宣传，导致不正当竞争行为。

《反不正当竞争法》第 14 条规定："经营者不得捏造、散布虚伪事实，损害竞争对手的商业信誉、商品声誉。"如果经营者的宣传或广告含有捏造、散布虚假信息的内容，损害了他人的商业信誉，那么还可以构成商业信誉的诋毁行为。

网络技术对于商业宣传的影响是革命性的，它实现了网络广告的制作、发布一体化，使厂商的宣传更加便捷和迅速。每个企业均可以制作网页宣传自己的产品或服务，经营性网站的网页内容本身就是一种"广告"，可以起到宣传自己的作用。当然，获得广告经营许可的网站也可以为他人制作和发布网络广告。因此，网络通信技术在为经营者提供方便的同时，也为某些人不正当地利用网络广告或页面宣传，进行引人误解的虚假宣传或诋毁他人商誉的宣传开辟了方便的渠道。

3. 侵犯商业秘密行为和不当利用他人所有的信息行为

商业秘密是一种技术或经营上的信息，是原始持有人通过投入人力、物力和财力所获得的有价值的信息，其目的是为了借此获得并维持竞争的优势地位。凡是具有不为公众所知悉、能为权利人带来经济利益并采取保密措施的技术或经营信息，即被认定为构成商业秘密。侵犯商业秘密的行为是一种违反商业道德和危害竞争秩序的行为。商业秘密可以通过侵权行为法、合同法和反不正当竞争法加以保护。

在网络环境下，仍然可以发生传统法律意义上的不正当竞争行为，这些行为可以适用传统法律加以解决。在网络环境下，信息或信息产品成为最重要的财产形态，对于信息的占有（支配）、利用、处分权利也就相应地成为核心的问题。但是，在传统法律框架下，信息只有构成作品、专利、商业秘密时，法律才予以保护，而且构成要件均有严格的要求。这种法律制度设计显然不能适应网络环境下对于信息持有人独享其信息资源的保护。

网络技术使得信息公开、资源共享成为现实，这也给经营者采取保密措施带来挑战。对于一些能为权利人带来经济利益的信息，采取何种措施才可认定为构成商业秘密，需要结合网络环境加以重新考虑；或者说，哪些技术性或经营性的信息可以认定为商业秘密，是否还必须固守"必须采取保密措施"这一条件，很值得认真讨论。

我们认为，在网络环境下，如果某种信息不能纳入著作权、专利法、商业秘密保护范畴，可以创制一种禁止他人不正当利用自己享有的信息的权利加以保护，或者说，将不正当利用他人所有的信息行为视为一种不正当竞争行为。

在这种意义上，只要不正当利用、复制、窃取；刊载或传播了他人合法拥有的信息就可以认定为一种不正当竞争行为；利用其他计算机网络技术，采用隐蔽的手段，进行篡改数据文件、发布虚假信息、编制诈骗程序等损人利己的行为是否也构成一种以侵害他人信息为形式的不正当竞争行为。例如对于数据库，在难以纳入著作权法保护或难以构成著作权法的编辑作品的情形下，可以适用反不正当竞争法加以保护。在数据库保护论述中，我们对此已经作了阐述（参见 8.2）。

当然，什么是不正当利用他人信息的行为是一个需要进行一步深入探讨的问题。

4. 其他类型的不正当竞争行为

电子商务只是交易方式或手段的改变，并没有改变商业行为的本质。在传统商业行为中的一些不正当竞争行为也可延伸到电子商务领域。电子商务的发展实践证明，商业贿赂行为、低于成本价销售行为、不正当有奖销售行为、搭售及附加其他不合理条件的行为、垄断或限制竞争行为等均已延伸到网络经营环境中。这些行为的认定基本遵循传统不正当竞争法和其他相关法规。

另外，在网络环境下还会出现一些特殊的不正当竞争行为，难以归入传统不正当竞争行为中。如因域名引起的不正当竞争，网页抄袭和链接引起的不正当竞争行为等。

15.2 因域名引起的不正当竞争行为

15.2.1 知识产权法和反不正当竞争法

不正当竞争的前提是对他人拥有的财产权利的侵犯或者对合法权益的侵犯，因此不正当竞争行为本质上属于侵权行为，反不正当竞争法是财产权利的保护。而不正当竞争行为所侵害的财产权以知识产权居多，因此反不正当竞争法也被作为知识产权法的组成部分。

反不正当竞争作为知识产权的组成部分，不仅仅因为反不正当竞争法保护知识产权，而且还因为，有些无形财产还没有正式地认可为知识产权或上升为权利，因此不能纳入知识产权法（运用一般侵权原理）加以保护，但是，只要属于同一种行业，一方权益因它方的不正当竞争行为而受到侵害，即构成不正当竞争，即可适用反不正当竞争法加以保护。

由于传统知识产权的保护均可以扩展到网络环境下，而且在网络环境下又会产生一些新型的无形财产，例如，域名、网站名称、不受著作权保护的数据库等。由于这些权利还没有纳入知识产权保护体系，故反不正当竞争法成为维护合法权益所援用的法律手段。

因此，网络环境下与知识产权相关的不正当竞争行为大致有两种情形：一种是构成侵犯著作权、商标权、商号权或其他已为法律明确的权利的行为，如恶意抢注域名行为即是对他人在先权利的侵犯；网页抄袭或模仿，侵犯他人著作权的，如果这些行为导致消费者误解或误认行为的，那么也构成一种不正当竞争行为。受到侵害的经营者既可以提起侵权之诉，也可以提起不正当竞争之诉，或者同时提起两个诉讼请求。另一种是被侵犯的权益还没有上升为一种明确的权利，但法律或判例已经倾向于保护持有人的这种权益。当这种权益受到他人侵犯，且危及网上公平的交易秩序时，可以认定构成新型的不正当竞争行为。例如，域名和域名相同或近似的行为，在域名权还未正式确立起来的情形下，受害人只能提起不正当竞争之诉。

15.2.2 域名法律保护的基本框架

从纯粹技术的角度：域名是"互联网上的电子地址"，用于解决对应互联网上 IP 地址的一种方法。域名本身既不是商标，也不是现实企业的名称，但是，域名在全世界具有惟一性，域名作为进入网站或虚拟企业的惟一的路径，使得域名具有了识别功能，因而具有了商业价值。因而,域名又不仅仅是一个"门牌号码"。

于是,域名应当予以保护,成为商界的呼声。但是,直到目前为止,恶意抢注域名受到法律禁止[①],但还没有认为域名注册人享有知识产权或财产权。恶意抢注域名指将他人商标、商号、服务标记等注册为域名,而域名之间的类似是否应受到禁止,还没有明确说法。

有许多学者认为,域名是企业的网上商标或是一种与商标并列的全新的商业标记权;也有专家称是商誉的一部分,应归入知识产权。还有学者认为域名更像"企业名称和经营场所"。甚至有学者提出了域名权概念[②]。作者认为,尽管域名具有识别经营者主体的作用,但是由于其本身的技术性功能、注册机构非审查性,使得其作为一种知识产权保护存在困难。目前,较为通行的作法是,援用不正当竞争法对域名加以保护。

因此,目前域名引起的不正当竞争行为有两种情形:一种是域名注册者侵犯他人在先权利;另一种是域名类似或相同引起的不正当竞争。

15.2.3 域名侵犯他人在先权利引起的不正当竞争

域名侵犯他人在先权利分两种情形,一种是为了搭便车或借他人之名谋取不正当的经营利益而侵犯他人在先权利,构成一种不正当竞争形态;另一种侵权仅仅是恶意抢注他人在先权利,构成恶意占据域名的行为。

1. 侵害他人在先权利导致不正当竞争

电子商务为商业活动开辟了新世界,而域名便是人们进入这世界的第一道关口,且具有了认知网站或虚拟企业的标识功能,因此,将他人享有在先权利的商号、商标或其他标识登记为域名,不仅侵犯了权利人的知识产权,而且构成一种不正当竞争。

将他人的商标或商号注册为域名,容易引起人们的误解,误以为是原商标或商号权人设立的网站或提供服务,可以准用《反不正当竞争法》第 5 条的规定。由于域名具有商业价值或商业标识作用,而商标、服务标识和商号最主要的功能也是区分或标识商品生产者或服务提供者,是经营性主体商誉的主要载体,因此将他人享有在先权利的商标、商号等登记为域名,就容易导致利用他人已经在现实经济生活中已经积累的商誉实现自己的目的,即构成搭便车或寄生性不正当竞争行为;如果是提供同一种性质的网络服务或网上经营活动,那么容易使消费者产生误认或混淆,以诱使互联网络用户访问域名持有人的网站或者其他联机地址,并从中牟利。因此,将他人商标权和商号权登记为域名的网站或企业,构成不正当竞争。实际上保护商标权也即是保护反不正当竞争的权利。

据此,侵犯他人在先权利引起的不正当竞争行为构成的要件可以归结为两个:第一,

---

① 通用顶级域名管理机构网络名称及编码分配公司(ICANN)于 1999 年 8 月 26 日通过了《统一域名争议解决办法》(UDRP),这个政策与《域名注册协议》、《统一域名争议解决办法程序规则》、《域名争议解决机构的补充规则》一起作为域名争议政策,对恶意抢注行为,做出了规范。

② 张玉瑞在他的著作《互联网上的知识产权——诉讼与法律》使用了这一概念。他指出:"个人的域名权是民事权利,适用民法通则规定;经营者的域名权是经营者权利,适用反不正当竞争法。合法注册的域名,如果产生显著性,域名注册人享有商业标识权,有权禁止他人在互联网上,恶意使用造成消费者混淆的相似域名,也可以禁止他人在网下,假冒、混淆其域名,进行经营活动。"张玉瑞:《互联网上知识产权——诉讼与法律》,人民法院出版社,2000 年,第 240 页。

在先权利人享有注册的商标专用权、商号权,而域名持有人对域名不享有正当的权利或合法的利益;第二,须在后注册域名与在先权利人所持有的商标或服务标记相同或具有误导性的相似;而这种误导是以两者提供服务或经营的产品相同为前提的;否则即使相同或相似,也不导致误认。这也就是说,并不是所有域名侵犯在先权利都作为侵权来看待,只有从事相同服务或营业活动时,将他人商标或商号注册为域名使消费者足以误认的程度时,才被认为是侵权或构成一种不正当竞争。

国内许多著名案例已经一致地宣布,凡是域名包括或者属于他人含有在先权利(商标专有权、商号权等受知识产权和民法保护的权利)的内容,即属于侵权行为,构成不正当竞争,因此应当停止使用域名。比如,荷兰英特艾基公司诉国网公司将其产品和服务商标ikea注册为域名一案[①];美国杜邦公司诉北京国网信息有限责任公司侵犯商标权及不正当竞争纠纷案和美国宝洁公司诉北京天地电子集团侵犯商标权及不正当竞争纠纷案[②]。上海二中院判决的宝洁(P&G)公司上海晨铉科贸有限公司有关 safeguard.com.cn 域名争议一案,均做出了大致相同的判决:将别人商标注册为域名属于侵犯商标专用权,属于不正当竞争行为,故应当停止使用[③]。

2. 域名占据行为

前面论述的不正当竞争是经营者因从事相同或相似的营业或服务注册域名侵犯他人商标权。而在现实中还存在着另外一种侵权行为,即恶意抢注他人域名。域名注册人注册域名的目的不是为了某种经营或服务而是为了阻止他人注册或租售域名谋利。由于域名注册机构不进行实质审查,加之域名规范的技术性,一旦自己的商标或商号被他人注册为域名,商标权人就无法使用商标作为域名,开展网上经营,其在下形成的商誉就无法方便地转移到网上。这对于在先权利人来讲是极不公平的。恶意注册和使用域名行为已为《统一域名争议解决办法》所禁止。我国的域名管理机构中国互联网络信息中心(CNNIC)于 2002 年 9 月 25 日发布了《域名争议解决办法》,对恶意抢注册行为亦做了规范。所列举的恶意抢注域名行为包括了这种注册或者受让域名是为了出售、出租或者以其他方式转让该域名,以获取不正当利益。[④]

---

① 英特艾基公司在中国和国际商品和服务上分别注册了 IKEA、中文宜家商标。当该公司准备在中国互联网上注册以 IKEA 为标志的域名时,却发现国网公司已在先注册了域名——"ikea.com.cn"。英特艾基公司将国网公司告上法庭,北京市第二中级法院判决国网公司注册的域名 ikea.com.cn 无效,并立即停止使用,撤销该域名。
② 美国杜邦公司拥有文字商标"DUPONT",美国宝洁公司拥有"TIDE"商标(如汰渍洗衣粉),均为我国公众所熟知,属于驰名商标。因此,被告北京国网信息有限责任公司和北京市天地电子集团将这两个驰名商标分别注册域名的行为,均构成了侵犯注册商标权和不正当竞争。北京市第一中级人民法院判决北京国网信息有限责任公司注销"dupont.com.cn"的域名、赔偿杜邦公司诉讼付出的合理支出人民币 2700 元;判决北京市天地电子集团注销及停止使用"tide.com.cn"的域名。
③ 宝洁(P&G)公司在中国及其他国家均注册有 safeguard 商标,晨铉公司前身上海晨铉科贸有限公司向中国互联网络信息中心申请注册了 safeguard.com.cn 域名。宝洁公司认为,晨铉公司将 safeguard 注册商标注册为其域名是恶意抢注和不正当竞争行为,故诉到法院。10 月 9 日上海市第二中级法院作出一审判决,判决被告上海晨铉智能科技发展有限公司注册的域名 safeguard.com.cn 无效,应立即停止使用并撤销。
④《中国互联网络信息中心域名争议解决办法》第 9 条第(一)项。

15.2.4 域名与域名类似或相同

1. 概述

域名侵犯商标权或含有商标权的域名,受害人可以直接适用商标法获得救济,同时可以适用反不正当竞争法。在域名注册人对于域名本身不享有商标权或商号权(非用自己的商号或商标注册为域名,或者域名没有注册为商标)时,发生在后注册的域名与在先域名相同或类似,此时仅仅是域名"侵犯"域名,很难在援用商标法方面进行救济,而在域名权的法律保护体系还没有建立起来的情况下,只剩下不正当竞争法保护,只能以不正当竞争为由提起诉讼。

在缺乏明确的权利的情形下,在后注册域名是否构成不正当竞争主要取决于在后注册域名是否足以导致消费者混淆;而判断是否构成混淆的前提是两个网站经营内容相同或近似。这也就是说,域名不正当竞争的构成要件有二,一是两个网站经营范围和内容存在相同或近似,这是一个前提条件;二是在后注册的域名存在着相同或近似,且这种相同或近似足以导致消费者误认。

判断是否导致消费者误认取决于相关消费者是否误认为商品或服务为相同经营者提供,或是否误认为经营者之间有某种关系。在这一点上,与侵犯在先权利的情形相似。由上海市二中院审理的东方网案,是一起典型的域名近似引起的不正当竞争案。

2. 案例分析

(1) 案情简介

原告上海东方网股份有限公司是由解放日报社、文汇新民联合报业集团、上海电视台、上海东方电视台等新闻单位联合上海东方明珠股份有限公司、上海市信息投资股份有限公司共同投资发起设立,并经上海市人民政府批准和工商注册成立的股份有限公司。原告于2000年5月中旬获得上载新闻批复和公众信息服务业准营证,并于2000年5月28日正式开通了域名为"eastday.com"与"eastday.com.cn",中文名称为"东方网"。东方网是一家大型综合性信息服务网站,通过互联网为广大网民提供新闻及信息服务。其开通时下设"东方首页"、"东方新闻"、"东方财经"、"东方体育"、"东方商机"、"东方生活"、"东方文苑"、"东方图片"、"东方论坛"九大频道。

原告在开通前,在国内外作过高强度、全方位的广告宣传,推展自己的企业形象和"eastday.com"、"eastday.com.cn"、"东方网"服务品牌。开通后,原告网站平均日页读数为140至150万,成为中宣部列为全国重点扶持的九大新闻宣传网站之一。

原告网络开通不久,被告山东东方网即经营了域名为 eastdays.com 和 eastdays.com.cn 的网站,被告网站的首页面标头、九大频道的名称及页面布局、颜色等与原告极其近似或相同,且每个频道(内页)页面风格、布局、文字、色彩、字体等选用也仿照原告网站。甚至,被告网站的许多内容也来自原告网站。且在自我介绍栏目中声称其"东方网是中国地区最大的提供新闻媒介服务和相关信息服务的媒介网站之一",并据此在网上进行公开的广告招商。

原告认为,被告蓄意注册近似域名"eastdays.com"和"eastdays.com.cn",同样使用"东方网"名称、相同的频道名称,使用近似的网站标志和页面风格、布局、文字、字体和色彩，提供与原告网站同样的信息服务，侵害了原告的著作权，并因此造成了或者足以造成网民的误认和混淆，被告这种行为严重违背了商业经营中诚实信用的基本原则和公认的商业道德，构成了不正当竞争行为，给原告造成了巨大的经济及名誉损失，因此请求法院判决被告赔偿损失。

被告认为，在2000年5月28日原告"东方网"正式开通之前，互联网上已有"东方网"或包含"东方网"三个字的网站，因此原告对于"东方网"网站名称不享有任何权利，而且原告也不享有注册商标专用权；原告也未注册eastday作为商标或对此享有其他在先权利，无权排斥他人注册和使用与原告不相同的eastdays.com和eastdays.com.cn。

（2）分析

本案的特点在于所争议的域名仅仅存在相似，但原告对争议域名不存在在先权利，因而本案区别于上述所引的几个恶意抢注案件。但是，本案被告域名近似不是一种偶然巧合，而是蓄意所为。因为，被告同样使用了相同的网站名称，而且在网页设计上几乎是与原告相差无几，特别是在网站标识、主页设计、网页结构和颜色等重要方面存在模仿或抄袭的痕迹。在这种服务界面相似基础上，被告注册近似的域名，显然具有搭他人便车之嫌。因此，被告的行为总体上构成了利用网页内容和形式一致来诱使公众产生误解或混淆，达到搭便车或谋取不当利益的目的。因此，这种行为总体上构成了不正当竞争行为，法律应于禁止。具体分析如下：

第一，被告擅自故意仿冒与使用原告东方网的主页设计与频道布局，构成对原告网页著作权的侵害。被告的主页除了标识部分和广告条部分不完全一致外（即只存在近似），其所设的"东方首页"、"东方新闻"、"东方财经"、"东方体育"等7个频道与东方网开通时首批推出的七个频道名称一字不差；该网站的首页页面、频道页面与东方网的相应页面极其相似。而且，该网站上各栏目所能提供的信息内容据称有相当部分都直接抄自东方网，蓄意大量复制与抄袭东方网的信息内容。被告的行为不仅直接侵犯了原告的著作权，而且造成误导公众的事实，使公众极易将山东东方网误认为就是上海的东方网。而且被告在经营中还存在虚假宣传行为，在自我介绍栏目中声称其"东方网是中国地区最大的提供新闻媒介服务和相关信息服务的媒介网站之一"，并据此在网上进行公开的广告招商。

第二，虽然原告不是东方网网站名称的专有者，但是，原告网站名称一经登记就存在合法的使用权。北京市工商行政管理局颁布的《网站名称注册管理暂行办法》，赋予网站名称类似于企业名称性质权利，即网站名称专用权[①]。这种规定意味着可以将企业名称保护延伸到网站名称。尽管该规章对本案没有直接约束力，但它至少说明经登记的网站名称受法律保护。但在本案中，被告是否侵犯网站名称专用权并不重要，重要的是网站的界面存在一致，容易导致人们的误解、混淆。

综合本案上述情况，可以认定被告的行为构成在互联网环境下的特殊不正当竞争行为。故上海市二中院最后认定被告行为构成综合性不正当竞争行为。法院的判决书最后认定：

---

① 该规章有这样的规定：在登记公告期内，如果认为其网站名与自己的网站名相同或近似并足以造成他人误认的，可以提出异议（参见第20条）；如果认为已经注册的网站名称与自己的商标、字号、域名、企业名称、注册网站名称等相同或近似，并且从事类似经营，并足以造成他人误认的，可以要求注册机关改正甚至撤销其注册网站名称。

被告未经原告许可,擅自使用了原告网站 7 个频道页面的系争样式尤其是页头部分的系争样式以及链接图标,作为其网站相关页组成部分,与原告进行同业竞争,造成两个网站服务内容的混淆,导致普通网民误认。与此同时,被告不具有从事互联网新闻发布和转载资质,仍在其网站上发布和转载新闻;在其广告招商和致网友信中发布违背客观事实、内容不实的信息,对其网站实施虚假宣传。被告的上述行为构成综合性不正当竞争,损害了原告的合法利益。据此判决被告停止使用原告 "eastday.com 东方网" 网站的系争页面样式和链接图标的不正当竞争行为,停止实施虚假宣传的不正当竞争行为;被告在原告东方网网站上,以及在《互联网周刊》、《新民晚报》、《齐鲁晚报》上刊登致歉声明,公开向原告赔礼道歉,消除影响。被告向原告赔偿经济损失,包括原告用于调查的费用,合计人民币 300,000 元。

自从经济或商业活动从现实世界走向虚拟世界,网站愈办愈多,域名也就成了紧缺的资源,于是抢注域名的战争便愈演愈烈。应当看到,随着人们对域名价值的新发现,纯粹地址意义上的域名将逐渐会上升为一种"专有权"。本案即是向他人域名进行挑战的一个案例,因此本案判决带有一定引导性,判决会告诉世人:任何恶意地侵害他人权益、搭便车的行为都将得到法律的禁止。

15.3　网页抄袭和链接引起的不正当竞争行为

15.3.1　网页保护与不正当竞争

1. 网页保护问题

著作权法保护的的作品范畴随着科学技术的发展而不断发展。计算机和网络技术的发展使网页成为人们思想的一种表达方式或载体。

网页至少包括四个部分:

(1) 版式,指网页内容的布局安排;

(2) 信息,指网页上的具体内容;

(3) 设计,指具体的美术设计,如栏目名称前的小图标,分割各部分内容的几何图案等;

(4) 更新,指网页更新的方法和更新速度[①]。

由于网页的设计、制作要花费公司大量的人力、物力,而且还具有一定的独创性。因此,无论业内人士,还是法学家认为,网页在符合一定条件下,应当纳入著作权法保护。关键是网页要符合著作权法所称的作品的要件,即具有独创性并可以复制。如果网页被认定为一种受著作权法保护的作品的话,那么其他任何网站再次制作成网页(数字作品)亦属于复制行为,而对于这种复制行为必须经过著作权人的许可,否则即构成侵权行为。

但是,问题在于,网页本身结构复杂、而且不断更新,对于保护什么和如何保护均存

---

① 冯刚、张昱:《网络服务公司知识产权保护现状调查报告》载《科技与法律》,2000 年第 1 期。

在着不同看法。例如,一般认为,网页上原创的文字和图片[①]应当受到著作权保护,而对于主页版式上[②]是否受保护存在不同认识。通常认为版式只有达到一定独创性才应受著作权保护[③]。

尽管网页的保护还没有形成一致的看法,但是网页的保护是非常必要的,特别是对于电子商务的发展和经营更具有重要意义。这是因为,在网络环境中,网页成为展现一个企业形象的主要媒体,对于网站的设立,企业总希望自己网站的页面设置与众不同,以形成自己的特色,吸引人们的注意力,达到营销目的。如果一个网站的主页内容被他人抄袭、模仿,不免有引起消费者误认或混淆的可能性。因此,一般情形下,网页抄袭、模仿,不管是否构成网页侵权,都存在不正当竞争之嫌;特别是在难以认定构成网页侵权的情形下,可以援用反不正当竞争法加以保护。只要两个网站之间从事相同或类似的经营活动,那么,网页之间的相似或相同即是一种不正当的谋取利益的行为,应当受法律禁止。也就是说,当网页抄袭损害同业竞争对手利益时,受害人可以援用反不正当竞争法武器,制止对方不正当复制行为。

2. 网页抄袭侵犯著作权:东方信息公司与瑞得公司案

瑞得在线是设立于北京的一家网络公司,登记的域名为:www.readchina.com,www.fol.cn.net,www.rol.com.net。自1998年2月起,原告开始设计、更改其主页内容,如增加"看中国搜索引擎"、"在线图书馆"等,并有"最新推出"、"看中国搜索引擎"等特定的标识。1998年12月底,原告发现在因特网上有一"东方信息公司"网站主页的内容与"瑞得在线"主页部分内容相近似,东方信息公司网站主页所在的网址为:http://person.zj.cninfo.net/index.htm。1999年1月4日,原告在北京市公证处对上述两个主页进行了公证。

1999年9月,瑞得公司以宜宾市翠屏区东方信息服务有限公司为被告向北京海淀区人民法院递交诉状,请求法院判决被告侵犯原告网页著作权。原告诉称:被告首页的整体版工、色彩、图案、栏目设置、栏目标题、文案、下拉菜单的运用等,几乎完全是照搬了原告的首页,其中有10个图案、14个栏目标题及9处文案是原封不动地取自原告,被告将抄袭原告的主页首页公然标上"版权所有东方信息公司"等字样。被告的行为已构成对原告首页著作权的侵犯,请求法院依法判决被告立即停止侵权,公开赔礼道歉;赔偿原告经济损失199 900元,其中商业信誉损失赔偿119 900元,主页设计制作损失80 000元。

被告辩称:原告递交给法庭的公证书并不能充分证明其所附的东方信息公司的主页系由被告制作和发布(公证书第一次制作时显示为东方信息公司,而不是东方信息服务有限公司,应原告请求后对名称和域名作了改动,但是网页上标明的版权人电话号码、传真和地址与被告实际的电话号码、传真、地址完全相同);原告主页所采用的设计版工并非由原告所独创,原告主页的色彩、栏目设置、栏目标题、下拉菜单等均属公有领域的思想表达方式,在原告设计制作其主页前已被人们广泛采用,不具备著作权法保护作品所应具有的

---

① 主要表现在页面的信息部分和设计部分。
② 版式的主要内容是布局安排,体现在 LOGO(标志广告)和 BANNER(旗帜广告)在网页上的位置、搜索引擎和链接的位置、栏目标题的布局、颜色的搭配等。
③ 冯刚、张昱:《网络服务公司知识产权保护现状调查报告》载《科技与法律》,2000年第1期。

独创性，原告对此无专有使用权，无权禁止他人使用与其同样的表达方式。并举证："瑞得在线"主页大部分栏目标题在搜狐、雅虎等搜索引擎中实施搜索，发现均能找到大量相关网站或链接，证明这些栏目标题非瑞得在线所独有。

一审法院认定被告侵权成立，理由如下：

第一，著作权上的作品是具备独创性、可复制性和可传播性的智力创作成果，原告的主页虽然所用颜色、文字及部分图标等已处于公有领域，但将该主页上的颜色、文字、图标以数字化的方式加以特定的组合，给人以美感，而不是依照客观规律对客观事实的简单排列，就是一种独特构思的体现，具备独创性；这一主页既可储存于WWW服务器的硬盘上，又可被打印在纸张上，说明该主页是可复制的；该主页能够被人通过WWW服务器上传到互联网上并保持稳定状态，可以被社会公众借助联网的计算机所接触，说明该主页具有可传播性，故该主页应视为受著作权法保护的作品，在没有相反证据的情况下，该作品的著作权应照其作者即本案原告所有。

第二，著作权法允许不同的作者创作出相同或实质上相似的作品，享有各自的著作权，向公众进行传播展示；但前提是这种相同或实质上的相似应是基于独立创作思想和创作活动的存在，而不是基于对他人作品的未经许可的使用。被告否认"东方信息公司"的主页归其所有，但未举证证明一个与其电话号码、传真号码、法定代表人姓名、住所地等事项完全一致的单位的合法存在，故该辩称法院不予采信。本案被告的主页虽然在内容上与原告的主页并不完全一致，但在部分图标、文字、颜色的组合搭配上，如"最新推出"、"看中国搜索引擎"，已构成实质上的相同。在庭审过程中被告并未举证证明这部分内容由其独立创作完成或已处于公有领域，故应视为取自原告的主页。

第三，著作权是法律赋予作者对其创作的作品所享有的专有权利，被告对使用原告主页上的部分内容设计出的新主页享有著作权并将该主页上传到互联网，在这个过程中，被告并未取得原告的许可或向其付酬，而且出于商业目的，如设立了"征集广告"等栏目，故被告在该主页发布过程中侵犯了原告的保护作品完整权、作品使用权和获得报酬权，据此被告应依法承担侵权责任，在相应的范围内向原告赔礼道歉并赔偿由此给原告造成的损失。但原告主张8万元的经济损失证据不足，法院将根据被告侵权程度确定赔偿数额。

第四，在互联网上，网页之间的链接是发布信息、提供服务的一种重要方式，而用于链接的独特的知名图标，体现了其权利人的商业信誉，依法应予以保护，但在追究他人侵权责任的过程中，权利人必须证明这种图标的知名度的真实存在和这种知名度被他人所假冒。原告虽提供了有关主页内容的新闻报道用以证明其所提供服务的知名性，但其并未举证证明被告使用相关栏目的图标进行了链接及链接网页的内容，故原告以被告侵犯其商业信誉为由要求被告赔偿119 900元之请求，于事实无据，法院不予支持。

据此，法院最后认定被告侵权事实成立，判决被告刊登声明，向原告致歉并赔偿原告经济损失2000元。

上述判决书对于网页侵权的认定的理由是充分的和详尽的，但是，判决没有将网页侵权与不正当竞争联系起来，孤立地看待网页侵权，没有支持原告侵犯其商业信誉的主张，是值得商榷的。

15.3.2 超链接与不正当竞争

1. 超链接使用的正当性

万维网是通过超链接（hyperlink）将全球的数据和信息联系在一起的。通过超链接，因特网用户可以轻松地经由网页中的某个关键字、图案或视框链接到另一个相关的网页，再经由这个网页的链接转到又一个网页，实现在网络世界自由浏览。链接被认为是互联网的基础，是互联网的生命。

一般认为只要不侵犯他人的合法权益，链接被认为是合法的。甚至有学者认为，任何人在互联网上建立网站，如果没有相反表示，即表示对链接的默认（默示许可），因此合法链接有坚实的法律基础[①]。

尽管如此，网站设链接最好是事先通知或请求，以使链接完全建立在相互认可或合作的基础之上，以免发生不必要的纠纷和麻烦。另外，设链者应当遵守以下行业规范：设链标志应简短、准确，不能歪曲被链接方的内容；链接应当清楚地显示被链接方的标记或简单地说明到了另一站点，以减少用户混淆的可能性。当然，被链接用户也可以采取一些技术手段，防止设链者绕过其主页直接链接到内容上。

但是，超链接如被不当的利用也可能导致侵害他人的利益。这是因为网站可以利用体系完整、内容丰富的链接表，达到提升用户造访的意愿，增加自己网站的人次。而目前网络广告大多是以网站的访问人数或点击人率来计算广告费，点击率愈高、访问人数愈多，广告费即愈高。对于一般网站而言，广告费是其重要的收入来源，因此，通过超链接或其他手段增加自己网站的点击率或知名度就成为经营性网站的核心问题。如果不当利用超链接做出"损人利己"的行为，即构成不正当竞争。

现在所出现的不当现象主要是：设链人侵害了被链接网站的著作权（Copyright Infringement）、不当公开传播或展示作品（Inappropriate Display of Their Work）、商标淡化（Trademark Dilution）、让使用者有混同误认之虞（Misappropriation）以及不正当竞争（Unfair Competition）等。我们仅以一些实例说明，超链接引发的不正当竞争行为。

2. 超链接引发的不正当竞争案例

超链接技术是中立的，其本身宗旨是为了达到资源共享，方便用户在网上浏览，但是其不当利用又可导致损害他人权益行为发生。如何区分二者之间的界线，认定个案构成侵权行为则是一个非常复杂、具体的事情。下面以"百网诉新浪不正当竞争案"为例加以说明。

原告北京百网信息有限责任公司1999年底开通了今夜网，从网上向公众发布北京市餐饮娱乐信息。2000年4月7日百网公司发现新浪网信息服务有限公司的新浪网（sina.com.cn）的"都市生活"频道网页多处与原告相似，认为新浪侵害了原告公司的著作权，实施了不正当竞争行为，向法院提起诉讼，要求新浪赔偿经济损失和商业信誉损失共25万元，并在媒体上赔礼道歉。

原告认为侵害著作权的理由主要是：第一，新浪网"都市生活"频道首页在页面布局、

[①] 张玉瑞：《互联网上知识产权——诉讼与法律》，人民法院出版社，2000年，第452页。

色彩搭配、栏目设置和检索项目等方面与今夜网首页相似,其"吃"、"喝"栏目与今夜网首页的"吃"、"喝"栏目中的检索设置相似;第二,新浪网"都市生活"的"强力搜索"栏目中的检索项目设置相似;第三,新浪网"都市生活"的"综合级别评选"与今夜网的"用户评分系统"的表现形式相似;第四,二者的末级页面布局、信息显示和排列方式相似;第五,歪曲篡改今夜网标识和图形。

同时,今夜网指控新浪网在两方面实施了不正当竞争行为:一是未经原告许可在新浪商城"e315消费通"频道的折扣区中有意跳过今夜网首页,而建立与今夜网数据库页面的深层链接,抹掉原告的标识、图形和客户广告并嫁接上被告的网络标识和广告,给原告的经济利益和商业信誉造成损害;二是低于成本价推销其服务。

原告认为,今夜网的页面设置是一种独特构思的表现,享有著作权,应受著作权法保护。同时,由于今夜网与新浪网"都市生活"经营内容相同,属于同业竞争关系,新浪在其相关栏目中无条件地吸纳会员商家,构成对原告的不正当竞争。

新浪网则认为百网公司是想通过滥用媒体关注来提高社会注意力甚至获得意外之财,并称都市生活频道属原有频道调整而非新建,其页面布局、信息显示等一系列被控侵权的内容在百网网站开通前早已存在,并且均有独立创意。e315消费通与今夜网相关内容的链接已得到原告同意。

这是国内首起涉及互联网上深度链接是否构成著作权侵权的案件。如果原告有充分的证据证明所称实事,那么,新浪的行为足以构成一种不正当的经营行为。

15.4 本章小结

不正当竞争是经营者使用不合法手段损害其他经营者的合法权益,扰乱社会经济秩序的行为。《反不正当竞争法》尽管列举了11种不正当竞争行为,但不正当竞争行为应当是一个开放概念,凡是以不正当手段侵害他人合法权益的即可适用不正当竞争法。也只有这样,网络环境下的一些不正当侵害他人合法权益的行为才能受到规范。

网络技术既为人们从事正当的经营行为开辟了一个"广阔天地",同时也为不正当经营行为提供了便利。网络环境下的不正当竞争泛指利用网络通信手段进行的不正当竞争行为。现实中的许多不正当竞争行为都可以延伸到网络环境下,如市场混淆行为、虚假宣传和商业诋毁行为、侵犯商业秘密行为和不当利用他人所有的信息的行为等。在这方面,网络无非是为传统形态的不正当竞争行为提供了新型的手段。同时,在网络环境下,还出现一些网络环境特有的不正当竞争行为,比如因域名引起的不正当竞争,网页抄袭和链接引起的不正当竞争行为等。这些不正当竞争行为受知识产权法和反不正当竞争法调整,其中不正当竞争法可以调整不构成侵犯知识产权的不正当竞争行为。而本章主要研究这些特殊的不正当竞争行为。

域名是互联网上的电子地址,同时具有商业价值,域名保护已成共识。但是,域名目前还没有真正成为一种像商标权一样具有对抗他人侵权行为的无形财产权,对于他人的侵权行为,仅仅受到反不正当竞争法的保护。因域名引起的不正当竞争分为两种情形,一种是域名注册者侵犯他人在先权利;另一种是域名类似或相同引起的不正当竞争。前一类又分两种情形,一种是侵犯他人在先权利是为了搭便车或借他人之名谋取不正当的经营利益,构成一种不正当竞争形态;另一种是恶意占据域名的行为。

达到作品要件的网页可以得到著作权法保护。但是,网页保护是一个复杂的问题,似乎并不是所有的内容都应当纳入保护范畴。在一些模糊地带,反不正当竞争法不失为一种维护正当合法权益的法律武器。

超链接是实现网络内容共享的工具,是互联网的基础。超链接本是一个中立的技术,但被不正当运用可能导致侵害他人的权益。国内外已经发生了许多因不当利用超链接而引起的不正当竞争。对此各国司法机关援用不正当竞争法和一般法理作出探索性判决。

15.5 思 考 题

1. 什么是不正当竞争行为,不正当竞争行为在网络环境下有哪些表现?
2. 简述域名引起的不正当竞争行为及其主要调整规则。
3. 简述网页保护和网页引起的不正当竞争行为及其法律对策。
4. 链接的不正当运用引起不正当竞争行为有哪些,如何对之加以规范?

第 16 章 电子商务纠纷的法律救济

电子商务本身的特点给传统法律救济规则提出了挑战。其中最重要的是诉讼管辖问题、法律适用问题、电子证据问题。同时，互联网工具又为人们寻找新的适合于电子商务纠纷的解决提供机会，导致替代性争议解决方式的出现。

16.1 网络环境下民事诉讼的管辖

16.1.1 互联网及其对民事诉讼管辖的影响

普通民事诉讼（非涉外）管辖要解决的问题主要是，在发生民事纠纷时，由哪一级或哪个地方的法院审理该案件。通常，除了基于案件的性质、影响范围和繁简程度的级别管辖外，影响管辖主要因素是当事人住所地、诉讼标的地、引起法律关系发生、变更、消灭的法律事实所在地。最终管辖总是落脚在某地的法院头上。因此，对于基于互联网上发生的民事纠纷而言，管辖问题也即是解决由哪一个地点的法院对涉及互联网的案件进行管辖。

互联网环境下发生的民事诉讼的管辖基本上适用民事诉讼法级别和地域管辖的基本原则。互联网不可能创造另一套法院系统和管辖规则。现在的主要问题是解析互联网环境下民事纠纷的当事人所在地、行为发生地等若干影响地域管辖的因素。而这些问题是与互联网的基本特征联系在一起的。

互联网是由计算机网络互联形成的。网络中的计算机终端、主机、服务器和其他设备是有特定的位置的，但是互联网在"现实世界（physical world）"中是没有任何地理位置；互联网似乎构筑了与现实世界不同的生活空间，习惯上称"虚拟世界（virtual world）"。但是，虚拟世界只是一个比喻，它在现实世界中并没有对应的存在。而且，互联网中存在以下两个因素，使网络环境下的诉讼管辖呈现更加纷繁复杂的局面：

（1）互联网采用"分组交换技术"和"TCP/IP"协议集，数据被分割成若干包发送，按不同的路径分别到达目的端，这与电话通讯是有很大区别的。

（2）"万维网"技术使互联网用户可以从一个文件自由快捷地跳跃到另一个文件，可以在同一页面中的不同部分之间跨段跃行地浏览。这些文件可以储存在同一计算机中，也可以储存在不同计算机中，而这些计算机的地理位置可能在同一地域内，也可能在不同国家中。这两个因素使法律行为发生地的判断变得异常复杂。

另外，虚拟世界还有一个特点，即在这个世界没有"主权"。在因特网中的每台计算机或者每个网络肯定归某一人、企业、社会组织、政府机构所有，但是因特网本身不属于任何一个人、组织、政府所有。因此，虽然在互联网中的每台计算机或者每个网络应受某个地区、国家或者国家集团的法律拘束，但是互联网整体不受任何国家或者国家集团的法律拘束。因此，互联网整体应不受任何国家或者国家集团的管辖。而且，互联网整体没有任何地理位置，所以互联网整体不能也不可能成为具有诉讼法意义上的"地域"。

由于互联网存在以上特点，给基于地域的管辖规则提出问题和挑战，但是，这并不是说，现实社会的法院无从对互联网环境下的案件进行管辖。这里关键是对互联网有一个正确的认识。

互联网整体不能也不可能成为具有诉讼法意义上的"地域"，但是，我们必须清醒地看到，互联网只是信息传播的方式或通道。换言之，对于行为人而言，互联网是行为工具、是行为方式、是传播形式、是行为及其结果的表现的载体。互联网上的所有法律行为仍然是由现实世界中的普通民事主体实施的；在"虚拟世界"中实施行为、从事活动的人肯定存在于"实在世界"中的，也肯定与"实在世界"中的某一特定地理位置相对应和联系的。这是我们分析互联网环境下的民事诉讼管辖问题的基本出发点。

16.1.2 网络侵权纠纷的管辖

某人在某网站的论坛中发表言论或信息，侵害了他人的名誉权，受害人到哪个法院起诉呢？法律必须解决发生于互联网上的诸如此类的侵权行为的诉讼管辖问题。

根据民事诉讼法基本原理，侵权之诉讼管辖地主要依据为侵权行为人（被告）住所地、侵权行为地和侵权结果发生地。尽管网络世界的虚拟性给传统管辖提出了挑战，但是，民事诉讼法确定的管辖规则仍然能够解决网上侵权纠纷案件在法院的管辖分工问题。

网络侵权基本上表现为网络信息内容侵犯他人的合法权益。例如，页面设计抄袭，侵犯其他网站的网页著作权，或者网站使用了他人数据库的内容。网上侵权行为人大致可以分为两类，一种是网站经营者；另一种是登陆网站的任何第三人（网络用户）。侵权行为可能是由网站经营者（工作人员）通过网站操作系统，也可能是网站经营者以外的任何人通过电脑连线实施。被侵害人可能是网站经营者，也可能是任何网站经营之外的任何人。显然，网络很明确地成为侵权的工具、通道。

按照民事诉讼法第29条确立的管辖规则，侵权纠纷由侵权行为地或者被告住所地的人民法院管辖。这一规则无疑适用于网络环境下的侵权。最高人民法院在《关于审理涉及计算机网络著作权纠纷案件适用法律若干问题的解释》[①]第1条亦坚持了这样的原则："网络著作权侵权纠纷案件由侵权行为地或者被告住所地人民法院管辖。侵权行为地包括实施被诉侵权行为的网络服务器、计算机终端等设备所在地。对难以确定侵权行为地和被告住所地的，原告发现侵权内容的计算机终端等设备所在地可以视为侵权行为地。"

1. 被告住所地

在网络纠纷案件中，不法行为人当然也应当有住所，甚至他们的住所有可能就是他们实施侵权行为的地点。因此，被告住所地仍旧是最明确、最有效、联系最密切的管辖标准。一般说来，在网络纠纷案件中，以被告住所地确定管辖争议不大，审判实践中也容易掌握，只是在确定被告住所地时存在一定的困难。

---

① 2000年11月22日最高人民法院审判委员会第1144次会议通过，根据2003年12月23日最高人民法院审判委员会第1302次会议《关于修改〈最高人民法院关于审理涉及计算机网络著作权纠纷案件适用法律若干问题的解释〉的决定》修正。

被告所在地即侵权人住所地。为弄清被告所在地，这里需要弄清几个基本概念，即网站设立人的住所地和网站服务器地址、网址。

网站本身并不具有民事主体资格，网站只是某个民事主体设立从事某种事业的工具。网站设立人和经营者，是享有网站经营的权利，承担相应义务的主体。该主体是有民事主体资格的人（包括自然人和法人）和组织。如果设立人是自然人，那么其地址为其住所地或经常居住地；如果是法人和其他组织，那么其注册地或主要办公地即为其住所地。

网站不仅在现实世界中具有地址，在虚拟世界中也有地址。

网站在现实世界中的地址即是网络服务器所在地，即装有网络服务器（Web Server）软件的硬件服务器设备所在地。网络服务器既可以在设立该服务器的公司、单位、组织或者个人住所地处，也可以在虚拟主机服务（virtual hosting）提供商处，也可以在因特网服务提供商处；从地域上讲，网络服务器既可以在境内，也可能在境外。即使在境内，一个公司、单位、组织或者个人也可能占用多个服务器，同时这些服务器也可能位于不同的行政区域内。

网站在虚拟世界的地址即网址，即是 IP 地址；IP 地址在现实中又转化为域名。尽管从带有国家或省区编码的域名上可以判断接入互联网的服务器所在地区，但是，（如前所述）既不可能以域名注册地，也不可能以域名所反映的地址作为诉讼管辖的依据，更不可能以 IP 地址作为管辖依据[①]。网站在虚拟空间的地址在诉讼管辖中没有任何意义。

因此，被告住所地可以作这样的理解：

其一，对于网站经营者为侵权人，被告所有地应理解为：网站设立人住所地或主要办公场所所在地，而不是服务器所在地，服务器所在地不应当成为管辖的依据。网站所有者的住所地可能与服务器地址一致，也可能不一致。在不一致时网站所有者或经营者的住所地应当成为诉讼管辖地。

其二，对于网站经营者以外的第三人侵权人，应理解为该人的住所地。至于住所地适用一般的民诉法上的住所地认定规则，自然人以户籍所在地为住所，离开户籍所在地一年以上的经常居住地亦可视为自然人所在地。

2. 侵权行为地

侵权行为地通常包括侵权行为实施地和侵权行为结果发生地。侵权行为发生地即侵权人实施侵权行为的地点；侵权行为结果发生地通常为受害人受侵权行为影响而遭受损失的地点。至于法律选择哪一种为侵权行为地在世界各国存在不同的规则，有的以侵权行为发

[①] 首先，某一个 IP 地址可以确定某一相应的主机以及该主机所在的确定的地理位置，但是该主机所在的地理位置不一定就是而且往往不是当事人的住所地、行为地。在我国，企事业单位无论是采用"虚拟主机"方式还是"服务器托管"方式，主机的地理位置几乎没有与本企事业单位的所处的地理位置相同。其次，由于"虚拟主机"的技术和服务的存在和广泛地被采用，所以若干台具有独立域名的虚拟主机分享一个 IP 地址的情况是常见的。再次，许多公司网络和因特网服务提供商为了充分和经济地利用其所持有的 IP 地址的数量，以大量用户分享一定数量 IP 地址的方式来动态分配给用户在其上网时的 IP 地址。因而，同一用户在不同期间登录互联网，他的 IP 地址将会不同。同时，用户可以自由选择因特网服务提供商——既可以选择其本地的服务商，也可以选择在其住所地或者注册登记地以外的其他地区的服务商。不同的因特网服务提供商能够提供给用户的 IP 地址是不同的，不能确切和真实反映该用户的住所地和行为地的。因此，仅依据 IP 地址而没有其他的因素来确定管辖地的观点和作法是不足取的。

生地为侵权行为地,有的以损害发生地为侵权行为地。

在网络环境下,侵权行为实施地必须通过一定的计算机设备进行,因此,侵权行为实施地的确定应当以侵权行为人实施复制、传输等侵权行为的设备为线索,认定其所实施侵权行为地点。这样,侵权行为地几乎演变为被告所在地。但是,由于网络的开放性,理论上讲在世界任何一个地方都可以实施侵权行为。因此,在网络环境下,对侵权行为地的判断在某些情形下存在着困难甚至不可能。为此,更多的国家选择损害结果发生地作为管辖权的基础。实际上,网上侵权行为可以在服务器所在地或任何一地方的计算机终端进行,其结果(侵权内容)可能在世界任何地方传播。无论是确定其行为发生地,还是寻找侵权行为结果发生地,都是困难的。

(1) 侵权行为地

依照《关于审理涉及计算机网络著作权纠纷案件适用法律若干问题的解释》第 1 条,"侵权行为地包括实施被诉侵权行为的网络服务器、计算机终端等设备所在地。"作者认为,这是认定网络环境下侵权行为地不得已的办法。其适用应当是在"难以确定侵权行为地和被告住所地的"情形下,如果能够确定被告住所地或正常的侵权行为地时,就不能援用"原告发现侵权内容的计算机终端等设备所在地"为侵权行为地①。

(2) 侵权结果地

如何判断侵权结果地呢?是否是受害人所在地可以视为侵权行为后果的发生地?如果这样的话,侵权结果发生地则完全演变为是以原告为核心的。为了防止原告利用这一特点扩大原告住所地管辖范围,对网上侵权结果地范围应当予以限制。在这方面美国法院在司法实践中形成了服务器接触管辖规则。在确定侵权行为结果地为管辖地时,原告不仅在某地浏览到侵权信息,还应该与该站点有一定的交互联系,该服务器所在地才能构成结果地。所谓交互联系,是指原告通过计算机终端设备在被告的网站上进行了订立合同、传递档案文件或下订单等互动行为。在侵权案件中,原告与侵权网站交互性接触,获得侵权"物"或侵权结果到达原告计算机终端等设备,该地法院应当具有了诉讼管辖权。

这样,网上侵权行为的管辖地最易确定的是侵权人所在地亦即被告所在地,这种所在地既可能是被告住所地,也可能是实施侵权行为利用的服务器或终端设备所在地;其次是依据侵权结果发生地而引致的受害人所在地。两地法院均具有管辖权,受害当事人可以选择其一,行使诉讼权。

16.1.3 电子合同的管辖

1. 电子合同纠纷管辖的基本原则: 约定优先于法定

在私法领域实行当事人意思自治,这种自治的权利也延伸至救济方式的选择和管辖法院的选择。《民事诉讼法》第 25 条还规定:"合同双方当事人可以在书面合同中协议选择被告住所地、合同履行地、合同签订地、原告住所地、标的物所在地人民法院管辖,但不得

---

① 有学者对此解释提出不同意见,认为,将服务器或终端设备所在地解释为"侵权行为地"是将实施某一"行为"的工具、载体所在地也纳入"侵权行为地"的范畴,这是不科学的、不合理的。这就如同在媒体侵权案件中,将广播电视的信号发射装置和设备所在地也认定为侵权行为地是不恰当的一样。

违反本法对级别管辖和专属管辖的规定。"这便是协议管辖，即在当事人可以在合同中事先选择管辖法院。为了避免管辖权的不确定性，在合同中约定管辖法院是一种未雨绸缪的风险防范方法。但是，需要注意的是协议管辖只限于合同纠纷，而且必须在法律所规定的范围内进行选择，而不是由当事人任意选择法院。如果一项电子合同中约定了管辖法院，且该约定又符合上述条文的规定，则是一个有效的管辖权约定。根据约定优先于法定的原则，凡是遇到合同纠纷时，先看合同中有没有有效的管辖约定，在没有管辖约定或约定无效时，再依照法律规定确定管辖地。

法律规定的管辖地即法定管辖，它是在当事人没有约定时根据《民事诉讼法》等法律规定而确定的管辖地。《民事诉讼法》第 24 条规定，因合同纠纷提起的诉讼，由被告住所地或者合同履行地人民法院管辖。下面分别加以论述。

2. 被告住所地

从网站为在线交易的工具的观点来看，网站服务器所在地并不能认为是在线交易主体的所在地，也不可能以用户终端作为其所在地的依据。这一点的理由几乎与侵权行为下判断被告所在地时阐明的理由相同。例如，注册在北京的一家生产和销售个人电子计算机的公司与一个海口市的居民进行网上交易，而该公司网站的服务器是放置在上海的。显然，当事人的住所地应分别为北京和海口，而不是网站所在地上海。被告住所地依照一般认定住所地的原则确定，即在自然人，适用户籍所在地或经常居住地；在法人或其他组织以其注册地或其主要办事机构所在地为住所地。

3. 合同履行地

在线合同的履行分为不经由因特网的合同履行和经由因特网的合同履行两大类。不经由因特网的合同履行的情形中，由于合同履行依靠或者通过因特网，所以合同履行地的确定如同传统情况，可按《合同法》等法律来处理。

在经由因特网的合同履行的情况（指信息产品交易）中，由于合同标的物的交付是通过因特网等计算机信息系统来进行的，所以，具有特殊性。笔者认为可按下列规则来确定：如果合同事先约定了履行地的，则该约定的履行地应为合同履行地。如果合同没有约定，则合同履行方的主营业地应为合同履行地；如果没有主营业地的，则经常居住地应为合同履行地。这里应当科学认定此种情况下的"履行"和"履行地"。通过因特网的"履行"应是指，电子形式的标的物从约定的或者履行方使用的信息系统向接受方所指定的或者使用的信息系统全部发出。但是，不宜将信息系统所在地视为合同履行地。作为一般原则，合同履行地为合同义务履行一方所在地。在因特网环境下，企业和个人的经营、管理、经济、生活和利益的重心仍为住所地。信息系统是企业进行生产、管理、经营、交换等活动或者状态的载体、工具、手段。虽然信息经济可以被描述为"无重经济（weightless economy）"，但是信息系统不能改变企业或者个人活动的利益聚集点和重心依然是住所地的事实。

16.1.4 具有涉外因素的在线纠纷的管辖

我国《民事诉讼法》第 25 章对涉外民事关系进行了专门规定，因合同纠纷或其他财产权益纠纷，对在中国境内没有住所的被告提起诉讼，如果合同在中国签订或者履行，或者诉讼标的物在中国境内,或者被告在中国境内有可供扣押的财产,或者被告在中国境内设有代表机构,可以由合同签订地、合同履行地、诉讼标的物所在地、可供扣押财产所在地、侵权行为地或代表机构住所地人民法院管辖。电子商务纠纷虽然因为网络技术的介入而变得更为复杂,但是其基本的法律关系并没有改变,只是在确定上述连接点时需要有新的标准,这种标准与上文提到的国内电子商务纠纷所适用的标准是一致的,此处不再赘述。

对于有涉及因素的在线合同纠纷,我们建议当事人事先协议选择管辖法院,以便在发生纠纷时管辖法院的难以确定。当然,所选定的法院所在地必须和争议有实际联系,且不能违反中国法律关于专属管辖的规定。

16.1.5 中国首起网上纠纷管辖权案

瑞得在线诉被告宜宾市翠屏区东方信息服务有限公司一案(案情见 15.3.1)首次提出了网上纠纷管辖权的问题。

原告是一家设立于北京的网络公司,它认为四川宜宾东方信息服务有限公司(下称东方公司)的网站主页内容与瑞得在线近似,被告东方公司在提交答辩状时,提出管辖权异议,认为被告东方公司的住所地及侵权行为地,均不在北京市海淀区,故此案应由四川省宜宾市中级人民法院审理。北京市海淀区人民法院作出裁定,认为被告异议不能成立。理由有三:第一,瑞得公司的主页在制作完成后,是储存在其特定的硬盘上并通过自有的网络服务器向外界发布,任何人在任何时间任何地点通过主机接触(包括浏览、复制)该主页内容,必须经过设置在瑞得公司住所地的服务器及硬盘。鉴于瑞得公司以主页著作权侵权为由提起诉讼,是基于其主页被复制侵权这一理由,因此海淀区应视为侵权行为为实施地。第二,瑞得公司不但诉称东方公司复制其主页这一特定的行为,而且还诉称该行为的直接后果是东方公司的主页为访问者所接触。鉴于我国目前的互联网主机和用户集中分布于海淀区等一些特定的地区,因此,海淀区亦应视为侵权结果发生地。第三,东方公司在提出管辖异议的同时,并未举证证明瑞得公司的主页内容是瞬间存在的或处于不稳定状态。因此,北京市海淀区可视为侵权行为实施地和侵权结果发生地。故东方公司提出的管辖异议不能成立,海淀区法院对本案有管辖权。

东方公司则不服北京海淀法院裁定,向北京第一中级人民法院提出上诉。认为上述裁定证据不足。其理由有二:其一,东方公司的主页制作完成并上载到互联网中某一服务器上后,可以为其他互联网用户所访问或接触,但这种访问或接触只具有可能性,而并不具有必然性。若用户不知道上诉的网址,就可能访问或接触到东方公司的主页。而瑞得公司并没有向法庭提供因特网用户在北京海淀区通过因特网访问或接触上诉人主页的客观证据。其二,上述裁定所称的"我国目前的联网主机和用户集中分布于海淀区等一些特定地区",并不能充分证明联网用户实际访问了东方公司的主页。而且根据东方公司所掌握的证据,在瑞得公司起诉之前,实际上只有为数极少的人访问过上诉人的主页,而这些人并不是通过海淀区联网主机或其他计算机进行访问的。

之后,北京市第一中级人民法院作出裁定,维持海淀区法院的裁定。

本案是我国首起网上侵权行为引起的管辖权纠纷案件。争议的焦点是侵权行为地的认定。如前所述,由于网上侵权行为地难以认定,故可以将受害人所在地,即北京海淀区作为侵权行为后果发生地,据此,北京海淀区法院依据侵权行为地原则,享有管辖权。但是,也有学者对两级法院裁定提出异议,认为北京海淀法院对本案并无管辖权。其理由是:其一,任何人在任何时间任何地点通过主机接触(包括浏览、复制)该主页内容,必须经过设置在瑞得公司住所地的服务器及硬盘这一说法是值得商榷的。实际上,东方公司在其本地机上即可浏览、复制瑞得公司网站上的主页,其侵权行为并未通过设置在瑞得公司住所地的服务器。其二,东方公司只是在网上被动地保留一个可以被用户访问的网址并在其上提供信息服务,并没有主动向北京的网友提供信息或与北京网友进行交易,是一种被动、静态的行为。

本案所引发的网上侵权管辖问题远还没有解决,无论从原告就被告,还是侵权行为地认定都不能排除四川宜宾法院的管辖权,但从受害人所在地原则,海淀区法院也是有管辖权,如何确定,尚需要国家立法制定相应的规则和法院根据具体情况裁定。

16.2 电子商务纠纷的法律适用

16.2.1 法律适用与管辖权的关系

电子商务的国际性,容易产生国际纠纷,而国际纠纷即有一个法律适用问题。

法律适用与管辖权是既有区别又有联系的两个概念。管辖权是指应该由哪一国法院审理涉外民事案件,法律适用则是指应该适用哪一国法律来审理涉外民事案件。取得管辖权的法院并不一定就适用本国的国内法来审理案件,它会根据本国的法律规定来确定应该适用的法律。这种被选择适用于审理涉外民事案件的法律在国际私法上叫做"准据法",而用以确定准据法的法律规定叫做"冲突规范"。比如,我国《民法通则》第144条规定:"不动产的所有权,适用不动产所在地法律。"这就是一条冲突规范,不动产所在地法就是该冲突规范所确定的准据法。各国冲突规范的规定并不完全一致,因此不同管辖法院对准据法可能会有不同的选择,尤其是当冲突规范指向"法院地法"时,管辖地法院的国内实体法就成为审理案件的准据法了。可见,管辖权的确定会对法律适用产生相当大的影响。

16.2.2 法律适用的原则

在选择准据法时最重要的一个因素就是连结点。所谓"连结点",是指将特定的民事关系和某国法律连结在一起的媒介或纽带。冲突规范中的本国(国籍)、物之所在地、法院地、住所、合同缔结地、债务履行地、侵权行为地、婚姻举行地、立遗嘱地等都属于连结点。在传统的国际私法中,连结点主要有三类:

(1) 属地性连结点。这类连结点与一定的地理位置有关,如居所、住所、物之所在地、法院地、行为地等。

(2) 属人性连结点,主要是指国籍。

(3) 主观性连结点,主要是当事人的意思自治,即由当事人的合意决定。

一般的冲突规范中都有具体的连结点指向准据法,但是,也有一种特殊的法律选择方法并不规定具体的连结点,而是灵活地使用了"最密切联系原则"。如我国《民法通则》第

145条第2款就规定:"涉外合同当事人没有选择的,适用与合同有最密切联系的国家的法律。"此时,就需要法官根据具体案情,在众多连结点之间进行衡量,找出与合同有最密切联系的国家,这种法律选择方法赋予法官很大的自由裁量权。

16.2.3 电子商务对传统法律适用原则的挑战

从理论上说,电子商务纠纷与其他民商事纠纷一样,应该适用法院地国的冲突规范来确定准据法。但是,由于网络这一媒介的特殊性,传统的法律适用原则在面对电子商务纠纷时显得有些捉襟见肘。

与管辖权的确定一样,在确定准据法时侵权行为地、合同履行地等常用的连结点变得难以确定。国籍也因为网络的虚拟性而变得扑朔迷离。因为在很多情况下,用户在上网时并不被要求确认身份。意思自治是目前最适合网络环境的法律适用原则,但也并非万全之策。首先,并不是所有的当事人都会就法律选择达成一致。其次,即使当事人达成了一致,也可能因为违反强行法或者消费者保护等各种原因而导致该选择无效。更何况,大量的侵权行为引起的纠纷不适用意思自治原则。最密切联系原则可能会因为其巨大的灵活性而成为网络环境中法律适用的重要原则。但是,这一方法的缺点是随意性太大,再加上在网络环境中连结点的数量急剧增加,法官在衡量时很可能会无所适从,从而导致选择结果的极大不一致性。极端一点说,这一原则很可能成为法院适用本国法的一种借口或造成无法可依的局面。

从目前的情况看,真正的跨国电子商务民商事纠纷案件还为数不多,各国的司法实践也不一致,仍处于摸索阶段。法院一般会采用"旧瓶装新酒"的做法,即仍然适用传统的法律适用规则,在确定连结点时根据网络特性加以灵活诠释。各国政府也不急于制定新的冲突法规范,因为不成熟的立法反而会阻碍电子商务的发展。法律适用的另一个问题是准据法可能会落空。因为各国的电子商务立法都还不完善,被选择作为准据法的国家在争议所涉方面的立法很可能还处于空白(如很多国家都没有关于电子货币的立法)。因此,理想的方法是制定统一实体法来规范电子商务,但是这种国际公约的制定除了法律问题以外还涉及各国、各利益集团的利益平衡和价值取向问题,需要艰苦的谈判,实际应用还有很长一段距离。

16.3 电子商务诉讼中的证据问题

电子商务的最主要特点是无纸化、信息化、电子化,合同缔结和履行通过数据交易进行并以数据的形式记载下来,传统的合同、提单、保险单、发票等书面文件被储存于计算机存储设备中的相应的电子文件所代替,这些数据电文或电子文件是否可以作为证据、作为什么类型的证据、其证据效力如何,就成为解决电子商务纠纷迫切需要解决的问题。

16.3.1 数据电文在现行证据法中地位或效力

1. 从证据法看数据电文

传统的民事诉讼中的证据主要是：书证；物证；视听资料；证人证言；当事人的陈述；鉴定结论；勘验笔录。在这一体系中，书证和视听资料是依赖历史记录的内容证明要证明的事实的。

在书证和视听资料之间，书证是最重要或最有效力的证据形式。书证（纸面记录）能够记录过去特定时间段当事人意思表示内容，是法律行为得以证明的主要手段；书面证据（通过当事人签字）能够直接表明为某个特定人的意思表示；书面文件不宜涂改、复制，且可以长久保存；书面证据的效力最强，原件书证不需要任何其他证据佐证即可以证明一种行为或事实。因此，一般只要属于原件且有签名，纸面记录内容即可以直接作为事实认定的依据。而视听资料（如电话录音、询问录音、事件录音等）存在易涂销、篡改等特性，一般来说，视听资料的原件很难得到证明，除非制作视听资料时，有适格的证人（包括公证机关公证）在场并将制作完毕后的制品交给中立的第三人保管。对于视听资料的证明力，大多是从是否有其他证据佐证、是否以合法手段取得的、内容有无疑点等方面加以综合判断，加以认证。只有满足一定条件的视听资料仍然可以认定为原件（如经公证机关现场公证并封存的音像制品）并作为直接证据。

数据电文则也是以记录内容证明待证事实。在传统证据法体系下，广义的数据电文中的电报、电传、传真等一般也是纳入到纸书证据体系加以讨论的，即只要传真、电报能够满足原件要件，仍然可以作为有效的书证使用。而传统证据法没有涉及的主要是计算机生成、处理、传输的信息（EDI、电子邮件及任何电子文档），为了方便我们将之统称为电子记录。因此，数据电文证据效力要解决的核心问题是电子记录的证据效力问题。

2. 电子记录作为证据：与书证比较

尽管《合同法》超前性地规定数据电文为一种书面合同形式，但是，这一规定距离证据法或诉讼法上要求的书面还有一定的距离。也就是说，即使我们承认数据电文为一种书面形式，但是，它的证明力弱于传统的书证。

证明力是指证据对查明案件事实所具有的效力。在我国，证据的证明力决定于证据同案件事实的客观内在联系，及其联系的紧密程度。一般地说，同案件事实存在着直接的内在联系的证据，其证明力较大；反之，其证明力就较小。证据的证明力取决于该证据是直接证据还是间接证据。直接证据"同案件主要事实是直接的证明关系，它的证明过程比较简单，只要查明直接证据本身真实可靠，就可弄清楚案件的事实真相"。而间接证据是"与案件主要事实有间接联系的材料。它只能佐证与案件有关的个别情节或片断，而不能直接证明案件的主要事实。但把若干间接证据联结起来，经过综合分析和批理，对于查明案件主要事实也具有十分重要的作用"。

数据电文证据效力的主要障碍是无法确认某个数据电文即是初始的电文——原件。因为数据电文为磁性介质，可以人为地或非人为地被销毁、改变而不留下任何痕迹，因而难以满足原件的要求，在不采取加密等其他安全措施下，数据电文很难作为直接证据，用于诉讼举证。

因此，在未采取任何安全措施的电子记录，在我国现行证据体系中，一般只能视为视听资料。这也是我国司法界和理论界的通说。

3. 电子记录：与视听资料的类似性

视听资料区别于书证之处在于，视听资料记载信息或内容的载体区别于纸面形式，而且不能直观地识别内容。在这一点上，电子记录与视听资料相似，其记录内容均借助电子设备生成、读取。这种相似点可以列举如下：

其一，计算机证据和一般的视听资料所含信息都可能是如文字、图形、图像、动画、声音等，同样是以信息内容证明某个事实的，而不是以其载体的物理属性证明某事实。因此，都属于书证范畴。这一点毋须赘述。

其二，电子文书是通过计算机储存的数据和资料证明某法律行为或事实的一种证据；它一般存贮于计算机硬盘、软盘等磁性介质中，通过计算机终端设备可以显示出来。从信息记录和读取、识别必须借助电子设备角度，其与视听资料相同。只是视听资料是用录音、摄像等电子设备制作而成；而电子文书则是用计算机信息处理系统。

其三，其信息内容同样是电子形式的，同样不具有直观性。视听资料作为证据存贮时，看到的仅仅是信息的载体，并不象书证那样直观地展示信息的内容，如果要展示或还原信息的具体内容，必须借助于录音机、录像机等视听设备。所不同的是计算机证据是用二进位数据表示的数字信号，可以记录包括录音、录像在内的多种内容；一般视听资料是以模拟信号存贮的。模拟信号之间的任何变化，在理论上说都是可以再现的，但数字信号根本不具有这种特性。

其四，上述两点决定了计算机信息与视听资料信息具有同样易损性、易篡改性。只是视听资料一般只能保存在与其制作设备相分离磁盘或胶片上，而计算机信息可以保存在计算机系统中，且在网络环境下，更加增加了被人获取、篡改的可能性。除非首次信息录制件（磁盘、录音带）交第三人保管或经公证后，可以断定属于原始信息，否则二者同样不存在原件。

由于计算机信息与视听资料同样不可靠，因此一般不能单独、直接地证明待证事实。于是电子记录自然将其归类于间接证据。

16.3.2 数据电文证据效力

1. 数据电文的可采性

电子商务时代，网络普遍应用于人类生活中，电子记录成为记载契约、行为、事实的主要工具。因此，未来的趋势应是确立数据电文（电子记录）为独立一类证据并建立起与之相适应的证据规则。在这方面，联合国贸法会的《电子商务示范法》对数据电文所确立的功能等同原则，即是在作这样的努力。功能等同原则不仅仅在于确立数据电文具有法律效力和可执行性，更在于从原件要求及证据的可接受性及价值方面做出明确规定，对此本书在数据电文中已经做了详细的论述。

《合同法》只确立数据电文等同于书面，而没有建立如何等同或具有法律上执行力或证据效力的规则。这也就是说，在证据法上，电子记录可以等同于书面证据了，具有书面证据的可采性。但是，如何认定数据电文的证据效力的规则还没有建立起来。而一旦确立完整的功能等同规则和证据规则，电子记录也就不再需要准用视听资料规则了。

2. 数据电文的证明力

在法院接受电子证据的前提下，现根据联合国示范法的原则，论述电子证据的证明力问题，以及如何对电子证据进行审查判断从而据以定案。

联合国《电子商务示范法》第 9 条第（2）款规定："对于以数据电文为形式的信息，应给予应有的证据力。在评估一项数据电文的证据时，应考虑到生成、储存或传递该数据电文的办法的可靠性，保护信息完整性的办法的可靠性，用以鉴别发端人的办法，以及任何其他相关因素。"从这一规定可以看出，示范法虽然认定数据电文可以作为证据，但是数据电文必须完整可靠且能够鉴别发端人。而这就需要进行鉴别和认定。既然直接证据和间接证据是从与证明的事实关系上划分的，而不是从是否要鉴别它的真伪上划分的，因此，数据电文在满足一定条件下也可能成为直接证据。为此作者将数据电文划分为两种情形：一种使用了加密认证安全技术的数据电文，一种是普通的数据电文。

（1）采用安全措施的数据电文

数据电文作为书面形式遇到的最大障碍是它易删改、伪造性，因而难以被认定为原件。而一旦这一问题在技术措施上得以解决，那么数据电文作为书证的效力就与传统的书面文件没有什么区别了。因此，我们认为，采用安全技术措施能够确保数据的完整性（data integrity）、数据的机密性（data confidentiality）、使用者身份识别（user authentication）、不可抵赖性（non-repudiation）之后，那么数据电文作为书证证据，可以视为直接的原始证据，只要证明这些安全措施能够保证其完整性、机密性等，就可以直接认定法律行为的基本内容或法律事实的存在。也就是经过加密等安全措施的数据电文的证明效力等同于书证。

（2）普通的数据电文作为证据的证明力

普通的数据电文是指没有采取任何加密或其他安全措施的计算机信息。由于这种数据电文存在伪造、篡改的可能性，而且被伪造、篡改后不留痕迹，再加上电子证据由于人为的原因或环境和技术条件的影响容易出错，故必须证明它是原始的数据或不存在被篡改或伪造等可能性，才宜将之作为有效的证据。在这个意义上，数据电文准用视听资料规则。根据《民事诉讼法》第 69 条规定："人民法院对视听资料，应当辨别真伪，并结合本案的其他证据，审查确定能否作为认定事实的根据。"据此规定，数据电文（作为视听资料）不能单独、直接地证明待证事实，属间接证据的范畴。

间接证据虽不能单独、直接地证明待证事实，但在电子商务争端的仲裁或诉讼中却具有很重要的意义，因为电子商务中确定各方的权利和义务的各种合同和单证都是采用电子形式的。基于此种情况，如何运用电子证据来证明待证事实就非常重要了，这就涉及到如何对电子证据进行审查判断。

普通数据电文之所以作为间接证据，是因为，除了证明数据电文的真实可靠外，还需要证明该数据电文确属特定主体发出或与要证明的事实存在着关系，即使证明它是真实的，也只有与其他证据一起形成一个完整的证明体系，证明所要证明的行为或事实。在这种情形下，如何审查判断电子证据的真实可靠和如何与其他证据结合起来认定案件事实将是最主要的工作。

16.3.3 数据电文作为证据的保全措施：网络公证和证据保全

普通的计算机数据或电子文档难以作为直接证据，主要原因是其易篡改性（非原始性）和信息与签发人之间关联性差。由于我国数据电文的加密、签名、认证体系还没有建立起来，而现实生活中已经在大量地运用数据电文进行交易或进行其他商务活动。为了解决数据电文直接作为证据的问题，现实中采用了一些程序上的救济措施，以确保其证据效力。这便是对网络（电子数据）公证和网络证据保全。

1. 网络公证

公证是法定公证机关对于某种法律行为的真实性和合法性的一种认定，而这种认定一般须要求公证的当事人提供相关书面证据等加以证明，当然公证机关也可以参与到法律行为完成过程中，对其真实性和合法性加以确认，这即是通过现场见证或实地勘验的方法确保其真实和合法。

而网络公证则是一种通过现场见证的方法对于某个法律行为真实性、合法性的鉴别和认定，它通过参与或见证电子数据的生成、传输和存储过程，达到两个目的：一是数据归属或生成主体的认证；二是对电子数据的真实性及合法性的认证，以使电子数据直接可以作为证据或增加其证据效力。网络公证机构本身的职能和在这里扮演的是一个真正与具体交易或商务活动无关的第三人角色，使它能够确保计算机存储数据作为诉讼证据真实性、确定性和可靠性。

经过公证的数据电文直接作为证据一般应当具备以下三个条件：第一，公证机构介入必须是数据电文生成之时，或者必须是进行网上交易或其他法律行为之时，公证机构参与或见证行为过程或者有相应的技术措施可以达到这样的效果。第二，保存和存封数据电文，其保存方法可以是磁盘或其他电子介质，也可以直接打印成书面文件。第三，对整个取证过程、当事人资格及其所生成数据电文出具公证书，证明其真实性和合法性[①]。

例如，本书 3.2.3 网上购物案例，就是采取公证手段保全其电子数据的。杨小姐在第一次购物时，即所购的即是假货，但所有的购物凭证均贮存于电脑中，难以作为证明其在该网络公司的电子商务平台中购买物品的直接证据。为此，杨小姐为了提供诉讼进行了第二次购物，在购物时让公证员在场，观看并记录（保存）了整个购物流程和内容，最后将这些资料打印成书面资料，在此基础上出具公证书，证明这一过程或行为的真实性、合法性。这一公证不仅解决了网上交易行为的真实性、合法性，而且解决了电子数据非直观性问题，它以书面的方式将所有的内容再现出来。

但是，网络公证存在一个成本问题，而且要使每个人事前通知公证机构进行现场公证再进行在线交易，并不都是可行的。因此，除非公证机构建立在线公证网站，实现与交易同步，通过公证确保电子数据证据效力是行得通的。

---

① 1998 年 5 月"恒升"公司状告王洪及中国计算机世界出版服务公司、《生活时报》一案，虽然双方证据内容都经过公证，但王洪的律师对恒升公司的证据没有进行取证过程的公证表示质疑。这就涉及到公证程序的合法性问题。

2. 电子证据保全

为解决电子证据的有效性的另一个程序性措施便是证据保全。

证据保全是在证据可能灭失或者以后难以取得的情况下,诉讼参加人申请人民法院(或者人民法院依职权)对证据进行封存或采取其他保全措施。

应当说,在电子商务纠纷中证据保全是必不可少的,因为它是防止当事人或其他原因而导致电子文档被销毁、被改动的一个有效途径。但是,证据保全只是对已经生成或贮存的数据电文的保全措施,它只能确保保全之后的电子数据不被篡改或证明保全时电子记录的真实情况,但是它不能确保这些数据是初始或原始的数据。因为,电子数据一旦生成就存在被修改、涂销、灭失的可能性,除非能够证明在采取保全措施之前,该数据电文不可能被改动或修改。因此,电子证据保全起不到确保其真实性的作用。

16.3.4 数据电文的证据效力:以电子邮件为例

几乎所有的电子商务纠纷或网络纠纷必然涉及到数据电文或计算机数据作为证据的问题。我国也已发生了许多网上交易纠纷和网络侵权纠纷,在司法实践中遇到的难题之一,便是如何认定贮存于计算机中、传播于网络世界中的电子数据形式的证据效力。下面结合一些案例分析电子邮件这一数据电文形式作为证据的效力问题。

电子邮件是基于互联网络连接而产生的一种新型通信方式,其与传统的通信方式最大的区别在于,它把人们所要表达的意思转化为数字信号,并通过网络传输呈现在对方的电脑屏幕上,因此,发、收者互无"真迹",充其量也只是在自己电脑上的打印件,而一经发件人从其"发件箱"、"回收站"中将文件删除,便不见踪影。但是,每个电子信箱均对应一个惟一的注册用户(可以是个人,企业等民事主体),其用户名、账户名、密码均是惟一的。这一点使得邮件发出者具有了一定确定性。不过,任何人只要掌握了某一注册用户的用户名、密码,就可在任何地方,使用任意一台联网的计算机在该用户名所对应的电子信箱上收发、删除邮件。这又使得邮件的发出人不确定并给邮件本身带来不安全因素。在了解电子邮件这些特点后,我们结合两个案例谈谈电子邮件作为证据的问题。

1. 双方均认可的电子邮件具有证据效力

在实践中,如果双方均对 E-mail 的内容及收发人无异议,一般认为可以作为证据认定。因为既然 E-mail 应属证据的一种,它也必须要在诉讼中接受双方当事人的质证。在此类情况下,E-mail 的证据形式已不重要,因当事人的承认本身就可以作为证据认定,而这种承认性陈述又可被 E-mail 的内容所印证,所以,应当被法庭认定。下面通过电子邮件购买办公家具的案例即说明这一问题。

景荣实业有限公司注册了电子邮件(E-mail):jrsy@jrsy.com.cn;衡阳木制品加工厂注册了电子邮件(E-mail):h-ymz@online.sh.cn。1999 年 3 月 5 日上午,景荣实业有限公司给衡阳木制品加工厂发出要求购买其厂生产的办公家具的电子邮件一份,电子邮件中明确了如下内容:

(1)需要办公桌 8 张,椅子 16 张;

(2)要求在 3 月 12 日之前将货送至景荣公司;

(3) 总价格不高于 15000 元。

另外,电子邮件还对办公桌椅的尺寸、式样、颜色作了说明,并附了样图。当天下午3 点 35 分 18 秒,衡阳厂也以电子邮件回复景荣公司,对景荣公司的要求全部认可。为对景荣公司负责起见,3 月 6 日衡阳厂还专门派人到景荣公司作了确认,但双方都没有签署任何书面文件。1999 年 3 月 11 日,衡阳厂将上述桌椅送至景荣公司。由于景荣公司已于 10 日以 11000 元的价格购买了另一家工厂生产的办公桌椅,就以双方没有签署书面合同为由拒收,双方协商不成,3 月 16 日衡阳厂起诉至法院。

庭审中,双方对用电子邮件方式买卖办公桌椅及衡阳厂去人确认、3 月 11 日送货上门等均无异议,而景荣公司仅仅以未签订书面合同,因而拒绝收货付款。而一旦双方对于邮件真实性没有异议,那么双方的邮件即可以作为证据,证明双方缔结过家具买卖合同。因此,景荣公司的行为已经构成了违约。因为《合同法》第 11 条已经确认数据电文(包括电报、电传、传真、电子数据交换和电子邮件)可以作为书面合同形式。

本案中,衡阳厂不仅主动上门要求景荣公司确认通过电子邮件订立的合同,而且按照合同规定的时间将货物送到景荣公司,景荣公司应当完全履行合同项下的义务,不存在任何违约行为。而景荣公司仅以没有签订书面合同而拒收桌椅,毫无理由可言。因此,景荣公司构成了违约,法院判决是正确的。

2. 双方有争议的电子邮件须鉴定或审查

不论是由 E-mail 直接引发的纠纷还是以证据的形式出现的 E-mail,因其作为电子数据的天然属性,在诉讼中很少有当事人一致同意或认可的情形。在这种情形下,电子邮件就不能直接拿来作为证据,必须进行鉴定或审查,以判断它是否是原始或初始数据,或者判断它是否被改动过。当事人对电子邮件的异议一般又分为对内容异议和对收发人异议。下面分别予以讨论。

(1) 对收发件人的异议

我国曾发生过一起假借他人名义发电子邮件而给他人造成损害的案件。该案即盗用他人名义发送电子邮件导致的侵权案件。

1996 年 4 月 9 日,北京大学研究生薛某收到美国密执安大学通过因特网发给她的电子邮件。内容是该校将为她提供 1.8 万美元的奖学金。但她久等不见正式通知,就怀疑同宿舍的张某从中作梗。于是,她便委托他人从密执安大学取回两份证据:一份是同年 4 月 12 日上午 10:16 分从北京大学心理系临床实验室以薛某的名义发给密执安大学的电子邮件;另一份是同年 4 月 12 日上午 10:12 分从同一台计算机上发给美国密执安—哥伦比亚大学刘某的署名"Nannan"的电子邮件。接着薛某从北京大学计算机中心取到了同年 4 月 12 日的电子邮件记录。记录表明,上述两份电子邮件是在前后相距 4 分钟的时间内从临床实验室内一台记号为"204"的计算机上发出的。当时张某正在使用这台计算机。技术实验结果表明,张某使用这台计算机时,别人没有时间盗用。在学校调解未果的情况下,薛某到北京市海淀区人民法院,起诉张某以她的名义伪造电子邮件,使她失去出国深造的机会,并要求张某赔礼道歉、赔偿损失。1996 年 7 月 9 日,经海淀区人民法院调解,原被告双方当事人自愿达成协议,被告以书面形式向原告道歉并赔偿人民币 1.3 万元。

该案在审理中,被告人否认自己发出了这样一封 E-mail,因此就需要法庭调查和质证,加以证明该邮件系张某所为。法庭主要是采用排除法来确认是否为被告人所为，在这种压力下，该案最终以调解结案。当然，如果双方未能和解，以排除法的结论来作为确认被告人侵权的证据是否充分，也是值得商榷的。在非为公共信箱的情形下，电子邮箱均是惟一的，要认定从薛某人信箱发出的邮件是张某所为，关键是要证明或审查张某是否能够获得薛某的用户名、账号、密码等个人邮箱资料，而且能够证明张某是惟一获得薛某个人资料的人。否则，以该信箱收发的 E-mail 的人即为信箱的拥有者。

该案除了告诉人们证据法上一些规则外，还告诫人们妥善保管自己的信箱数据，以防他人盗用，损害自己的权益。

（2）对内容有异议

在确定了收发件人后，就要对 E-mail 的内容进行审查；而现实中争议最多的要属对内容异议。内容异议主要集中在该邮件的内容是否被改动或增删过或是否为原件。因此，这类证据的审查主要是审查其是否为原件或内容是否被篡改过。发生在上海的一起劳动争议案件就是一起对电子邮件是否可以作为证据以及真伪如何认定的案件。

原告王某于 1997 年 10 月进入被告中国某投资公司工作，双方签订自 1997 年 10 月 1 日至 1999 年 9 月 30 日的劳动合同，同时约定任何一方若不愿意续订劳动合同，必须在合同届满前至少 30 日内通知另一方，否则视为自动顺延。1999 年 5 月，王某被任命为人力资源部人事服务经理，后因双方均未提出终止，合同得以顺延。1999 年 11 月 22 日，被告以原告失职行为造成公司形象和信誉受损为由，出具书面退工通知单。原告不服，提起劳动仲裁，后因对仲裁裁决不服提起诉讼。

该公司管理指示或内部沟通以电子邮件为主。被告认为原告失职的原因就是认为原告在收到上级邮件告知其裁员流程的情形下，违背操作程序。被告提供了公司内部邮件表明员工续签合同的程序是：首先将名单交给制造总监，然后由制造总监与部门经理们讨论通过。而王某违反这一程序，致使公司裁员计划无法按期完成，部分员工由此上访，极大地损坏了公司的信誉和形象。

因此，本案的关键是公司内部上级沟通的电子邮件的真伪。

被告认为，6 年来，该公司员工的电子邮件均受自己的密码保护，其他人包括网络管理员都无法打开。当使用人发出邮件并作磁盘备份后，该电子邮件便无法更改。但是，原告在庭审中称，在其离开被告单位时，已将进入邮箱系统的密码告诉被告的有关人员，并称他人有能力、有条件伪造上述电子邮件，极力主张自己未收到或不知悉裁员的流程。

关于电子邮件是否被改动过，被告曾委托上海市浦东新区公安局公共信息网络监察处出具《关于某某公司电子邮件书证的意见书》，该意见书确认被告提交给法院的电子邮件打印件与该公司服务器相关磁盘备份和原告及上级等有关人员使用的计算机中保存的相应备份的电子邮件在制作的时间和内容上相一致，系当时相应发送电子邮件的真实反映。一审法院依据此判决王某败诉。王某以我国民事诉讼法并无电子邮件证据且公司有可能也有能力伪造电子邮件，提起上诉。

我们认为，本案关键是在王被解雇到公安局出具意见书这一段时间内，王某在职期间电脑中邮件是否有可能被改动过；如果不存在改动的可能，那么就可以确认王确曾收到有关解雇员工流程的邮件，王是明知故犯，因此构成失职。由于公安局的意见书属于一种专家证明或意见而不是一种专门机构的鉴定，因此，本案还需要进一步对邮件真伪作出鉴定或审查,才能得出邮件是真实存在的结论。在这一点上,技术上虽然可行,但作出一份令人信服的鉴定或审查结论,仍然是困难的。

16.4 电子商务争议解决替代方式:在线争议解决方式

电子商务的法律纠纷仍然可以并且应当在原有法律体制下通过司法程序加以解决。但由于电子商务的特殊性,业内人士还在积极地寻找适合电子商务或网络特点的新形式的纠纷解决方式——替代性争议解决方式。在这种背景下产生了在线争议解决方式。

16.4.1 替代性争议解决方式

1. 产生背景

电子商务的发展提供了无限商机,它使商家可以轻松地把市场扩大到全世界,也使消费者足不出户就能在全球市场进行消费。然而这种网络上的商务活动与现实世界中的商务活动一样也会产生纠纷,甚至会因为网络技术的运用而产生更多的纠纷。如果这些纠纷无法及时得到解决,消费者就会对电子商务的可靠性产生怀疑,从而对参与电子商务缺乏信心。一旦全球消费者作为一个整体对电子商务的可靠性缺乏信心,电子商务将失去生命力。

对电子商务中产生的纠纷,仅靠各国法院通过司法程序解决是远远不够的。首先,电子商务纠纷的双方当事人很可能相隔万里,如果要在一方当事人所在地提起诉讼,成本是惊人的。第二,电子商务纠纷的管辖权和准据法如何确定,尚未有国际立法,各国的实践也不一致,因此选择有管辖权的法院以及执行判决都是难题。第三,即使上述两个问题都不存在,电子商务每天产生的大量纠纷对各国法院的人力物力来说都是沉重的负担。

因此,很多国家和国际组织都鼓励采用替代性争议解决方式(Alternative Dispute Resolution, ADR)来解决电子商务纠纷。例如,经济合作与发展组织1999年公布的"电子商务环境中消费者保护纲要"就鼓励企业、消费者代表和政府一起努力,建立一种公平、高效的替代性争议解决方式。同时强调,在建立这种方式时,应运用信息技术。欧盟的电子商务指令第17条第一部分也规定,"成员国应确保,在信息组织服务提供商和服务接受者之间发生争议时,其立法不会阻碍使用根据国内立法可以使用的庭外解决方式来解决争议,包括适当的电子方式。" 2000年3月欧盟委员会在布鲁塞尔召开了"电子商务庭外争议解决方式"研讨会。2000年6月美国联邦贸易委员会和商务部联合就电子商务中的替代性争议解决方式召开了研讨会。2000年12月经济合作与发展组织(OECD)和海牙国际私法会议联合组织了题为"建立在线环境中的信任:B2C争议解决方式"的大会,寻求有效的替代争议解决方式。

2. 替代性争议解决方式

替代性争议解决方式(Alternative Dispute Resolution,ADR),又称选择性争议解决方式,是除诉讼方式以外的其他各种解决争议方法或技术的总称,主要包括传统的仲裁、法院附属仲裁、建议性仲裁、调解仲裁、调解、微型审判、简易陪审审判、中立专家认定事实等[1]。以 ADR 方式解决争议主要具有以下优点：

（1）较诉讼程序而言，ADR 更加迅速、便宜。

（2）ADR 方式灵活多样，从在第三方协助下进行谈判到正式的仲裁，当事人可以根据争议的性质选择不同类型的 ADR，既体现了当事人的意思自治，又可以通过最适合的争议解决方式获得最佳结果。

（3）在专家中立者的帮助下，当事人更容易获得"双赢的解决办法"（win-win solutions）。

（4）维护个人或组织的声誉。特别是对有名誉、有地位的人或机构来说，与他人进行诉讼是有损形象的事情，因此发生争议后，他们更愿意私下解决，而不是公之于大众的监督下。

16.4.2 在线争议解决方式的主要形式

在线争议解决方式（Online Dispute Resolution, ODR）是替代性争议解决方式移到网上进行，或者说，通过网络技术以替代性争议解决方式（ADR）的形式来解决争议。目前，在线争议解决方式主要有 4 种形式[2]：在线清算；在线仲裁；在线消费者投诉处理；在线调解。现在使用比较多的是在线仲裁和在线调解。

在线仲裁（Online Arbitration，OA）和在线调解（Online Mediation，OM）主要差别是在线调解只向争议双方提供直接沟通、磋商的渠道，并对解决争议、消除双方差距提供专家建议，由双方最后达成和解协议，而不是由第三方做出最终决议。因此，在线仲裁是在线调解的高级形式，或者说，在线仲裁包括在线调解，只有和解不成才做出裁决。

在线仲裁应用效果较好的是域名仲裁。例如，加拿大的 eResolution，主要解决域名争议。国际互联网名址分配公司（ICANN）授权 eResolution 以在线方式解决域名争议，争议的解决以 ICANN 的"统一域名纠纷处理规则"为依据。解决域名争议的请求可以通过电子邮件提出，也可以通过填写安全网页上的申请表提交。仲裁员会根据 ICANN 的规则、实施细则以及 eResolution 自己的补充规则进行审理。在听取当事人双方的陈述后，仲裁委员会作出具有约束力的裁决。

16.5 本章小结

本章论述电子商务纠纷解决程序法上的主要问题，即诉讼管辖问题、法律适用问题、电子证据问题、在线争议解决方式。

互联网环境下发生的民事诉讼的管辖基本上适用民事诉讼法级别和地域管辖的基本原则。但是，互联网本身存在虚似性、无地域性等特征给基于地域的管辖规则提出一些挑战。在这方面，我们应当认识到，就诉讼管辖而言，互联网是一种通讯方式，虚拟世界所有法律行为在现实世界仍然有真实的存在——存在于某一特定地理位置。在这一认识前提下，

---

[1] 郭玉军、甘勇，美国选择性争议解决方式（ADR）介评，《中国法学》，2000 年第 5 期。
[2] Esther Van Den Heuvel: Online Dispute Resolution As A Solution To Cross-border E-disputes, An Introduction to ODR, at http://www.oecd.org/dsti/sti/it/secur/act/online_trust/VanHeuvel.pdf

网络环境下的侵权纠纷和合同纠纷仍然可以寻找到法院管辖的规则。

网络侵权行为引起的诉讼管辖地仍然可以适用传统民事诉讼规则,即由侵权行为人(被告)住所地、侵权行为地法院管辖。只是对被告住所地、侵权行为地认定在网络环境下存在困难或争议。不管侵权行为是否是网站设立人,判断经营者的依据是现实中真实存在的具有民事主体资格的个人、法人和组织;网站所有者或经营者的住所地是设立人住所地,而不是服务器所在地,服务器所在地不应当成为管辖的依据。在网络环境下,利用网络的侵权行为可以是被告所在地,但也可以是世界任何一个地方,因此在某些情形下侵权行为地判断很是困难。为此,更多的国家选择损害发生地作为管辖权的基础。

因合同纠纷提起的诉讼,可以由当事人在合同中约定以选择管辖法院;如果当事人没有约定,那么民事诉讼法的规定,即由被告住所地或者合同履行地人民法院管辖。被告所在地的认定与侵权行为的被告认定原理基本相同;作为一般原则,合同履行地为合同义务履行一方所在地;不宜将信息系统所在地视为合同履行地。

在电子商务国际纠纷中还存在一个法律适用问题,即选择哪一国法律来审理民事案件。在传统的国际私法中,连结点主要属地性连结点、属人性连结点和当事人合意选择连结点。网络环境给法律适用连接点确定带来了一定困难,国际社会也正在探索新的规则,不过目前仍然适用传统的法律适用规则,只是在确定连结点时根据网络特性加以灵活诠释。

电子商务对书面证据提出了挑战。数据电文具有高科技性、无形性、复合性、易破坏性等特点。尽管合同法承认数据电文为一种书面形式,但是,它本身还无法满足证据法上书证的要求。数据电文只有满足一定的条件或采取一定的安全技术措施才具有直接的证据效力。这些措施能够确保数据的完整性、数据的机密性、使用者身份识别和不可抵赖性之后,那么数据电文即可以作为书证证据。对此,联合国电子商务示范法已经作出了指导性的规范,现已为许多国家所采纳。普通的数据电文只有采取保全措施或公证措施后,否则只能作为间接证据。

电子商务纠纷除了可以在原有法律救济体制寻求解决外,业内人士还积极寻找适合电子商务或网络特点的新形式的纠纷解决方式——替代性争议解决方式。在这一寻求过程中,也孕育出运用网络技术解决在线争议的方式,这便是在线争议解决方式。较成熟的在线争议解决方式主要是:在线仲裁和在线调解。

16.6 思 考 题

1. 试论述网络环境下侵权行为民事诉讼的管辖规则。
2. 简述电子合同纠纷法院管辖规则。
3. 简述国际电子商务纠纷法律适用的规则。
4. 数据电文的证据效力如何,哪些技术措施和法律措施可以赋予其直接证据效力?
5. 简述在线争议解决方式的主要形式。

第17章 电子商务税收法律问题

税收作为国家实现其职能取得财政收入的一种基本形式，同样也受到了电子商务的深刻影响。一方面，电子商务的迅猛发展开拓了广阔的税源空间，另一方面，电子商务对传统的税收制度、政策和国际税收等产生了前所未有的冲击。目前国际社会对电子商务税收，还没有一致的看法，仍然处在探索阶段。我国也在不断探索电子商务的税收政策以及征税税种、征税方式等。本章将分两节对目前国内外有关电子商务的税收的探索作一个介绍。

17.1 电子商务对税收的影响

17.1.1 电子商务给国家税收和征收带来的影响

作为一种商业活动，电子商务是应当纳税的，但从促进电子商务发展的角度，在一定时期内实行免税也是很有必要的。从网络交易的客观实际来看，由于其本身的开放性，因此管理起来十分困难。每天通过因特网所传递的资料数据相当大，其中某些信息就是商品，如果要监管所有的交易，必须对所有的信息都进行过滤，这在事实上是不可能的。如果按照现有的税法进行征税，必然要涉及到税务票据问题，但电子发票的实际运用技术上还不成熟，其法律效力尚有较大的争论。

打破地域疆界的电子商务给传统税制与征管手段带来挑战，主要表现在以下几方面：无形产品交易带来的税收问题；纳税主体难确定性；对增值税的属地原则的冲击；交易环节模糊不清，避税问题更加严重；所得类型难区分；无纸化或电子化带来税收计征问题；税收管辖权问题。

1. 无形产品交易带来的税收问题

目前，我国电子商务的业务已涉及各个领域，大致可以分为以下几个方面：网上信息服务、在线交易（买卖）、电子支付与金融服务、电子认证服务等。在线交易有一个非常重要的特点，有些交易标的也是信息产品，是无形的。电子商务的出现暴露了现行税制的一些缺点，现行税制是建立在有形交易的基础上，而电子商务的数字化信息交易的出现极大地削弱了现行税制存在的基础。现行税法的征税对象以物流为主，容易监控，而电子商务下的征税对象则以信息流为主，再加上电子加密技术，难以监控和定义。纳税环节不易认定和控制。现行税法对纳税环节的规定是基于有形商品的流通过程和经营业务活动的，主要适用于对流转额征税。而在信息产品交易中，由于交易对象不易认定和控制，因而原有的纳税规定难以执行。原来可以作为有形物买卖的计算机软件、书籍、音乐作品等均可以数字化信息的形式通过网络传送，在其被转化为文字或图像以前，税务局很难了解交易的内容和性质；即使税务当局掌握了数字化信息的内容，在线交易往往带有混合销售性质，根据现行税收政策也难以对该交易所得进行确切分类。因为这是商品销售还是特许使用权转让,对数字化产品究竟界定为货物还是服务,对网上销售是属于商品销售应征收增值税,还是属于转让无形资产应征收营业税,这些都引起税收征管的困难。

2. 纳税主体的不确定性

国际互联网网址并不对应于现实世界的地址,网站名称与设立人的地址或所有者身份并无必然的一致性,互联网或网站本身并不能直接提供任何有关经营者或交易人确切地址和身份信息。纳税主体变得多样化、模糊化、边缘化。由此带来许多新的问题,例如网站的拥有者是否为纳税人?厂商与消费者通过网上直接交易,谁是代扣代缴税款的义务人,等等。

传统的税收制度是以属地原则和属人原则为基础建立起来,确定征税和行使征税管理传统依据是通过能够控制的要素:通过住所来确认居民,对居民行使税收管辖权;通过营业地确定企业,对企业行使税收管辖权。电子商务的发展使经济活动与特定点之间的关系弱化,从而对通过互联网提供的贸易或服务很难控制和管理。由于消费者可以匿名,制造商容易隐匿其居住地,因而电子消费很容易隐藏。这给确认从事经营活动的公司和个人带来难度,从而使传统的控制税源的方法失去作用。与住所相似,常设机构确认也出现了困难。所谓常设机构是指企业进行全部或部分经营活动的固定场所。在现行国际税收制度下,对营业利润征税一般以是否设置常设机构为标准,然而,一个进行销售或其他经营活动的网络地址能不能等同于常设机构的地址,在现行税收条约的规定中找不到根据。跨国远距离销售使得税收征管国难以对外国经销商在本国的销售和经营活动征税。此外,传统税制中对专利权、版权、商标等交易所获收入允许由收入支付单位扣缴预提税,通过互联网进行的这些交易因缺乏实物转移而使预提税变得难以征收。

3. 税收征收和监管属地原则的应对难题

我国增值税是按属地原则进行征收。所谓属地原则就是在商品和劳务的销售地缴纳增值税,并实行一种国境平衡,出口货物要将增值税扣除使货物不含税出口,进口货物足额足率征税,视同同类国内产品。这样只有在或被认定在本国境内销售货物和提供劳务以及进口货物才发生纳税义务。于是确定商品销售地和劳务供应地就变得十分关键,但现行的增值税属地原则在具体应用到对电子商务课税时,会碰到许多困难。由于电子商务销售跨地域性,使商品和劳务消费地税收流失,加剧地区间税源分布不平衡。随着电子商务迅猛发展,发达地区税源较为丰富,而不发达地区税源会相对贫乏。

不仅是增值税问题,实际上,任何税收的征收和监管均是以地域为基础的。互联网打破了疆界之分,任何一个税收征管当局都能宣称对其有税收管辖权,而不同税收征管当局同时行使税收征管权利,往往造成双重征税或征税的冲突。这是电子商务税收遇到的主要问题。

4. 交易环节模糊不清,避税问题更加严重

在互联网上,厂商和消费者可在世界范围内直接交易,商业中介作用被削弱和取消,中介代扣和代缴税款的作用也随之削弱。目前,国内银行是税务当局重要的信息源,即使税务当局不对纳税人的银行账户进行经常性检查,潜在的逃税者也会意识到少报应税所得的风险。但随着网上银行和电子货币的发展,出现了设在避税地的网上银行及其提供的"税

收保护"。如果信息源是避税地的银行,税务当局就无法对支付方的交易进行监控,也就丧失了对逃税者的一种重要威慑手段。

另外,在线交易主体之间的关系变得模糊不定,更易采取定价方式、转移所得、转让定价等形式规避所得税。由于电子商务在订单的下单和结算等方面通过"虚拟公司"进行操作,使关联企业的界定这一最基本、最关键问题复杂化,关联关系和价格确定的合理性变得模糊不清,功能界限混为一体,难以比较分析。另外,几种传统的调整方法受到挑战,可比性受控价格的可比性难以确定;再销售价格由于电子商务中间环节的减少难以适用;成本加利法由于电子商业与传统商业成本不同,没有对比基础,难以对比,无法适用。

5. 所得类型难以区分

我国实行分类所得税制,所得类型不同,适用的来源规则不同,适用的税收政策也不一样。销售货物和提供劳务要就其营业利润征收正常的所得税,非居民在来源国"不出场"但有特许权使用费收入,要征收预提税,电子商务交易的不同认定将会导致所得税适用的影响。而电子商务时代,营业所得、特许权收入、劳务报酬所得、利息收入等分类模糊不清。这种所得类型模糊化,又将导致新的避税行为。

6. 无纸化或电子化带来的税收计征问题

电子商务另一个特点是无纸化,无纸化交易行为对于现行税制形成了强大地冲击;其中最主要的是动摇了纸面凭证作为计税和稽查的基础。传统的税收征管和稽查都离不开对纳税人的真实合同、发票、凭证、帐册、报表的审查。而电子商务是通过大量无纸化操作达成交易,税收审计稽查失去了最直接的实物凭据。许多电子产品的订购和交货都在网上进行,电子记录可以不留痕迹地加以修改,这使得确认购买、销售的过程复杂化。尤其是电子货币、电子票据的使用、电子划拨和扣缴等,更使得税收征管、稽查变得困难。

17.1.2 美国和国际社会对电子商务税收的政策

1. 美国

一个政府对某一新兴产业的重视程度及扶持与否,往往可以从其税收政策上得到一定程度的体现。美国作为电子商务应用面最广、普及率最高的国家,已对电子交易制定了明确的税收政策,该政策的出台除对其本国产生影响外,也对全球贸易产生了冲击。

美国财政部于 1996 年下半年颁布了《全球电子商务税收政策解析(Selected Tax Policy Implications of Global Electronic Commerce)》白皮书,提出为鼓励因特网这一新兴技术在商业领域的应用,各国税收政策的制定和执行应遵照一种"中立的原则",即不提倡对电子商务征收任何新的税收。美国财政部认为,没有必要对国际税收原则做根本性的修改,但是要形成国际共识,以确保建立对电子商务发展至关重要的统一性。应实行非歧视性税收,明确对电子商务征税的管辖权,以避免双重税赋。

1997 年 7 月 1 日美国政府在《全球电子商务政策框架》中,号召各国政府尽可能地鼓励和帮助企业发展因特网商业应用,建议将因特网宣布为免税区,凡无形商品(如电子出版物、软件、网上服务等)经由网络进行交易的,无论是跨国交易或是在美国内部的跨州交易,均应一律免税,对有形商品的网上交易,其赋税应按照现行规定办理。

1998 年 5 月 14 日，几经修改的因特网免税法案在美国参议院商业委员会以 41 票对 0 票的优势通过，为美国本土企业铺平自由化的发展道路；5 月 20 日，美国又促使 132 个世界贸易组织成员国的部长们达成一致，通过了因特网零关税状态至少一年的协议，使通过因特网进行国际交易的企业能够顺利地越过本国国界，在其他国家市场上顺利地进行销售。

2. 国际经济合作与发展组织

国际经济合作与发展组织（OECD）是税务领域里处于领先地位的国际组织，具有制定国际税务规范的长期专业经验。1997 年，OECD 受国际委托制定适用于电子商务的税务框架条件，提出了"电子商务：税务政策框架条件"的报告。该报告制定了适用于电子商务的税务原则：中立、高效、明确、简便、有效、公平和灵活；概述了税务政策框架公认的条件，其中包括纳税人服务机会、身份确认、信息需求、税收和税管、消费税以及国际税务安排和合作等内容。1998 年 10 月 7~9 日，OECD 成员国部长和来自非 OECD 成员国、消费者以及社会利益团体的代表聚集渥太华，共同商讨促进全球电子商务发展的计划。

目前，OECD 正在与其他国际组织和地区性组织、商家和非成员国紧密合作，着力进行下面三个方面的工作：

（1）跟踪技术、协议和标准方面的相关进展，并在适当时候，投入力量以确保税务系统的稳定管理；

（2）根据要求进一步阐明相关的国际税务范式；

（3）为采用现有范式或管理办法提供指导以适应电子商务的未来发展。

3. 总结

综合主要发达国家及国际组织对电子商务税收问题的主要政策，可以看出一些共性的原则，可概括为以下几点：

（1）税收中性原则。即对通过电子商务达成的交易与其他形式的交易在征税方面要一视同仁，反对开征任何形式的新税或附加税，以免妨碍电子商务的发展。

（2）公平税负原则。即指电子商务税收政策的制订应使电子商务贸易与传统贸易的税负一致，同时要避免国际间的双重征税。

（3）便于征管原则。即指电子商务税收政策的制订应考虑 Internet 的技术特征和征税成本，便于税务机关征收管理，否则，就无法达到预期目的，从而难以成为一种可靠的税源。

（4）简单、透明原则。电子商务税收政策的制定应容易被纳税人掌握，并简单易行，便于纳税人履行纳税义务，最大限度地降低纳税人的纳税成本。

17.2 我国电子商务税收问题探索

17.2.1 电子商务税收政策的选择

电子商务在我国的迅速发展，对我国的税收制度带来了直接的挑战。政府应当尽快对电子商务的税收政策作出判断和选择。这里存在 4 个方面的问题需要政府作出选择：征与不征的选择；是否开征新税的选择；税种的选择；国际税收管辖权的选择。

1. 征与不征的选择

无论是通过电子商务方式进行的交易，还是通过其他方式达成的交易，它们的本质都是实现商品或劳务的转移，差别仅在于实现手段不同。因此，根据现行流转税制和所得税制的规定，都应对电子商务征税。如果对传统贸易方式征税，不对电子商务交易方式征税，则有违公平税负和税收中性原则，对一类纳税人的税收优惠就意味着对其他纳税人的歧视，从而不利于资源的有效配置和社会主义市场经济的健康发展。在我国，电子商务将会日渐成为一种重要的商务活动形式，如果不对之征税，政府将会失去很大的一块税源，不利于政府职能的有效发挥。而且，如果不及时出台电子商务税收征管的可行性办法，因为电子商务具有无地域、无国界的特点，在日益复杂的国际税收问题面前，税收的国家主权和由此带来的国家利益就会受到影响。当然，为了推动电子商务在中国的快速发展，制定相应的税收鼓励政策是必要的，但主要应通过延迟开征时间和一定比例的税收优惠来实现。

2. 是否开征新税的选择

电子商务是一种全新的商务运作模式，国际上对其是否开征新税也众说纷纭，一种较有代表性的观点是以互联网传送的信息流量的字节数作为计税依据计算应纳税额，开征新税，即比特税（Bit Tax）。比特税方案一经提出即引起广泛的争议。就目前我国电子商务的发展现状和税制建设来说，征收比特税显然是不现实的。再说在许多基本问题尚未搞清之前，如哪类信息的传输需要征税、哪类纳税人可以免税、跨国信息的征税权如何划分、国际重复征税如何避免等，匆忙征税未免失之草率。

但是，现在国际社会主流的观点是坚持税收中性原则，不开设新税种。电子商务税收对策将以现行税制为基础，以避免较大的财政风险，并将遵循不单独开征新税、保持税制中性的原则，以避免税收负担的不公平和影响市场对资源的合理配置。尤其是我国，电子商务发展还需要政府的大力扶持，不要通过开设新的税种或附加征税，增加企业负担。为了适应电子商务新模式，可以考虑现行税法进行适当修订，在现行增值税、营业税、消费税、关税、所得税、印花税等税种中补充有关电子商务的税收条款，将电子商务征税问题纳入现行税制框架之下。

3. 税种的选择

在不对电子商务征收新税种的情况下，原有税种如何使用需区别情况对待。电子商务形成的交易一般可分为两种，即在线交易（On-line Sale）和离线交易（Off-line Sale）。所谓在线交易是指直接通过因特网完成产品或劳务交付的交易方式，如计算机软件、数字化读物、音像唱片的交易等。所谓离线交易是指通过因特网达成交易的有关协议，商务信息的交流、合同签订等商务活动的处理以及资金的转移等直接依托因特网来完成，而交易中的标的物——有形商品或服务的交付方式以传统的有形货物的交付方式实现转移。因此，对于在线交易，宜按"转让无形资产"税目征收营业税；对于离线交易宜按"销售货物"征收增值税。对于通过因特网提供网上教学、医疗咨询等业务，则可归入服务业，宜按"服务业"税目征收营业税。

4. 国际税收管辖权的选择

世界各国在对待税收管辖权问题上，有实行居民管辖权的"属人原则"的，有实行地域管辖权的"属地原则"的，不过，很少有国家只单独采用一种原则来行使国际税收管辖权的，往往是以一种为主，另一种为辅。一般来说，发达国家的公民有大量的对外投资和跨国经营，能够从国外取得大量的投资收益和经营所得，因此多坚持"属人原则"为主来获取国际税收的管辖权；而发展中国家的海外收入较少，希望通过坚持"属地原则"为主来维护本国对国际税收的管辖权。

根据我国目前外来投资较多的实际情况，在行使电子商务的国际税收管辖权问题上，应坚持以"属地原则"为主，"属人原则"为辅的标准。

17.2.2 电子商务税收制度：尚需解决的问题

1. 收入种类和来源地的确定

收入来源地一般是指取得该项收入的经济活动所在地，不同类型的收入，其来源地的确定原则也往往不同。然而，网上服务的蓬勃发展使得收入来源地的确定趋于复杂。例如，美国公司 A 以许可证贸易方式将一软件转让给美国另一公司 B 位于国外的子公司，允许该子公司将软件安装在其计算机上，但该软件可为世界各地的用户提供服务。那么，A 公司的软件转让收入是否应作为特许权使用费？如果是，收入来源地又如何确定？按美国税法第 861 条和第 862 条规定，特许权使用费收入来源地是指该无形资产使用地。在此案例中，无形资产使用地应是计算机所在地还是软件用户所在地？如是后者，则这种来源在世界范围内的收入又应如何分配？

劳务收入来源地一般指劳务提供地，劳务提供者只有在一国实际"出场"，才构成该国来源收入，这是国际上普遍接受的原则，但随着远程控制技术的发展，咨询专家可以足不出户为世界各地的客户提供服务，医生可以通过网络对一些病人进行远程诊断，网上娱乐场所可以让身处世界各地的人们参加同一游戏。劳务收入来源地与特定地理位置之间的联系不再那么紧密，其结果是地域管辖权的作用被削弱，一国对实际来源于该国的收入无从征税。

2. 常设机构的认定

《经济合作与发展组织范本》和《联合国范本》都把常设机构定义为：一家企业进行全部或部分营业的固定场所。而且两个范本都以正列举和反列举的方式确定了常设机构的范围。然而，随着网络建设日臻完善，企业只要一台电脑、一个调制解调器、一部电话即可营业，不论大小企业其市场都可跨越国界扩展到世界范围。企业可以在网上刊登广告、收集订单、发送货物，在很多情况下都不再需要在交易地所在国设立常设机构，该国就无法作为收入来源国就该类交易所得征税。那么，对于一个提供网上信息服务的企业，其位于一国境内的服务器是否也可被看作是数据存储场所而非常设机构？一些装有标准软件的智能服务器允许有条件的消费者下载其中的数字化产品，在某种程度上行使着代表企业签订并履行合同的权力，似乎有必要将其认定为常设机构。但如果一国将其认定为常设机构，该企业也可以将服务器转移到其他国家(或避税地)，因为服务器的位置并不影响其经营活动。再有，上述两个范本均引入了对常设机构进行判定的第二条标准，即通过非独立代理人活动也可被认定为常设机构。如果一家从事计算机调查服务的外国公司通过当地网络服务公司提供连接服务，以使当地用户可以访问该公司的数据库，那么是否将这两家公司间的代理关系视为常设机构？随着越来越多的交易在网上达成，一国对实际来源于该国的收入无从征税，必然造成税收的大量流失，严重威胁一国的财政利益。

可见，复杂而又与经济活动密切相关的税收法规的制订和运用，还未跟上高速发展的全球计算机网络的步伐，在一个越来越以信息为基础的世界上，在一个通过电子系统和网络交换价值的社会里，政府将如何筹措足够的财政资金？政府曾积极参加了信息社会的基础设施建设，理应通过税收分享一部分信息社会所带来的收益。

3. 关税问题

互联网的全球性的特点，无疑对国际贸易关税一体化提出新的问题，对于互联网上交付的产品和服务是否应该征收关税，各国之间争论很大。

互联网上的贸易缺乏有形货物贸易的清晰、确定的交易地理界线。就目前因特网电子商务的不同形式来看，如果通过因特网订购，但以邮递方式或其他传统方式交付的商品，仍然有可能征税。但是当货物或服务是以电子形式交付时，也就是通过互联网在网上交付时，互联网的特殊结构就使得传统的税收法律很难适用。

这种交易已经在跨国公司之间的许可贸易中出现。例如，目前国际上大的跨国计算机软件公司，与其他跨国公司的总公司之间都存在着一种"一揽子"许可协议，软件公司根据作为软件用户的跨国公司全球范围内所拥有的计算机数量的多少及其业务发展趋势，就其所需要的软件在一定时期内进行一次性许可，授权该跨国公司及其全球范围的子公司在许可的数额范围内进行合法复制。这种许可方式与因特网的结合给相应的税收管辖提出了新的难题。因为作为软件用户的该跨国公司的分布在全球范围的子公司在其总公司购买了许可之后，就可以合法地通过其全球连通的内部网，从总公司的服务器上下载软件，这种行为，从软件出版商的角度看，是经过合法授权的。可是从该子公司所在的主权国家的角度看，却是对当地税收法律的规避。因为，如果所授权的软件不是从网上下载的，而是储存在整盒包装的光盘里从海关运进来的，按照大多数国家的现行法律，都要缴纳一定的关税，那么这种现行税制是否应该移植到因特网电子商务上来呢？如果移植，有关税收当局又如何有效地实施征管呢？

4. 税收管辖权问题

互联网电子商务对传统税收法则的另一个冲击就是确定哪个国家拥有对网上商务所得的税收管辖权。由于互联网电子商务的特征，如买卖双方身份的潜在秘密性，交易数额小，以及网上行为在现实空间中的不确定性，都注定了它将要加速目前国际税收管辖的一种趋势，那就是减弱来源地税收（source-based taxation），而倾向并侧重住所地税收（residence-based taxation）。

目前，许多国家正在互联网上寻找新的税收来源，并考虑对环球电子商务征税。而美国从其庞大的信息产业和网上服务业的利益出发，则极力主张将"网络空间"变为"免税区"。笔者认为，税收是一个国家经济主权的最基本的体现，由于各国的发展历史、经济结构和发展战略的不同，一定导致税收政策的不同，一国不能将其国内政策简单地推行于域外，也不能无视电子商务的新特点而将税收法律完全游离于互联网现实之外。对互联网电子商务的任何税收应遵循以下几条最基本的原则：

（1）为促进新兴的电子商务的发展，网上交易的税率至少应低于实体商品交易的税率；

（2）网上税收手续应简便易行，便于税务部门管理和征收；

(3) 网上税收应当具有高度的透明性，有利于因特网用户的了解和查询；

(4) 对在因特网上进行的电子商务的课税应与国际税收的基本原则相一致，应避免不一致的税收管辖权和双重征税。

5. 电子征税体制建立问题

电子征税包括电子申报和电子结算两个环节。电子申报指纳税人利用各自的计算机或电话机，通过电话网、分组交换网、Internet 网等通讯网络系统，直接将申报资料发送给税务局，从而实现纳税人不必亲临税务机关，即可完成申报的一种方式；电子结算指国库根据纳税人的税票信息，直接从其开户银行划拨税款的过程。第一个环节解决了纳税人与税务部门间的电子信息交换，实现了申报无纸化；第二个环节解决了纳税人、税务、银行及国库间电子信息及资金的交换，实现了税款收付的无纸化。

同传统缴税方式相比，其优点在于：首先，电子征税提高了申报效率，申报不受时间和空间的限制，方便、省时、省钱；对税务机关来说，不仅减少了数据录入所需的庞大的人力、物力，还大幅度降低了输入。其次，在审核的错误率方面，由于电子征税采用了现代化计算机网络技术，实现了申报、税票、税款结算等电子信息在纳税人、银行、国库间的传递。加快了票据的传递速度，缩短了税款在途中滞留的环节和时间，从而确保国家税收及时入库。

17.2.3　税收征管电子化

要对电子商务征税，征税机构必须首先实现电子化、网络化。并使自己的网络与银行、海关、工商、网络营销者的私人网络甚至国外税务机构的网络联通，建立完善的计征和稽核网络体系，实现征税自动化。为此学者们提出了以下建议：

（1）建立专门的电子商务税务登记制度。纳税人从事电子商务交易业务的必须到主管税务机关办理专门的电子商务税务登记，按照税务机关要求填报有关电子商务税务登记表，提交企业网址、电子邮箱地址以及计算机密钥的备份等有关网络资料。税务机关应对纳税人填报的有关事项进行严格审核，在税务管理系统中进行登记，赋予纳税人电子商务税务登记专用号码，并要求纳税人将电子商务税务登记号永久地展示在网站上，不得删除。税务机关应有专人负责此项工作，并严格为纳税人做好保密工作。

（2）严格实行财务软件备案制度。现行税制要求从事生产、经营的纳税人需将财务、会计制度或者财务、会计处理办法报税务机关备案，也要求那些使用财务软件记账的企业，在使用前将其记账软件、程序和说明书及有关资料报税务机关备案，但实行起来并不严格，征管法中也没有规定明确而严厉的法律责任，因此基本流于形式。对开展电子商务的企业，税务机关必须对其实行严格的财务软件备案制度，否则税务机关将无从进行征管和稽查。实行财务软件备案制度，要求企业在使用财务软件时，必须向主管税务机关提供财务软件的名称、版本号、超级用户名和密码等信息，经税务机关审核批准后才能使用。

（3）使用电子商务交易专用发票。电子商务的发展，无纸化程度越来越高，为了加强对电子商务交易的税收征管，可以考虑使用电子商务交易的专用发票。每次通过电子商务达成交易后，必须开具专用发票，并将开具的专用发票以电子邮件的形式发往银行，才能进行电子账号的款项结算。同时，纳税人在银行设立的电子账户必须在税务机关登记，并应使用真实的居民身份证,以便税收征管。

(4) 确立电子申报纳税方式。除了上门直接申报、代理申报、邮寄申报外,允许纳税人采取电子申报方式。纳税人上网访问税务机关的网站,进行用户登录,并填写申报表,进行电子签章后,将申报数据发送到税务局数据交换中心。税务局数据交换中心进行审核验证,并将受理结果返回纳税人。对受理成功的,将数据信息传递到银行数据交换系统和国库,由银行进行划拨,并向纳税人发送银行收款单,完成电子申报。

(5) 确立电子账册和电子票据的法律地位。随着电子商务交易量的不断扩大,对税务稽查带来的困难也越来越大。目前的税务稽查只能以有形的纸质账簿、发票等作为定案依据,显然不能适应电子商务发展的需要。1999年10月1日生效的新《合同法》确立了电子合同的法律地位,明确电子邮件、电子数据交换等形成的数据电文同样具有法律效力。因此,在《税收征管法》、《会计法》等法律文件中也应尽快予以明确,以适应电子商务的发展需要。

(6) 界定征税范围和税收管辖权。扩大现行增值税征税范围,确保增值税链条不脱节,凡是涉及电子商务商品交易和劳务提供均列入增值税的征税范围,不应区分该笔业务的性质是否属于转让无形资产而应征营业税。这样做是因为目前对于以数字化方式传递的交易性质很难判定,在税法上将电子商务纳入增值税的征税范围,可以明确纳税义务,划清征管权限。为了平衡地域间的税源分布,将消费者居住地确定为电子商务的征税地,即通过互联网进行商品销售和提供劳务,无论商品和劳务是在线交易还是离线交易,都由消费者居住地的税务机关征一道增值税,而消费地已缴税款可作为公司已纳税金予以抵扣。这样,当期应纳税额=当期销项税额-当期进项税额-消费地已纳税额。

(7) 采用独立固定的税率和统一税票。考虑电子商务在线交易商品和提供劳务产品的特殊性,及目前传统交易此类商品的税负情况,利润按独立公平的原则在消费者居住地进行分配,消费者居住地采用独立固定的税率征收,消费地当期应纳税额=销售额×固定税率。固定税率不宜过高,一般以1~2%为宜,这样既可以平衡地区利益,另一方面抵扣时又不会出现退税。由于电子商务跨地域性,销售地税务机关与消费者居住地税务机关都有征税,而且消费地税务机关征的税可用作抵扣,从征管角度出发要求使用统一的税票,并逐步过渡到使用无纸票据,以及采取电子化的增值税纳税申报。这样也便于税务机关通过本身局域网展开交叉稽核,防止逃骗税的发生。

(8) 推行消费地银行扣缴义务。电子商务当前主要支持手段有三种:客户账户支付、信用卡支付和电子货币支付。根据电子商务多用电子结算的特点,将征税环节设在网上银行结算阶段,当发生业务时,由消费者居住地支付货款的银行负责代扣增值税,一并向当地税务机关交纳,这样既有利于防止漏税又可以保证税款的及时入库。银行应当及时将企业设立网上银行账户、交易情况、扣缴税款情况的有关信息传递给税务机关,并严格按税务机关核定税率、税负代扣代缴税款。

(9) 建立网上宣传咨询和监控。建立国际互联网上的税法宣传和咨询服务站点,提高民众的纳税意识,丰富优质服务的内涵。税务机关可以把税收知识和法规公告制成具有处理声音、图形、图像和文字功能的多媒体查询技术,供用户浏览、下载,也可以通过E-mail、电子公告牌BBS或Talk等方式进行税法宣传和供纳税人的查询,与纳税人进行实时交流。这种全新的税法宣传和咨询方式有许多优点,它能使税务信息全球共享,实现24小时全天候宣传和咨询，同时为纳税人提供一个自由、全方位、大容量、主动的学习空间。

税务机关必须适应信息社会和国际互联网商务发展的需要，使自己的网络与银行、海关、工商、网络营销者的私人网络甚至国外税务机构的网络联通，并开发服务器上的智能临近系统。网上智能临近与网上随时在线稽查、网上"交叉稽核"并重，对网上交易进行必要的记录和跟踪，及时掌握上网企业动作情况，自动对每笔交易按交易类别和金额计税，及时催缴税款。

（10）加强国际情报交流和协调。电子商务打破了传统的时间概念和空间限制，表现出全球性特征，仅靠一国税务当局的力量很难全面掌握跨国纳税人的情况。特别是税收的征管和稽查，要全面、详细地掌握某个纳税人在国际互联网上的跨国经营活动，获取充足的证据，必须运用国际互联网等先进技术，加强与其他国家的配合和情报交流。在国际情报交流中，尤其应注意纳税人在避税地开设网址及通过该网址进行交易的情报交流，以防止纳税人利用国际互联网贸易进行避税。在国际情报交流中，也要加强同海外银行的合作，以税收协定的形式规定海外银行的有关义务。

电子商务国际互联网贸易的蓬勃发展使世界经济全球化、一体化进程进一步加快，一国税收政策的选择对世界各国的影响力显著提高。因此，我国应积极参与国际互联网贸易税收理论、政策、原则的国际合作和资料的交换，尊重国际税收惯例，在维护国家主权和利益的前提下，制定适合我国国情的针对国际互联网贸易的税收政策和方案，才能有力打击利用国际互联网偷税和避税的行为。

所有这些建议都需要国家制定法律予以明确，才能成为可解决问题的有效措施。因此修改和完善税法与有关规章是当务之急。

17.4 本章小结

电子商务应当纳税，但是，电子商务无国界性、开放性给税收管制与征管手段带来挑战。这些挑战主要表现在以下几方面：无形产品交易带来的税收问题；纳税主体难确定性；对增值税的属地原则的冲击；交易环节模糊不清，避税问题更加严重；所得类型难区分；无纸化或电子化带来税收计征问题；税收管辖权问题。

世界各国及其世界组织也正在探索互联网商务的税收问题。目前美国提出网上无形商品交易均应一律免税，而对有形商品的网上交易赋税应按照现行规定办理。但是，这是否成为通行规则尚不确定。对电子商务税收问题，国际社会已经提出了一些基本原则，如税收中性原则，公平税负原则，便于征管原则和简单、透明原则。

面对电子商务税收，我国政府对下述问题也面临选择：征与不征的选择；是否开征新税的选择；税种的选择；关税的选择；国际税收管辖权的选择。

在电子商务环境下，传统的税收制度受到挑战，本章设专节对收入来源地确定、常设机构认定、关税问题、税收管辖权问题、电子征税体制的建立等问题作出了规范，并提出了完善我国征税体制的具体建议。

17.5 思考题

1. 简述电子商务的出现对税收体制产生的影响。
2. 试述国际经济合作与发展组织对电子商务的税收政策。
3. 试述对于电子商务税收政府面临的选择，及其如何改革和完善征税体制以应对？

附录 中华人民共和国电子签名法

(中华人民共和国主席令第十八号)

《中华人民共和国电子签名法》已由中华人民共和国第十届全国人民代表大会常务委员会第十一次会议于 2004 年 8 月 28 日通过，现予公布，自 2005 年 4 月 1 日起施行。

中华人民共和国主席　胡锦涛
2004 年 8 月 28 日

第一章　总则

第一条　为了规范电子签名行为，确立电子签名的法律效力，维护有关各方的合法权益，制定本法。

第二条　本法所称电子签名，是指数据电文中以电子形式所含、所附用于识别签名人身份并表明签名人认可其中内容的数据。

本法所称数据电文，是指以电子、光学、磁或者类似手段生成、发送、接收或者储存的信息。

第三条　民事活动中的合同或者其他文件、单证等文书，当事人可以约定使用或者不使用电子签名、数据电文。

当事人约定使用电子签名、数据电文的文书，不得仅因为其采用电子签名、数据电文的形式而否定其法律效力。

前款规定不适用下列文书：

（一）涉及婚姻、收养、继承等人身关系的；

（二）涉及土地、房屋等不动产权益转让的；

（三）涉及停止供水、供热、供气、供电等公用事业服务的；

（四）法律、行政法规规定的不适用电子文书的其他情形。

第二章　数据电文

第四条　能够有形地表现所载内容，并可以随时调取查用的数据电文，视为符合法律、法规要求的书面形式。

第五条　符合下列条件的数据电文，视为满足法律、法规规定的原件形式要求：

（一）能够有效地表现所载内容并可供随时调取查用；

（二）能够可靠地保证自最终形成时起，内容保持完整、未被更改。但是，在数据电文上增加背书以及数据交换、储存和显示过程中发生的形式变化不影响数据电文的完整性。

第六条　符合下列条件的数据电文，视为满足法律、法规规定的文件保存要求：

（一）能够有效地表现所载内容并可供随时调取查用；

（二）数据电文的格式与其生成、发送或者接收时的格式相同，或者格式不相同但是能够准确表现原来生成、发送或者接收的内容；

（三）能够识别数据电文的发件人、收件人以及发送、接收的时间。

第七条 数据电文不得仅因为其是以电子、光学、磁或者类似手段生成、发送、接收或者储存的而被拒绝作为证据使用。

第八条 审查数据电文作为证据的真实性，应当考虑以下因素：

（一）生成、储存或者传递数据电文方法的可靠性；

（二）保持内容完整性方法的可靠性；

（三）用以鉴别发件人方法的可靠性；

（四）其他相关因素。

第九条 数据电文有下列情形之一的，视为发件人发送：

（一）经发件人授权发送的；

（二）发件人的信息系统自动发送的；

（三）收件人按照发件人认可的方法对数据电文进行验证后结果相符的。

当事人对前款规定的事项另有约定的，从其约定。

第十条 法律、行政法规规定或者当事人约定数据电文需要确认收讫的，应当确认收讫。发件人收到收件人的收讫确认时，数据电文视为已经收到。

第十一条 数据电文进入发件人控制之外的某个信息系统的时间，视为该数据电文的发送时间。

收件人指定特定系统接收数据电文的，数据电文进入该特定系统的时间，视为该数据电文的接收时间；未指定特定系统的，数据电文进入收件人的任何系统的首次时间，视为该数据电文的接收时间。

当事人对数据电文的发送时间、接收时间另有约定的，从其约定。

第十二条 发件人的主营业地为数据电文的发送地点，收件人的主营业地为数据电文的接收地点。没有主营业地的，其经常居住地为发送或者接收地点。

当事人对数据电文的发送地点、接收地点另有约定的，从其约定。

第三章 电子签名与认证

第十三条 电子签名同时符合下列条件的，视为可靠的电子签名：

（一）电子签名制作数据用于电子签名时，属于电子签名人专有；

（二）签署时电子签名制作数据仅由电子签名人控制；

（三）签署后对电子签名的任何改动能够被发现；

（四）签署后对数据电文内容和形式的任何改动能够被发现。

当事人也可以选择使用符合其约定的可靠条件的电子签名。

第十四条 可靠的电子签名与手写签名或者盖章具有同等的法律效力。

第十五条 电子签名人应当妥善保管电子签名制作数据。电子签名人知悉电子签名制作数据已经失密或者可能已经失密时，应当及时告知有关各方，并终止使用该电子签名制作数据。

第十六条 电子签名需要第三方认证的，由依法设立的电子认证服务提供者提供认证服务。

第十七条 提供电子认证服务,应当具备下列条件:

(一)具有与提供电子认证服务相适应的专业技术人员和管理人员;

(二)具有与提供电子认证服务相适应的资金和经营场所;

(三)具有符合国家安全标准的技术和设备;

(四)具有国家密码管理机构同意使用密码的证明文件;

(五)法律、行政法规规定的其他条件。

第十八条 从事电子认证服务,应当向国务院信息产业主管部门提出申请,并提交符合本法第十七条规定条件的相关材料。国务院信息产业主管部门接到申请后经依法审查,征求国务院商务主管部门等有关部门的意见后,自接到申请之日起四十五日内作出许可或者不予许可的决定。予以许可的,颁发电子认证许可证书;不予许可的,应当书面通知申请人并告知理由。

申请人应当持电子认证许可证书依法向工商行政管理部门办理企业登记手续。

取得认证资格的电子认证服务提供者,应当按照国务院信息产业主管部门的规定在互联网上公布其名称、许可证号等信息。

第十九条 电子认证服务提供者应当制定、公布符合国家有关规定的电子认证业务规则,并向国务院信息产业主管部门备案。

电子认证业务规则应当包括责任范围、作业操作规范、信息安全保障措施等事项。

第二十条 电子签名人向电子认证服务提供者申请电子签名认证证书,应当提供真实、完整和准确的信息。

电子认证服务提供者收到电子签名认证证书申请后,应当对申请人的身份进行查验,并对有关材料进行审查。

第二十一条 电子认证服务提供者签发的电子签名认证证书应当准确无误,并应当载明下列内容:

(一)电子认证服务提供者名称;

(二)证书持有人名称;

(三)证书序列号;

(四)证书有效期;

(五)证书持有人的电子签名验证数据;

(六)电子认证服务提供者的电子签名;

(七)国务院信息产业主管部门规定的其他内容。

第二十二条 电子认证服务提供者应当保证电子签名认证证书内容在有效期内完整、准确,并保证电子签名依赖方能够证实或者了解电子签名认证证书所载内容及其他有关事项。

第二十三条 电子认证服务提供者拟暂停或者终止电子认证服务的,应当在暂停或者终止服务九十日前,就业务承接及其他有关事项通知有关各方。

电子认证服务提供者拟暂停或者终止电子认证服务的,应当在暂停或者终止服务六十日前向国务院信息产业主管部门报告,并与其他电子认证服务提供者就业务承接进行协商,作出妥善安排。

电子认证服务提供者未能就业务承接事项与其他电子认证服务提供者达成协议的,应当申请国务院信息产业主管部门安排其他电子认证服务提供者承接其业务。

电子认证服务提供者被依法吊销电子认证许可证书的，其业务承接事项的处理按照国务院信息产业主管部门的规定执行。

第二十四条 电子认证服务提供者应当妥善保存与认证相关的信息，信息保存期限至少为电子签名认证证书失效后五年。

第二十五条 国务院信息产业主管部门依照本法制定电子认证服务业的具体管理办法，对电子认证服务提供者依法实施监督管理。

第二十六条 经国务院信息产业主管部门根据有关协议或者对等原则核准后，中华人民共和国境外的电子认证服务提供者在境外签发的电子签名认证证书与依照本法设立的电子认证服务提供者签发的电子签名认证证书具有同等的法律效力。

第四章 法律责任

第二十七条 电子签名人知悉电子签名制作数据已经失密或者可能已经失密未及时告知有关各方、并终止使用电子签名制作数据，未向电子认证服务提供者提供真实、完整和准确的信息，或者有其他过错，给电子签名依赖方、电子认证服务提供者造成损失的，承担赔偿责任。

第二十八条 电子签名人或者电子签名依赖方因依据电子认证服务提供者提供的电子签名认证服务从事民事活动遭受损失，电子认证服务提供者不能证明自己无过错的，承担赔偿责任。

第二十九条 未经许可提供电子认证服务的，由国务院信息产业主管部门责令停止违法行为；有违法所得的，没收违法所得；违法所得三十万元以上的，处违法所得一倍以上三倍以下的罚款；没有违法所得或者违法所得不足三十万元的，处十万元以上三十万元以下的罚款。

第三十条 电子认证服务提供者暂停或者终止电子认证服务，未在暂停或者终止服务六十日前向国务院信息产业主管部门报告的，由国务院信息产业主管部门对其直接负责的主管人员处一万元以上五万元以下的罚款。

第三十一条 电子认证服务提供者不遵守认证业务规则、未妥善保存与认证相关的信息，或者有其他违法行为的，由国务院信息产业主管部门责令限期改正；逾期未改正的，吊销电子认证许可证书，其直接负责的主管人员和其他直接责任人员十年内不得从事电子认证服务。吊销电子认证许可证书的，应当予以公告并通知工商行政管理部门。

第三十二条 伪造、冒用、盗用他人的电子签名，构成犯罪的，依法追究刑事责任；给他人造成损失的，依法承担民事责任。

第三十三条 依照本法负责电子认证服务业监督管理工作的部门的工作人员，不依法履行行政许可、监督管理职责的，依法给予行政处分；构成犯罪的，依法追究刑事责任。

第五章 附则

第三十四条 本法中下列用语的含义：

（一）电子签名人，是指持有电子签名制作数据并以本人身份或者以其所代表的人的名义实施电子签名的人；

(二)电子签名依赖方,是指基于对电子签名认证证书或者电子签名的信赖从事有关活动的人;

(三)电子签名认证证书,是指可证实电子签名人与电子签名制作数据有联系的数据电文或者其他电子记录;

(四)电子签名制作数据,是指在电子签名过程中使用的,将电子签名与电子签名人可靠地联系起来的字符、编码等数据;

(五)电子签名验证数据,是指用于验证电子签名的数据,包括代码、口令、算法或者公钥等。

第三十五条 国务院或者国务院规定的部门可以依据本法制定政务活动和其他社会活动中使用电子签名、数据电文的具体办法。

第三十六条 本法自2005年4月1日起施行。